Ökonomie, Moral und Bildung

GRUNDFRAGEN DER PÄDAGOGIK

Studien – Texte – Entwürfe

Herausgegeben von Jürgen Rekus

Band 8

PETER LANG
Frankfurt am Main · Berlin · Bern · Bruxelles · New York · Oxford · Wien

Stephan Chmielus

Ökonomie, Moral und Bildung

Zur Möglichkeit bildender Vermittlung ökonomischen Wissens in der Schule

PETER LANG
Europäischer Verlag der Wissenschaften

Bibliografische Information Der Deutschen Bibliothek
Die Deutsche Bibliothek verzeichnet diese Publikation in der Deutschen Nationalbibliografie; detaillierte bibliografische Daten sind im Internet über <http://dnb.ddb.de> abrufbar.

Zugl.: Münster (Westfalen), Univ., Diss., 2005

Gedruckt auf alterungsbeständigem,
säurefreiem Papier.

D 6
ISSN 1619-246X
ISBN 3-631-54900-8

Printed in Germany 1 2 3 4 6 7

www.peterlang.de

Aloysius Regenbrecht
in dankbarer Erinnerung
gewidmet

Inhaltsverzeichnis

0. Einleitung

„*McKinsey bildet.*" Unter dieser Bezeichnung, die wie ein Warenzeichen geführt wird, startete die wohl weltweit größte und bekannteste Unternehmensberatung McKinsey & Company im Jahr 2001 eine Bildungsinitiative. „*McKinsey bildet.*" hat sich nichts Geringeres zum Ziel gesetzt, als in Deutschland eine neue Bildungsreform in Gang zu setzen. Die Initiative veranstaltete zunächst Werkstattgespräche zu verschiedenen Aspekten des Themas Bildung mit Wissenschaftlern unterschiedlicher Fachbereiche sowie Vertretern eines breiten Spektrums gesellschaftlicher Gruppen. Ihren vorläufigen Höhepunkt fand die Gesprächsreihe im Herbst 2002. Auf einem großen Kongress mit prominenten Teilnehmern aus den Bereichen Kultur, Medien, Politik und Wirtschaft präsentierte das Unternehmen die Ergebnisse der Werkstattgespräche in einem Manifest unter dem Titel „Die Zukunft der Bildung"[1].

Dass Ökonomie Bildung zu ihrem Anliegen macht, wird inzwischen auch in Deutschland nur noch wenige überraschen. Selbstverständlich war und ist der Blick der Ökonomie auf Bildung in erster Linie ein ökonomischer. Geredet wird vom Know-how als Exportgut eines rohstoffarmen Landes, der Zunahme der Bedeutung von Wissen beim Übergang von der Industrie- in die Informationsgesellschaft; die Ergebnisse von Bildung werden als Humankapital bezeichnet. Aus der Sicht der Ökonomie sind Bildungsfragen Fragen der Positionierung des Standortes Deutschland in einem globalen Wettbewerb.[2] Der Dringlichkeit dieser Sichtweise verschließt sich nach der Veröffentlichung des schlechten Abschneidens deutscher Schüler in der internationalen Vergleichsstudie „PISA" am 4. Dezember 2001 kaum noch jemand.[3]

Aber wo bleibt dabei die Moral? Wenn schon nicht Ökonomie, so hat Bildung sicher mit ihr zu tun, da sie gern als Instanz zu deren Vermittlung angesehen wird. Doch Verbindungen zur Ökonomie lassen sich ohne große Anstrengungen herstellen: Bezeichnet man Werte und Normen als zentrale Inhalte von Moral, ergibt sich direkt eine begriffliche Überschneidungsmenge, denn von Werten ist häufig auch im Rahmen der Ökonomie die Rede. Hinter dieser verbalen Übereinstimmung steckt mehr als die Doppeldeutigkeit eines Begriffes. Die Frage nach der Bedeutung von Moral, d.h. gemeinsamen Normen und Wertüberzeugungen zur Sicherung des gesellschaftlichen Zusammenlebens, wird auch von Ökonomen als ernste Aufgabe betrachtet. Bereits vor dem schrecklichen Amoklauf

---

[1] KILLIUS, N./KLUGE, J./REISCH, L. (Hg.): Die Zukunft der Bildung. Frankfurt am Main 2002. Neben dem Text des Manifestes dokumentiert der Band die Hauptreferate der sechs bisherigen Werkstattgespräche.

[2] Ein Teil dieser Topoi findet sich im Vorwort des erwähnten Dokumentationsbandes.

[3] PISA, das „Programme for International Student Assessment", wird und wurde im Auftrag der OECD, der Organisation für wirtschaftliche Zusammenarbeit und Entwicklung, durchgeführt. Die Ergebnisse des ersten Untersuchungsabschnittes sind veröffentlicht in: OECD (Hg.): Lernen für das Leben: Erste Ergebnisse von PISA 2000. Paris 2001. Das Deutsche PISA-Konsortium hat eine umfangreiche Dokumentation der Ergebnisse der deutschen Teilnehmer herausgegeben: Vgl. BAUMERT, J./ KLIEME, E./NEUBRAND, M./PRENZEL, M./SCHIEFELE, U./ SCHNEIDER, W./STANAT, P./TILLMANN, K.-J./WEIß, M. (Hg.): PISA 2000: Basiskompetenzen von Schülerinnen und Schülern im internationalen Vergleich. Opladen 2001.

eines Schülers im Sommer 2002 in Erfurt waren die Themen Ethik und Wertevermittlung maßgebliche Bestandteile der Werkstattgespräche von McKinsey.[4]

In einem ersten Zugriff scheint damit ein harmonischer Zusammenhang zwischen den drei Hauptbegriffen des Titels zumindest nicht ausgeschlossen. Er könnte etwa folgendermaßen lauten: Bildung soll die Moral der Gesellschaft stärken und für eine erfolgreiche Ökonomie sorgen. Dass eine solche Lesart ihre Probleme enthält, wird sich spätestens bei der Erläuterung des Untertitels der Arbeit zeigen. Vorab sollen zunächst die Begriffe in der Weite ihrer Bedeutungsmöglichkeiten in den Blick genommen werden, um ihre Verwendung im Rahmen der Arbeit zu präzisieren.

0.1 Die Fragestellung der Arbeit

Ökonomie, Moral und Bildung: zu jedem der angeführten Begriffe ist landläufig mindestens eine alternative Bezeichnung mit ähnlichem Bedeutungsfeld in Gebrauch. Statt „Ökonomie" könnte beispielsweise „Wirtschaft" stehen. So lassen sich einzelne Haushalte, aber auch ganze Volkswirtschaften als „Wirtschaft" bezeichnen. Verwendet wird der Begriff ebenfalls als Synonym für Betriebe bzw. Unternehmungen, wobei im personalisierenden Sinn manchmal deren Führungseliten gemeint sind. Unabhängig vom Betrachtungsbereich geht es bei der Verwendung des Terminus Wirtschaft um ein strukturell identisches, menschliches Handlungsfeld. Er kann als Sammelbezeichnung verstanden werden für Tätigkeiten oder Einrichtungen, die dazu dienen, trotz knapper Mittel die Befriedigung menschlicher Bedürfnisse möglichst weitgehend zu erreichen.

Allerdings würde eine rein handlungstheoretische Beschreibung des Gegenstandsbereiches den Problemen der heutigen Wirtschaftswelt nicht gerecht. Auch im Alltag werden Wirtschaft und wirtschaftliches Handeln von immer mehr Menschen mit systemischorientierten Vorstellungen verbunden. Wie Politik, Recht, Wissenschaft und Kunst wird auch Wirtschaft als selbstreferentielles Teilsystem der Gesellschaft aufgefasst. Als solches unterliegt sie Funktionsanforderungen und Codes, die zu denen anderer gesellschaftlicher Teilsysteme bzw. zu alltäglich erfahrbaren lebensweltlichen Plausibilitäten häufig in Spannung stehen.[5] Die Analyse hat normative Implikationen: Die Annahme, dass das Handeln im Bereich der Wirtschaft den ansonsten durchaus vertretenen sittlichen Maßstäben nicht zu unterwerfen sei, ist mittlerweile weit verbreitet. Um solche Auffassungen in die Auseinandersetzung einzubeziehen, wird zur Bezeichnung des zentralen Gegenstandsbereiches der vorliegenden Arbeit der Begriff Ökonomie verwendet.[6] Er soll zum Ausdruck brin-

---

[4] Vgl. den Aufsatz von Hans Joas in: KILLIUS/KLUGE/REISCH 2002. S. 58ff. und BUNDESVEREINIGUNG DER DEUTSCHEN ARBEITGEBERVERBÄNDE (Hg.): Bildungsauftrag Werteerziehung. Selbständig denken, verantwortlich handeln. Berlin 2002.

[5] Vgl. LUHMANN, N.: Die Gesellschaft der Gesellschaft. Frankfurt am Main 1997. S. 743ff.

[6] Auf konkurrierende Verwendungen des Begriffes Ökonomie wird im Rahmen der gelegentlich notwendigen Exkurse in die Dogmenhistorie der Wirtschaftswissenschaft später eingegangen werden. Im Zusammenhang der neueren wirtschaftsethischen Diskussion wird in Anlehnung an den amerikanischen Sprachgebrauch von einigen Autoren vorgeschlagen, mit Hilfe der Begriffe Ökonomie und Ökonomik zwischen der Wirtschaftspraxis und der sich auf diese beziehende Wissenschaft zu unterscheiden (vgl. z.B. HOMANN, K. /BLOME-DREES, F.: Wirtschafts- und Unternehmensethik. Göttingen 1992. S. 16f. und AUFDERHEIDE, D.: Unternehmer, Ethos und Ökonomik. Moral und unternehmerischer Gewinn aus der Sicht der Neuen Institutionenökonomik. Berlin 1995. S. 32ff. mit ausführlichen etymologischen Hinwei-

gen, dass die Anstrengungen und Einrichtungen zur Bewältigung der menschlichen Knappheitsprobleme unter den Bedingungen unserer heutigen Gesellschaft einen Eigensinn implizieren, der sich aus ihrem Charakter als Bestandteile eines funktionalen gesellschaftlichen Subsystems ergibt.

Die Erweiterung des handlungstheoretischen Verständnisses von Wirtschaft zum systemisch konnotierten Begriff der Ökonomie deutet erste Spannungen zur Moral, dem zweiten Begriff des Titels, an. Unter Moral soll die gelebte bzw. lebensweltlich vertretene Sittlichkeit verstanden werden, deren normativer Anspruch allerdings heute nur noch unter Rückgriff auf wissenschaftliche Reflexion, d.h. mit Hilfe der Ethik, zu begründen ist. Moral, so ist zu konstatieren, also Normen und Werte, die im alltäglichen Leben für ein gutes und gerechtes Zusammenleben als unerlässlich gelten, steht nicht selten im Gegensatz zu ökonomischen Erfordernissen.[7]

Weitere Spannungsmöglichkeiten ergeben sich, wenn man den Begriff Bildung präzisiert. Auch hier ist zunächst einmal die pädagogische Praxis von der wissenschaftlichen Reflexion über diese Praxis, der Erziehungswissenschaft, zu unterscheiden. Umgangssprachlich verwendet bezeichnet Bildung den Prozess oder das Ergebnis pädagogischer Praxis. Dabei sind unterschiedliche inhaltliche Präzisierungen denkbar. Unabhängig vom Inhalt aber impliziert der Begriff Bildung einen emphatischen Anspruch, über dessen Voraussetzungen und Einlösungsmöglichkeiten nachzudenken bereits erziehungswissenschaftliche Reflexion bedeutet. An dieser Stelle sei so viel vorweggenommen: Wer zur Bezeichnung seines erzieherischen Bemühens den Begriff Bildung in Anspruch nimmt, erkennt die freie und verantwortliche Selbstbestimmung des Individuums als Ziel an.

Allein daraus muss sich noch keine Spannung zur Ökonomie als möglichem Inhalt von Bildung ergeben. Davon soll nämlich, gemäß der Angabe des Untertitels, die Arbeit handeln: es geht um die „Möglichkeit bildender Vermittlung ökonomischen Wissens in der Schule". In Bezug auf den Begriff der Bildung verhilft der Untertitel zu einer Präzisierung. Die Weite möglicher pädagogischer Praxisfelder wird durch den Begriff Schule eingeschränkt. Die Erwähnung des Begriffes Schule lässt auch die im Titel angeführte Ökonomie nicht unbeeinflusst. Schule ist eine gesellschaftliche Einrichtung, die dadurch bestimmt ist, dass in ihr nicht der Ernstfall des Lebens stattfindet, sondern auf diesen vorbereitet wird. Die eigentlichen gesellschaftlichen Handlungsfelder, also auch Ökonomie, sind in der Schule Gegenstände des Unterrichts. Es geht um Wissen über sie, in diesem Fall um ökonomisches Wissen.

Auch im Untertitel spielt noch einmal der Begriff „Bildung" eine Rolle. Zwar wird die Weitergabe ökonomischen Wissens als „Vermittlung" bezeichnet. Aus pädagogischer Sicht ist dies aber ungenau und wird deshalb durch den Zusatz „bildend" präzisiert: die Weitergabe ökonomischen Wissens steht in der Schule unter dem Anspruch von Bildung, d.h. der Forderung nach freier und verantwortlicher Selbstbestimmung des Individuums.

---

sen sowie KORFF, W. (Hg.): Verhältnisbestimmung von Wirtschaft und Ethik. Handbuch der Wirtschaftsethik. Bd. 1. Gütersloh 1999. S. 834). Die vorliegende Untersuchung schließt sich dieser Sprachregelung an, da sie auf praktikable Weise systematisch bedeutsame Unterscheidungen hervorhebt.

[7] Vgl. HÖFFE, O.: Lexikon der Ethik. München [5]1997. S. 66. Die Formulierung „gutes und gerechtes Leben" als Zielperspektive der Ethik geht, wie die Bezeichnung der philosophischen Disziplin, auf Aristoteles zurück (vgl. ARISTOTELES: Nikomachische Ethik. Erstes Buch, sechstes Kapitel. 1098 a 14).

Reine Wissensvermittlung, d.h. aus Schülersicht eine Übernahme von Wissen, sei es auch auf dem Niveau wissenschaftlicher Erkenntnisse, wird diesem Anspruch nicht gerecht. Bildung verlangt, dass das Individuum sich Wissen zueigen macht. Dies ist nur durch aktive Auseinandersetzung mit den Inhalten zu erreichen. Der Schüler muss die Möglichkeit haben, sein Verhältnis zu den Gegenständen zu bestimmen und braucht daher Gelegenheiten zu wertender Stellungnahme.[8] Hierfür aber scheint es bei ökonomischem Wissen wenig Spielräume zu geben. Die Bezeichnung seines Gegenstandsbereiches als Ökonomie soll ja gerade zum Ausdruck bringen, dass hier Sach- und Funktionszwänge vorherrschen. Die skizzierte Spannung zur Moral, den Normen und Werten für ein gutes und gerechtes Zusammenleben, wird also im Rahmen von Schule bzw. Unterricht erneut relevant. Sie erstreckt sich damit auf das Verhältnis von Ökonomie und Bildung.

Ob und wie eine Thematisierung ökonomischen Wissens in der Schule erfolgen kann, die dem systemischen Charakter moderner Ökonomie gerecht wird und dennoch wertende Stellungnahme ermöglicht, ist in der folgenden Arbeit zu untersuchen.

0.2 Der Gang der Untersuchung

Aufgrund der angedeuteten Spannungen zwischen Ökonomie und Moral soll deren Verhältnis zuerst analysiert werden. Im Rahmen des hier vertretenen und noch zu entfaltenden Bildungsverständnisses ist seine Klärung zudem eine Voraussetzung für die adäquate Bestimmung des Verhältnisses von Ökonomie und Bildung.

Wirtschaft bzw. Ökonomie als menschliches Handlungsfeld lässt sich beobachten, solange es Menschen gibt. Ihr Verhältnis zur Moral kommt dadurch in den Blick, dass die Praxis menschlichen Wirtschaftens auf die korrespondierenden Vorstellungen vom guten und gerechten Zusammenleben bezogen wird. Das erste Kapitel der Arbeit beginnt als historischer Rückblick auf das Verhältnis von Ökonomie und Moral. Sein Aufbau orientiert sich an geschichtswissenschaftlich vertretenen Epochebegriffen. Allerdings ergeben sich durch den systematischen Blickwinkel geschichtliche Zeiträume ungleichgewichtiger Dauer. Untersucht wird nämlich das Zusammenspiel von Formen tatsächlichen Wirtschaftens inklusiv ihrer technisch-materiellen Bedingungen mit den normativen Vorstellungen vom guten und gerechten Leben, die ihnen unterstützend bzw. hemmend gegenüberstanden. Nach einer lange andauernden Phase, die durch die Vorherrschaft normativer Vorstellungen bestimmt war, wandelte sich das Verhältnis relativ schnell, als diese ihre einigende Kraft verloren. Es bildete sich die bis heute wirksame Vorstellung von Ökonomie als einem eigengesetzlichen Bereich heraus, der keiner unmittelbaren moralischen Normierung zu unterwerfen ist.

Im Verhältnis zu Antike und Mittelalter bezeichnet man dieses ökonomische Denken als modern. Es kann und muss auf normative Vorgaben eines gemeinschaftlichen und sinnstiftenden Weltbildes verzichten, beruft sich stattdessen gern auf die Autorität der Wissenschaft. Den Ursprung der Wirtschaftswissenschaft in diesem modernen Verständnis bildet die heute im Rückblick so genannte ökonomische „Klassik". Auch wenn sich deren

[8] Traditionell wird in der Erziehungswissenschaft dieser Anspruch mit dem Terminus „erziehender Unterricht" zum Ausdruck gebracht (zur theoriegeschichtlichen Einordnung des Begriffes vgl. BENNER, D.: Allgemeine Pädagogik. Eine systematisch-problemgeschichtliche Einführung in die Grundstruktur pädagogischen Denkens und Handelns. München [4]2001. S. 231ff.).

Erkenntnisse nicht aus normativen Vorstellungen ableiten lassen, entstand sie in engem Zusammenhang mit einer neuen ethischen Diskussion, namentlich dem Utilitarismus. Dieser stellt einen bis heute wirksamen Versuch einer wissenschaftlichen Neubegründung von Moral nach dem Ende antiker bzw. mittelalterlicher Ordovorstellungen dar. Die Neoklassik entwickelte später durch Formalisierung und Mathematisierung die Erkenntnisse der Klassik weiter. Sie bildet noch immer eine wichtige Grundlage wissenschaftlicher Modellbildung über wirtschaftliche Zusammenhänge. Da die Neoklassik auf ausdrückliche Bezüge zur ethischen Theoriebildung verzichtet, sind ihre impliziten ethischen Annahmen herauszuarbeiten und mit dem universalen ethischen Selbstverständnis der politischen Moderne zu kontrastieren. Hierfür ist zuvor auf den fundamentalen Neuansatz der Begründung von Moralität durch das Werk Immanuel Kants einzugehen.

Eine prominente Verhältnisbestimmung von Ökonomie und Moral in der aktuellen wirtschaftsethischen Diskussion versteht Moral als Privatsache und hält eine Ausrichtung wirtschaftlichen Handelns an Vorstellungen vom guten und gerechten Zusammenleben für unangemessen.[9]. Begründet wird dies vor allem mit der Vielzahl und Verschiedenheit solcher Vorstellungen in modernen Gesellschaften. Ökonomisch effiziente und zugleich ethisch vertretbare Handlungsergebnisse werden von gesellschaftlichen Einrichtungen erwartet, die die eigennützige Verfolgung individueller Interessen zulassen und mit Hilfe meist gesetzlich sanktionierter Regeln kanalisieren. „Wettbewerb ist solidarischer als Teilen“ lautet eine prägnante Formulierung dieser Position.[10] Sie stellt zugleich ein Beispiel für die Tendenz der Wirtschaftswissenschaft dar, möglichst viele Problemsituationen menschlichen Handelns mit Hilfe des ökonomischen Paradigmas zu rekonstruieren. Moral wird im Bereich der Ökonomie weitgehend überflüssig, indem man ihre Kategorien mit ökonomischen Methoden rekonstruiert. Zuzugestehen ist dieser Position, dass Gemeinwohl und soziale Gerechtigkeit in modernen pluralistischen Gesellschaften kaum gegen ökonomische Rationalität erreicht werden können. Damit erübrigt sich allerdings nicht der Diskurs über die inhaltliche Füllung dieser Begriffe. Dies ist traditionell das Anliegen von Sozialethik. Ihre Entstehung aus der Kritik der Ergebnisse modernen Wirtschaftens steht am Anfang des dritten Abschnitts des ersten Kapitels. Wie derartige Kritik zur Gestaltung von Regeln und Institutionen[11] beitragen kann, die sowohl ethischen Ansprüchen als auch ökonomischen Erfordernissen Rechnung tragen, wird am prominenten Beispiel der sozialen Marktwirtschaft gezeigt. Allerdings erfordert die konkrete

[9] Gemeint sind insbesondere Karl Homann und dessen Schüler. Neben Peter Ulrich, der einen deutlich anderen Standpunkt vertritt, war Homann einer der ersten Inhaber eines Lehrstuhls für Wirtschaftsethik im deutschsprachigen Raum.

[10] HOMANN, K./BLOME-DREES, F.: Wirtschafts- und Unternehmensethik. Göttingen 1992, S. 16.

[11] Die Verwendung des Begriffes orientiert sich am Vorschlag von Richter und Furubotn, die Institution „als ein System formgebundener (formaler) und formungebundener (informeller) Regeln einschließlich der Vorkehrungen zu deren Durchsetzung“ bezeichnen (RICHTER, R./FURUBOTN, E. G.: Neue Institutionenökonomik. Eine Einführung und kritische Würdigung. Tübingen ²1999. S. 7). Die Autoren beziehen sich dabei auf Schmoller, einen prominenten Vertreter der ökonomischen Position des Historismus, die in Deutschland im 19. Jahrhundert vorherrschte (vgl. unten S. 92 und S. 94). Die Offenheit der Definition trägt dem umfassenden Programm der Neuen Institutionenökonomik Rechnung, die mit dem ökonomischen Paradigma über die Grenzen des Gegenstandsbereiches Wirtschaft hinausgreift. Sie ermöglicht es zudem, zentrale Fragen der Sozialethik aufzugreifen (vgl. ANZENBACHER, A.: Christliche Sozialethik. Einführung und Prinzipien. Paderborn 1997. S. 15f.).

Verwirklichung des ordnungspolitischen Leitbildes der sozialen Marktwirtschaft eine Anpassung ihrer Regeln und Institutionen an veränderte gesellschaftliche Verhältnisse und ökonomische Bedingungen. Die aktuelle Diskussion hierüber ist auf der Seite der Wirtschaftswissenschaft stark durch das Gedankengut der Neuen Institutionenökonomik bestimmt.[12] Gegenüber der klassischen bzw. neoklassischen Ökonomik zeichnet sie sich dadurch aus, dass mit ihrer Hilfe moralische bzw. politische Diskurse in ökonomischen Kategorien rekonstruiert werden. In Auseinandersetzung mit dieser Position soll nachgewiesen werden, dass auch in funktional differenzierten Gesellschaften traditionelle Fragestellungen zur normativen Orientierung menschlicher Praxis nicht überholt sind. Ihre diskursive Beantwortung erfordert eine auch sozialethisch auszuweisende Bestimmung der Kategorien Gemeinwohl und Gerechtigkeit.

Im zweiten Kapitel wird der erwähnte Anspruch des Bildungsbegriffes begründet und auf den Gegenstandsbereich Ökonomie bezogen. Auch diese Darstellung kann auf eine, wenn auch kurze, historische Reminiszenz nicht verzichten. Pädagogische Praxis gab und gibt es, solange Menschen von- und miteinander lernen. Der Bildungsbegriff als bis heute wirksame kritische Norm für Erziehungspraxis erhält seine ausdrückliche Formulierung erst im Rahmen des Neuhumanismus. Beeinflusst durch die Philosophie Kants und dessen Begründung von Moralität im Subjektstatus des Menschen, postulierte der Neuhumanismus die allgemeine Menschenbildung als Ziel von Erziehung. Dies hat Auswirkungen auf alle schulisch zu thematisierenden Gegenstandsbereiche. Sie sind als potentielle Handlungsfelder von Subjekten einer Beurteilung in ethisch umfassendem Sinn zu unterwerfen.

Unter Wirtschaftspädagogen begegnet man vereinzelt der Auffassung, dass sich wenigstens der Gegenstandsbereich der Ökonomie solch einer Beurteilung entzieht, mindestens aber das Urteil junger Menschen überfordert, da er eigenen Funktionserfordernissen, eben ökonomischer Rationalität folgt. Die Zurückweisung dieser Position mit Hilfe des Anspruchs der Bildung muss Auskunft über die Möglichkeit seiner Umsetzung geben.

Im dritten Teil des Kapitels wird zunächst der Gedanke des erziehenden Unterrichts als Schlüssel zur Auslegung des Anspruchs der Bildung unter den Bedingungen von Schule dargelegt. Die Konsequenzen dieses Konzeptes bei seiner Anwendung auf ökonomische Inhalte sind insbesondere mit Blick auf die wertende, also moralisch relevante Dimension erziehenden Unterrichts zu verdeutlichen. Grundlage hierfür bilden die im ersten Kapitel gewonnenen Erkenntnisse über das Verhältnis von Ökonomie und Moral. Insbesondere soll die analytische Unterscheidung moralischer Fragen nach individual- und sozialethisch zu reflektierenden beachtet werden, um der funktionalen Differenzierung heutiger Gesellschaften Rechnung tragen zu können, ohne den Anspruch auf normative Begründung gesellschaftlicher Institutionen und Vereinbarungen aufzugeben. Als Ergebnis des zweiten Kapitels sollen Strukturelemente unterrichtlicher Arrangements benannt werden, die eine ethisch reflektierende Thematisierung ökonomischen Wissens unter den Bedingungen schulischen Lernens ermöglichen. In diesem Zusammenhang wird auf die Frage

[12] In der Literatur finden sich auch die Bezeichnungen „Neue Institutionelle Ökonomik" und „moderne Institutionenökonomik". Gemeint ist eine Gruppe von Ansätzen ökonomischer Theoriebildung, die seit dem Ende der 50er Jahre des 20. Jahrhunderts entstanden sind. Ihre Gemeinsamkeit besteht darin, dass sie die Analyse der institutionellen Rahmenbedingungen des Wirtschaftens in der vorherrschenden Wirtschaftswissenschaft ungenügend berücksichtigt fanden (vgl. unten Kap. 1.33).

fächerverbindender Kooperation ökonomischen Fachunterrichts insbesondere mit dem Religionsunterricht bzw. mit entsprechenden Ersatzfächern einzugehen sein.

Im dritten Kapitel werden die Überlegungen des vorangegangenen Abschnittes der Arbeit durch Unterrichtsbeispiele konkretisiert. Eine curriculare Anbindung finden diese Beispiele durch die ab dem Schuljahr 2005/2006 in Nordrhein-Westfalen verbindlich umzusetzende Rahmenvorgabe für die ökonomische Bildung in der Sekundarstufe I. In einer abschließenden Betrachtung werden die bildungspolitischen Rahmenbedingungen einer Umsetzung des Anspruchs bildender Vermittlung ökonomischen Wissens in der Schule in den Blick genommen.

1. Ökonomie und Moral

„Oeconomicus" (griechisch: οἰκονομικός) ist der Titel einer der ältesten Abhandlungen über ein wirtschaftliches Thema, verfasst von Xenophon im vierten Jahrhundert vor Christus. In Form eines Dialogs gibt der Autor umfassende und systematisch gegliederte Anweisungen zur Führung eines ländlichen Hauses, inklusiv der Angaben über das richtige Verhältnis zwischen Mann und Frau, Eltern und Kindern, Hausherrn und Gesinde. Das Werk war bis ins siebzehnte Jahrhundert gattungsbildend.[13] Seine zweitausendjährige Wirksamkeit kann interpretiert werden als ein Hinweis auf die grundlegende Bedeutung der Landwirtschaft und den relativ geringen technologischen Wandel der Agrarproduktion in früheren Zeiten. Sie belegt aber auch eine jahrhundertelange normative Ausrichtung der Ökonomie: Wirtschaften im Sinn des „Oeconomicus" bedeutete die Versorgung mit Gütern im Rahmen tradierter Lebensweisen und anerkannter Bedürfnisse. Mit anderen Worten: Ökonomie vollzieht sich im Rahmen von Moral.

Dies ändert sich mit der Etablierung der Ökonomik als eigenständiger Wissenschaft.[14] Zwar geht es auch ihr um Wohlstand, d.h. um optimale Versorgung mit Gütern. Die Zielreflexion, d.h. die Frage, welche Güter zum guten und richtigen Leben beitragen, interessiert sie jedoch nicht mehr.[15] Wirtschaften versteht sie als rationalen Umgang mit knappen Mitteln zur Erreichung beliebiger Ziele. Das bleibt nicht ohne Folgen für die Ökonomie: Die Entdeckung der Leistungsfähigkeit des Preismechanismus führt dazu, dass sich Märkte zur beherrschenden Instanz in der Praxis des Wirtschaftens entwickeln. Ihre Ergebnisse sind durch ökonomische Rationalität legitimiert, Kritik daran aus moralischer Perspektive wirkt zunehmend unangemessen: Die Ökonomie befreit sich von Moral. Interessanterweise wird sie dabei von der wissenschaftlichen Reflexion über Moral, der Ethik, unterstützt: Nach dem Verlust einer für alle Menschen gemeinsamen verbindlichen Vorstellung vom guten Leben delegiert sie die Entscheidung über moralische Fragen an das Individuum. Für die Utilitaristen ist ein Wert nur noch das, was dem Interesse des Individuums entspricht. Durch Kant jedoch wird Moralität dann zur Gewissenssache des Einzelnen. In beiden Fällen erscheint Moral leicht als Privatsache. Umgekehrt gelten

---

[13] XENOPHON: Oeconomicus. Xenophons Wirtschaftslehre übersetzt von Max Hodermann. Leipzig 1897. Vgl. zur Wirkungsgeschichte BRUNNER, O.: Das „ganze Haus" und die alteuropäische „Ökonomik". In: Ders.: Neue Wege der Verfassungs- und Sozialgeschichte. Göttingen [3]1980. S. 103f.

[14] Der Unterschied zwischen der jahrhundertealten normativ bestimmten Kunstlehre von der Bewirtschaftung des Hauses und der wissenschaftlichen Reflexion über das Phänomen Wirtschaft im Sinn einer positiven Theorie wird in der Literatur teilweise durch die Verwendung der Begriffe „Ökonomik" und „Ökonomie" angezeigt (einschlägig hierzu: BRUNNER a.a.O.). Im Unterschied zum „Oeconomicus" des Xenophon und der ihm folgenden so genannten „Hausväterliteratur" tragen die Veröffentlichungen der ökonomischen Klassik in der Regel den Titel „Political Economy". Erst Ende des 19. Jahrhunderts setzt sich im angloamerikanischen Raum die Bezeichnung „Economics" für die Wirtschaftswissenschaften durch (vgl. WINCH, D.: Das Aufkommen der Volkswirtschaftslehre als Wissenschaft 1750-1870. In: CIPOLLA, C. M./BORCHARDT, K. (Hg.): Europäische Wirtschaftsgeschichte. Bd. 3: Die industrielle Revolution. Stuttgart/New York 1985. S 373). In Deutschland findet neben den Begriffen Betriebs- und Volkswirtschaftslehre der Begriff „Nationalökonomie" noch heute Verwendung. Die vorliegende Untersuchung schließt sich dem Versuch an, mit Hilfe der Begriffe Ökonomie und Ökonomik zwischen der Wirtschaftspraxis und sich auf sie beziehender Wissenschaft zu unterscheiden (vgl. oben FN 6).

[15] Zum Topos des „richtigen und guten Lebens" vgl. den Hinweis in FN 7.

ökonomische Mechanismen und Einrichtungen per se als moralisch gerechtfertigt oder, was auf ein ähnliches Ergebnis hinausläuft, als moralfreier Raum.

Dagegen sprechen die historischen Erfahrungen aus den frühen Phasen der Industrialisierung und die in diesem Rahmen entstandene sozialethische Kritik an einer zur freien Marktwirtschaft entfesselten Ökonomie. Mit ihr erhebt sich der Anspruch, dass ökonomische Institutionen und Regeln auch in modernen Gesellschaften normativ zu begründen sind. Allerdings kann eine solche Begründung nicht ohne Beachtung gesellschaftstheoretischer Einsichten in die veränderten Bedingungen menschlichen Handelns in funktional organisierten und pluralistischen Gesellschaften erfolgen. Im Folgenden sollen daher die skizzierten Stationen des Verhältnisses von Ökonomie und Moral ausführlicher betrachtet werden.

1.1 Von normativ bestimmter Ökonomie zu ökonomischer Eigengesetzlichkeit

1.11 Ökonomie als Bewirtschaftung des Hauses: Wirtschaften im Verständnis von Antike und Mittelalter

Geht man beim Verständnis des Begriffes Wirtschaft vom grundsätzlich menschlichen Phänomen des Strebens nach Versorgung mit Gütern aus, ist die Geschichte der Ökonomie so alt wie die Geschichte des Menschen. Zu den ersten schriftlichen Quellen gehört der Buchhaltungsbeleg einer Tempelwirtschaft, in Keilschrift auf einer Tontafel festgehalten. Für die Hochkulturen des Zweistromlandes und Ägyptens ab dem dritten Jahrtausend vor Christus darf man von differenzierten wirtschaftlichen Institutionen im Bereich der Landwirtschaft, des Handels und des Kreditwesens sowie entsprechenden zivilrechtlichen Regelungen ausgehen. Die wirtschaftliche Verbindung zwischen diesen Großreichen schufen die Phönizier mit Seefahrt und Fernhandel im östlichen Mittelmeer. Auch die Griechen breiteten sich mit Hilfe der Gründung von Kolonien bald über den gesamten Mittelmeerraum aus und sorgten dadurch für rege Handelstätigkeit.[16] Die bestimmenden Impulse für die Wahrnehmung und Bewertung wirtschaftlicher Zusammenhänge in Europa aber gingen weder von den staatlichen Verwaltungswirtschaften der Großreiche des Orients noch von bereits frühzeitig entwickelten verkehrswirtschaftlichen Elementen des Fernhandels im Mittelmeer aus, sondern haben ihren Ursprung im gesellschaftlichen und politischen System der griechischen Polis. Der „Oeconomicus" des Xenophon beschreibt die Lebensverhältnisse der adligen Grundbesitzerschicht, deren Erwerbsstreben auf die materielle Absicherung ihres Lebens als geachteter Bürger des Stadtstaates zielt. Im Rahmen der antiken griechischen Philosophie haben dann allerdings deren normative Leitvorstellungen das Ende der griechischen Polis lange überdauert. Wegen ihrer ausgeprägten Wirkungsgeschichte sind die Ausführungen des Aristoteles zur Ökonomie ausführlicher darzustellen.[17]

---

[16] Vgl. CAMERON, R.: Geschichte der Weltwirtschaft. Bd. 1. Vom Paläolithikum bis zur Industrialisierung. Stuttgart 1991. S. 51ff. Ein noch heute bedeutsames Ergebnis phönizischer Handelstechniken ist die Entwicklung des Alphabets. Es ersetzte die umständlichere Keilschrift der Sumerer bzw. die Hieroglyphen der Ägypter und wurde zunächst von den Griechen, später von den Römern übernommen.

[17] Die Ausführungen Platons zu ökonomischen Fragen beschränken sich weitgehend auf Äußerungen anlässlich seiner Überlegungen zu einem gerechten Staat. Darunter finden sich durchaus, auch aus der

Wirtschaften im Verständnis des Aristoteles

Die Äußerungen des Aristoteles zum Thema Wirtschaft finden sich vor allem im achten bis zwölften Kapitel des ersten Buches seiner „Politik".[18] In den ersten beiden Kapiteln des ersten Buches der Politik bestimmt er den Menschen als Gemeinschaftswesen, das sich in Familie sowie dem Staat als umfassender menschlicher Gemeinschaft mit dem Ziel der Vervollkommnung des Lebens organisiert. Da sich der Staat aus den Familien als kleineren Formen von Gemeinschaft zusammensetzt, untersucht er zunächst die Einrichtung und Leitung der Familie, die er als Hausverwaltung bezeichnet. Dabei machen die Überlegungen zum Verhältnis von Herrn und Sklaven in den Kapiteln drei bis sieben deutlich, dass im Verständnis der Antike zum Haus bzw. zur Familie auch die Hausbediensteten zu rechnen sind.

Im achten Kapitel beginnen dann die Ausführungen zur Haushaltungskunst. Den Ausgangspunkt bildet die Frage, wie sich die Erwerbslehre, als Kunde vom Herbeischaffen der Güter, zur Haushaltungslehre, als Kunde von deren Verwendung verhalte. Die Antwort findet sich in der Aufzählung verschiedener Arten des Nahrungserwerbs und der ihnen entsprechenden Lebensweisen bei den Tieren und beim Menschen. Für den Menschen werden dabei das Leben der Nomaden, der Bauern, der Räuber, der Fischer und der Jäger unterschieden sowie Mischformen aus diesen eingeräumt. Den angeführten Formen des Erwerbs ist nach Aristoteles gemeinsam, dass in ihnen die Güter quasi durch die Natur selbst zugeteilt würden. Die den jeweiligen Formen des Erwerbs entsprechenden Lehren bezeichnet er als naturgemäßen Teil der Haushaltungskunst. Ihre Aufgabe ist es, die jeweils Zuständigen in Haushalt und Staat zu lehren, die Dinge zu beschaffen und zu bewahren, die zum Leben der Gemeinschaft nützlich und notwendig sind. Gemeint ist dabei ein vollkommenes, d.h. gutes und tugendhaftes Leben, wie Aristoteles an anderer Stelle erläutert.[19] Von dieser als naturgemäß bezeichneten Erwerbslehre, die sich durch

---

Perspektive heutiger Wirtschaftswissenschaft beurteilt, Aussagen von hoher analytischer Schärfe, wie beispielsweise seine Bemerkung über den Symbolcharakter und die Tauscherleichterungsfunktion des Geldes (vgl. PLATON: Der Staat. Über das Gerechte. Zweites Buch. 371b). Ihre eigentliche Bedeutung aber gewinnen sie durch die Ausrichtung an der gemeinschaftserhaltenden Idee der Gerechtigkeit, die das Prinzip dieses Idealstaates bildet. Wegen der Realitätsferne und Rigorosität der von ihm vorgeschlagenen Maßnahmen, nicht zuletzt in Bezug auf Fragen des Eigentums, ist Platon schon von seinem Schüler Aristoteles kritisiert worden (vgl. ARISTOTELES: Politik. Zweites Buch). Trotz der strukturellen Gemeinsamkeit der normativen Orientierung sind die Auswirkungen Platonischen Denkens auf die Ökonomie daher deutlich geringer.

[18] Der Titel „Praktische Philosophie, Teil II" wäre für den heutigen Leser verständlicher. Die „Politik" ist nämlich ein Teil der philosophischen Abhandlungen des Aristoteles, die sich mit den Gegenständen befassen, die der Gestaltung durch menschliches Handeln zugänglich sind (vgl. ARISTOTELES: Nikomachische Ethik. Erstes Buch, erstes Kapitel. 1095 a 3 und zehntes Buch, zehntes Kapitel. 1181 b 15). In diesem Sinn sind die Nikomachische Ethik und die Politik zusammen als Ausführungen zur praktischen Philosophie zu verstehen (vgl. BIEN, G.: Einleitung. Bemerkungen zum Aristotelischen Politikbegriff und zu den Grundsätzen der Aristotelischen Staatsphilosophie. In: ARISTOTELES: Politik. Hamburg 1981. S. XVII sowie die Ausführungen unten S. 20).

[19] Vgl. ARISTOTELES: Nikomachische Ethik. Erstes Buch, sechstes und achtes Kapitel sowie Politik. Siebentes Buch, erstes Kapitel.

das ihr innewohnende Maß auszeichnet, nimmt Aristoteles den Tausch und den Handel ausdrücklich aus.[20] Sie bilden den Gegenstand der Überlegungen des neunten Kapitels.

Aristoteles skizziert zu Beginn dieses Kapitels ein schon zu seiner Zeit verbreitetes Verständnis von Erwerbskunst als Kunst der Bereicherung oder des Gelderwerbs. Er hebt hervor, dass dieses Verständnis von Erwerb im Gegensatz zum vorher beschriebenen naturgemäßen Erwerb keinerlei Grenze für Reichtum und Besitz beinhalte. Um den Unterschied der beiden Erwerbslehren zu verdeutlichen, führt er eine Überlegung zum zweifach möglichen Gebrauch jedes Besitzstückes an: Neben dem eigentümlichen Gebrauch jedes Dinges durch seinen Besitzer oder Erzeuger gebe es die Möglichkeit einer Verwendung als Tauschobjekt.

Entstehungsgeschichtlich erklärt Aristoteles den Tausch aus der Notwendigkeit des Ausgleiches zwischen verschiedenen menschlichen Gemeinschaften, die jeweils von den einen Dingen zu viel, von den anderen aber zu wenig hätten. Da ein solcher Tauschhandel dem Ziel der Ergänzung und Vervollständigung des vollkommenen Lebens der jeweiligen Gemeinschaft diene, sei er nach Meinung des Aristoteles naturgemäß. Schrittweise sei dann zur Erleichterung des Tausches über größere Distanzen und bei schlecht zu transportierenden Gütern zunächst die Verwendung leicht handhabbarer Güter als Tauschmittel, dann das Geld entstanden. Es handele sich dabei um Metalle, denen zur Vereinfachung ihrer Qualitäts- und Quantitätsbestimmung entsprechende Zeichen aufgeprägt seien.[21] Erst das, aus den Erfordernissen des Tausches hervorgegangene, Geld lässt nun nach Ansicht des Aristoteles die Erwerbskunst des Händlers entstehen. Sie entstammt der Erfahrung von denjenigen, die den Tausch professionell betreiben. Für diese steht nicht mehr der Gebrauchswert einer Sache im Vordergrund, sondern die Aussicht, sie zu Geld zu machen. Der Händler versucht nämlich, durch günstigen Einkauf und teureren Verkauf von Waren einen möglichst großen Gewinn zu erzielen. Aus dem Tausch zur Bedürfnisbefriedigung ist damit ein reiner Umsatzprozess mit dem Ziel des Gelderwerbs geworden.

Die Erwerbskunst verstanden als Kunst des Gelderwerbs kennt damit keine natürlichen Grenzen. Sie zielt auf ein Übermaß an Reichtum zum Zweck des Genusslebens. Demgegenüber hebt Aristoteles hervor, dass die Erwerbskunst im Rahmen der Haushaltungskunst auf naturgemäßen Reichtum ziele. Sein Maß ist das gute und tugendhafte Leben der Gemeinschaft, zu dem er lediglich die Mittel bereitstellt. Von der Haushaltungslehre muss also die Kunst des Gelderwerbs als nicht notwendige Erwerbskunst deutlich unterschieden werden.

---

[20] Vgl. ARISTOTELES: Politik. Erstes Buch, achtes Kapitel, 1256 a 40.

[21] Die in diesen Überlegungen implizit enthaltene Geldtheorie lässt sich als "Metallismus" bezeichnen (vgl. SCHUMPETER, J.A.: Geschichte der ökonomischen Analyse. Göttingen 1965, S. 104). Divergierende Aussagen zur Geldtheorie finden sich im achten Kapitel des fünften Buches der Nikomachischen Ethik. Aristoteles bestimmt dort im Rahmen gerechtigkeits- und werttheoretischer Überlegungen zum Tausch das Geld bzw. den mit seiner Hilfe angegebenen Preis einer Ware als Maß für das Bedürfnis nach einer Sache. Als einem solchen Maß kommt dem Geld kein eigener Wert zu, sondern dieser ist qua Übereinstimmung festgelegt und grundsätzlich jederzeit wieder veränderbar (1133 a 20). Kurz angeführt wird eine entsprechende Position allerdings auch weiter unten im gerade wiedergegebenen Kapitel der Politik (1257 b 10).

Das zehnte Kapitel hebt noch einmal die Bedeutung der zur Haushaltungslehre gehörenden naturgemäßen Erwerbslehre hervor und bezeichnet die Fragen des Erwerbs der pflanzlichen und tierischen Produkte als deren hauptsächliche Themen. Des weiteren wird die Erwerbskunst des Händlers noch einmal deutlich getadelt; übertroffen wird deren Abqualifizierung noch durch den Tadel derjenigen, die Geld gegen Zins verleihen. Geld, das eigentlich reines Tauschmittel ohne eigenen Gebrauchswert sei, werde damit benutzt, sich durch sich selbst zu vermehren. Diese Erwerbsweise widerspräche dem Naturgemäßen am meisten.

Im elften Kapitel geht Aristoteles schließlich von der begrifflichen Klärung des Gegenstandes der Erwerbskunst zu deren praktischen Seiten über. Er hebt die Notwendigkeit ausreichender Erfahrung hervor, bietet selber aber lediglich eine Aufzählung der Unterarten verschiedener Erwerbslehren und verweist stattdessen auf entsprechende Abhandlungen in der zeitgenössischen Literatur. Interessant ist dabei, dass er, neben der zur eigentlichen Haushaltungslehre gehörenden Erwerbskunst und ihren verschiedenen Zweigen, auch die des Handels und sogar die des Geldverleihers erwähnt. Eher anekdotisch berichtet er ein Beispiel aus der Geschichte, in dem es um Gelderwerb mit Hilfe eines künstlich geschaffenen Monopols geht.[22] Im zwölften Kapitel schließlich wendet er sich wieder der Reflexion der verschiedenen Herrschaftsverhältnisse innerhalb der Familie bzw. des Hauses zu.

Verglichen mit dem Umfang und der Vielzahl heutiger wirtschaftswissenschaftlicher Abhandlungen bringen die Ausführungen des Aristoteles inhaltlich wenig, das die jahrtausende anhaltende Wirksamkeit plausibel erscheinen lässt. Ihre Bedeutung liegt auch nicht so sehr in den Einzelheiten, sondern vielmehr darin, dass sie im Rahmen eines philosophischen Gesamtentwurfes entfaltet sind und dadurch ökonomischem Denken zum ersten Mal in der Geschichte einen systematischen Stellenwert verleihen. Aristoteles war derjenige, der in seinem Werk dem Gesamtzusammenhang philosophischen und damit wissenschaftlichen Denkens seiner Zeit eine Struktur gab, die bis in die frühe Neuzeit als Gliederung der Philosophie Bestand haben sollte. Neben den Werken zur Logik, zur Metaphysik und zur Physik, die sich mit den Gegenständen befassen, die durch den Menschen nicht zu beeinflussen sind, und damit als theoretische Philosophie bezeichnet werden können, handeln seine Werke zur praktischen Philosophie von den Gegenständen, die menschlichem Handeln zugänglich sind. Im Rahmen dieses Themenkomplexes bezieht sich die Ethik auf den Handlungsbereich des Menschen als Einzelwesen, die Politik im weiteren Sinn auf den Handlungsbereich des Menschen als Gemeinschaftswesens. Durch Unterteilung dieses Handlungsbereiches in das Haus als die elementare und den Staat als die umfassende Gemeinschaft, ergeben sich noch einmal zwei weitere Disziplinen, nämlich die Haushaltungskunst und die Politik im engeren Sinn.[23]

Vor dem Hintergrund dieses philosophischen Gesamtsystems sind für den Zeitraum von etwa zweitausend Jahren die systematischen Abhandlungen zum Thema Wirtschaft zu verstehen. Wie schon die Schrift des Xenophon beschäftigten sie sich mit Ökonomie als Lehre vom Oikos, dem ganzen Haus im Sinne von Familie. Unter Haushaltungskunst

[22] Vgl. ARISTOTELES: Politik, 1259 a 5.

[23] Vgl. oben die Anmerkung in FN 18 sowie BRUNNER [3]1980, S. 113.

verstehen sie, gemäß Aristoteles, die Gestaltung sämtlicher Verhältnisse und Beziehungen innerhalb der Gemeinschaft des Hauses; diese sind am normativen Gesamtziel des guten und richtigen Lebens auszurichten.[24] Entsprechend den verschiedenen Lebensgrundlagen und Lebensweisen der Haushalte sowie regionalen und zeitlichen Unterschieden bezüglich der Lebensverhältnisse mochten dabei vor allem die Ausführungen zu den praktischen Erwerbslehren differieren. Immer aber und gerade auch für die Erwerbskunst als Teil der Haushaltungskunst galt die Orientierung am angegebenen Maß als verbindlich.

Deutlich von den angeführten Schriften zur Ökonomie abzugrenzen sind diejenigen, die sich mit Fragen des Handels und Gelderwerbs beschäftigen und damit eher dem Verständnis von Wirtschaft im heutigen Sinne entsprechen. Durch Aristoteles hat auch diese Erwerbskunst ihre systematische Einordnung und ihren Namen erhalten: Chrematistik (griech. χρηματιστική) = Kunst Vermögen zu erwerben, Gelderwerbskunst. Obwohl von Aristoteles behandelt, ja sogar als Kunst apostrophiert, halten sie, aufgrund seiner Einschätzung als letztlich maßlos, auch nachfolgende Autoren für verwerflich. Abhandlungen zu ihr fehlen daher weitgehend, bzw. beschäftigen sich vor allem mit den Grenzen ihrer Erlaubtheit; eine eigenständige Theorieentwicklung findet über zweitausend Jahre nicht statt.[25]

Wirtschaften im Verständnis der Römer und der Christen des 1. Jahrtausends

Dies gilt auch für die römische Antike. Politisch ab dem 1. Jahrhundert vor Christus im Mittelmeerraum führend, profitierte Rom von der bereits verbreiteten hellenistischen Kultur. Unter dem politischen Schutz Roms entstand mit Hilfe von Arbeitsteilung, Fernhandel und Geldwirtschaft eine wirtschaftliche Blüte, wie sie in Europa erst wieder das Hochmittelalter erreichte.[26] Trotzdem beschränkt sich auch die systematische Literatur der Römer zu wirtschaftlichen Fragen auf Schriften über die Landwirtschaft, die den Rahmen der angeführten ökonomischen Abhandlungen im Sinne von Erwerbskunst des Haushaltes nicht überschreiten.[27] Im Vergleich zur griechischen Kultur wirklich eigenständige Leistungen brachten sie vor allem auf dem Gebiet der Geschichtsschreibung und der Rechtsentwicklung hervor. Zur Regelung der zivilen und kommerziellen Beziehungen der römischen Bürger und der sonstigen Bevölkerung untereinander hatten sich im Laufe der Jahrhunderte umfangreiche Rechtsvorschriften und eine differenzierte Rechtspraxis herausgebildet. Anfang des sechsten Jahrhunderts nach Christus gab Kaiser Justinian den Auftrag, diese zu bereinigen und zu vereinheitlichen. Als Ergebnis entstand das „Corpus juris civilis", ein juristisches Sammelwerk, das, neben einem Lehrbuch für Anfänger, alle

---

[24] Zum Topos „gutes und richtiges Leben" vgl. die Hinweise in FN 7 und auf S. 16. Als Beleg dafür, dass entsprechende Forderungen auch im Rahmen Platonischer Philosophie gelten, sei beispielsweise auf das von Platon genannte Kriterium der Seelenharmonie als Maß für den geordneten Gelderwerb verwiesen (vgl. PLATON: Der Staat. Über das Gerechte. Neuntes Buch, 591d).

[25] Vgl. BRUNNER ³1980, S. 105. Nach Brunner greift erst die moderne Nationalökonomie diese Fragestellung positiv auf.

[26] Vgl. VITTINGHOFF, F. (Hg.): Europäische Wirtschafts- und Sozialgeschichte in der römischen Kaiserzeit. Handbuch der europäischen Wirtschafts- und Sozialgeschichte. Bd. 1. Stuttgart 1990. S. 119ff. und CAMERON 1991, S. 56f.

[27] Vgl. SCHUMPETER 1965, S. 108 und S. 113.

damals gültigen kaiserlichen Gesetze sowie eine umfangreiche Zusammenstellung von einschlägigen Rechtsgutachten umfasste.[28] Diese Rechtssammlung wurde im Mittelalter zur Grundlage der universitären Juristenausbildung in weiten Teilen Europas. Ihre Einflüsse sind sogar heute noch, beispielsweise im deutschen Zivilrecht, nachweisbar.[29] Bezüglich der rechtlichen Grundlagen einer wirtschaftlichen Praxis, die auf Privateigentum und Vertragsfreiheit basiert, ist die Leistung der Römer also nicht zu unterschätzen. Andererseits ist festzuhalten, dass dies weder in Antike noch Spätantike zu einer Veränderung der normativen Einschätzung wirtschaftlichen Handelns führte.

Auch von den Christen des ersten Jahrtausends, die man in kultureller Hinsicht als Erben des Römischen Reiches verstehen kann, geht in Bezug auf das Verständnis wirtschaftlicher Zusammenhänge keine grundlegende Veränderung aus. Deren Theoretiker, die Kirchenväter, formulierten ihre Einsichten im Gedankengebäude antiker Philosophie und entwickelten dabei vor allem die Platonische Philosophie weiter.[30] Ihre für wirtschaftliches Verhalten bedeutsamen Aussagen bestanden weitgehend in einer zeitbezogenen Formulierung biblischer Mahnungen wie Reichtumskritik, Warnung vor Luxus und Ausschweifung sowie Aufforderung zur Mildtätigkeit und Armenfürsorge. Diese Forderungen waren individualethisch gemeint bzw. an christliche Gemeinden gerichtet. Selbst als das Christentum vom 4. Jahrhundert an zur führenden Religion im Römischen Reich wurde, mündeten sie nicht in grundsätzliche Gesellschaftspolitik oder eine neue Konzeption des Verständnisses von Wirtschaft.[31] Allerdings gingen von der Wirtschaftspraxis der frühen Christen, insofern sie diesen Forderungen entsprachen, Impulse aus, deren Wirkungen noch bis in die Wirtschafts- und Sozialsysteme der heutigen Zeit reichen. Zu nennen wäre dabei die Aufwertung der Arbeit, die in den antiken Gesellschaften als unehrenhaft galt und daher Sklaven und niederen Ständen vorbehalten war.[32] Ähnlich wie ein zweiter Aspekt, die institutionalisierte Form von Armenfürsorge in Hospitälern und Hospizen, wurde auch dieser Impuls nach dem Untergang des Weströmischen Reiches in erster Linie aufgrund der Praxis der Ordensgemeinschaften und Klöster durch die Wirren der Völkerwanderung tradiert.[33] Alles dies aber vermochte das vorherrschende Verständnis von Wirtschaft zunächst nicht zu verändern.

---

[28] Vgl. SCHUMPETER 1965, S. 109ff.

[29] Vgl. z.B. die Hinweise in der Einführung zur BGB-Ausgabe des Verlages C.H. Beck: BÜRGERLICHES GESETZBUCH mit Einführungsgesetz, Beurkundungsgesetz, AGB-Gesetz, Abzahlungsgesetz, Wohnungseigentumsgesetz, Ehegesetz und Hausratsverordnung. Textausgabe mit ausführlichem Sachregister und einer Einführung von Universitätprofessor Dr. Karl Larenz. München [28]1985. S. 9.

[30] Vgl. HIRSCHBERGER, J.: Kleine Philosophiegeschichte. Freiburg/Basel/Wien 1992. S. 62ff.

[31] Vgl. SCHUMPETER 1965, S. 113f.

[32] Vgl. die Ausführungen in: SEIPEL, I.: Die wirtschaftsethischen Lehren der Kirchenväter. Wien 1907. S. 123ff. Seipel hebt hervor, dass es den Kirchenvätern dabei zunächst vor allem um die asketische Funktion der Arbeit ging.
Cameron sieht in der sozio-ökonomischen Struktur der Sklaverei die Ursache für die mangelnde technologische Kreativität und den daraus folgenden wirtschaftlichen Niedergang der Antike (CAMERON 1991, S. 69). In der Tat zeigt sich spätestens im Hochmittelalter, dass die positive Einschätzung der Arbeit, mag sie zunächst auch aus religiösen Motiven erfolgen, zu technologischem Fortschritt und wirtschaftlichem Aufschwung führt (siehe unten S. 33f).

[33] Vgl. FURGER, F.: Moral oder Kapital? Grundlagen der Wirtschaftsethik. Zürich/Mödling 1992. S. 37.

Sowohl das antike Rom als auch die Christen des ersten Jahrtausends beziehen die Systematik ihres Denkens über Wirtschaft aus der griechischen Philosophie: Wirtschaften ist die Versorgung der Hausgemeinschaft im Rahmen der umfassenden Gemeinschaft des Staates. Das „gute und richtige Leben" als Maß allen wirtschaftlichen Handelns war ohne Probleme unterschiedlich auszulegen. Auch wenn die wirtschaftliche Blüte antiker Gesellschaften in nicht unerheblichem Maß durch verkehrswirtschaftliche Elemente hervorgebracht worden ist, bleibt entscheidend, dass Tausch und Handel, vor allem aber die damit verbundene Vorstellung letztlich unbegrenzten wirtschaftlichen Wachstums, nicht zu Gesellschaft bestimmenden Leitbildern wurden. Das Denken über Wirtschaft orientierte sich weiter an der Vorstellung der Versorgung der Hausgemeinschaft, d.h. am Leitbild einer stationären Wirtschaft.[34] Tatsächlich wuchs gegen Ende des Weströmischen Reiches die Bedeutung der Latifundien, da diese Landgüter in unruhigen Zeiten in der Lage waren, sich selbst zu schützen und zu versorgen. Gesamtwirtschaftlich aber bedeutete diese Rückkehr zur Subsistenzwirtschaft Stagnation.

In der Zeit nach dem Untergang des Weströmischen Reiches beherrschen Völkerwanderung sowie Kriege und Unruhen die politische Lage. Als neue Ordnungsmacht entsteht in Mitteleuropa das Frankenreich, dessen Herrscher sich dem Christentum zuwenden. Wirtschaftlich ist die Situation durch einen weiteren Rückgang von Handel und Handwerk sowie eine entsprechend verstärkte Bedeutung agrarisch orientierter Subsistenzwirtschaft gekennzeichnet.[35] Die schon in der Spätantike gewachsene wirtschaftlich-politische Bedeutung der Latifundienwirtschaft entwickelt sich durch Übernahme und Kombination mit dem Gefolgschaftsprinzip der germanischen Stämme zum Lehnswesen und damit zur Sozialstruktur des Feudalismus.[36] Wirtschaftliches Denken kann sich dabei weiter in den vorgegebenen Strukturen bewegen. Im Übrigen ist die allgemein danieder liegende geistig-kulturelle Situation nicht dazu angetan, ökonomische Theoriebildung voranzutreiben.

Dies ändert sich mit der Übernahme der Frankenherrschaft durch die Karolinger. Karl der Große vergrößert und stärkt sein Reich nicht allein durch erfolgreiche Kriegführung, sondern auch durch eine umfangreiche Verwaltungsreform. Mit seiner Kaiserkrönung durch den Papst tritt er in die Nachfolge des Weströmischen Reiches, dessen spätantike Kultur und Bildung er bewusst aufgreift und fördert, so dass diese Epoche gelegentlich als „Karolingische Renaissance" bezeichnet wird.[37] Seine Schulgründungen, die sich nicht zuletzt aus dem Bedürfnis nach qualifiziertem Verwaltungspersonal für sein Reich erklären, sind Ursprung und Namensgeber für die das Mittelalter bestimmende Denkrichtung der „Scholastik".

---

[34] Schumpeter nimmt an, dass die Unerwünschtheit der sich aus Tauschprozessen ergebenden wirtschaftlichen Dynamik durch das Ziel der Sicherstellung des politisch-gesellschaftlichen Status Quo motiviert war (vgl. SCHUMPETER 1965, S. 95). Vgl. auch BRUNNER ^{3}1980, S. 123.

[35] Vgl. CIPOLLA, C. M./BORCHARDT, K. (Hg.): Europäische Wirtschaftsgeschichte. Bd. 1: Mittelalter. Stuttgart/New York 1978. S. 3 und HOUTE, J.A. VAN (Hg.): Europäische Wirtschafts- und Sozialgeschichte im Mittelalter. Handbuch der europäischen Wirtschafts- und Sozialgeschichte. Bd. 2. Stuttgart 1980. S. 66ff. Der Autor verweist dabei allerdings auf eine Sonderentwicklung für den friesischen Raum von der Mitte des siebten Jahrhunderts an (vgl. a.a.O. S. 69f.).

[36] Vgl. HOUTE 1980, S. 4.

[37] Vgl. SCHIEFFER, TH. (Hg.): Europa im Wandel von der Antike zum Mittelalter. Handbuch der europäischen Geschichte. Bd.1. Stuttgart 1976. S. 38 u S. 571.

Zunächst als Kloster- bzw. Domschulen entstanden, entwickelte sich ein Teil von ihnen zu den ersten Universitäten. Deren Fächer bildeten die so genannten „Sieben Freien Künste"; wie auch das Anknüpfen am philosophischen Paradigma neuplatonischen Denkens, war dies eine Fortführung spätantiker Tradition. Weitgehend von Klerikern und Mönchen getragen, stellte der christliche Glaube den Orientierungsrahmen des Denkens dar. Das eigentliche Programm aber bestand darin, dieses Glaubensgut rational zu durchdenken, wie es in der so genannten „scholastischen Losung" des Anselm von Canterbury heißt.[38]

Wirtschaften im Verständnis der Scholastik

Während des elften und zwölften Jahrhunderts gelangten, teilweise auf dem Umweg über die Rezeption islamischer und jüdischer Gelehrter, die Schriften des Aristoteles in die scholastische Diskussion. In diesem Zusammenhang wurden auch wieder Erkenntnisse der Mathematik und der Naturwissenschaften zu Gegenständen wissenschaftlicher Theoriebildung. Die neu entstehenden Universitäten bildeten neben den theologischen und den philosophischen Fakultäten, bzw. den „Artistenfakultäten" als deren Vorläufern, auch juristische und medizinische Fakultäten.[39] An eine eigenständige Behandlung ökonomischer Probleme an den Universitäten war noch lange nicht zu denken; allerdings bot der wieder entdeckte Aristoteles den systematischen Rahmen zur Behandlung entsprechender Fragestellungen im Rahmen theologischer Ethik. Diese erfolgte im dreizehnten Jahrhundert mit maßgeblicher Bedeutung für die Folgezeit durch Thomas von Aquin.[40] Seine Überlegungen sind daher ausführlicher zu behandeln. Vorab ist als Verständnishintergrund die reale wirtschaftliche Entwicklung im Hochmittelalter zu skizzieren.

Nachdem sich die Unruhen der Völkerwanderung gelegt und ein neues Staatengefüge etabliert hatte, begann mit einem neuen Bevölkerungswachstum in West- und Mitteleuropa auch der Wohlstand der Menschen langsam zu steigen; die vorherrschende Subsistenzwirtschaft wurde durch zunehmende Tausch- und Handelstätigkeit ergänzt. Dies wirkte sich positiv auf das Wachstum und die Neuentstehung von Städten aus; sie entwickeln sich zunächst vor allem aus alten Römergründungen, teilweise aber auch aus frühmittelalterlichen Klöstern.[41] Die neue Bedeutung der Städte wird zuerst in Oberitalien sichtbar. Mit den ersten Kreuzzügen am Ende des elften Jahrhunderts etablieren sich die Städte Venedig und Genua als Fernhandelsmetropolen mit einer Vielzahl von Kolonien und Handelsniederlassungen. Deren Handelsgüter waren vor allem Gewürze und andere

---

[38] Vgl. HIRSCHBERGER, J.: Kleine Philosophiegeschichte. Freiburg/Basel/Wien 1992. S. 72ff. Hirschberger bezeichnet Anselm aufgrund seiner Formel des „fides quaerens intellectum" als den Vater der Scholastik.

[39] Vgl. HIRSCHBERGER 1992, S. 78ff. und SEIBT, F. (Hg.): Europa im Hoch- und Spätmittelalter. Handbuch der europäischen Geschichte. Bd. 2. Stuttgart 1987. S. 73f.

[40] Damit soll die wirtschaftswissenschaftliche Bedeutsamkeit einschlägiger Abschnitte der Aristoteles-Kommentare seines Lehrers Albertus Magnus nicht herabgesetzt werden. Allerdings hatten die Ausführungen des Thomas aufgrund ihrer Veröffentlichung als theologisches Lehrbuch eine deutlich erfolgreichere Rezeptionsgeschichte.

[41] Vgl. HOUTE 1980, S. 70f. und CIPOLLA/BORCHARDT 1978, S. 47ff. Zur Darstellung der Geschichte in Deutschland vgl. NORTH, M. (Hg.): Deutsche Wirtschaftsgeschichte. München 2000. S. 15ff.

exotische Waren, wie Seide und Porzellan. Aber auch im Norden gab es bald bedeutende Städte. Zunächst waren dies vor allem die Städte Flanderns. Anfang des dreizehnten Jahrhunderts entstand dann aus einer Allianz der Städte Lübeck und Hamburg die Hanse. Dieser Städtebund widmete sich in erster Linie dem Handel im Bereich von Nord- und Ostsee, reichte aber bald bis nach Russland hinein. Im Gegensatz zu den Luxusgütern, die die Städte des Mittelmeerraumes anboten, handelten die Städte des Nordens eher mit Agrarprodukten, also lebensnotwendigen Gütern. Vom Ende des vierzehnten Jahrhunderts an wuchs mit der Zunahme des Bergbaus und des Binnenhandels auch die Bedeutung der Oberdeutschen Städte.[42]

Mit dem Fernhandel und den sich aus ihm ergebenden wirtschaftlichen und finanztechnischen Notwendigkeiten entwickelten und verfeinerten sich die entsprechenden Praktiken und Instrumente. So erforderte die Bezahlung von Ware in fremder Währung die Tätigkeit des Wechslers. Aus dem reinen Umtausch von Zahlungsmitteln entstand durch Weiterentwicklung und Hinzunahme von Dienstleistungen bald der Geschäftskreis moderner Banken. Befördert wurde dies durch die Übernahme des arabischen Zahlensystems, das die Verrechnung von Geldbeträgen vereinfachte. So konnte das Buchgeld entstehen, Zahlungen mussten nicht mehr bar erfolgen. Das Bargeld verblieb bei den Wechslern bzw. Banken und wurde dem jeweiligen Geschäftspartner gutgeschrieben. Mit Hilfe von Niederlassungen der Banken an allen großen Handelsplätzen wurde der gefährliche Transport großer Bargeldsummen vermieden. Um Warenlieferung und Zahlungszeitpunkt nicht auseinander fallen zu lassen, konnten die Banken zusätzlich die Gewährung von Krediten übernehmen. Die allmähliche Verbreitung der Fähigkeiten des Schreibens und Lesens über den Stand der Kleriker hinaus ermöglichte zudem eine differenziertere Vertragsgestaltung und das Entstehen dauerhafter Geschäftsbeziehungen. Besonders für risikoreiche Geschäfte, etwa den Transport von Waren auf dem Seeweg, entstanden Versicherungen. Daneben bildeten sich zur Aufbringung von Risikokapital, zum Beispiel zur Ausrüstung einer Kaufmannsflotte, Gesellschaften von Kaufleuten, an denen man sich teilweise sogar mit übertragbaren Anteilsscheinen beteiligen konnte.[43] Im Gegensatz zur stationären Wirtschaft, die Spätantike und frühes Mittelalter ausgezeichnet hatte, handelt es sich also im Hochmittelalter um eine Situation zunehmender wirtschaftlicher Dynamisierung.

Aufgrund der sich aus dieser Dynamik ergebenden wirtschaftlichen Blüte wächst auch die soziale und politische Bedeutung der Städte. Dies gilt vor allem für die oberitalienischen Stadtstaaten; aber auch in Deutschland zeigt das Phänomen der freien Reichsstädte, die unmittelbar dem Kaiser unterstehen, das gewachsene Selbstbewusstsein der Städte und ihrer Bewohner.[44] Vor diesem Hintergrund ist das Entstehen und Wirken der neuen Orden der Franziskaner und Dominikaner einzuordnen, die die Hochscholastik maßgeblich prägen. Ihre Klöster entstehen nicht, wie die benediktinischer Mönchstradition, außerhalb der Städte, quasi als deren Gegenentwürfe, sondern gerade in ihnen. Sie sind

---

[42] Vgl. CIPOLLA/BORCHARDT 1978, S. 181 und S. 186ff.

[43] Damit liegen bei einigen dieser Gesellschaften bereits Merkmale moderner Aktiengesellschaften vor. Vgl. zur detaillierten Beschreibung des mittelalterlichen Handels- und Finanzapparates die Ausführungen bei CIPOLLA/BORCHARDT 1978, S. 197ff. und HOUTE 1980, S. 83ff.

[44] Vgl. SEIBT 1987, S. 108ff.

Bestandteil ihrer Entwicklung, vor allem, was das Geistesleben und die Gründung von Universitäten betrifft. Ihre Aufgabe sehen die neuen Orden vornehmlich in der Seelsorge, d.h. in Zeiten sich wandelnder soziokultureller Verhältnisse nicht zuletzt in der Glaubensvermittlung und Glaubensvergewisserung. Zur Vorbereitung der Seelsorger auf diese Aufgabe entstehen unter Beteiligung der Bettelorden Ordenshochschulen und theologische Fakultäten.[45]

Eben dieser Aufgabe dient das Hauptwerk des Thomas von Aquin, die „summa theologica". Thomas, als Hochschullehrer in Paris, Rom und Neapel tätig, verfasst sie als systematisches Lehrbuch der christlichen Religion für Anfänger und Fortgeschrittene.[46] Entsprechend der bereits angeführten „scholastischen Losung" ist sein Ziel, diese Lehre als Wissenschaft auszuweisen. Gegenstands- und Methodenbestimmung der Theologie ist deshalb das Thema seiner ersten Untersuchung. Als Ausgangspunkt dafür wählt er die Frage, ob es über die philosophischen Wissenschaften hinaus noch eine weitere geben müsse, da diese doch alles behandelten, was zum Bereich der menschlichen Vernunft gehöre. Insofern die Philosophie auch Fragen der Gotteslehre behandelt, bezeichnet Thomas sie als „natürliche Theologie", deren Aussagen ausschließlich der menschlichen Vernunft entstammen. Ihr gegenüber stellt er eine weitere Wissenschaft, die auf göttlicher Offenbarung beruht. Für die theologische Auslegung dieser Offenbarung verwendet Thomas den Begriff der „heiligen Wissenschaft". Ausdrücklich hebt er dabei als Wissenschaft konstituierendes Prinzip die unterschiedlichen Erkenntnisgründe hervor. Im Vergleich mit den Formalkriterien der damals etablierten Wissenschaften, die Thomas noch mit dem Sammelbegriff „philosophische Wissenschaften" bezeichnet, begründet er den Wissenschaftsanspruch der Offenbarungstheologie.[47] Allerdings wandelt sich im Verlauf der Untersuchung das untereinander ausgeglichene Verhältnis der Wissenschaften in eine Überlegenheit der Theologie, bis hin zur Rede von den anderen Wissenschaften als „Mägden".[48] Mag diese Bezeichnung in den späteren Emanzipationsbestrebungen der Philosophie und der aus ihr sich verselbständigenden Wissenschaften zum Skandal- bzw. Kampfbegriff geworden sein, so ist für die Zeit des Thomas von Aquin festzuhalten, dass es ihm mit seiner Hilfe gelang, die Erkenntnisse und Systematik des heidnischen Philosophen Aristoteles, der vielen christlichen Zeitgenossen nicht zuletzt aufgrund seiner Neuentdeckung durch jüdische und islamische Gelehrte verdächtig war, einen Platz im christlichen Denken zu verschaffen.

Entsprechend seiner eingangs getroffenen Unterscheidung zwischen natürlicher Theologie und Offenbarungstheologie bieten die Abhandlungen der Summe sowohl Argumente auf rein offenbarungstheologischer Basis als auch Argumente aus dem Bereich der Philo-

---

45 Vgl. SEIBT 1987, S. 78 ff. und S. 112 und BECK, H.-G./U.A. (Hg.): Die mittelalterliche Kirche. Vom kirchlichen Hochmittelalter bis zum Vorabend der Reformation. Handbuch der Kirchengeschichte. Bd. III, zweiter Halbband. Freiburg/Basel/Wien 1968. S. 220-229.

46 Vgl. THOMAS VON AQUIN: Summa Theologica. Die Deutsche Thomas-Ausgabe. Vollständige, ungekürzte deutsch-lateinische Ausgabe der Summa Theologica. Übersetzt von Dominikanern und Benediktinern Deutschlands und Österreichs. Hauptschriftleiter: Heinrich M. Christmann. Salzburg 1933ff. Vorwort/Prologus.

47 Vgl. THOMAS VON AQUIN: Summa Theologica. 1. Buch. 1. Untersuchung.

48 Vgl. a.a.O. 5. Artikel.

sophie. Thomas zitiert dabei häufig Aristoteles, den er nur als „der Philosoph" bezeichnet. Besonders zahlreich sind seine Rückgriffe auf ihn im zweiten Teil des zweiten Buches, der moraltheologischen Fragen gewidmet ist und sich in der Regel zustimmend auf die Ethik des Aristoteles bezieht. Fragen zur Wirtschaft werden in den Untersuchungen 77 und 78 im Rahmen der Erörterung der Tugend der Gerechtigkeit behandelt.[49]

Der Zusammenhang, in dem diese Fragen aufgeworfen werden, erscheint dem heutigen Leser ungewöhnlich: Es geht um die Sünden, die beim Kauf und Verkauf bzw. beim Zinsnehmen begangen werden. Thomas beginnt seine Abhandlung daher mit einer Schilderung zu seiner Zeit gängiger Betrugspraktiken und der für sie angeführten Entschuldigungen, um diese dann eindeutig als Sünde zu qualifizieren und die Argumente für sie zu widerlegen. Sein zentrales Argument ergibt sich aus einer Betrachtung des Wesens des Tauschaktes, das er unter Rückgriff auf die Ausführungen des Aristoteles im ersten Buch der Politik, Kapitel 9, bestimmt. Da der Tausch wegen des gemeinsamen Nutzens beider Seiten eingeführt sei, erfordere das Gleichmaß der Gerechtigkeit, dass keine der beiden Seiten eine höhere Belastung trage. Deshalb müssen die Werte der jeweils gegebenen Sache, bzw. der in Münzen gezahlte Preis für eine Sache, einander entsprechen. Thomas unterstellt, dass dies bei den üblichen Preisen für Gebrauchsgüter in der Regel der Fall sei. Die aus wirtschaftstheoretischer Sicht interessante Frage, worin die Bestimmungsgründe für den Preis bzw. Wert einer Sache liegen, wird von ihm nicht eindeutig beantwortet. In seinen weiteren Ausführungen zu der von ihm als Sonderfall bezeichneten Situation, dass ein Handel bei ungleicher Einschätzung des Wertes einer Sache zustande kommt, wird deutlich, dass der Preis einer Sache eine subjektive Einschätzung ihres Nutzens beinhaltet. Er lässt in diesem Zusammenhang einen Aufpreis für entgangenen Nutzen des Verkäufers zu bzw. erlaubt einen freiwilligen Mehrpreis zur Honorierung eines besonders großen Nutzens des Käufers. Allerdings scheint dies nur ein Hilfskriterium im Fall fehlender Marktpreise zu sein. Thomas lehnt es ab, den subjektiven Nutzen zum eigentlichen Bestimmungsgrund des Preises zu erklären, da dieser nicht von der jeweiligen Gegenseite hervorgebracht sei; stattdessen betont er als Kriterium für den gerechten Preis noch einmal ausdrücklich das Gleichmaß in der Sache.[50]

Im zweiten und dritten Artikel der 77. Untersuchung beschäftigt sich Thomas weiterhin mit Fragen des Betruges. Er verwendet dabei eine noch heute gebräuchliche Systematik in der Unterscheidung von Sachmängeln, nämlich Mängel in der Art, Mängel in der Menge oder Größe und Mängel in der Beschaffenheit. Die Pflicht zum Schadenersatz betont er sowohl für Käufer als auch Verkäufer. Im Zusammenhang der Zurückweisung verbreiteter Entschuldigungsgründe für einschlägiges Fehlverhalten wird deutlich, dass er den Wert einer Sache weitgehend mit ihrem Gebrauchswert identifiziert.[51] Interessant ist, dass er grundsätzlich zwischen gesetzlich Gefordertem und moralischer Verpflichtung, im Sinn von hohem Maß an Tugend, unterscheidet.[52] Diese Unterscheidung bildet die Überleitung zum vierten Artikel. In ihm geht es um die Frage, ob das Handeltreiben als berufsmäßiger

[49] Vgl. zum Folgenden: THOMAS VON AQUIN: Summa Theologica. 2. Buch. 2. Teil. 77. und 78. Untersuchung.

[50] Vgl. a.a.O. 77. Untersuchung, 1. Artikel, zu 3.

[51] Vgl. a.a.O. 77. Untersuchung, 2. Artikel, zu 3.

[52] Vgl. a.a.O. 77. Untersuchung, 1. Artikel, zu 1 und 3. Artikel, zu 4.

Erwerb, der natürlich rechtlich zulässig ist, auch moralisch zu rechtfertigen ist, da er ja grundsätzlich darauf gerichtet ist, teurer zu verkaufen als einzukaufen.

Thomas bringt einige Gegenargumente aus der Tradition und seiner eigenen Erörterung zum ersten Artikel und folgt dann in seiner eigentlichen Antwort zunächst der Argumentation des Aristoteles, der, wie wir gesehen haben, den Tausch zur Bedürfnisbefriedigung von der auf Gewinnerzielung gerichteten Erwerbskunst unterscheidet und die letztere aufgrund ihrer Maßlosigkeit moralisch disqualifiziert.[53] An dieser Stelle aber erfolgt bei Thomas eine Wendung: Zwar zitiert er Aristoteles zustimmend, führt aber gleich darauf aus, dass die Absicht der Gewinnerzielung nicht in sich lasterhaft sei, sondern anderen notwendigen oder ehrenhaften Zielen, wie der Erhaltung des eigenen Haushaltes, der Hilfe für Bedürftige oder der Beförderung des öffentlichen Nutzens, untergeordnet werden könne. Ein weiteres Argument bezieht sich auf die vorangegangenen Überlegungen zum gerechten Preis und das sich aus ihnen ergebende Problem der Rechtfertigung des Gewinns. Thomas führt an, dass man den Gewinn als Ertrag der Arbeit des Händlers verstehen könne. Damit benennt er einen weiteren Bestimmungsgrund für den Wert einer Sache: Ihr Preis kann auch interpretiert werden als Maß für die in ihr steckenden Kosten bzw. Arbeit.[54] In seinen weiteren Ausführungen erwähnt er die Veränderung einer Sache und das Risiko des Transportes als Aspekte dieser Arbeit, lässt in diesem Zusammenhang aber auch die Ausnutzung zeitlicher und räumlicher Schwankungen der Marktpreise als legitime Gründe für Gewinnerzielung durch höhere Preise gelten. Thomas kommt damit zu einer moralischen Rechtfertigung der seit Aristoteles gebrandmarkten Chrematistik.

Allerdings betrifft diese Rechtfertigung mit dem Handel nur einen Teil der Chrematistik. Eng verbunden mit dem zur Zeit des Thomas dynamisch wachsenden Handel sind finanzwirtschaftliche Transaktionen und mit ihnen der Zins als Instrument des Geldgeschäftes. Bezüglich des Zinsnehmens aber vertritt Thomas von vorne herein die Auffassung, dass es sich um Sünde handele.[55] Er beginnt seine Ausführungen mit einer Auflistung verbreiteter Entschuldigungsgründe und führt als Einwand das traditionelle biblische Zinsverbot aus Exodus 22,25 an. Seine eigentliche Antwort aber beurteilt die Praxis des Zinsnehmens unter dem Gesichtspunkt der Gerechtigkeit und qualifiziert sie als in sich ungerecht, da sie dem Gleichheits- bzw. Äquivalenzprinzip widerspreche. Thomas erläutert dies, indem er auf den Unterschied zwischen Gebrauchs- und Verbrauchsgütern verweist. Bei der Verleihung von Gebrauchsgütern besteht der Ausgleich gerechterweise in einer Rückgabe des Gutes sowie einer Entschädigung für den entgangenen Gebrauch

---

[53] Vgl. oben S. 19f. die Ausführungen zum 9. Kapitel des 1. Buches der Politik des Aristoteles.

[54] Grundgelegt, nicht aber auf das Problem des Handels angewendet ist der Gedanke des Preises als Maß für die Arbeit, die in einer Sache steckt, bei Aristoteles im fünften Buch der Nikomachischen Ethik (1133). Schon vor Thomas hat sein Lehrer Albertus Magnus diese Ausführungen im Sinne einer Arbeitswerttheorie interpretiert (vgl. S. ALBERTI MAGNI Opera omnia, Tomus XIV Pars I: Super Ethica. Commentum et quaestiones. Libros quinque priores. Ed. Wilhelmus Kübel. Monasterium Westfalorum 1972. S. 343. sowie PRIBRAM, K.: Geschichte des ökonomischen Denkens. Frankfurt 1998, S. 40ff., der der These von der scholastischen Wirtschaftstheorie als Vorläufer moderner Arbeitskostentheorie allerdings nicht folgt).

[55] Der Titel der 78. Untersuchung lautet: "Von der Sünde des Zinsnehmens".

des Gutes. Bei Verbrauchsgütern ist demgegenüber die Nutzung des Gutes von der Existenz des Gutes selber nicht zu trennen. Die gerechte Gegenleistung für die Leihe eines Verbrauchsgutes besteht daher nur in der Rückgabe eines entsprechenden Gutes. Geld aber wird von Thomas unter Hinweis auf seine bei Aristoteles definierte Funktion der Erleichterung von Tauschgeschäften als ein Verbrauchsgut angesehen.[56] Das Annehmen einer Belohnung für die Verleihung von Geld ist demnach ungerecht. Von diesem Grundsatz her bestimmen sich auch die Ausführungen zum zweiten Artikel, die sich mit der Frage beschäftigen, ob es erlaubt sei, statt des Zinses andere Vorteile als Geld anzunehmen. Wie zu erwarten, lehnt Thomas dies unter Hinweis auf die bereits angeführte Begründung ab.

Interessant sind allerdings die Zugeständnisse, die er dabei macht. Schon zum dritten Einwand des ersten Artikels hatte er hervorgehoben, dass manches nützliche Werk unterbunden würde, wenn alle Sünden von Gesetz wegen bestraft würden. Mit dem Argument des Ausgleichs für die Entbehrung des geliehenen Geldes räumt er nun die Erlaubtheit eines Schadenersatzes für den Darlehensgeber ein; allerdings scheut er sich, hierfür auch das Argument entgangenen Gewinns zuzulassen, da dieser noch nicht verwirklicht sei. Die Vergabe von Kapital an Handwerker oder Kaufleute gegen Gewinnbeteiligung hält er dagegen für sittlich erlaubt, da hierbei ein Risiko getragen werde, das gerechterweise zu entgelten sei.[57]

Die weiteren Ausführungen zum dritten und vierten Artikel behandeln die Fragen der Rückgabepflicht von Gewinn, der durch Zins erworben wurde, und die Erlaubtheit der Zinszahlung. Auch hierbei bleibt für Thomas das Grundanliegen der Gerechtigkeit bei Würdigung der konkreten Umstände maßgebend. So berücksichtigt er durch die Beschränkung der grundsätzlichen Rückgabepflicht für ungerecht Erworbenes auf die eigentliche Zinssumme den schon vorher angeführten Gedanken des Gewinns als Lohn für die Mühe des Kaufmannes.[58] Die Darlehensaufnahme gegen Zins bei professionellen Geldverleihern ist für ihn durch Verweis auf gute Zwecke generell gerechtfertigt.[59]

Verglichen mit dem Gesamtwerk des Thomas von Aquin stellen die beiden Untersuchungen über den Handel und den Zins eher Marginalien dar. Ihre Bedeutung für die Entwicklung sowohl der Wirtschaftspraxis als auch der wirtschaftswissenschaftlichen Reflexion kann aber kaum hoch genug eingeschätzt werden. Um dies zu verdeutlichen, ist noch einmal an den Entstehungszusammenhang der Äußerungen zu erinnern. Die von Thomas und anderen Scholastikern verfassten Summen gehörten zur theologischen Lehrbuchliteratur, die der Ausbildung von Priestern und Ordensgeistlichen diente. Deren Aufgabe bestand im Hochmittelalter zunehmend in der persönlichen Seelsorge, vor allem in den wachsenden Städten. Sie zielte auf die in ihrer sozialen Bedeutung gewachsenen Stände der Handwerker und Kaufleute. In deren Situation und Lebenszusammenhänge hinein

---

[56] Vgl. ARISTOTELES: Nikomachische Ethik, 5. Buch, 8. Kapitel und Politik, 1. Buch, 9. Kapitel.

[57] Vgl. THOMAS VON AQUIN: Summa Theologica. 2. Buch. 2. Teil. 78. Untersuchung, 2. Artikel, zu 1 und zu 5.

[58] Vgl. a.a.O. 78. Untersuchung. 3. Artikel, zu 3 und die obigen Ausführungen zum 4. Artikel der 77. Untersuchung.

[59] Vgl. a.a.O. 78. Untersuchung. 4. Artikel, Antwort.

war das Evangelium mit seinen moralischen Implikationen auszulegen. Dies geschah nicht zuletzt im Rahmen der persönlichen Beichte. Die Summen waren daher auch Ratgeber für die Seelsorger in ihrer Funktion als Beichtväter.[60] Entsprechend bemüht sich Thomas, die in systematischer Reflexion gewonnenen Grundprinzipien des Glaubens auf die konkreten Probleme und vorfindlichen Verhaltensweisen in der (wirtschaftlichen) Praxis seiner Zeit hin auszulegen. Statt genereller moralischer Disqualifizierung des Handels kennzeichnen seine Äußerungen große Offenheit und Verständnis für wirtschaftliche Erfordernisse.

Genau dieser Aspekt macht seine Ausführungen auch unter systematischer Perspektive interessant. Thomas reflektiert und bewertet wirtschaftliches Handeln auf dem Hintergrund der ökonomischen Vorstellungen des Aristoteles. Trotzdem kommt er im Ergebnis teilweise zu anderen Einschätzungen. Erklärbar wird dies durch die gewandelten soziokulturellen Verhältnisse. Fand Aristoteles in der Antike eine vertikal starr gegliederte Gesellschaft und ihr entsprechend eine stationäre Wirtschaft vor, die sich in der Feudalordnung des Mittelalters strukturell fortsetzten, so lebt Thomas in einer Epoche beginnender wirtschaftlicher und gesellschaftlicher Dynamisierung. Da die Analyse der vorgefundenen Wirklichkeit im Werk beider eine Rolle spielt, weichen die Ergebnisse ihrer Überlegungen trotz weitgehend übereinstimmender Ausgangsbasis voneinander ab. Besonders deutlich wird dies an der Einschätzung des Zinses. Thomas greift in seiner Auseinandersetzung mit dem Zins den Gedanken des Aristoteles von der „Unfruchtbarkeit des Geldes“ auf. Durch seine Unterscheidung zwischen Ge- und Verbrauchsgütern legt er das darin steckende grundsätzlich gerechtigkeitstheoretische Argument frei und ermöglicht eine differenzierte Anwendung dieses Gedankens auch bei geänderter Einsicht in Eigenart und Funktion des Geldes. Eine Verurteilung des Zinses verliert nämlich dann ihre Berechtigung, wenn Geld mehr ist als Tauschmittel und Verbrauchsgut. Genau dies aber beginnt sich, wie wir gesehen haben, in der Wirtschaft des Mittelalters abzuzeichnen. Zur Finanzierung langfristiger Unternehmungen vor allem auf dem Gebiet des Fernhandels sind größere Geldsummen nötig, die nicht zuletzt durch Darlehensverträge beschafft werden.[61] Der für diese Darlehen gezahlte Zins ist, wegen der Ungewissheit des Ausgangs der Unternehmungen, als Risikoprämie zu interpretieren. Mit wachsender Nachfrage nach solchen Darlehen entstanden Kapitalmärkte, so dass der Zins zusätzlich eine Ausgleichszahlung für den entgangenen Gewinn einer nicht genutzten, eventuell sichereren Geldanlage bedeuten konnte. Geld wird in einer dynamischen Wirtschaft zu Kapital, d.h. es wird unter dem Aspekt seiner Investitionsmöglichkeiten in gewinnbringende Unternehmungen betrachtet. Seine Wertaufbewahrungsfunktion kann es nur erfüllen, wenn es durch Zinszahlung vor einem allmählichen Wertverlust geschützt wird. Unproduktivität von Kapital, also reines Aufbewahren von Geld, zieht Realwertverlust nach sich. Zur Zeit des Thomas ist diese Entwicklung erst in Anfängen vorhanden. Seine Überlegungen zur Erlaubtheit des Zinses gehen aber genau auf die entsprechenden Argumente ein, die aus der konkre-

[60] Vgl. SCHUMPETER 1965, S. 148f.

[61] Diese haben mit den in stationären Wirtschaften verbreiteten Darlehen zur Linderung vorübergehender Notlagen, also weitgehend Konsumentendarlehen, wenig gemein. Das Zinsverbot der Bibel, des Aristoteles und der Kirchenväter zielte auf solche Konsumentendarlehen und diente dem Schutz vor sozialer Verelendung.

ten Wirtschaftspraxis vorgebracht wurden.[62] Sie formulieren gewichtige Kriterien, die eine Rechtfertigung des Zinses ermöglichen, ohne die Forderung nach Gerechtigkeit außer Acht zu lassen. Diese wurden von ihm folgenden scholastischen Denkern aufgegriffen und den geänderten wirtschaftlichen Verhältnissen angepasst.[63]

Es wäre allerdings verfehlt, den offensichtlichen wirtschaftsfreundlichen Realismus des Thomas als opportunistisches Nachgeben gegenüber dem Drängen einer Bedeutung gewinnenden Kaufmanns- und Handwerkerschicht zu interpretieren. Wie gezeigt worden ist, lässt Thomas sich, bei aller Bereitschaft auf die Erfordernisse der Praxis differenziert einzugehen, in seinem moralischen Urteil vom unverrückbaren Prinzip der Gerechtigkeit leiten. Der Stellenwert, den die Erfordernisse der Praxis für ihn haben, ist nicht auf Interessenkonvergenz des noch jungen Ordens der Dominikaner mit den erstarkenden Kräften einer neuen Gesellschaftsstruktur zurückzuführen, sondern systematischen Ursprungs. In der kurzen Darstellung seiner Eingangsreflexionen zur Summe ist deutlich geworden, dass er den wissenschaftlichen Anspruch seiner theologischen Aussagen mit Hilfe einer grundsätzlich wissenschaftstheoretischen Reflexion begründet. In diesem Zusammenhang führt er aus, dass die Wissenschaften in der Wahrheit des Seienden gründen, die durch menschliche Vernunft erkannt werden kann.[64] Für Thomas ist die grundlegend rationale Struktur der Wirklichkeit Voraussetzung und Grund vernunftgemäßer menschlicher Erkenntnis. Bezogen auf den Bereich der sozialen Phänomene bezeichnet er diese mit dem Begriff des „Naturrechtes".[65]

Bereits in der Wiedergabe der wirtschaftsbezogenen Überlegungen des Aristoteles war häufig der Begriff des „Naturgemäßen" aufgetaucht. Den Hintergrund dieses Begriffes bildet seine Unterscheidung von menschlichen Handlungsnormen nach solchen, die durch menschliches Gesetz erlassen sind, und solchen, die von Natur aus gelten.[66] Auch Thomas lässt sich bei der Verwendung des Begriffes „Naturrecht" von dieser Unterscheidung leiten. Bei Aristoteles entsprach dem „Naturgemäßen" ein normatives Verständnis menschlichen Lebens, das als „gutes und tugendhaftes Leben in der Gemeinschaft" ge-

---

[62] Siehe oben die Ausführungen auf S. 29 mit Hinweisen auf die entsprechenden Belegstellen.

[63] In der „Zinstiteltheorie" der Scholastik wurden die entsprechenden Rechtfertigungen des Zinses unter den Begriffen „periculum sortis" und „damnum ergens" bzw. „lucrum cessans" bis ins 20. Jahrhundert diskutiert (vgl. KNOLL, A. M.: Der Zins in der Scholastik. Innsbruck/Wien/München 1933. S. 15ff.).

[64] Vgl. THOMAS VON AQUIN: Summa Theologica. 1. Buch. 1. Untersuchung. 1. Artikel. Es ist dabei unerheblich, dass Thomas die entsprechenden Aussagen an dieser Stelle vornehmlich in apologetischer Hinsicht aufgreift, um die Berechtigung der Offenbarungstheologie nachzuweisen. Auch die an späterer Stelle ausdrücklich hervorgehobene Irrtumsmöglichkeit und der Hinweis auf mögliche Einschränkungen menschlicher Vernunft (vgl. a.a.O. die Ausführungen zum 5. Artikel) bestätigen letztlich den von ihm vertretenen „objektiven Rationalismus", d.h. die Annahme einer vernunftgemäßen Verfasstheit der Wirklichkeit.

[65] „Rationis autem prima regula est lex naturae" (a.a.O. 2. Buch. 1. Teil. Untersuchung 95. 2. Artikel. Antwort.). Der Satz entstammt einer Ausführung zur Frage des Zusammenhangs zwischen natürlichem und von Menschen erlassenem Gesetz aus dem soganannten „Lex-Traktat", den Untersuchungen 90 bis 105 im ersten Teil des zweiten Buches der Summe.

[66] Vgl. Einleitung zur Nikomachischen Ethik (ARISTOTELES: Nikomachische Ethik. Erstes Buch, erstes Kapitel. 1094 b 15). An dieser Stelle weist Aristoteles zwar auf die Schwierigkeit der Unterscheidung in konkreten Fällen hin, seine Ausführungen zur Politik und Ökonomie haben aber gerade dies zum Ziel.

kennzeichnet wurde.[67] Trotz gewisser metaphysisch-theologischer Unterschiede ist der Gebrauch des Begriffes „Naturrecht" bei Thomas durch einen ähnlichen normativen Hintergrund fundiert. Ausdrücklich bezieht er sich in seiner Begründung der Gemeinwohlorientiertheit des Naturrechtes auf die Ausführungen des Aristoteles zum Menschen als Gemeinschaftswesen.[68]

Schon bei Aristoteles impliziert die Verwendung des Begriffes des Naturrechtes die Notwendigkeit einer Unterscheidung zwischen positivem und natürlichem Recht. Thomas weist zusätzlich auf die historische Wandelbarkeit des Naturrechtes hin. Er unterscheidet zwischen dessen unwandelbaren Grundsätzen, die immer gelten, und diesen jeweils historisch konkretisierenden Folgesätzen, die nur in der Mehrzahl der Fälle gelten.[69] Für den Bereich der Wirtschaft zeigt sich dies besonders eindrücklich an seiner Reflexion des Eigentumbegriffes. Privates Eigentum wird trotz seiner allgemeinen Verbreitung nicht einfach zum natürlichen Recht erklärt. Thomas verfällt aber auch nicht in das andere Extrem, einen gewissermaßen ursprünglichen Zustand der Gütergemeinschaft zum Ideal zu stilisieren, sondern er bezeichnet das private Eigentum als „durch Findung der menschlichen Vernunft zum Naturrecht hinzugefügt", da die Erfahrung gezeigt hat, dass es der besseren und friedlichen materiellen Versorgung der menschlichen Gemeinschaft dient.[70] Durch diese Differenzierung gelingt es Thomas, auf der einen Seite an der normativen Bestimmtheit wirtschaftlicher Sachverhalte festzuhalten, auf der anderen Seite deren konkrete historische Ausprägung den Möglichkeiten erfahrungsbezogener Kritik zu öffnen. Für die Weiterentwicklung der systematischen Reflexion ist dies die eigentliche Bedeutung des Thomas von Aquin und der ihm folgenden Scholastik: Der Wirklichkeit wird eine rationale Struktur unterstellt, die in empirischen Beobachtungen und Untersuchungen aufgedeckt werden kann.[71]

Nicht zu unterschätzen sind die Auswirkungen auf das Alltagsverständnis von Wirtschaft: Die Scholastiker bemühen sich darum, jenseits der Vorstellungen traditioneller Hausbewirtschaftung Wege zu verantwortbarem Erwerbsstreben aufzuzeigen. Sie ermöglichen damit den in den Städten neu entstehenden Schichten von Kaufleuten, ihr Handeln im

---

[67] Vgl. oben S. 18 und die in FN 19 genannte Belegstelle.

[68] Vgl. THOMAS VON AQUIN: Summa Theologica. 2. Buch. 1. Teilband. 90. Untersuchung. 2. Artikel. Antwort. Thomas zitiert hier aus dem dritten Kapitel des fünften Buches der Nikomachischen Ethik sowie aus dem Einleitungskapitel der Politik.

[69] Vgl. a.a.O. 2. Buch. 1. Teilband. 94. Untersuchung. 5. Artikel. Antwort.

[70] A.a.O. 2. Buch. 2. Teil. 66. Untersuchung. 2. Artikel. Antwort und zu 1. Die scholastische Tradition bezeichnet dies im Anschluss an Thomas als „sekundäres Naturrecht" (vgl. FURGER, F.: Christliche Sozialethik. Grundlagen und Zielsetzung. Stuttgart 1991, S. 125.).

[71] Schumpeter sieht in diesem Denken, das seine Produktivität aus der Spannung zwischen normativer und analytischer Bedeutung des Naturrechtsbegriffes bezieht, den Ursprung der modernen Sozialwissenschaften (vgl. SCHUMPETER 1965, S. 155ff.).
Im Gegensatz zu Schumpeter, der seine Darstellung an der Entwicklung des analytisch-methodischen Instrumentariums orientiert, strukturiert Karl Pribram seine Geschichte des ökonomischen Denkens mit Hilfe erkenntnistheoretischer Positionen und ihrer sozialphilosophischen Auswirkungen. Unter der Perspektive der Aufspaltung scholastischen Denkens in die universalistische und die nominalistische Richtung stellt sich für ihn die auf Thomas folgende Entwicklung daher als „Zerfall des thomistischen Denkens" dar (vgl. PRIBRAM 1998, S. 53ff.).

Rahmen christlicher Wertvorstellungen zu entfalten und sich als Gilden in die mittelalterliche Ordnung zu integrieren.

1.12 Vom Zunftwesen zum Merkantilismus: Der Einfluss der beginnenden Neuzeit auf wirtschaftliches Denken und Handeln

Mit dem wirtschaftlichen Aufschwung der Städte entstanden neben den Kaufmannsgilden die Zünfte als Organisationen des Handwerks. Als eigenständiger und einflussreicher gesellschaftlicher Stand erst im späten Mittelalter hervorgetreten, bilden sie ein Musterbeispiel mittelalterlicher Einstellung gegenüber wirtschaftlichen Sachverhalten. Die handwerkliche Produktionsweise zeichnete sich durch die Einheit von Werkstatt und Haushalt aus. Lehrlinge und Gesellen lebten mit in der Familie des Meisters. Das Ausmaß der Produktion orientierte sich an der Versorgung des Gemeinwesens sowie am Auskommen der Hausgemeinschaft. Mehrere Handwerker des gleichen Gewerbes konkurrierten nicht miteinander, sondern bildeten Zünfte, die durch Festlegung von Anzahl und Größe der Betriebe sowie Überwachung der Produktqualität und Preise den Schutz der Konsumenten vor Übervorteilung, aber auch eine standesgemäße Versorgung der ihnen angehörenden Mitglieder sicherten. Der daraus folgende Hang zur Bewahrung des Bestehenden führte dazu, dass die wirtschaftliche und technische Entwicklung vom Hochmittelalter bis zur industriellen Revolution auf weite Strecken als Durchsetzung neuer Produktions- und Vertriebsformen gegen das zunftmäßig organisierte Handwerk beschrieben werden kann.[72] Bis ins 20. Jahrhundert hinein gilt die Organisationsform der Zünfte als Ausdruck für eine traditionsorientierte, stationäre Wirtschaftsgesinnung. Im 19. Jahrhundert ist die Forderung nach Gewerbefreiheit ein Bestandteil der 48er Revolution. Erst 1869 wird sie im Norddeutschen Bund Gesetz, 1871 im Deutschen Reich übernommen.[73] Für den Bereich der traditionellen Handwerksberufe ist aber in Deutschland noch heute eine spezielle Handwerksordnung Zeuge der Beharrlichkeit des Gedankens zunftmäßiger Qualitäts- und Erwerbssicherung, die sogar entgegenstehenden europäischen Verordnungen trotzt.

Dabei verdanken sich die Ausbreitung und der Erfolg des Handwerks dem gleichen technischen Fortschritt, der sich im abendländischen Europa mit der wirtschaftlichen und kulturellen Konsolidierung nach dem Ende der Völkerwanderung zu entwickeln begann.[74] Zunächst wirkte sich dieser in der Landwirtschaft aus. Durch neue Anbaumethoden sowie effektivere Geräte und Zugtiere wurde eine Verbesserung der Versorgung und damit die Voraussetzung für das folgende Wachstum der Bevölkerung ermöglicht. Technische Erneuerungen auf anderen Gebieten folgten. Die Nutzung von Wasser- und Windkraft zur mechanischen Arbeitserleichterung brachten Textilherstellung und Metallverarbeitung voran. Nachdem sich aber das Handwerk im Zuge dieser technischen Erneuerung und der mit ihr gewachsenen Bedürfnisse in den Städten etabliert hatte, ver-

---

[72] Vgl. SOMBART, W.: Der moderne Kapitalismus. Historisch-systematische Darstellung des gesamteuropäischen Wirtschaftslebens von seinen Anfängen bis zur Gegenwart. Bd. II,2. München/Leipzig [5]1922. S. 681ff.

[73] In Preußen wurden im Zuge der Stein-Hardenbergschen Reformen die Zünfte bereits 1810 aufgehoben und begrenzte Gewerbefreiheit hergestellt.

[74] Vgl. hierzu: CIPOLLA/BORCHARDT 1978. S. 91ff.

suchten die Zünfte die erreichte soziale und politische Stellung durch Abwehr neuer und effizienterer Produktionsmethoden zu verhindern.[75]

Neue Erfindungen und ihre technische Umsetzung ließen sich dennoch nicht aufhalten. Bei aller strukturellen Gleichheit im normativen Gefüge der Lebensvorstellungen zwischen Antike und christlichem Mittelalter hatte sich neben anderen inhaltlichen Wertsetzungen ein entscheidender Punkt geändert: Während der Antike die Arbeit als verächtlich und dem Freien unangemessen erschien, wertete die christliche Gesellschaft des Mittelalters sie als Gebot Gottes und damit als außerordentlich tugendhaft.[76] Im Zuge dieser Umwertung konnte auch der technische Fortschritt als Umsetzung des göttlichen Schöpfungsauftrages gedeutet und damit positiv gewertet werden. Träger dieses Fortschritts waren während des frühen Mittelalters die Klöster gewesen. Die Verbesserungen in der Landwirtschaft und die Nutzung von Wasser- und Windkraft waren von ihnen ausgegangen. Neben der praktischen Entwicklung neuer Techniken hatten die Klöster aber auch die Ressourcen, eine Kultur der Schriftlichkeit zu pflegen, die es ihnen erlaubte, ihre Erkenntnisse und Techniken nachhaltig zu tradieren, zu reflektieren und theoretisch weiterzuentwickeln. Die im Hochmittelalter entstandenen Bettelorden führten diese Tradition in neuem Rahmen weiter. Sie beschäftigten sich an den neu gegründeten Schulen und Hochschulen nicht nur mit theologischen Inhalten, sondern setzten sich mit allem damals verfügbaren Wissen auseinander.[77]

Dabei war die Verbindung von Theorie und Praxis in den naturwissenschaftlichen Fächern von vornherein eng. Feinmechanische und optische Instrumente ermöglichten Ausweitung und Messung menschlicher Beobachtungen. Gleichzeitig war die Entwicklung und Herstellung solcher Präzisionsinstrumente ohne mathematische und physikalische Kenntnisse nicht durchführbar.[78] Technik war Umsetzung und Anwendung wissenschaftlicher Erkenntnisse; zugleich bot sie die Voraussetzung zur Ausweitung von Erkenntnismöglichkeiten und damit zur Theoriebildung. Andere Erfindungen entsprangen eher dem Zufall oder der Experimentierfreude. So war der Vorläufer der wissenschaftlichen Chemie die „Probierkunst“, die auf dem Wege der Stoffumwandlung wertvolle Dinge, vor allem Gold, zu erzeugen versuchte. Auch ihre Ergebnisse befruchteten den technischen Fortschritt. Die Erfindung des Glases ermöglichte beispielsweise, neben neuen optischen Instrumenten, die Produktion von Brillen und verbesserte damit die Möglichkeiten des Lesens im fortgeschrittenen Alter. Wieder andere Neuerungen, so die Verwendung von Schießpulver und Papier, stammen ursprünglich aus China und dem Orient. Weitreichende Auswirkungen zeigten sie aber erst durch ihre Weiterentwicklung und Anwendung in Europa. Mit der Anwendung von Wasserkraft und den Fortschritten in der Textilindustrie standen genügend Energie sowie Altkleider und Tuchreste als Roh-

[75] Vgl. CIPOLLA, C. M./BORCHARDT, K. (Hg.): Europäische Wirtschaftsgeschichte. Bd. 2: Sechzehntes und siebzehntes Jahrhundert. Stuttgart/New York 1979, S. 152.

[76] Vgl. oben S. 22.

[77] In der Spätscholastik radikalisiert sich die Hinwendung zu empirischer Naturbeobachtung und quantitativ-mechanischen Verfahren der Naturerklärung aufgrund des erkenntnistheoretischen Ansatzes des Nominalismus (vgl. oben die Bemerkung und den Literaturhinweis in FN 45).

[78] Die berühmteste astronomische Uhr des Mittelalters baute 1364 Giovanni de' Dondi, Professor für Medizin und Astrologie in Padua.

stoff für eine preiswerte Papierproduktion zur Verfügung. Die entsprechenden Papiermengen machten dann die Erfindung des Druckens mit beweglichen Lettern sinnvoll nutzbar. Auch dies ist ein Beitrag zur Erleichterung und Ausbreitung des Prinzips der Schriftlichkeit. Der Einsatz des Schießpulvers zu militärischen Zwecken setzte entsprechende Technologien in der Metallproduktion und -verarbeitung voraus und regte seinerseits neue Entwicklungen an. Eine Neuerung zog häufig die nächste nach sich. Insgesamt ist das Mittelalter, entgegen seinem landläufigen Ruf, eine Zeit hohen technischen Fortschritts. Am Ende des 15. Jahrhunderts besitzt Europa jedenfalls ein Potential an neuartiger Technik, darunter vor allem Kriegs- und Navigationstechnik, das es zur Entdeckung und Eroberung der neuen Welt befähigt.[79]

Der Fernhandel mit dem Orient war während des Mittelalters vor allem Sache der oberitalienischen Städte Genua und Venedig gewesen.[80] Sie hatten die beherrschenden Flotten im Mittelmeer unterhalten, sowie eigene Stützpunkte und gute Kontakte zu Byzanz und zu arabischen Kaufleuten aufgebaut. Bis heute berühmt ist der Reisebericht des Venezianers Marco Polo, der im 13. Jahrhundert vom Schwarzen Meer aus auf dem Landweg bis nach China gereist war. Als während des 15. Jahrhunderts durch das Vordringen des osmanischen Reiches diese Route in den fernen Osten blockiert wurde, begann die Suche nach einem alternativen Seeweg Attraktivität zu gewinnen. Hierbei taten sich vor allem die Portugiesen hervor. Sie wagten sich abschnittweise an der afrikanischen Westküste vor, bis sie schließlich am Ende des Jahrhunderts das Kap der Guten Hoffnung umsegelten und damit den östlichen Seeweg nach Indien entdeckten. Treibende Kräfte solcher Fahrten waren Unternehmer im ursprünglichen Sinne des Wortes. Wagemutige Abenteurer und Kaufleute finanzierten mit privaten Mitteln die Ausrüstung von Schiffen vor und heuerten erfahrene und unerschrockene Seeleute an. Die Kosten hofften sie durch den Verkauf seltener und begehrter Güter zu decken, der darüber hinaus hohen Profit bringen sollte. Häufig wurden sie von den politischen Autoritäten ihrer Länder mit formalen juristischen Vollmachten ausgestattet. Zur Erlangung ihrer Ziele setzten sie eine Mischung aus Gewalt, List und Verhandlungsgeschick ein, je nachdem, was die Stärke ihrer Position zuließ.

Auch Christoph Kolumbus, ein Genueser, der eine Zeit lang in Diensten Portugals gestanden hatte und schließlich für die spanische Krone 1492 Mittelamerika entdeckte, war ein solcher Abenteurer.[81] An einer geographischen Besonderheit und dem damit verbundenen besonderen Wagnis dieser Reise liegt es, dass seine Entdeckung aus heutiger Sicht das Datum für den Beginn der Neuzeit abgibt. Sein Versuch, einen Seeweg in den fernen Osten in westlicher Richtung zu finden, setzt die Kugelgestalt der Erde voraus. Diese Tatsache wurde zwar von den Wissenschaftlern des 15. Jahrhunderts allgemein angenommen, war aber noch nicht durch Erfahrungen belegt. Endgültig bestätigt wurde sie etwa dreißig Jahre später durch die erste Weltumsegelung des Portugiesen Maggelan.

[79] Vgl. zum ganzen Zusammenhang der Ausbreitung von Technik im Mittelalter: CIPOLLA/BORCHARDT 1978, S. 99-109.

[80] Vgl. oben S. 25.

[81] Kolumbus ließ sich bei der Fassung seiner Pläne von einer durch den beginnenden Buchdruck verbreiteten lateinischen Ausgabe des Reiseberichtes Marco Polos inspirieren. Vgl. BITTERLI, U.: Die Entdeckung Amerikas. Von Kolumbus bis Alexander von Humboldt. München 1991. S. 48f.

Entscheidend war die Zurechtrückung des geographischen Weltbildes der damaligen Zeit. Europa bildete nicht mehr den Mittelpunkt der Welt; neben die bekannte Alte trat die Neue Welt. Während des folgenden 16. Jahrhunderts begann, zumindest unter Wissenschaftlern, der Wandel des geozentrischen Weltbildes in ein heliozentrisches.

Die Entdeckungen und Eroberungen in der Neuen Welt veränderten aber nicht nur das geographische und astronomische Weltbild der Menschen, sondern auch ihre Vorstellungen von der Ordnung menschlichen Zusammenlebens. Die Begegnung mit den Ureinwohnern und ihrer fremdartigen Kultur war faktisch durch die eigennützigen Ziele und das brutale Vorgehen der Eroberer bestimmt. Gerechtfertigt wurde dies mit dem Hinweis auf eine Schenkung der neuen Gebiete durch den Papst, den Gott zum Oberhaupt der gesamten Menschheit bestimmt habe. Nachdem, in der Regel bei Nacht und Nebel, eine entsprechende Urkunde verlesen worden war, wurden die Wohnsitze der Eingeborenen überfallen, da sie sich der Aufforderung nach Unterwerfung unter die spanische Krone nicht im Guten gebeugt hätten. Der vorgeschobene Charakter dieses Verfahrens war den ausführenden Soldaten und Juristen sehr wohl bewusst.[82] Zur weiteren Rechtfertigung ihrer Unternehmungen wurden die Konquistadoren von Missionaren begleitet, die den Auftrag zur Christianisierung der Eingeborenen hatten. Deren Kritik am Vorgehen der Eroberer führte zur Formulierung völker- und menschenrechtlicher Standards in einem modernen und noch heute ernst zu nehmenden Sinn[83]. Auch wenn die entsprechenden Verordnungen, die die Missionare in Europa durchgesetzt hatten, auf Drängen der einflussreichen Lobby der Eroberer bald zurückgenommen wurden, war der Gedanke an natürliche Rechte, die Völkern und einzelnen Menschen unabhängig von der Zugehörigkeit zu einer bestimmten Religion zustehen, nicht mehr zurückzunehmen.

Etwa zeitgleich mit der Entdeckung der Neuen Welt fand in Europa ein weiterer Prozess statt, der das Auseinanderbrechen des einheitlichen christlichen Ordnungsgefüges des Mittelalters zur Folge hatte: die Reformation. Ihre Hintergründe sind vielfältig. Dennoch lässt sich als ein entscheidender Ursprung der wirtschaftliche und in seiner Folge kulturelle Aufschwung des Mittelalters anführen. Die Städte, aber auch ganze Regionen und Länder waren durch ihn erstarkt. Schriftliche Bildung und entsprechende Schulen waren nicht mehr allein ein Kennzeichen von Klerikern, sondern wurden zunehmend Laien zum Bedürfnis. Die hierfür neu entstehenden Lateinschulen wandten sich, um eigene Bildungskonzepte zu schaffen und sich von den durch die Scholastik bestimmten Inhalten und Methoden der Dom- und Klosterschulen abzusetzen, den Bildungsgütern der Antike zu. Es entstand eine nicht-klerikale, gebildete Schicht von Humanisten. Diese Menschen waren deswegen nicht unchristlich. Sie übten allerdings Kritik an kirchlichen Verhältnissen, die im Zusammenhang mit dem nicht immer uneigennützigen Eingehen des Klerus auf eine volkstümliche Religiosität teilweise abergläubisch anmutende religiöse Praktiken zuließen. Zusammen mit einem erwachenden politisch-kulturellen Selbstbewusstsein der Regionen wurde die Forderung nach eigenständiger Religiosität und individuellem Chris-

---

[82] Der Text des so genannten „Requerimiento" und zeitgenössische Berichte und Einschätzungen zu seiner Durchführung sind an folgender Stelle zu finden: SCHMITT, E. (HG.): Dokumente zur Geschichte der europäischen Expansion. Bd. 3: Der Aufbau der Kolonialreiche. München 1987. S. 471-475.

[83] Vgl. die Hinweise auf die Auseinandersetzungen um die „Leyes Nuevas" und die päpstliche Bulle „Sublimis Deus" von 1537 bei: EGGENSPERGER, TH./ENGEL, U.: Bartolomé de las Casas. Mainz 1991. S. 78ff.

tentum eine Bewegung, die sich gegen das universelle und uniforme Christentum der römischen Kirche stellte. Diese war zudem in ihrer Glaubwürdigkeit nicht nur durch vereinzelte missbräuchliche Praktiken des örtlichen Klerus beschädigt, sondern vor allem durch die Lebensumstände der berüchtigten Renaissance-Päpste. Vor diesem Hintergrund plädierte der Augustinermönch Martin Luther für eine reformierte Religiosität, die auf den einzelnen Menschen und sein persönliches Verhältnis zu Gott abgestellt ist. Unter Umgehung klerikaler Vermittlungsinstanzen zählt nur noch die Heilige Schrift; diese bezeugt die Rechtfertigung des Menschen allein aus Gnade und fordert allein den persönlichen Glauben daran. Neben dem gebildeten Publikum, das auf diese Forderungen reagieren konnte, gab es inzwischen aber auch ein entsprechendes Medium, das die Verbreitung der reformatorischen Ideen erleichterte. Der 1450 erfundene, schon erwähnte Buchdruck mit beweglichen Lettern hatte sich nämlich um 1500 bereits durchgesetzt. Zudem fand die Reformation die politische Unterstützung durch die Fürsten des Deutschen Reiches, die sich durch sie von den zentralen politischen Instanzen des Mittelalters, Kaiser und Papst, unabhängiger machen konnten.

Die Reformation änderte zunächst nichts am zentralen Stellenwert des Christentums für das Denken und Handeln der Menschen. Die Koalition Luthers mit den Fürsten bei der Umsetzung seiner reformatorischen Ideen, theologisch untermauert durch die später so genannte „Zwei-Reiche-Lehre“, entzog aber die Sphäre des Politischen religiöser Bevormundung. Sie erreichte damit Autonomie für einen wichtigen Bereich menschlichen Handelns und ermöglichte die Erforschung und Formulierung ihm eigener Regeln und Gesetze.[84]

Außerdem zerfiel die Einheit der abendländischen Christenheit in unterschiedliche christliche Bekenntnisse. Dies erforderte zur Selbstvergewisserung ihrer Mitglieder schon bald die Abfassung von Katechismen, schriftlichen Sammlungen der Glaubensgrundsätze der jeweiligen Religionsgemeinschaft. Die Aneignung des christlichen Weltbildes erfolgte fortan nicht mehr einfach naturwüchsig durch Nachahmung und Hineinwachsen in die Gesellschaft, sondern setzte eine systematische Unterrichtung voraus. (Religions-) Unterricht und Schule waren bald nicht mehr nur für wenige Gebildete, sondern grundsätzlich für alle Mitglieder der Gesellschaft notwendig.[85] Auch wenn nach der Regelung des Augsburger Religionsfriedens für die jeweils eigenständigen Territorien weitgehende Einheitlichkeit der Bekenntnisse vorausgesetzt werden muss, kann man diese Entwicklung als Schritt zur Individualisierung des Weltbildes im Sinne einer persönlichen Weltanschauung und damit als Stärkung des Subjekts auffassen.[86] Insbesondere der Protestan-

[84] Dass sich diese Entwicklung auch ohne Reformation im Rahmen der Renaissance vollzog, macht das 1513 von Niccolò Machiavelli verfasste Werk „Il Principe“ deutlich. Es entstand aus der Reflexion der Erfahrungen seines Autors in den italienischen Stadtstaaten des 15. und 16. Jahrhunderts und ist eines der ältesten und wirkungsgeschichtlich bedeutendsten Zeugnisse eigenständiger politischer Wissenschaft (MACHIAVELLI, N.: Il Principe/Der Fürst. Italienisch/Deutsch. Übersetzt und herausgegeben von Philipp Rippel. Stuttgart 1986.).
Pribram interpretiert die Erscheinung des Werkes als Ausdruck des Vordringens nominalistischen Denkens in das wirtschaftliche und soziale Leben (vgl. PRIBRAM 1998, S. 77f.).

[85] Dies gilt auch für katholische Gegenden, da sich die Katholiken im Zuge der Gegenreformation an den Methoden der Kirchen der Reformation orientierten.

[86] Vgl. RUHLOFF, J.: Vom Gottesknecht zum Selbstliebhaber. Ausblicke auf Individualität, Subjektivität, Autonomie in Interpretationen des Menschen zwischen Renaissance und Aufklärung. In: Bildung und

tismus ist religionssoziologisch durch die Subjektivierung des Religiösen zu charakterisierten. Max Weber hat in seiner bis heute viel zitierten Schrift über „die protestantische Ethik und den Geist des Kapitalismus" gezeigt, welche Auswirkungen dies auf den Bereich wirtschaftlichen Verhaltens und Denkens hatte.[87]

Ausgangspunkt seiner religionssoziologischen Untersuchung der Wirtschaftsethiken der Weltreligionen ist die Frage nach dem Zustandekommen des modernen Kapitalismus westlich-abendländischer Prägung. Gegenüber anderen universalgeschichtlich aufscheinenden Formen zügellosen Erwerbsstrebens hebt er als dessen spezifische Merkmale planmäßige Mittelverwendung, rationale Arbeitsorganisation und ständige Rentabilitätskontrolle hervor. Neben naturwissenschaftlich-technischen sowie rechtlich-politischen Voraussetzungen, die im Einzelnen auch in anderen Kulturkreisen vorlagen, sieht er in einer spezifischen Form praktisch-rationaler Lebensführung dessen entscheidenden Bedingungsfaktor. In seiner Arbeit versucht er aufzuzeigen, wie diese aus den religiösen Vorstellungen der Reformation hervorgehen konnte. Weber bezeichnet das christlich-abendländische Mönchtum als Ursprung dieser praktisch-rationalen Lebensführung und verweist auf die kultivierenden Leistungen der Klöster im Mittelalter. Der ehemalige Mönch Luther sorgt für die Popularisierung dieser Einstellung. Durch die Einführung des Begriffs des Berufes, verstanden als persönliche Lebensaufgabe, qualifiziert Luther die profane alltägliche Arbeit sittlich neu. In Ablehnung einer katholischen Werkgerechtigkeit, die sich am mönchisch-klerikalen Modell der evangelischen Räte orientiert, bezeichnet er die treue Verrichtung der alltäglichen Arbeit als Inhalt eines gottgefälligen Lebens. Damit ist das Feld wirtschaftlich-gewerblicher Tätigkeit als Ort christlicher Bewährung entscheidend aufgewertet. Eine nochmalige Steigerung erfährt dieser Ansatz im Rahmen der Reformierten Kirchen. Den spezifischen Hintergrund hierfür bildet die Zuspitzung der Rechtfertigungslehre Luthers zur Prädestinationslehre bei Zwingli und Calvin. Durch die Betonung der absolut freien Gnadenwahl Gottes wird beim Einzelnen eine bedrückende Heilsunsicherheit hervorgerufen, die nach einem Ausgleich zu seiner psychischen Stabilisierung verlangt. Zwar kann die Gnade Gottes nicht durch Werkgerechtigkeit herbei gezwungen werden, aber die Bewährung im wirtschaftlichen und beruflichen Leben wird, neben dem Bekehrungserlebnis, zum täglich neu zu erringenden Beweis für die eigene Erwählung. Beide Aufgaben wirken nach Weber in die gleiche Richtung: die fortlaufende präzise Kontrolle des eigenen Gnadenstandes beinhaltete neben ständiger Affektkontrolle absolute Rationalität beim Umgang mit materiellen Gütern. Die daraus folgende Bescheidenheit in der Lebensführung und der rationale Mitteleinsatz war die Voraussetzung für eine Anhäufung großer Vermögen, die nicht konsumtiven Zwecken dienten, sondern als Kapital für weitergehenden wirtschaftlichen Einsatz zur Verfügung standen.

Für die Erklärung des Einstellungswandels in der Sphäre wirtschaftlichen Verhaltens ist entscheidend: Die reine Erwerbskunst, d.h. das rationale Erwerbsstreben, das im Rahmen

---

Erziehung, 46. Jg., 1993, S. 167-182. Ruhloff betont allerdings, dass die Singularität des Einzelnen zunächst nicht in Bezug auf sein Weltverhältnis sondern nur bezüglich seiner Beziehung zu Gott gesehen wurde.

[87] Vgl. zum Folgenden: WEBER, M.: Die protestantische Ethik und der Geist des Kapitalismus. In Ders.: Gesammelte Aufsätze zur Religionssoziologie. Bd. I. Tübingen 1920. S. 17-206.

antiker Philosophie und christlicher Theologie wegen seiner Maßlosigkeit jahrhundertelang disqualifiziert war, findet über seine methodische Funktion im Rahmen der religiösen Überzeugung der Reformation eine ethische Rechtfertigung. Es kann damit zum gesellschaftlich akzeptierten Modell wirtschaftlichen Verhaltens werden.[88]

Der gewandelten Wahrnehmung wirtschaftlichen Denkens und Verhaltens in der Perspektive des Einzelnen korrespondiert eine neue politische Bedeutung der wirtschaftlichen Sphäre. Zu ihrer Erklärung sei noch einmal an die bereits erwähnte Koalition zwischen Reformatoren und Fürsten erinnert. Durch die Reformation zerfällt die religiöse Einheit des Mittelalters im Abendland; spätestens mit dem 30jährigen Krieg ist auch die Einheit stiftende Vorstellung und Organisation des Heiligen Römischen Reiches Deutscher Nation politisch nicht mehr die zentrale Idee.[89] Der Westfälische Friede führt zu einer Neuordnung Europas auf der Grundlage sich gegenseitig als souveräne Mächte respektierender Staaten.[90] Das vorherrschende politische Konzept dieser neuen Staaten ist

---

[88] Im Kontrast zur stärker psychologisch orientierten Analyse Webers hebt Albert O. Hirschman aus soziologischer Perspektive hervor, dass eine positive Neubewertung des Erwerbsstrebens, ja sogar der Habgier, in der Anschauung gründete, diese seien aufgrund ihrer Beständigkeit und Zielstrebigkeit eher zur Befriedung des durch Religionskriege und Verlust der einheitlichen mittelalterlichen Ordnungsvorstellungen gefährdeten gesellschaftlichen Zusammenlebens in der Lage, als die bis dahin in hohem gesellschaftlichen Ansehen stehende aristokratische Orientierung an Ruhm und Ehre, die ja vorzugsweise in kriegerischen Auseinandersetzungen erworben wurden (vgl. HIRSCHMANN, A.O.: Leidenschaften und Interessen. Politische Begründungen des Kapitalismus vor seinem Sieg. Frankfurt 1980. Besonders S. 137f.).

Pribram beurteilt in seiner "Geschichte des ökonomischen Denkens" den Ansatz von Weber eher kritisch. Er verweist als alternative Erklärung auf das gesellschaftlich relevante Vordringen nominalistischer Ideen (vgl. oben die FN 71 und 84 sowie PRIBRAM 1998, S. 87ff.). Tatsächlich hatte sich in den italienischen Stadtrepubliken im Zuge der Renaissance eine Hinwendung zu rationalem wirtschaftlichen Denken schon früher und ohne größere Konflikte vollzogen, da Adel und Geistlichkeit an modernen wirtschaftlichen Unternehmungen beteiligt waren. Für die Entwicklung der industriellen Revolution und damit des ausgeprägten Kapitalismus aber hatten diese ehemals wirtschaftlich führenden Regionen des Mittelmeerraumes kaum noch eine Bedeutung (vgl. KELLENBENZ, H. (Hg.): Europäische Wirtschafts- und Sozialgeschichte vom ausgehenden Mittelalter bis zur Mitte des 17. Jahrhunderts. Handbuch der europäischen Wirtschafts- und Sozialgeschichte. Bd. 3. Stuttgart 1986. S. 29f. und MIECK, I. (Hg.): Europäische Wirtschafts- und Sozialgeschichte von der Mitte des 17. Jahrhunderts bis zur Mitte des 19. Jahrhunderts. Handbuch der europäischen Wirtschafts- und Sozialgeschichte. Bd. 4. Stuttgart 1993. S. 137). In Bezug auf Nordamerika und die Länder der Reformation, die den Kapitalismus maßgeblich voranbrachten, ist der Ansatz Webers ein nach wie vor beachtenswerter Beitrag zur Erklärung des Einstellungswandels gegenüber wirtschaftlichem Handeln.

[89] Gemeint ist die politische Vorstellung eines einheitlichen Großreiches aus römischer Tradition, die Karl der Große für kurze Zeit umgesetzt hatte und die während des Mittelalters der Politik zumindest als Orientierung diente. Bezogen auf Deutschland existierten Name und Einrichtungen des Reiches noch bis zum Reichsdeputationshauptschluss 1806. Als politische Organisationsform der abendländischen Christenheit aber war sie seit dem 15. Jahrhundert abgelöst durch die Vorstellung einer „res publica christiana", die als Partnerschaft der europäischen Staaten mit dem Papsttum gedacht wurde. Mit der Glaubensspaltung und Konfessionalisierung im Zuge der Reformation verlor schließlich auch diese Bindung ihre Bedeutung (vgl. SEIBT 1987, S. 38f.).

[90] Unter dem Aspekt der territorialen Bereinigung Europas am Abschluss der Konfessionskriege müssten noch die Friedensschlüsse von 1659 (Pyrenäenfrieden), 1660 (Friede von Oliva) und 1661 (Friede von Kardis) erwähnt werden (vgl. ENGEL, J. (Hg.): Die Entstehung des neuzeitlichen Europa. Handbuch der europäischen Geschichte Bd. 3. Stuttgart 1971. S. 24ff.). Entscheidend für die Emanzipation des politischen Denkens und Handelns von religiöser Bevormundung aber war der Westfälische Friede. Gegen den ausdrücklichen Protest des Papstes wurden die Verhältnisse der Staaten zueinander unter Absehung von

der Absolutismus. Die Einheit und den Zusammenhalt der Gesellschaft verbürgt nicht mehr ein allgemeines und umfassendes Vorstellungssystem vom guten und geordneten Leben, sondern der jeweilige Fürst als Repräsentant des Staates.[91] Seine Macht und sein Reichtum sind Ausdruck für das Wohlergehen der Gemeinschaft und werden deshalb zu vorherrschenden Zielen der Politik. Im Unterschied zum mittelalterlichen Feudalsystem benötigt deren politische Umsetzung zur Durchsetzung nach innen die Einrichtung eines umfangreichen Verwaltungsapparates mit bezahlten Beamten, zur Durchsetzung nach außen ein stehendes Heer, das ebenfalls besoldet und ausgerüstet werden muss, noch dazu, als Ausdruck der absolutistischen Staatsidee, zunehmend uniform. Der Geldbedarf der neuen Staaten ist deshalb enorm; die Suche nach Maßnahmen zur Geldgewinnung wird zur ständigen Aufgabe und zwingt die Politik, sich mit ökonomischen Fragen zu beschäftigen.

Die bereits erwähnten, im Zuge des technischen Fortschritts und der Anwendung neuer Technologien entstehenden neuen Unternehmungen und Gewerbe treffen in der Regel auf das Wohlwollen absolutistischer Politiker. Gleichzeitig stoßen sie auf erhöhte Nachfrage, die durch den Ausrüstungsbedarf der Armeen, aber auch durch das Bedürfnis nach erhöhtem Luxuskonsum an den neuen Höfen und Residenzstädten ausgelöst ist.[92] Letzteres ist mit bedingt durch die Einführung neuer Produkte aus den Kolonien, wie Kakao, Kaffee und Tabak. So wird beispielsweise das zum verfeinerten Genuss dieser Produkte nötige Porzellan in Manufakturen hergestellt. Diese produzieren durchaus noch auf handwerkliche, mitunter gar künstlerische Art und Weise. Vom zunftgemäßen Handwerk unterscheiden sie sich aber einerseits dadurch, dass sie in der Regel mehrere Produktionsstufen in einem Betrieb vereinigen, andererseits durch Arbeitsteilung erste Schritte innerbetrieblicher Rationalisierung einführen. Als weitere neue Produktions- bzw. Vertriebsform ist das Verlagswesen zu nennen. Hierbei schießt ein Kapitalgeber kleinen Produzenten, meist Heimarbeitern, die Kosten für Material, mitunter auch Werkzeuge, vor, kauft ihnen die Produkte ab und vermarktet sie auf eigene Rechnung und Risiko.[93] Verbreitet war das zum Beispiel in der Textilherstellung, die durch das Angebot preiswerter und modischer Baumwollstoffe sowie aufgrund steigender Exportnachfrage ein Wachstum erlebte, dem die traditionelle Produktionsweise allein nicht gerecht werden konnte.[94] Außerdem konnte der Widerstand der Zünfte, deren Macht in der Regel auf große Städte

---

konfessionellen Streitfragen geregelt (vgl. GEBHARDT (Hg.): Von der Reformation bis zum Ende des Absolutismus. Handbuch der deutschen Geschichte Bd. 2. Stuttgart 1970. S. 237ff.).

[91] Die Idee eines politisch unabhängig handelnden Fürsten hatte schon Machiavelli vertreten (s.o. FN 84). J. Bodin formulierte im 16. Jahrhundert den Begriff der Staatssouveränität. Die eigentliche gesellschaftstheoretische Fundierung aber lieferte Th. Hobbes 1651 mit seinem "Leviathan". Die uneingeschränkte Souveränität des Staates, repräsentiert durch den Fürsten, begründete er mit einem hypothetischen Gesellschaftsvertrag, in dem der einzelne seine ungesicherte Freiheit zu Gunsten der Sicherheit sozialen Lebens aufgibt (vgl. WAGNER, F. (Hg.): Europa im Zeitalter des Absolutismus und der Aufklärung. Handbuch der europäischen Geschichte Bd. 4. Stuttgart [3]1996.).

[92] Vgl. SOMBART, W.: Der moderne Kapitalismus. Historisch-systematische Darstellung des gesamteuropäischen Wirtschaftslebens von seinen Anfängen bis zur Gegenwart. Bd. 1. München/Leipzig [5]1922. S. 342ff., S. 719ff. und S. 750ff.

[93] Vgl. MIECK 1993, S. 137ff.

[94] Vgl. KELLENBENZ 1986, S. 141f.

beschränkt war, dadurch umgangen werden, dass die Produzenten der Verlage auf dem Land oder in kleinen Städten verteilt waren.

Mit Ausnahme von Frankreich wurden solche neuen Produktionsorganisationen und Betriebe kaum von den Regierungen selber gegründet. Insofern sie neue Wirtschaftszweige oder Unternehmen fördern wollten, bestand ihre Politik darin, dass sie die Betreiber entsprechender Vorhaben mit Privilegien ausstatteten. Das Verfahren wurde bereits im Zusammenhang der Entdeckung der Neuen Welt erwähnt. Tatsächlich fand die Ausbeutung der Kolonien nicht durch direktes Eingreifen von Staaten, sondern weitgehend im Rahmen eigens gegründeter Gesellschaften statt, die sich hierfür auf Privilegien ihrer Regierungen beriefen. Da dieses Verfahren für die Regierungen sehr vorteilhaft war und dabei nur geringe Risiken mit sich brachte, wurde es auch das Hauptmittel der innerstaatlichen Wirtschaftspolitik. Die Privilegien bestanden hierbei in der Regel in Herstellungs- bzw. Vertriebsmonopolen. Ihre Umsetzung war für die Staaten relativ unaufwendig. Die Begünstigten überwachten nämlich die Einhaltung des Monopols aus eigenem Interesse selber. Da die Zahl der Begünstigten überschaubar blieb, waren entsprechende Monopolabgaben durch die Regierungen leicht einzutreiben.

Das wirtschaftspolitische Vorgehen der absolutistischen Staaten war also zunächst vor allem pragmatisch. Die im Mittelalter von den Zünften entwickelten Regulierungsmethoden wurden jetzt, teilweise gegen diese, von den neuen Regierungen eingesetzt und dabei neuen bzw. regionalen Erfordernissen angepasst. Allerdings wuchs mit der Zeit und der Zunahme der wirtschaftlichen Aktivitäten und Verflechtungen auch das Bedürfnis nach theoretischer Reflexion des Handels. Es entstand daher im Laufe der Zeit eine umfangreiche Traktatliteratur, die sich mit aktuellen wirtschaftlichen Problemen auseinandersetzte.[95] Autoren dieser Literatur waren vor allem Männer der Praxis, einerseits Kaufleute, z.B. Mitglieder von Kolonialgesellschaften, andererseits Politiker und Verwaltungsfachleute. Ihre Äußerungen lassen sich erwartungsgemäß nicht zu einer systematischen Wirtschaftswissenschaft zusammenführen; ebenso unterschiedlich wie die konkreten Interessenlagen der Kaufleute, die oft genug den Anlass für Veröffentlichungen boten, waren die wirtschaftspolitischen Interessen der verschiedenen Staaten. Trotzdem wurde ihrer Arbeit im Nachhinein ein gemeinsamer Name gegeben, der, als Synonym für die Wirtschaftspolitik und die wirtschaftswissenschaftlichen Ansichten des Zeitalters des Absolutismus, bis heute gebräuchlich ist: Merkantilismus.[96] Bei aller Disparatheit der konkreten Empfehlungen, die sich aus den unterschiedlichen Interessen der Autoren ergeben, lassen sich

---

[95] Vgl. STAVENHAGEN, G.: Geschichte der Wirtschaftstheorie. Göttingen 1951. S. 22ff.; SALIN, E.: Geschichte der Volkswirtschaftslehre. Tübingen 1951. S. 51ff.; CIPOLLA, C. M./BORCHARDT, K. (Hg.): Europäische Wirtschaftsgeschichte. Bd. 3: Die industrielle Revolution. Stuttgart/New York 1985a. S. 337f.

[96] Adam Smith behandelt ihn als negatives Beispiel unter den Systemen der "politischen Ökonomie". Er rekonstruierte die Gemeinsamkeiten der verschiedenen Autoren als "Grundsätze des merkantilen Systems" und führte damit den Namen und Begriff ein (vgl. SMITH [1776] 1978, Viertes Buch.). Nach Auskunft Pribrams griff er dabei den Vorschlag des Marquis de Mirabeau, eines physiokratischen Ökonomen, auf (vgl. PRIBRAM 1998, S. 81f.).

Pribram, der wie bereits erwähnt seine Darstellung der "Geschichte des ökonomischen Denkens" an der Rekonstruktion erkenntnistheoretischer Positionen orientiert, vernachlässigt bei seiner eigenen Abgrenzung die politischen Aspekte und zählt stattdessen zu den Merkantilisten alle Autoren von 1550 bis 1750, sofern sie sich bei der Behandlung ökonomischer Fragestellungen nominalistischer Prinzipien bedienen (vgl. PRIBRAM 1998, S. 81f.).

nämlich gemeinsame wirtschaftstheoretische Grundannahmen rekonstruieren. Diese hatten ihren Ursprung in einer Identifizierung von Geld und Wohlstand, wobei der Wert des Geldes durch seinen Gehalt an Edelmetallen verbürgt schien. Da, zumindest in Europa, die aktuelle Edelmetallförderung gering war, schien die Mehrung des Staatswohlstandes nur durch die Herstellung einer aktiven Handelsbilanz möglich. Hierzu wurde einerseits die Binnenwirtschaft gefördert und nach Möglichkeit auf den Export ausgerichtet, andererseits wurden Importe verboten oder durch hohe Zölle unattraktiv gemacht.

Eine Klammer für die Arbeiten merkantilistischer Autoren und die Äußerungen der Scholastik zu wirtschaftlichen Fragen bildet die Vorstellung vom Naturrecht. Hatte Thomas von Aquin sie verwendet, um vernunftgemäßes philosophisches Denken im Rahmen eines durch Offenbarungstheologie bestimmten Wissenschaftsbetriebes zu ermöglichen, übernimmt die philosophische Naturrechtslehre, nach dem Verlust des gemeinsamen religiös bestimmten Weltbildes des Mittelalters und damit dem Ende der Theologie als wissenschaftlichem Ordnungsrahmen, deren Ordnung stiftende Funktion. Auch der erkenntnistheoretische Ansatz der Merkantilisten, die Orientierung am Vorbild der Naturwissenschaften und deren Methode, aus der Beobachtung von Tatsachen und deren Interpretation als Ursache und Wirkung Gesetzmäßigkeiten abzuleiten, weist noch Bezüge zu scholastischem Denken auf.[97]

In der Pragmatik der Themenfindung zeigt sich zunächst ebenfalls eine strukturelle Gemeinsamkeit. Allerdings verweist sie, wegen des unterschiedlichen Praxisbegriffes, zugleich auf den grundsätzlichen Unterschied. Die praktischen Probleme der Scholastiker betreffen die Übereinstimmung wirtschaftlichen Handelns mit dem ethisch-normativen Handlungsrahmen, während es bei den Merkantilisten allein um die Effektivität wirtschaftlichen Handelns geht. Vor dem beschriebenen Hintergrund verwundert dies kaum: der einheitliche normative Bezugsrahmen des Mittelalters ist inzwischen verloren. Wirtschaften kann sich nicht mehr am Maß eines guten und gerechten Lebens in der gemäß göttlichem Plan geordneten Gemeinschaft orientieren. An deren Stelle treten die absolutistischen Staaten, bzw. ihre Herrscher als deren Repräsentanten. Deren politische Vorstellungen aber stellen kein Maß im genannten Sinn dar, sondern folgen dem letztlich unbegrenzten und einander entgegengesetzten Streben nach Macht. Nach dem Vorbild absolutistischer Politik wird daher auch Wirtschaften verstanden als antagonistischer Kampf, bei dem die Vorteile der einen Seite die Nachteile der anderen Seite sind. Trotz des pragmatischen Ansatzes bleibt eine unabhängige Sicht von Wirtschaft also noch verstellt; das Verständnis wirtschaftlicher Abläufe ist beeinflusst durch Vorstellungen und Wünsche der Politik.[98]

---

97 Siehe oben S. 32 sowie die FN 71 und 77. Zur Vorbildfunktion der Naturwissenschaften, insbesondere Newtons für die Erforschung gesellschaftswissenschaftlicher Tatbestände im 17. und 18. Jahrhundert vgl. WAGNER ³1996, S. 136ff.

98 Diese Einschätzung wird natürlich nicht jedem einzelnen Autor des 16. bis 18. Jahrhunderts gerecht, sondern versucht die zeitgeschichtlich vorherrschende Denkrichtung zu treffen. Sie hat heuristische Funktion unter der Perspektive der Entwicklung des normativen Hintergrundes ökonomischen Denkens; da die literarischen Äußerungen sehr vielfältig und wie erwähnt disparat sind, lassen sich bei einigen Autoren der Epoche die Vorwegnahme bzw. Anbahnung wichtiger Erkenntnisse der Klassik und damit der Ökonomik als eigenständiger wissenschaftlicher Disziplin nachweisen, wie dies aufgrund des anderen Schwerpunktes der Darstellung in den Werken von Schumpeter und Pribram geschieht (vgl. SCHUMPE-

1.13 Ökonomie als eigengesetzlicher Bereich: Die Entdeckung der Effizienz von Markt und Wettbewerb

Als Geburtsstunde der Ökonomik im Sinne einer eigenständigen Wissenschaft gilt aus heutiger Sicht das Erscheinen des Werkes „An Inquiry into the Nature and Causes of the Wealth of Nations" von Adam Smith im Jahre 1776. Das Werk profitiert dabei durchaus von Erkenntnissen vorangegangener Autoren. Mit seiner umfassenden und detailreichen Analyse bot Smith aber eine Gesamtdarstellung ökonomischer Zusammenhänge, die die Ökonomik lange Zeit beherrschte und auch heute noch die Lektüre lohnt. Der Inhalt des Werkes soll im Folgenden skizziert werden.[99]

In der Einführung definiert Smith den Wohlstand eines Volkes als die in einem Jahr durch Arbeit geschaffenen „notwendigen und angenehmen Dinge des Lebens", die unter der Bevölkerung eines Landes zu verteilen sind. Als entscheidenden Faktor für dessen Höhe bezeichnet er die Arbeitsproduktivität und stellt seine Untersuchungen damit von vorne herein unter eine dynamische Perspektive. Im ersten Kapitel des ersten Buches führt er den Begriff der Arbeitsteilung als Hauptursache für die Verbesserung der Arbeitsproduktivität ein und erläutert ihn am bekannten Beispiel der Stecknadelproduktion. In der Anwendung auf wirtschaftliche Tatbestände seiner Gegenwart und der Geschichte erprobt er die theoretische Erklärungsfähigkeit seines Begriffes, bestimmt dessen Grenzen und präzisiert bzw. differenziert ihn. So werden als Aspekte der Arbeitsteilung Spezialisierung, Mechanisierung und Zeitersparnis genannt und als Grenzfall für ihre Vorteilhaftigkeit die Landwirtschaft untersucht. Im zweiten Kapitel führt er den Tausch als Ursache für das Zustandekommen von Arbeitsteilung ein. Er sieht in ihm eine natürliche Neigung des Menschen, die mit seiner Angewiesenheit auf andere sowie seiner Fähigkeit, denken und sprechen zu können, zusammenhängt. Eine weitere anthropologische Präzisierung der Bestimmungsgründe lässt er offen. Aus ökonomischer Perspektive interessiert ihn, welche Faktoren zur Ausgestaltung dieses Prinzips beitragen. Unter Heranziehung vor allem historischen Materials untersucht er die Entwicklung von Tauschgewohnheiten und

---

TER 1965, S. 197ff. und PRIBRAM 1998, S. 93ff.).

Eine weitere Einschränkung ist in Bezug auf den Kameralismus, die deutsch-österreichische Spielart des Merkantilismus, zu machen. Dieser entwickelte im Rahmen verwaltungstechnischer Fragestellungen finanzwirtschaftliche bzw. fiskalische Prinzipien und hielt sie in umfangreichen verwaltungswissenschaftlichen Lehrbüchern fest. Zur Ausbildung von Beamten wurden verwaltungs- und finanzwissenschaftliche Lehrstühle gegründet. Auch wenn sich dies noch weitgehend im Rahmen der aristotelischen Vorstellungen von Ökonomie als Hauswirtschaftslehre bewegt, ist der Kameralismus zu den Wurzeln der modernen Volkswirtschaftslehre zu rechnen (vgl. SALIN 1951, S. 61f., SCHNEIDER, D.: Allgemeine Betriebswirtschaftslehre. 3., neu bearbeitete und erweiterte Auflage der "Geschichte betriebswirtschaftlicher Theorie". München/Wien ³1987, S. 107ff. u. SCHUMPETER 1965, S. 216).

[99] Vgl. SMITH, A.: Der Wohlstand der Nationen. Eine Untersuchung seiner Natur und seiner Ursachen. Aus dem Englischen übertragen und mit einer umfassenden Würdigung des Gesamtwerkes herausgegeben von Horst Claus Recktenwald. München 1978.

Zur Einschätzung der Leistung des smithschen Beitrages vgl. SCHUMPETER 1965, S. 246f. sowie PRIBRAM 1998, S. 243f. Beide Autoren heben hervor, dass diese weniger in originären Ideen, sondern vielmehr in der Synthese vorliegender Erkenntnisse bestand. Die folgende Darstellung wird von seinen Vorläufern zumindest die Physiokraten, die in der Dogmengeschichte traditionell zwischen Klassik und Merkantilismus eingeordnet werden, erwähnen, da diese den Wirtschaftskreislauf entdeckten.

-möglichkeiten. Im dritten Kapitel führt er den Markt und seine Größe als Voraussetzung und Grenze für Tausch und Arbeitsteilung ein; in diesem Zusammenhang reflektiert er auch die Bedeutung von Verkehrswegen. Das vierte Kapitel hat, ebenfalls motiviert durch die Frage nach den Möglichkeiten zum Tausch, den Ursprung und den Gebrauch des Geldes zum Gegenstand. Im fünften Kapitel geht es um die Bedeutung des Geldes als Wertmaßstab. Versucht man das erste Buch zu strukturieren, so überwiegt in den ersten fünf Kapiteln die historisch-systematische Erklärung des Entstehens der wirtschaftlichen Dynamik, die Smith in seiner Gegenwart beobachtet. Später, im dritten und fünften Buch, wird deutlich werden, dass er eine ökonomische Entwicklungstheorie vertritt, die nach einem vierstufigen Schema verläuft. Es handelt sich um die Stufen der Jäger-, Hirten- und Ackerbau- sowie als letztes der Tausch- oder Marktgesellschaft. Sie zeichnen sich durch jeweils spezifische Regelungen ihrer politisch-rechtlichen Verhältnisse aus, die auf ihre sozialen und ökonomischen Produktionsbedingungen zugeschnitten sind. Den Antrieb zu dieser Entwicklung sieht Smith im ständigen Bemühen des Menschen, seine materielle und soziale Lebenslage zu verbessern.[100]

Auch den Gegenstand des sechsten Kapitels, die Bestandteile der Güterpreise, behandelt Smith zunächst unter Rückgriff auf vergangene wirtschaftliche Entwicklungsstufen, widmet sich dann aber der systematischen Analyse der wirtschaftlichen Verhältnisse seiner Gegenwart, einer Tausch- und Marktgesellschaft. Neben dem Arbeitslohn und der Rente als Preis für die Bodennutzung führt Smith den Gewinn als Preis für das Kapital ein, das notwendig ist, um in einer arbeitsteiligen Gesellschaft Löhne und Material für die Produktion von Waren vorzustrecken. Die von ihm entdeckten Preisbestandteile entsprechen den noch in heutiger Systematik üblichen volkswirtschaftlichen Produktionsfaktoren. Mit ihrer Hilfe analysiert er im siebten Kapitel das Zustandekommen von Preisen auf Märkten.

Smith geht bei seinen Überlegungen von einem „natürlichen Preis“ aus. Diesem kommen allerdings keine ontologischen Qualitäten zu; er ist vielmehr historisch wandelbar, abhängig von gesellschaftlichen Verhältnissen und Produktionsbedingungen. Er ergibt sich aus den zur jeweiligen Zeit und am jeweiligen Ort geltenden Sätzen für Lohn, Gewinn und Rente, die zur Erzeugung eines Produktes aufgewendet werden müssen. Es ist demnach der den entstandenen Kosten entsprechende Preis. Von diesem unterscheidet er den Marktpreis als den sich für ein Produkt tatsächlich einstellenden Preis. Dieser hängt ab vom Verhältnis der angebotenen Menge einer Ware zur vorhandenen effektiven Nachfrage. Ist die Nachfrage höher als das Angebot, lässt der Wettbewerb der Nachfrager den Marktpreis über den natürlichen Preis steigen; ist die angebotene Menge höher als die nachgefragte, sinkt der Marktpreis unter diesen. Allerdings ist für Smith der natürliche Preis das Zentrum, in dessen Richtung die Marktpreise dauernd drängen. Grund dafür ist das Selbstinteresse der Anbieter der Produktionsfaktoren Arbeit, Boden und Kapital. Da sie danach streben für die von ihnen angebotenen Faktoren möglichst viel zu erhalten, werden sie bei unterdurchschnittlichen Preisen ihr Angebot zurückziehen bzw. ihre Faktoren zur Produktion von Waren verwenden, die sie höhere Preise erzielen lassen. Umge-

[100] Das dritte Buch widmet sich in einer historischen Analyse vor allem dem Übergang von Agrar- in Handelsgesellschaften. Das fünfte Buch geht im Rahmen einer Darstellung der öffentlichen Aufgaben des modernen Staates auf die politisch-rechtliche Situation beim Übergang von Jäger- zu Hirtengesellschaften ein.

kehrt bieten überdurchschnittliche Preise besondere Anreize, ihre Faktoren einzusetzen, so dass das dann höhere Angebot die Preise wieder sinken lässt. Mit dieser Beschreibung des Preismechanismusses formuliert Smith das Kernstück moderner marktwirtschaftlicher Lehre.[101] Smith ist realistisch genug zu sehen, dass es Fälle gibt, in denen der Marktpreis dauerhaft zu hoch bleibt. Als Grund dafür führt er natürliche und künstliche, vor allem durch staatliche Eingriffe geschaffene Monopole an. Er hält diesen Zustand allerdings für weitgehend vermeidbar, sofern Gewerbefreiheit geschaffen und damit Konkurrenz zugelassen wird.

Die weiteren Abschnitte des ersten Buches widmet er der Bestimmung der Anteile der Produktionsfaktoren am Preis, modern ausgedrückt der funktionalen Verteilung der Einkommen. Den Ausgangspunkt hierfür bildet die entwicklungstheoretische Überlegung, dass ursprünglich der gesamte Ertrag der Produktion dem Arbeiter zur Verfügung stand. Erst die Bodenprivatisierung und die Notwendigkeit des Kapitaleinsatzes führen dazu, dass dieser in die Bestandteile Lohn, Rente und Gewinn aufzuteilen ist. Smith untersucht die Umstände, die zu unterschiedlicher Höhe von Löhnen, Gewinnen und Renten führen und damit deren Verhältnis bestimmen. Er stellt dazu regionale Vergleiche sowie Ländervergleiche an und geht auch auf den Einfluss der Wirtschaftspolitik ein. Besonders bei den Ausführungen zum Lohnniveau fällt auf, dass Smith sozial parteilich ist. Er spricht sich gegen die damals in Amerika noch verbreitete Sklavenarbeit aus, die er für unwirtschaftlich hält, und tritt für hohe Löhne ein, die das Los der Masse der Bevölkerung verbessern. Auch dies begründet er nicht mit ethischen Argumenten, sondern verweist auf den empirischen Zusammenhang zwischen hohen Löhnen und Wirtschaftswachstum.[102] Auf der anderen Seite warnt er aus systematischen Gründen vor den wirtschaftspolitischen Vorschlägen von Unternehmern, da diese zwar hohen wirtschaftlichen Sachverstand besäßen, ihn aber zur Verfolgung eigener Interessen einsetzten, nicht zur Verbesserung des Gemeinwohls.[103]

Stärker noch als die skizzierte Verteilungstheorie setzt die Kreislauf- und Wachstumstheorie, die das Thema des zweiten Buches darstellt, ein Modelldenken über wirtschaftliche Tatsachen voraus, das einzelwirtschaftliche Vorgänge zu hoch aggregierten Größen zusammenfasst und diese zueinander ins Verhältnis setzt. Obwohl sich Smith am Ende des vierten Buches ausdrücklich von der politischen Ökonomie der Physiokraten distanziert, ist nicht zu übersehen, dass seine makroökonomischen Analysen von deren modelltheoretischer Leistung profitieren.[104]

---

[101] Ins Zentrum der Ökonomik rückt diese Einsicht erst mit der Neoklassik. Aus Sicht neoklassischer Mikroökonomik würde man heute so formulieren: Marktpreise dienen als Signale, die den wirtschaftlichen Einsatz der Produktionsfaktoren steuern und zu einem die Nachfrage befriedigenden Ergebnis führen (vgl. unten Kapitel 1.23).

[102] Vgl. SMITH [1776] 1978, S. 70.

[103] Vgl. SMITH [1776] 1978, S. 212f. In dieselbe Richtung zielt folgendes einschlägige Zitat: „Geschäftsleute des gleichen Gewerbes kommen selten, selbst zu Festen und zur Zerstreuung, zusammen, ohne dass das Gespräch in einer Verschwörung gegen die Öffentlichkeit endet oder irgendein Plan ausgeheckt wird, wie man die Preise erhöhen kann" (a.a.O. S. 112).

[104] Ihr Zentrum stellt das sogenannte „Tableau économique" von Francois Quesnay dar. Die Bewegung der Physiokraten, die sich selbst auch „Ökonomisten" nannten, war in Frankreich als Reaktion auf den Merkantilismus entstanden. Im Gegensatz zu dessen Fixierung auf Handel und Geld als Ursprung und

Auch wenn Smith am Ende des ersten Buches vor den Eigeninteressen der Unternehmer warnt, ruft er in seiner Einleitung zum zweiten Buch, unter Rückgriff auf seine Entwicklungstheorie, die Bedeutung der Ansammlung von Kapital für die Steigerung von Arbeitsproduktivität und damit gesellschaftlichen Wohlstand in Erinnerung. Als Kapital definiert er den Teil eines Vermögens, der nicht zu konsumtiven Zwecken, sondern zur Einkommenserzielung eingesetzt wird. Mit Blick auf den spezifischen Kapitaleinsatz von Kaufleuten und Fabrikanten unterscheidet er zwischen Umlauf- und Anlagevermögen. Die am Beispiel einzelner Wirtschaftssubjekte entwickelten Begriffe zur Bezeichnung unterschiedlicher Vermögensverwendung überträgt Smith auf die Volkswirtschaft als Ganze. Er wiederholt den Gedanken aus der Einführung, dass die gesamte Produktion eines Landes seinen Einwohnern als Einkommen zur Verfügung steht, allerdings nicht als Konsumtivvermögen. Ein Teil des Einkommens ist dazu aufzuwenden, Anlage- und Umlaufvermögen in seiner vorhandenen Höhe zu erhalten. Zur Unterscheidung verwendet er die Begriffe „Bruttosozialprodukt" für das gesamte und „Nettosozialprodukt" für das konsumierbare Einkommen einer Volkswirtschaft. Als grundsätzliche Verwendungsalternativen für das Nettosozialprodukt unterscheidet Smith Konsumieren und Sparen. Verstärktes Sparen vergrößert den Kapitalstock und führt so über Produktivitätsfortschritte zu größerem Wohlstand. Smith konstruiert auf diese Weise einen Kreislaufzusammenhang vom Produktionsprozess, der die Einkommen hervorbringt, über die Einkommensverwendung, die zur Vermögensveränderung beiträgt, zurück zur Produktion, die dann auf Grundlage veränderter Kapitalausstattung stattfinden kann. Da die Kreislauftheorie eine dynamische Komponente enthält, kann sie auch als Wachstumstheorie aufgefasst werden. Smith verfolgt diesen Aspekt, indem er bezogen auf Löhne, Gewinne und Renten bzw. die hinter ihnen stehenden gesellschaftlichen Gruppen von Einkommensbeziehern, die Konsum- und Sparneigungen untersucht. Er geht in diesem Zusammenhang auch auf die besondere Bedeutung des Geldes als Mittel des Umlaufes und der Verteilung von Vermögen ein und formuliert Kriterien für eine optimale Geldversorgung der Volkswirtschaft durch das Bankensystem. Aus heutiger Sicht beschäftigt sich das zweite Buch also vorwiegend mit Themen aus dem Bereich der Makroökonomik.

Nachdem Smith in den ersten beiden Büchern die Begriffe modernen ökonomischen Denkens dargelegt und im dritten Buch die Entstehung zeitgenössischer Verkehrswirtschaften historisch hergeleitet hat, wendet er sich im vierten Buch der Auseinandersetzung mit Systemen der politischen Ökonomie zu. Im Vordergrund stehen dabei die von

---

Ausdruck von Wohlstand lehrten sie, dass die Natur und damit die landwirtschaftliche Produktion die einzige und eigentliche Quelle des Reichtums sei. Auch wenn sie in diesem Punkt eindeutig falsch lagen, bedeutete ihr Ansatz eine Relativierung der monetären Sphäre zugunsten der Gewichtigkeit von Produktion und Verteilung von Gütern als Kern des Wirtschaftsprozesses. Nach dem Vorbild anderer Naturwissenschaften versuchten sie dessen Gesetze, die sie als natürliche Ordnung verstanden, darzustellen. Da Quesnay Arzt war, orientierte er sich dabei am Modell des Blutkreislaufes. Es bildet noch heute die Grundlage der volkswirtschaftlichen Gesamtrechnung. Das Tableau wurde 1758 in Versailles zum ersten Mal gedruckt (vgl. SCHUMPETER 1965, S. 308).
Pribram behandelt die Physiokraten unter der Überschrift „Cartesianische Wirtschaftslehre" und hebt als Gegensatz zum Merkantilismus und zur nachfolgenden Klassik, die er als „hypothetisches Denken" in die Tradition des Nominalismus einreiht, deren Orientierung an subjektunabhängig existierenden Ideen hervor; er ordnet sie damit unter erkenntnistheoretischen Gesichtspunkten dem Ansatz des Universalismus zu (vgl. PRIBRAM 1998, S. 205ff.).
Bzgl. der Darstellung der physiokratischen Lehren vgl. auch SALIN 1951, S. 68ff.

ihm so genannten Merkantilisten. Ihrem von kurzsichtigen politischen Absichten und Gruppeninteressen gesteuerten Wirtschaften hält er die Forderung nach Beachtung der natürlichen Freiheit entgegen. Die Respektierung des Erwerbsfleißes des Einzelnen führt dann durch die Wirkung grundlegender ökonomischer Mechanismen zu Fortschritt und Wohlstand für alle. Allerdings bedeutet das nicht, dass Smith den Staat und seine politischen Eingriffe für überflüssig hält. Das vielfach zitierte „Laissez-faire"-Prinzip formulierten, im Vertrauen auf die von ihnen postulierte „natürliche Ordnung" der Wirtschaft, die Physiokraten. Smith ist eindeutig der Meinung, dass aus Gründen der Sicherung des Gemeinwohls eine Einschränkung der persönlichen Freiheit notwendig sein kann.[105] Im fünften Buch beschäftigt er sich ausdrücklich mit den Finanzen und Aufgaben des Staates. Diese betreffen im Wesentlichen Landesverteidigung, Rechtsprechung, Verkehrswege und Bildungswesen, aus moderner Sicht also Fälle der Bereitstellung öffentlicher Güter. Er untersucht, wie diese möglichst effizient bereitgestellt und gerecht finanziert werden können.[106]

Entscheidend für den großen und anhaltenden publizistischen Erfolg des „Wealth of Nations" war, dass Smith seine Gedanken vor dem Hintergrund der von England ausgehenden industriellen Revolution formulierte, so dass sie durch die Entwicklung der wirtschaftlichen Umstände für die Leser zunehmend plausibler wurden.[107] Der Begriff „industrielle Revolution" bezeichnet im engeren historischen Sinn die Epoche des Übergangs der europäischen Staaten von Agrar- in Industriegesellschaften. Sie erstreckt sich von den Anfängen im England des 18. Jahrhunderts bis zu ihrer Verbreitung in den Ländern des Kontinents weit ins 19. Jahrhundert hinein.[108] Der Ausgang von England erscheint zunächst erstaunlich, war doch die staatliche Förderung von Gewerbe und Industrie durch merkantilistische Politik in Frankreich am ausgeprägtesten gewesen. Allerdings war die französische, nach Colbert, dem Finanzminister Ludwig des XIV., „Colbertismus" genannte Politik gescheitert und hatte stattdessen zu einem Niedergang der Landwirtschaft geführt, der auch durch die Gegenbewegung der Physiokraten nicht mehr aufzuhalten war. Nicht zuletzt aufgrund seiner misslichen wirtschaftlichen Lage stand Frankreich am Ende des 18. Jahrhunderts vor dem Beginn der Revolution. In England dagegen hatte die merkantilistische Politik in der Unterstützung privater Initiativen von Handels- und Kolonialgesellschaften bestanden. Der religiöse Einfluss des Puritanismus begünstigte eine positive Einstellung der Gesellschaft gegenüber kaufmännischem Unternehmertum.[109]

---

[105] Vgl. z.B. SMITH [1776] 1978, S. 267. Die angegebene Stelle bezieht sich auf staatliche Kontrollen bei der Einrichtung privater Banken.

[106] Als Beleg sei hingewiesen auf eine einschlägige Äußerung zur Besoldung von Richtern: „Öffentliche Dienste werden nirgends besser geleistet, als dort, wo ihr Entgelt ausschließlich von der Leistung abhängt und nach der aufgewandten Sorgfalt bewertet wird" (a.a.O. S. 609).

[107] Vgl. CIPOLLA/BORCHARDT 1985a, S. 343. Der Autor bezieht sich dabei auf eine Äußerung von Schumpeter. Ähnlich auch die Einschätzung von Pribram (vgl. PRIBRAM 1998, S. 260).

[108] Vgl. CIPOLLA, C. M./BORCHARDT, K. (Hg.): Europäische Wirtschaftsgeschichte. Bd. 4: Die Entwicklung der industriellen Gesellschaften. Stuttgart/New York 1985b, S. 87.

[109] Vgl. oben (S. 38 und FN 87) die Hinweise auf den Zusammenhang zwischen Reformation und „Geist des Kapitalismus". Der Puritanismus war im 16. Jahrhundert in der anglikanischen Kirche als eine Reformbewegung entstanden, die sich stark am Kalvinismus orientierte. Seinen größten Einfluss hatte er im 17. Jahrhundert unter Cromwell. Er blieb nach der Wiederherstellung der Monarchie in gemäßigter Form wirksam (vgl. ENGEL 1971, S. 948ff. und WAGNER ^{3}1996, S. 308ff.). Zu den Verfassungsänderungen und

Die Verfassungsreform von 1688 stärkte zudem die politische Bedeutung bürgerlicher Schichten. Zu Beginn des 18. Jahrhunderts hatten dann Produktivitätsfortschritte in der Landwirtschaft zu einem Bevölkerungswachstum geführt, das seinerseits das Prokopfeinkommen aber nicht wieder sinken ließ, sondern einen nachhaltigen Aufschwung von Industrie und Gewerbe ermöglichte. Angeregt wurde dieses wirtschaftliche Wachstum durch den entwickelten Außenhandel Englands und seine Absatzmöglichkeiten in den Kolonien. Die anhaltende Nachfrage löste bei den Anbietern Bemühungen um Produktionserhöhungen und Rationalisierungen aus, die sich in der Zahl der Erfindungen und Patente niederschlug. Die Entwicklung vollzog sich zunächst im Rahmen traditioneller Technologien. Mechanische Verfahren zur Verbesserung des Spinnens und Webens kamen weitgehend mit dem hergebrachten Baustoff Holz aus und verwendeten als Antrieb Wasserkraft. In der Regel entwickelte sich die Textilindustrie an den Standorten der alten Hausindustrien der Wollverarbeitung weiter. Die wirklich revolutionären Veränderungen gingen erst von der Erfindung und vom Einsatz der Dampfmaschine aus. Die Energiegewinnung durch Verbrennung steigerte die Möglichkeit, menschliche Arbeitskraft durch Maschinen zu ersetzen, außerordentlich. Vor allem machte sie, zumal durch ihren Einsatz im Transportwesen, von den natürlichen Bedingungen bisheriger Produktionsstandorte weitgehend unabhängig und schuf so die Voraussetzung für die Entstehung moderner industrieller Massenproduktion in großstädtischen Ballungszentren. Von den Erfindungen und Patenten des James Watt in den 1760er Jahren bis zu ihrem tatsächlichen Einsatz als Maschinen- und Eisenbahnantrieb vergingen noch etliche Jahre. Da die neue Technologie ihre eigentliche Leistungsfähigkeit erst in Maschinen aus dem Werkstoff Eisen hervorbringen konnte, waren Fortschritte in der Verhüttungstechnik und Eisenindustrie notwendig. Schon zu Beginn des 18. Jahrhunderts hatte man, durch Knappheit an Holzkohle motiviert, Methoden erprobt, die Verhüttung von Eisenerz mit Hilfe von Koks ermöglichten. Das 1784 entwickelte so genannte „Puddelverfahren" schuf die Voraussetzung für die massenhafte und preiswerte Produktion von Eisen, das zur Herstellung von Maschinen taugte. Den Durchbruch in das Zeitalter der Schwerindustrie brachte schließlich in den ersten Jahrzehnten des 19. Jahrhunderts der Einsatz der Dampfkraft zur Bewegung von Schienenfahrzeugen. Der Ausbau der Eisenbahn führte zu einer bis dahin nicht gekannten Nachfrage in Baubranche, Metall- und Montanindustrie, die dadurch zu führenden Wirtschaftszweigen des 19. Jahrhunderts wurden. Das neue Verkehrssystem brachte zudem infrastrukturelle Veränderungen, die aufgrund des zeitlichen und räumlichen Zusammenwachsens der Märkte auch andere Wirtschaftszweige erfassten.[110]

Und genau hierin deutet sich die Berechtigung der Rede von der Ökonomie als eigengesetzlichem gesellschaftlichem Teilsystem an. Zunächst scheint mit der industriellen Revolution nichts qualitativ Neues geschehen zu sein: Technologischen Fortschritt hatte es seit dem Mittelalter gegeben, die Rechtfertigung des Erwerbsstrebens war bereits erfolgt, der „Geist des Kapitalismus" durch die Reformation entfesselt. Allerdings entwickelte sich durch die erwerbswirtschaftliche Ausnutzung und das Ineinandergreifen unterschiedlicher Erfindungen eine Dynamik, die kaum einen Wirtschaftszweig unberührt ließ. Zunehmen-

zur Stärkung der Rechte des Parlamentes nach der „Glorreichen Revolution" vgl. WAGNER ^{3}1996, S. 326ff.

[110] Vgl. zur Skizzierung der industriellen Revolution in Großbritannien CIPOLLA/BORCHARDT 1985b S. 4ff.

de Arbeitsteilung und die sich immer stärker ausbreitende Verkehrswirtschaft führten zu einer neuen Komplexität wirtschaftlicher Zusammenhänge. Die Ergebnisse wirtschaftlichen Handelns ergaben sich damit nicht mehr einfach aus den Intentionen von Einzelakteuren, sondern wurden abhängig von Intentionen und Handeln anderer. Genau diese Zusammenhänge rekonstruiert Adam Smith in seiner Analyse. Er beschreibt die Logik, mit der sich die freigesetzten Kräfte des Fortschritts und des Erwerbsstrebens entwickeln, und untersucht, wie die wirtschaftlichen Handlungen der Einzelnen mit Hilfe der Institutionen des Marktes und des Wettbewerbs zu einem für alle guten Ergebnis koordiniert werden.

„Nicht vom Wohlwollen des Metzgers, Brauers und Bäckers erwarten wir, was wir zum Essen brauchen, sondern davon, dass sie ihre eigenen Interessen wahrnehmen. Wir wenden uns nicht an ihre Menschen- sondern an ihre Eigenliebe, und wir erwähnen nicht die eigenen Bedürfnisse, sondern sprechen von ihrem Vorteil."[111] Dies ist wohl die berühmteste und am häufigsten zitierte Stelle aus dem „Wohlstand der Nationen" von Adam Smith. Im Vergleich zu Aristoteles und zur Scholastik wird in diesem Zitat noch einmal deutlich, dass nicht die Beurteilung wirtschaftlicher Wirklichkeit unter ethischem Anspruch, sondern deren Analyse das Programm von Smith ist. Ihn interessiert nicht die Beachtung des Äquivalenzprinzips im einzelnen Tauschakt, vielmehr sieht er diesen motiviert durch die Verfolgung je eigennütziger Interessen. Zwar zielt auch Smith mit seiner Frage nach dem Wohlstand der Nationen auf die Verwirklichung des Gemeinwohls. Dieses aber stellt sich durch wirtschaftliche Mechanismen ein. Nicht die Beachtung der Gerechtigkeitsforderung, sondern die Konkurrenz von Anbietern und Nachfragern auf Märkten führt zu einem wirtschaftlich guten Ergebnis für alle.[112] Smith analysiert durchaus auch politische Eingriffe in wirtschaftliche Zusammenhänge. Im Gegensatz zur politischen Ökonomie des Merkantilismus werden diese aber nicht aus Normen deduziert, sondern durch Heranziehung eigenständiger ökonomischer Regeln begründet. Dabei macht ihn sein vehementes Insistieren auf die Leistungsfähigkeit von Markt und Wettbewerb zum Klassiker moderner Ökonomik.

Aus heutiger Sicht mag man manche Äußerung sogar als Beleg einer Auffassung verstehen, die die Unabhängigkeit der wirtschaftlichen Sphäre von ethischen Beurteilungen

---

[111] SMITH [1776] 1978, S. 17.

[112] Dass auch hinter dieser Aussage eine umfassende religiöse Weltsicht steht, wird in der „Theorie der ethischen Gefühle" deutlich. Hier fällt in einem entsprechenden Zusammenhang die berühmte Formulierung von der „unsichtbaren Hand" (vgl. SMITH, A.: Theorie der ethischen Gefühle. Nach der Auflage letzter Hand übersetzt und mit Anleitung, Anmerkungen und Registern herausgegeben von Walther Eckstein. Hamburg 1994. S. 316). An anderer Stelle dieses Werkes ist ersichtlich, dass ein deistisches Gottesbild die Vorstellungen von der guten und gerechten Regelung des Ganzen bestimmt (vgl. a.a.O. S. 400). Eher beiläufig, aber ebenfalls im Rahmen der Beobachtung einer Förderung des Allgemeinwohls als unbewusste Nebenfolge eigeninteressierter Handlungen, wird die „unsichtbare Hand" auch an einer Stelle des „Wohlstand der Nationen" erwähnt (vgl. SMITH [1776] 1978, S. 371).
Zu diesem Problem vgl. KITTSTEINER, H.-D.: Ethik und Teleologie: Das Problem der „unsichtbaren Hand" bei Adam Smith. In: KAUFMANN, F.-X./KRÜSSELBERG, H.-G. (Hg.): Markt, Staat und Solidarität bei Adam Smith. Frankfurt am Main 1984. S. 41-73 und BÜSCHER, M.: Gott und Markt - religionsgeschichtliche Wurzeln Adam Smiths und die „Invisible Hand" in der säkularisierten Industriegesellschaft. In: MEYER-FAJE, A./ULRICH, P. (Hg.): Der andere Adam Smith. Beiträge zur Neubestimmung von Ökonomie als Politischer Ökonomie. Bern 1991. S. 123-144.

behauptet. Ein derartig systemisch-autonomes Verständnis von Wirtschaft lag Smith aber noch fern. Den Hintergrund seiner positiven Theorie der wirtschaftlichen Zusammenhänge bildete ein normatives Verständnis von Wirtschaft, in dem der Begriff des Gemeinwohls noch eine Rolle spielte. Smith war nämlich in Glasgow Professor für Moralphilosophie und hatte vor dem „Wealth of Nations" im Jahre 1759 seine „Theory of Moral Sentiments" veröffentlicht. Beide Arbeiten entstammen einer Vorlesungsreihe über Moralphilosophie, die die vier Teile natürliche Theologie, Ethik im engeren Sinn, Rechtswissenschaft und Volkswirtschaftspolitik beinhaltete.[113] Im Laufe der Wirkungsgeschichte wurden die Äußerungen zur Ökonomie weitgehend von ihren Bezügen zu den ethischen Überlegungen des Gesamtwerkes getrennt.[114] Im Rahmen einer Analyse der Entwicklung des Verhältnisses von Ökonomie und Moral darf der ursprüngliche Zusammenhang zwischen ökonomischer und ethischer Theoriebildung allerdings nicht übergangen werden.

1.2 Marktmechanismus statt Moral: Modernes ökonomisches Denken und sein Verhältnis zur Ethik

1.21 Ökonomische Klassik und Utilitarismus

„Mag man den Menschen für noch so egoistisch halten, es liegen doch offenbar gewisse Prinzipien in seiner Natur, die ihn dazu bestimmen, an dem Schicksal anderer Anteil zu nehmen, und die ihm selbst die Glückseligkeit dieser anderen zum Bedürfnis machen, obgleich er keinen anderen Vorteil daraus zieht, als das Vergnügen, Zeuge davon zu sein."[115] Dies sind die Worte, mit denen Adam Smith seine „Theorie der ethischen Gefühle" beginnt. Der scheinbare Gegensatz zum oben angeführten einschlägigen Zitat aus dem „Wohlstand der Nationen" kann leicht im Sinne eines Ergänzungsverhältnisses verstanden werden, wenn man die Stelle nicht normativ, sondern positiv versteht. Tatsächlich fesselt die moraltheoretische Abhandlung Smiths schon seine Zeitgenossen vor allem durch eine detailreiche und psychologisch feinfühlige Schilderung gängiger moralischer Verhaltensweisen und Empfindungen.[116] Seine wissenschaftliche Leistung besteht darin, hinter den geschilderten Phänomenen die im Zitat angesprochenen „Prinzipien der Natur", gemeint sind tatsächlich vorhandene menschliche Grundkräfte, aufzudecken. Als Zentrum dieser Kräfte verortet er dabei die Sympathie, d.h. die menschliche Fähigkeit sich in die Lage eines anderen hineinzuversetzen und mitzufühlen. Im heutigen Sinn ist

---

[113] Vgl. die Hinweise des Herausgebers Walther Eckstein in der Einleitung zur „Theorie der ethischen Gefühle" (SMITH [1759] 1994, S. XXVI und LVI).

[114] Vgl. aber die Hinweise zur Problematisierung der als widersprüchlich empfundenen Werke vor allem durch deutsche Nationalökonomen des 19. Jahrhunderts in der Einleitung zur „Theorie der ethischen Gefühle" (a.a.O. S. LIIIff.) sowie neuerdings PATZEN, M.: Zur Diskussion des Adam-Smith-Problems – ein Überblick. In: MEYER-FAJE, A./ULRICH, P. (Hg.): Der andere Adam Smith. Beiträge zur Neubestimmung von Ökonomie als Politischer Ökonomie. Bern 1991. S. 21-54.

[115] SMITH [1759] 1994, S. 1.

[116] Vgl. die Wiedergabe zeitgenössischer Kritik durch den Herausgeber Walther Eckstein in der Einleitung zur „Theorie der ethischen Gefühle" (SMITH [1759] 1994, S. XXIXf.).

seine moraltheoretische Schrift also vor allem als Beitrag zur deskriptiven Ethik bzw. Sozialpsychologie einzuordnen.[117]

Bezogen auf die Geschichte der Ethik liegt damit eine Neuorientierung vor, die schon lange vor Smith begonnen hatte. Negativ zeichnet sie sich aus durch Abwendung von den traditionellen Positionen der Scholastik und der aristotelischen Philosophie, die man nach dem Zusammenbruch des mittelalterlichen Gesellschaftssystems und Weltbildes als zunehmend unangemessen und abstrakt kritisierte. Positiv ausgedrückt geht es um die Wahrnehmung und Beschreibung „des Menschen, wie er wirklich ist".[118] Als ersten Gewährsmann für diese Entwicklung ist oben bereits auf Niccolò Machiavelli hingewiesen worden, der in seinem „Fürsten" alle bloßen Vorstellungen beiseite lassen und nur von der Wirklichkeit sprechen will.[119] Ähnlich wie Machiavelli versucht ca. 150 Jahre später Thomas Hobbes unter dem Eindruck der politischen und religiösen Konflikte seiner Zeit, die schließlich im englischen Bürgerkrieg grausam ausgetragenen wurden, aufzudecken, durch welche Ursachen das tatsächliche Zusammenleben der Menschen bestimmt wird. Seine Untersuchungen über das Wesen des Staates enthalten Annahmen über die Natur des Menschen, die weitreichende Auswirkungen auf die Ethik haben.

Der Einfluss Thomas Hobbes' auf die Ethik

Selbst zunächst im Rahmen aristotelischer Schulphilosophie erzogen, opponiert Hobbes in seinen eigenen philosophischen Abhandlungen gegen diese und propagiert, ganz im Sinne Bacons, mit dem er persönlich bekannt war, das Postulat praktischer Verwendbarkeit wissenschaftlicher Erkenntnisse.[120] Formales Vorbild seiner Philosophie war ihm die methodische Strenge der Geometrie.[121] Inhaltlich orientierte er sich an den Erkenntnissen der Physik, insbesondere der Bewegungslehre, die durch seinen Zeitgenossen Galilei bedeutende Fortschritte gemacht hatte. Nach ihrem Beispiel konzipiert er „das Gebiet des Moralischen", worunter er vor allem die Gemütsbewegungen des Menschen versteht, als Ursache-Wirkungszusammenhänge von Körpern und zwischen ihnen wirkenden Kräf-

---

[117] Eine deutlich gegensätzliche Position nimmt allerdings Peter Ulrich ein. Um Smith als Gewährsmann für seine „zeitgemäße Erneuerung der Politischen Ökonomie" aus diskursethischer Perspektive zu reklamieren, bemüht er sich, die systematische Begründung des Standpunktes der Moral durch Immanuel Kant schon im Werk des Adam Smith zu verorten (vgl. ULRICH, P.: Der kritische Adam Smith - im Spannungsfeld zwischen sittlichem Gefühl und ethischer Vernunft. In: MEYER-FAJE, A./ULRICH, P. (Hg.): Der andere Adam Smith. Beiträge zur Neubestimmung von Ökonomie als Politischer Ökonomie. Bern 1991. S. 145ff.). Zur Würdigung dieses Versuches vgl. unten FN 141.

[118] Hirschman verwendet in seiner oben erwähnten Arbeit „Leidenschaften und Interessen" diese Spinoza-Paraphrase als Kapitelüberschrift (HIRSCHMAN 1980, S. 20f.).

[119] Vgl. FN 84 und 91. Die Belegstelle findet sich in MACHIAVELLI [1513] 1986, S.119.

[120] Vgl. HOBBES, TH.: Elemente der Philosophie. Erste Abteilung: Der Körper. Übersetzt, mit einer Einleitung und mit textkritischen Annotationen versehen und herausgegeben von Karl Schuhmann. Hamburg 1997 [1655]. Widmungsbrief (insbesondere S. 6), Kapitel I, Ziffer 1, 6 und 7.

[121] Den Titel seines umfassenden Werkes „Elemente der Philosophie" wählte Hobbes in Anlehnung an die „Elemente" des Euklid (vgl. die biographischen Hinweise in der Einleitung des Herausgebers Karl Schuhmann: HOBBES [1655] 1997, S. X u. XIV).

ten.[122] Im Unterschied zu diesem, von Hobbes als synthetisch beschriebenem Vorgehen, das von den Grundsätzen der Körper- über die Bewegungslehre zur Lehre von den Wahrnehmungen und Affekten der Menschen fortschreitet, begründet Hobbes die hieran anschließende Staatsphilosophie analytisch, d.h. für ihn schlussfolgernd von Erfahrungen ausgehend. Er hält für evident, dass das Begehren des Menschen ohne eine Zügelung durch äußere Schranken zum Krieg aller gegen alle führt.[123] In diesem so ermittelten Naturzustand hat jeder das Recht auf alles. Stärker noch als die natürliche Begierde des Menschen ist allerdings sein Drang zur Selbsterhaltung. Im Zusammenhang mit der menschlichen Fähigkeit der Vernunft führt er zur Suche nach Frieden. Aufgrund dieser Annahmen rekonstruiert Hobbes, nun wiederum synthetisch, den Gesellschaftsvertrag. Der Verzicht einer großen Zahl von Menschen auf die Freiheit, ihre Kräfte beliebig einzusetzen, und ihre vorbehaltlose Unterwerfung unter den Willen einer Macht, bringen den Staat hervor, der die Sicherheit und Bequemlichkeit der bürgerlichen Gesellschaft ermöglicht.

Hobbes gilt mit diesem Ansatz als Begründer moderner Sozialwissenschaft. Im Zusammenhang der Entwicklung der Ethik sind vor allem dessen normative Implikationen von Interesse. Besonders auffällig ist sein Rechtspositivismus: Hobbes setzt Gerechtigkeit mit der Einhaltung der jeweils geltenden staatlichen Gesetze gleich.[124] Erklärbar ist dies vor dem Hintergrund der Erfahrung sich grausam befehdender religiöser Bekenntnisse. Nach dem Verlust eines einheitliche Orientierung vermittelnden Weltbildes wird das Gewaltmonopol des Staates zur formalen Bedingung jeglicher positiven gesellschaftlichen Entwicklung. Mit der Forderung nach Rechtssicherheit klingen dabei schon moderne rechtsstaatliche Prinzipien an.[125] Allerdings lassen sich diese genauso wenig einklagen wie die Orientierung staatlichen Handelns am Wohl des Volkes. Insofern ist auch der Begriff des Gemeinwohls bei Hobbes eine formale Kategorie. Selbstverständlich geht es beim Unternehmen des Gesellschaftsvertrages um die Verbesserung der Verhältnisse für alle Beteiligten.[126] Die starke Bedeutung des Gewaltmonopols des Staates aber erlaubt es nicht, den

---

[122] Vgl. HOBBES [1655] 1997, Widmungsbrief (S. 4) und Kapitel VI, Abschnitt 5 u. 6. Noch plastischer kommt der mechanistische Ansatz in der Einleitung zum „Leviathan" zum Ausdruck, in der Hobbes den Staat und den Menschen mit Uhren bzw. Maschinen vergleicht (vgl. Hobbes [1651] 1970, S. 5).

[123] Vgl. HOBBES [1655] 1997, Kapitel VI, 7. Abschnitt sowie zum Folgenden den Hinweis auf den „Leviathan" in FN 85. Vor dem „Leviathan", der, wohl in der Absicht leichterer Verbreitung, im Gegensatz zu den übrigen philosophischen Werken zuerst in englischer Sprache veröffentlicht wurde, hatte Hobbes seine Ausführungen zur Staatsphilosophie bereits 1642 unter dem Titel „De Cive" in Paris als Privatdruck vorgelegt. Es handelt sich dabei um den vorweggenommenen Teil III seiner „Elemente der Philosophie". Deren anthropologische Fundierung, von Hobbes auch als „Moralphilosophie" bezeichnet (vgl. HOBBES [1655] 1997, Kapitel 6, 6. Abschnitt), die im „Leviathan" den ersten Teil des Werkes ausmacht, fehlt hierbei. Sie wurde 1658 mit „De Homine", dem zweiten Teil der „Elemente der Philosophie" nachgeliefert (vgl. HOBBES, TH.: Vom Menschen - Vom Bürger (Elemente der Philosophie II u. III). Eingeleitet und auf der Grundlage der Übersetzung von Max Frischeisen-Köhler, die nach dem lateinischen Original berichtigt wurde, herausgegeben von Günter Gawlick. Hamburg [3]1994.).

[124] Vgl. HOBBES [De Cive. 1642] [3]1994, Vorwort an den Leser. Hobbes erwähnt hier die schädliche Wirkung einer Diskussion über Gerechtigkeit und kündigt an, in seiner folgenden Schrift die Gleichsetzung von staatlichen Gesetzen und Gerechtigkeit zu begründen.

[125] Vgl. HOBBES [De Cive. 1642] [3]1994, 13. Kapitel Abschnitt 15, 16 und 17.

[126] Vgl. HOBBES [De Cive. 1642] [3]1994, 13. Kapitel Abschnitt 2, 3 und 4.

absoluten Herrscher durch inhaltlich formulierte Kriterien zu binden, da so die Möglichkeit eines Widerstandsrechtes eingeräumt und dadurch der Frieden gefährdet würde. Normative Vorgaben für das gute Leben des Einzelnen im Sinne traditioneller Ethik erscheinen Hobbes zudem wissenschaftlich nicht begründbar.[127] Zwar benennt er im Rahmen seiner Staatsphilosophie auch inhaltliche Normen; sie verpflichten den Herrscher aber nicht im Sinne einer Zielangabe, sondern stellen gewissermaßen technische Ratschläge zur Herstellung eines störungsfreien gesellschaftlichen Zusammenlebens dar. Zu ihrer Bestimmung verwendet Hobbes das Prinzip der Folgenbeachtung sowie den Gedanken der Nützlichkeit.

Aus der Perspektive des Einzelnen lässt sich die ethische Konzeption, die der gesellschaftstheoretische Entwurf Hobbes' beinhaltet, als psychologischer Egoismus beschreiben: Der Mensch entspricht den moralischen Erwartungen seiner Mitmenschen aus Eigeninteresse. Der Egoismus ist für Hobbes aber keine Norm, sondern eine Tatsache. Sie ergibt sich aus seiner materialistischen Erklärung menschlichen Fühlens und Handelns. Hobbes geht dabei von der Wahrnehmung von Lust und Schmerz aus, die zu Begehren bzw. Vermeiden führen und damit die grundlegenden Bewegungen des menschlichen Körpers auslösen.[128] Obwohl später die Einseitigkeit seiner anthropologischen Annahmen kritisiert wurde, legte er mit seinem Ansatz die Grundlage für moderne ethische Theoriebildung auf empirischer Basis.

Der Einfluss David Humes auf die Ethik

Die eigentliche Begründung des Empirismus als erkenntnistheoretische Position leistet im Jahre 1689 John Locke. Zwar beschäftigt er sich nicht ausdrücklich mit Fragen der Ethik. Von weitreichender Bedeutung für ihre künftige Behandlung aber ist, dass Locke die traditionelle Frage nach dem „summum bonum" ausdrücklich zur Geschmacksfrage degradiert.[129] Seine erkenntnistheoretische Reflexion wird durch David Hume weitergeführt und auf die Fragen der Ethik angewendet. Die Position der Rationalisten, die davon ausgehen, dass der menschliche Verstand ewige moralische Gesetze erkennen könne, ist aus der Perspektive seines erkenntnistheoretischen Ansatzes, der Vorstellungen des Verstandes als assoziative Verknüpfung von Sinneseindrücken versteht, zum Scheitern verurteilt.[130] Hume verwirft aber nicht nur die Erkennbarkeit moralischer Gesetze, sondern

---

[127] Vgl. HOBBES [De Homine. 1658] ³1994, 13. Kapitel, 8. Abschnitt.

[128] Vgl. HOBBES [De Corpore. 1655] 1997, Kapitel XXV, 12. Abschnitt.

[129] LOCKE, J.: Über den menschlichen Verstand. Hamburg ³1976. [Erscheinungsjahr der englischen Erstausgabe: 1689], 2. Buch, XXI. Kapitel, 55. Abschnitt.

[130] Vgl. HUME, D.: Ein Traktat über die menschliche Natur. Übersetzt, mit Anmerkungen und Register versehen von Theodor Lipps. Hamburg 1978. [Erscheinungsjahr der englischen Erstausgabe: Buch I (Of the Understanding) und II (Of the Passions) 1739, Buch III (Of Morals) 1740] Buch III, erster Teil, erster Abschnitt, vor allem S. 197-207. Eine besonders radikal formulierte Ablehnung konkurrierender erkenntnistheoretischer Standpunkte findet sich am Ende der „Untersuchung über den menschlichen Verstand", die eine Überarbeitung des ersten Buches des Traktates mit dem Ziel einer besseren Öffentlichkeitswirksamkeit darstellt: „Nehmen wir irgendein Buch zur Hand, z.B. über Theologie oder Schulmetaphysik, so laßt uns fragen: *Enthält es eine abstrakte Erörterung über Größe und Zahl?* Nein. *Enthält es eine auf Erfahrung beruhende Erörterung über Tatsachen und Existenz?* Nein. So übergebe man es den Flammen, denn es kann nichts als Sophisterei und Blendwerk enthalten." (HUME, D.: Eine Untersuchung über den menschlichen

wendet sich auch gegen die Möglichkeit ihres etwaigen Verpflichtungsanspruches. Seine Kritik an moralphilosophischen Positionen, die ohne weitere Begründung den Übergang von Seins- zu Sollensaussagen vollziehen, formuliert eine bis heute für die Ethik wichtige Problemstellung.[131] Infolge dieser erkenntnistheoretischen Einschränkungen konstruiert er seine eigene Moraltheorie auf der Grundlage von Affekten, die nach seinen vorangegangenen Untersuchungen die einzig mögliche Ursache der Willensbestimmung und des Handelns sein können.[132] Methodisch beginnt er induktiv: Er geht aus von der Beobachtung dessen, was Menschen faktisch als Tugend oder Laster bewerten.[133] Obwohl diese Wertschätzungen zum Teil sehr unterschiedlich sind, kommt er zu dem Ergebnis, dass sich moralische Urteile stets an dem orientieren, was für den Menschen selbst und für andere nützlich und angenehm ist.[134]

Allerdings bleibt auch für Hume die Selbstliebe der wichtigste Antrieb menschlichen Handelns. Seine Erklärung des Zustandekommens von Recht, Gesetz und sittlichen Normen folgt dem Muster aufgeklärten Eigeninteresses, d.h. der Annahme der Vernunftsteuerung der Affekte.[135] Im Gegensatz zu Hobbes nimmt Hume die Existenz eines grundlegenden Affektes des Wohlwollens an, der das Zustandekommen des Gesellschaftsvertrages überhaupt erst ermöglicht. Er begründet dies mit den Notwendigkeiten menschlicher Regeneration und verortet das Wohlwollen damit zunächst im unmittelbaren sozialen Nahbereich. Aus den Erfordernissen und Erfahrungen der Familie wächst allmählich die Einsicht in die Vorteilhaftigkeit gesellschaftlichen Zusammenlebens. Die schließlich aus dem gemeinsamen Interesse aller entstehende Gesellschaftsordnung kultiviert, über die Interessenverpflichtung zur Einhaltung ihrer Regeln hinaus, das Wohlwollen zu einem immer stärkeren Affekt.[136]

Verstand. Übersetzt und herausgegeben von Herbert Herring. Stuttgart 1982. [Erscheinungsjahr der englischen Erstausgabe unter dem Titel „Philosophical Essays Concerning Human Understanding": 1748; seit 1758 unter dem Titel „An Enquiry Concerning Human Understanding"], S. 207).

[131] Vgl. HUME [1740] 1978, Buch III, erster Teil, erster Abschnitt, S. 208ff., insbesondere S. 211.

[132] Vgl. a.a.O. S. 198 den Hinweis Humes auf seine Ausführungen in Buch II (Of the Passions).

[133] Vgl. HUME, D.: Eine Untersuchung über die Prinzipien der Moral. Übersetzt und herausgegeben von Gerhard Streminger. Stuttgart ^{2}1996. [Erscheinungsjahr der englischen Erstausgabe: 1751], I. Abschnitt. Hier findet sich eine ausdrückliche Methodenreflexion, in der Hume sich auf die Erfolge der Naturphilosophie durch experimentelles Vorgehen bezieht. Im V. Abschnitt, zweiter Teil, bezieht er sich, bei der Einführung eines Gedankenexperimentes zum Nachweis der Unabhängigkeit von Selbstliebe und Wohlwollen, ausdrücklich auf Francis Bacon.

[134] Vgl. HUME [1751] ^{2}1996, Ein Dialog, S. 272. Hume versucht hier die Gemeinsamkeit der moralischen Prinzipien kulturell sehr unterschiedlicher Wertsysteme aufzuzeigen.

[135] Vgl. HUME [1740] 1978, Buch III, 2. Teil. Im Unterschied zur „Untersuchung über die Prinzipien der Moral", bei der Hume, im eher soziologischen Sinne, von den in der Gesellschaft vorliegenden faktischen Wertschätzungen ausgeht, beschreibt er im Traktat das Zustandekommen der Wertschätzungen und Regeln ausgehend von ihrer affektiven Grundlage, also aus psychologischer Perspektive.

[136] Vgl. HUME [1740] 1978, Buch III, 2. Teil. Abschnitt 2, S. 229ff. Hume kritisiert an dieser Stelle die Überschätzung der Selbstliebe durch „gewisse Philosophen". Eine ausdrückliche Auseinandersetzung mit dem psychologischen Egoismus Hobbes' findet sich unter dem Titel „Über die Selbstliebe" im Anhang der „Untersuchung über die Prinzipien der Moral" (vgl. Hume [1751] ^{2}1996. Nach Aussage des Herausgebers Gerhard Streminger, S. 281, Anmerkung 5, bildete dieser Anhang in den Ausgaben, die zu Lebzeiten Humes erschienen, den ersten Teil des Abschnitts I). Im Rahmen der Kritik an der Einseitigkeit des

Auch bei Hume spielen die schon im Zusammenhang mit Hobbes erwähnten Prinzipien der Folgenbeachtung und der Nützlichkeit eine wichtige Rolle. Nützlichkeit, bezogen auf das von ihm ermittelte Ziel der Moral, nämlich die Förderung des Glücks des Einzelnen und des Gemeinwohls, ist das Prinzip, das die konkrete Ausgestaltung einzelner Tugenden erklärt, sofern sie keine unmittelbar angenehme Wirkung aufweisen. Auch die Rechtsordnung und die sozialen Regeln, die er unter dem Begriff der Gerechtigkeit behandelt, führt Hume auf das Prinzip der Nützlichkeit zurück.[137] Versteht man Nutzen als positiv bewertete Konsequenz einer Handlung, ist das Prinzip der Folgenbeachtung im Nutzenprinzip bereits enthalten. Bei der Analyse Humes kommt aber hinzu, dass er, insbesondere bei der Bestimmung der Gerechtigkeit, nicht nur die Folgen einzelner Handlungen für relevant hält, sondern den institutionellen Charakter von Regeln hervorhebt. Das Zusammenwirken einer Vielzahl von Handlungsweisen und vielfältiger Interessen lassen Regeln notwendig werden, deren Vorteilhaftigkeit für das Gemeinwohl nicht aus der unmittelbaren Konsequenz einzelner Verhaltensweisen ableitbar sind. Hume räumt in diesem Zusammenhang die Notwendigkeit ein, das Gefühl, als Grundlage der Moral, mit Hilfe des Verstandes zu orientieren, und zwar durch Aufklärung über mögliche Handlungsfolgen.[138]

Die optimistische Sicht des Menschen und der Gesellschaft, die die Moralphilosophie Humes widerspiegelt, passt in die Zeit: Im Gegensatz zur Situation Hobbes' ist das Zeitalter der Bürger- und Religionskriege vorbei, das 18. Jahrhundert beginnt in Europa weitgehend friedlich und, zumindest in England, mit steigender wirtschaftlicher Prosperität.[139] Insbesondere Humes Ausführungen zur Kultivierung des Wohlwollens durch das gesellschaftliche Zusammenleben sind auf diesem Hintergrund zu verstehen. Sie spiegeln das Selbstbewusstsein der Aufklärung wieder.[140] Der Gedanke des Wohlwollens und der hohe Stellenwert, den die Gefühle einnehmen, ist auch bei anderen moralphilosophischen Autoren Schottlands bzw. Englands wiederzufinden, deren Bezeichnung als „sentimental school" diese Gemeinsamkeit ausdrückt.[141] Allerdings beruht die Behauptung der sozial

---

Hobbesschen psychologischen Egoismus hatte bereits Joseph Butler das Vorhandensein uneigennützigen menschlichen Wohlwollens als empirische Tatsache angeführt (vgl. die Wiedergabe seiner Argumentation durch FRANKENA, W.: Analytische Ethik. Eine Einführung. München 1972. S. 41ff.). Als unmittelbare Vorläufer dieser Humeschen Kritik und Begründer der später als „sentimental school" bezeichneten Richtung der Moralphilosophie sind Lord Shaftesbury und Francis Hutcheson, der akademische Lehrer von Adam Smith, zu nennen (vgl. HIRSCHMAN 1982, S. 73ff.).

[137] Vgl. den Aufbau der „Untersuchung über die Prinzipien der Moral": Nach den einleitenden Bemerkungen im I. Abschnitt handelt der II. Abschnitt vom Wohlwollen, das allerdings schon im 2. Teil auf den Gedanken der Nützlichkeit bezogen wird. Dieser erklärt dann im III. Abschnitt das Prinzip der Gerechtigkeit, im IV. Abschnitt die staatliche Verfasstheit der Gesellschaft und bildet die strukturierende Grundlage auch der folgenden Abschnitte (HUME [1751] ²1996).

[138] Vgl. die abschließende Reflexion seiner „Untersuchung über die Prinzipien der Moral" im Anhang I (HUME [1751] ²1996, S. 215f.). Ähnliche Bemerkungen finden sich auch im letzten Abschnitt des III. Buches des „Traktats" (HUME [1740] 1978, S. 373f.).

[139] Zur politischen und wirtschaftlichen Situation in England vgl. die Hinweise oben S. 47f.

[140] Wie Smith hielt sich auch Hume längere Zeit in Frankreich auf und stand in Verbindung zu den Enzyklopädisten.

[141] Gemeint sind Lord Shaftesbury und Francis Hutcheson, zu denen noch Hume selber und Adam Smith zu rechnen sind (vgl. den Hinweis in FN 136).

positiven Ausprägung menschlicher Gefühle vor allem auf empirischen Argumenten. Die Schwäche dieser Position deutet Hume am Ende der Ausführungen zu den „Prinzipien der Moral“ mit dem Hinweis auf den hypothetischen Status seiner Überlegungen an; kurz vor seinem Tod bittet er sogar seinen Verleger, er solle die Formulierung, es gebe so etwas wie ein grundlegendes menschliches Gefühl des Wohlwollens, aus der „Untersuchung über die Prinzipien der Moral“ streichen.[142]

Smith, der mit Hume eng befreundet war und dessen Ausführungen zu den moralischen Gefühlen ebenfalls von einer optimistischen Sicht des Menschen und der Gesellschaft geprägt sind, ist in der Begründung seiner ethischen Theorie etwas vorsichtiger: Jenseits empirisch zu erhebender Affekte postuliert er als Voraussetzung zwischenmenschlicher Kommunikation im Bereich des Moralischen die Fähigkeit der Sympathie, verstanden als prinzipielle Möglichkeit menschlichen Einfühlungsvermögens.[143] Neben den bereits erwähnten sozialpsychologischen Analysen finden sich in seinem Werk ausführliche Auseinandersetzungen mit historischen und zeitgenössischen Systemen der Moralphilosophie. Auch wenn für ihn das Gefühl der Ursprung moralischer Urteile bleibt, klingt mit dem Gedanken des „unparteilichen Beobachters“ bei der Bestimmung des Moralischen ein Kriterium an, das über rein deskriptive Ethik hinausweist.[144]

Ulrich nimmt als Hintergrund für das optimistische Vertrauen der schottischen Moralphilosophen in die Gutheit der inneren Natur des Menschen, das er als eigentlichen Grund für ihre Zurückhaltung in normativen Fragen angibt, deren selbstverständliche Verwurzelung in einer natürlichen Theologie an, die noch von der Scholastik herrühre (vgl. ULRICH 1991. S. 152f.). Zumindest für Hume aber liegt er, trotz des angeführten Zitats, damit falsch. Die aus Humes „Untersuchung über den menschlichen Verstand“ zitierte Stelle über das Wurzeln menschlicher Handlungen in der Letztursache des Weltschöpfers ist nämlich kein Bekenntnis zum Deismus, sondern hypothetisch gemeint (vgl. HUME [1748] 1982, S. 129ff.). Sie wandelt sich beim Weiterlesen zu einem Beleg für den Skeptizismus und religiösen Agnostizismus Humes, der nicht nur, und zwar unter anderem aufgrund des Widerstandes von Hutcheson, seine Berufung auf einen schottischen Lehrstuhl verhinderte, sondern auch seinen Freund Adam Smith davor zurückschrecken ließ, Humes „Dialoge über natürliche Religion“ nach dessen Tod zu veröffentlichen (vgl. die biographischen Hinweise der Herausgeber zu Hume und Smith in der Einleitung zur „Untersuchung über die Prinzipien der Moral“, HUME [1751] ^{2}1996, S. 6 u. S. 28 sowie in der Einleitung zur „Theorie der ethischen Gefühle“, SMITH [1759] 1994, S. L u. LI).

142 Vgl. HUME [1751] ^{2}1996, S. 208. Das paraphrasierte Zitat aus den Briefen Humes ist wiedergegeben in der Einführung zur „Untersuchung über die Prinzipien der Moral“ (vgl. HUME [1751] ^{2}1996, S. 56).
Eine Überschätzung des Prinzips des Wohlwollens moniert Smith bei seinem Lehrer Hutcheson, den er ansonsten weitgehend zustimmend zitiert (vgl. SMITH [1759] 1994, S. 506ff.).

143 Vgl. die Ausführungen und das Zitat auf S. 43. Smith beginnt seine „Theorie der ethischen Gefühle“ mit der Entwicklung dieser Vorstellung (vgl. SMITH [1759] 1994, S. 1ff.).

144 Die Auseinandersetzung mit konkurrierenden moralphilosophischen Systemen führt Smith im siebenten Teil seiner „Theorie der ethischen Gefühle“. Im sechsten Teil, der erst in der sechsten Auflage hinzukam, legt er unter der Frage „wen nennen wir tugendhaft“ eigene normative Überlegungen dar. Der Gedanke des „unparteilichen Beobachters“ taucht hier beispielsweise als Voraussetzung jeder Tugend in den abschließenden Bemerkungen auf (vgl. SMITH [1759] 1994, S. 442ff.). Ebenfalls in der sechsten Auflage verwendet er diesen Gedanken, der allerdings an anderer Stelle schon in vorhergehenden Auflagen nachweisbar ist, zur systematischen Kritik des Ansatzes von Lord Shaftesbury (vgl. SMITH [1759] 1994, S. 489f.).
Überzogen scheint allerdings der in FN 117 erwähnte Versuch von Peter Ulrich, anhand der Bemerkungen zur Sympathie und zum unparteiischen Beobachter die Moralphilosophie Smiths als kritische Vernunftethik zu charakterisieren. Ulrich bezieht sich dabei auf den deutschen Nationalökonomen August Oncken, der anlässlich seiner Schrift zum Centenarium des „Wealth of Nations“ als erster die philosophi-

Um der empiristischen Ethik bzw. der „sentimental school“ gerecht zu werden, sei noch einmal hervorgehoben, dass sie nach eigenem Anspruch nicht normative, sondern positive Wissenschaft betreibt: Mit aktuellen naturwissenschaftlichen Methoden sollen der Mensch und die Gesellschaft beschrieben werden. Moralphilosophie in diesem Sinn hat nicht den Anspruch, Normen zu begründen oder neue Normen aufzuzeigen, sondern die von ihr vorgefundenen Phänomene des Moralischen durch Rekonstruktion ihrer Ursachen und Prinzipien theoretisch aufzuklären.[145] Allerdings enthalten die dabei verwendeten Begriffe und theoretischen Annahmen normative Implikationen, die nicht ohne Wirkung blieben.

Es ist skizziert worden, wie Hobbes nach dem Zusammenbruch der mittelalterlichen Ordnung das Individuum und sein zunächst grenzenloses Begehren zum Ausgangspunkt seiner Gesellschaftstheorie wählte. Der von ihm zur Regelung der Konflikte zwischen divergierenden Individualinteressen auf der gesellschaftlichen Ebene postulierte Rechtspositivismus ist inhaltlich ohne Kriterium und verstärkt damit die implizit normative Bedeutung des Individuums und seiner Interessen. Die Kritik der „sentimental school“ führt zwar zu einem differenzierteren Menschenbild; eine psychologisch feinfühligere Analyse reklamierte die Existenz von Großzügigkeit und Wohlwollen als ursprüngliche anthropologische Gegebenheiten. Auch in diesem Ansatz aber bleibt das Individuum mit seinen Interessen und Gefühlen Normen produzierende Instanz. Seine Wertvorstellungen scheinen wissenschaftlich nicht mehr kritisierbar, sondern sind nur noch zu analysieren.

Aus gesellschaftstheoretischer Sicht bleibt allerdings die Frage zu lösen, wie unterschiedliche Einzelinteressen sich zueinander und zu den Interessen der Gemeinschaft verhalten, in ethischer Terminologie ausgedrückt, das Problem der Gerechtigkeit und des Gemeinwohls. Ganz im Sinn der „sentimental school“ sucht Hume die Lösung in einer Harmonisierung der Interessen. Zumindest für kultivierte Gesellschaften verankert er mit dem Affekt des Wohlwollens die Interessen der Gemeinschaft im Individuum selbst und macht sie zum integralen Bestandteil von dessen Eigeninteresse. Auch das Gemeinwohl definiert sich also durch Interessen, die affektiv im Individuum verankert sind. Hume skizziert es mit den Begriffen „Glück, Freude und Wohlstand“ bzw. sein Gegenteil mit

---

schen Systeme von Smith und Kant parallelisierte (vgl. ONCKEN, A.: Adam Smith und Immanuel Kant. Der Einklang und das Wechselverhältnis ihrer Lehren über Sitte, Staat und Wirthschaft. Leipzig 1877.). Die Belegstellen sind bei Smith verstreut und unzusammenhängend, so dass der Rekonstruktionsversuch Ulrichs vom Hintergrund der systematischen Grundkonzeption der „Kritik der praktischen Vernunft“ ausgehen muss. Er überschreibt den entsprechenden Abschnitt deshalb auch treffend: „Die Kant'sche Seele in Adam Smiths Brust“ (vgl. ULRICH 1991, insbesondere S. 158ff.). Die umgekehrte Perspektive, mögliche Einflüsse von Smith auf Kant, untersucht Jens Patrick Krause in seiner Kölner Dissertation aus dem Jahr 1997 mit dem Titel: „Immanuel Kant und Adam Smith. Präsenz, Wirkung und Geltung der ‚Theory of Moral Sentiments' in Kants Werk“. Krause kommt zu dem Schluss, dass Smith um allgemeine Regeln und einen letzten Grund moralischer Bestimmung bemüht war und insofern einen Anknüpfungspunkt für Kants Moralphilosophie geboten haben mag. Er stellt dann aber weiter fest, „dass die Position des ‚Unparteiischen Zuschauers' nicht dem abstrakten formalen Prinzip des Kategorischen Imperativs entspricht“, sondern ihren Niederschlag im Gewissensbegriff der „Tugendlehre“ bzw. im den Geschmack regulierenden Gemeinsinn der „Kritik der Urteilskraft“ findet (vgl. KRAUSE 1997, S. 220).

[145] Vgl. z.B. die abschließenden Bemerkungen Humes sowohl im „Traktat“ als auch in der „Untersuchung über die Prinzipien der Moral“, die als Ziel seiner Ausführungen ein Plädoyer für die Tugend in durchaus traditionellem Sinn anführen (HUME [1740] 1978, S. 374f und HUME [1751] ^{2}1996, S. 213f.).

den Begriffen „Schmerz, Leiden und Sorge“[146]. Eine inhaltlich begründete Vorstellung vom guten und tugendhaften Zusammenleben der Mitglieder einer Gemeinschaft ist damit nicht mehr verbunden. Das zeigt sich auch am Begriff der Gerechtigkeit. Schon bei Hobbes und seiner Gleichsetzung von Gerechtigkeit und positivem Recht war der Hintergrund ein instrumentelles Verständnis von Gerechtigkeit. Hume reflektiert dies noch deutlicher und macht die Gerechtigkeit ausdrücklich von der Nützlichkeit für das Gemeinwohl abhängig, d.h. stellt sie in ein Dienstverhältnis zum Interesse der Einzelnen und der Gemeinschaft. Auch in Fällen von Interessenkollision ist Nutzen das Entscheidungskriterium. Wegen der Verbundenheit der Auswirkungen von Handlungen im gesellschaftlichen Zusammenleben sind die Nutzenerwägungen aber vom Ergebnis der einzelnen Handlung zu lösen und mögliche Interdependenzen zu reflektieren. Auf diesem Wege werden die Vorteile verbindlicher Regeln und Institutionen erkannt. Das bereits angeklungene Motiv der Harmonie von Einzel- und Gemeinschaftsinteresse gewinnt so eine zusätzliche Dimension: Die Interessen harmonieren nicht nur aufgrund ihres gemeinsamen Ursprungs in den Individuen, sie können auch für potentielle Konfliktfälle durch zweckmäßige institutionelle Regelungen in Einklang gebracht werden. Ein inhaltlich richtendes Gerechtigkeitskriterium zur Entscheidung über die Berechtigung von Interessen der Einzelnen oder der Gemeinschaft ist nicht mehr nötig. Gerechtigkeit ist nach Hume eine instrumentelle Norm. Sie zielt auf die Zweckmäßigkeit von Regeln zur möglichst umfassenden Verwirklichung der im Individuum affektiv verankerten Interessen.

Auf dem Hintergrund dieser Vorstellungen kann der Moralphilosoph Adam Smith den Übergang zur Wirtschaftswissenschaft als positiver, aber normativ gehaltvoller Wissenschaft vollziehen. Die Vielfalt der Gemütsregungen und Interessen, die er in seiner „Theorie der moralischen Gefühle“ analysiert, bündelt er im „Wealth of Nations“ zum materiellen Interesse.[147] Aus heutiger Sicht kann man dies als Beitrag zur Modellbildung der neu entstehenden Wirtschaftswissenschaft interpretieren. Die methodische Reduktion erleichtert es Smith, die Wirkungsketten und Interdependenzen der sich etablierenden Verkehrswirtschaft zu erfassen. Smiths Kerngedanke für den Bereich der Ökonomie, dass der Einzelne durch die Verfolgung seiner materiellen Interessen dem materiell verstandenen Gemeinwohl am besten dient, ist demnach kein Plädoyer für den Egoismus.[148] Hinter

---

[146] HUME [1751] ²1996, S. 142.

[147] Vgl. hierzu HIRSCHMAN 1982, S. 116ff. Hirschman illustriert diesen Übergang durch einschlägige Zitate aus beiden Werken Smiths.

[148] Vgl. das auf S. 49 angeführte einschlägige Zitat aus dem „Wealth of Nations“. Eine noch provokativere Formulierung des Zusammenhanges zwischen individuellem Eigeninteresse und Gemeinwohl hatte mit seiner „Bienenfabel“ bereits am Anfang des 17. Jahrhunderts der aus den Niederlanden stammende Arzt Bernard Mandeville gefunden (vgl. MANDEVILLE, B.: Die Bienenfabel oder Private Laster, öffentliche Vorteile. Mit einer Einleitung von Walter Euchner. Frankfurt am Main 1968. [Erscheinungsjahr der englischen Originalausgabe: 1714]). Da Mandeville, wie schon Hobbes, jegliche menschliche Strebung auf egoistische Antriebe zurückführt, war er sofort scharfer Kritik ausgesetzt. Aus wissenschaftlicher Sicht wurde diese vor allem von Lord Shaftesbury vorgetragen. Auch Hutcheson setzte sich mit ihm auseinander. Smith widmete der Widerlegung seiner Einseitigkeit in der „Theorie der ethischen Gefühle“ einen längeren Abschnitt (vgl. SMITH [1759] 1994, S. 516ff.). Mandevilles Schrift beeindruckt bis heute durch ihre plastischen Beispiele und starken Formulierungen. Es handelt sich allerdings nicht um eine systematische Arbeit. Die Ausführungen Mandevilles sind vielmehr als Anmerkungen zu einem satirischen Spottgedicht formuliert, das 1705 zunächst unter dem Titel „der unzufriedene Bienenstock oder die ehrlich gewordenen Schurken“ als billige Flugschrift publiziert worden war.

dieser Aussage steht die Entdeckung von Markt und Wettbewerb als institutionellen Arrangements zur Erreichung des materiellen Gemeinwohls. Das Zentrum der Wirtschaftswissenschaft bildet im Gegensatz zu seiner Moralphilosophie nicht die Frage nach den Motiven der Akteure wirtschaftlichen Handelns. Ausgehend von der unterstellten Orientierung des Einzelnen an seinen Interessen ist ihr Problem die Koordinierung von Einzelhandlungen zu Ergebnissen, die den Interessen aller dienen. Wenn auch das Verständnis des Gemeinwohls aufs Materielle eingeschränkt ist, orientiert sich die neu entstehende Ökonomik damit an einem normativen Ziel. Die Suche nach zweckmäßigen Regeln und Institutionen zur Erreichung des so verstandenen Gemeinwohls, interpretierbar im Sinne einer instrumentellen Gerechtigkeitsvorstellung, ist dann allerdings ein positives Forschungsprogramm. Zwar ist dieses durch keine weiteren normativen Rücksichten mehr gebunden, verdankt seine Berechtigung aber einem Vertrauen in die Harmonie der natürlichen Ordnung, das zumindest für Smith noch durch die Annahme eines gütigen Schöpfergottes motiviert ist.[149]

Das ethische Konzept des Utilitarismus

Der Utilitarismus, der zeitgleich mit der ökonomischen Klassik als bis heute bedeutsame ethische Theorie entsteht, ist frei von derartigen deistischen Anklängen. Zwar beginnen die moralphilosophischen Ausführungen Jeremy Benthams, der zu den wichtigsten Vertretern des Utilitarismus gehört, mit Worten, die noch an die religiöse Vorstellung einer Schöpfungsordnung erinnern: „Die Natur hat die Menschheit unter die Herrschaft zweier souveräner Gebieter - Leid und Freude - gestellt." Der Autor selbst aber bezeichnet die Formulierung wenig später als bildliche und pathetische Sprache, die nicht geeignet sei, die Wissenschaft von der Moral zu verbessern.[150] Dabei kann Bentham bei der Entwicklung seiner Position auf die oben skizzierten Vorarbeiten der englischen Moralphilosophie des 17. und 18. Jahrhunderts, insbesondere der „sentimental school", zurückgreifen. Im Unterschied zu deren weitgehend im Deskriptiven verbleibenden Anspruch versteht sich der Utilitarismus aber ausdrücklich als normative Ethik. Mit den Erkenntnissen und Methoden positiver Human- und Sozialwissenschaft will er ohne Rückgriff auf religiöse oder metaphysische Argumente Aussagen über das gute und richtige Handeln des Menschen treffen.

Den Kern der utilitaristischen Ethik bildet das Nutzenprinzip, „das schlechthin jede Handlung in dem Maß billigt oder missbilligt, wie ihr die Tendenz innezuwohnen scheint, das Glück der Gruppe, deren Interesse in Frage steht, zu vermehren oder zu vermindern", wie Bentham seine Ausführungen fortsetzt.[151] Es dient gleichzeitig zur Bezeich-

---

Nach eigenem Bekunden verdankt Smith seine Erkenntnis der Anregung durch Hume (vgl. SMITH [1776] 1978, S. 670. Hinweise zu den von Hume verfassten neun Essays über ökonomische Fragen finden sich bei PRIBRAM 1998, S. 168).

[149] Vgl. oben die Ausführungen in FN 112 sowie ULRICH 1991, S. 177f. und PRIBRAM 1998, S. 255f.

[150] Vgl. BENTHAM, J.: Eine Einführung in die Prinzipien der Moral und der Gesetzgebung. In: HÖFFE, O. (Hg.): Einführung in die utilitaristische Ethik. Tübingen ²1992. S. 55f. [Erstveröffentlichung des englischsprachigen Originals 1780 in London als Privatdruck].

[151] A.a.O. S. 56. Bentham verdankt, wie er seiner frühesten, 1776 zunächst anonym veröffentlichten Schrift „A Fragment on Government" bemerkt, seine Wahrnehmung des Nutzenprinzips der Anregung

nung dieser Richtung normativer Ethik, seit John Stuart Mill 1861 deren Grundzüge unter dem Titel „Utilitarianism“ einer breiteren Öffentlichkeit vorgestellt hat.[152] Die angeführte Norm, das Glück aller von einer Handlung Betroffenen, steht dabei in gewisser Spannung zu Leid und Freude des Einzelnen, die, ganz im Sinne des psychologischen Egoismus Hobbes', von Bentham vorher quasi als anthropologische Grundkonstanten zur Erklärung menschlichen Verhaltens eingeführt worden waren. Diese Spannung löst sich, wenn man, wie bereits die „sentimental school“, insbesondere Hume und Smith, ein harmonisches Verhältnis von Einzel- und Gemeinschaftsinteresse annimmt.[153] Bentham erklärt sogar, dass das Gemeinschaftsinteresse nur als Summe von Einzelinteressen verstanden werden könne. Allerdings ist für den Utilitarismus die Harmonie der Interessen kein Automatismus, sondern handlungsbestimmende Norm. Konkretisiert wird sie durch Bilanzierung positiver und negativer Handlungsfolgen einschließlich ihrer Nebenwirkungen bezogen auf die Anzahl der von einer Handlung Betroffenen.[154] Bentham nivelliert dazu zunächst den Unterschied zwischen Nutzen und dem zu verwirklichenden Interessenziel: „Unter Nützlichkeit ist jene Eigenschaft an einem Objekt zu verstehen, durch die es dazu neigt, Gewinn, Vorteil, Freude, Gutes oder Glück hervorzubringen (dies alles läuft im vorliegenden Fall auf das Gleiche hinaus)“.[155] Die „sentimental school“ hatte den Nutzen noch als Mittel zur Erreichung der Interessen betrachtet, selbst wenn sie diese nur für individuell bestimmbar hielt und tendenziell als Geschmacksfrage betrachtete. Bentham aber erscheint die Unterscheidung zwischen Zielen und Mitteln nicht länger sinnvoll.[156] Sie ist zudem seinem Bilanzierungsvorhaben hinderlich. Der von Bentham entwickelte Nutzenkalkül beruht auf der Übersetzung von Handlungsfolgen in Nutzenwerte, die auf der Empfindung von Freude bzw. Leid durch die betroffenen Personen beruhen. Um die notwendige Vergleichbarkeit zu erreichen, überführt er mit Hilfe der Dimensionen Intensität, Dauer, Gewissheit, Nähe und Reinheit alle möglichen qualitativen Unterschiede dieser Empfindungen in quantitative Größen.[157] Die Objekte, die die Nutzenempfindung auslösen, sowie ihr Verhältnis zueinander sind daher für Benthams moralphilosophischen Ansatz beliebig.[158]

---

durch Hume (vgl. den Hinweis des Herausgebers Gerhard Streminger in der Einleitung zu Humes „Untersuchung über die Prinzipien der Moral“; HUME [1751] ²1996, S. 12).

152 Vgl. MILL, J.ST.: Der Utilitarismus. Stuttgart 1976. [Erscheinungsjahr der englischen Ausgabe: 1863; Erstveröffentlichung als Artikelserie in „Frazer's Magazine“ 1861]. Höffe weist darauf hin, dass Bentham die Bezeichnung, allerdings in ironischem Sinn, schon 1809 gebrauchte (vgl. HÖFFE 1992, S. 20).

153 Vgl. auch die Ausführungen von HÖFFE 1992, S. 15ff.

154 Vgl. HÖFFE 1992, S. 57 u. 79ff. Die einprägsamere Formel vom „größten Glück der größten Zahl“ findet sich schon bei HUTCHESON, F.: Inquiry Concerning Moral Good and Evil. London 1726, 3. Kapitel, 8. Abschnitt (vgl. den Hinweis von PRIBRAM 1998, S. 273).

155 BENTHAM [1780] 1992, S. 56.

156 Vgl. BIERVERT, B./WIELAND, J.: Der ethische Gehalt ökonomischer Kategorien - Beispiel: Der Nutzen. In: BIERVERT, B./HELD, M. (Hg.): Ökonomische Theorie und Ethik. Frankfurt 1987. S. 29f.

157 Die wissenschaftliche Begründung hierfür bietet Bentham die Assoziationspsychologie des 18. Jahrhunderts, die, angestoßen durch Hobbes, alle menschlichen Empfindungen mit Hilfe der Kategorien Lust bzw. Unlust zu rekonstruieren versuchte. Vgl. die Hinweise bei PRIBRAM 1998, S. 271.

158 Als Beleg hierfür wird gern Benthams Diktum „quantity of pleasure being equal, pushpin is as good as poetry" zitiert. Vgl. z.B. BIERVERT/WIELAND 1987, S. 31 oder HÖFFE 1992, S. 22.

Über die Probleme einer tatsächlichen Umsetzung dieses Kalküls ist Bentham sich im Klaren: „Es kann nicht erwartet werden, dass dieses Verfahren vor jedem moralischen Urteil und vor jeder gesetzgeberischen oder richterlichen Tätigkeit streng durchgeführt werden sollte. Es mag jedoch immer im Blick sein." [159] Dies räumt er in unmittelbarem Zusammenhang mit der Schilderung des Verfahrens ein. Das Zitat verdeutlicht auch, dass Benthams Überlegungen auf die Gestaltung und Anwendung gesellschaftlicher Regeln und Institutionen zielen.[160] Dies ist das Gebiet, auf dem der Utilitarismus seine praktische Wirksamkeit entfaltete. Um Bentham bildete sich die Gruppe der „Philosophical Radicals", der unter anderem James Mill sowie dessen Sohn John Stuart Mill angehörten. Durch die Herausgabe einer Zeitschrift mit Namen „Westminster Review" verbreitete sie ihre Reformideen, beeinflusste durch Übernahme von Regierungsämtern und Abgeordnetenmandaten Gesetzgebung sowie Justiz- und Verwaltungsreform im England des 19. Jahrhunderts aber auch direkt. In engem Zusammenhang mit dem utilitaristischen Nutzenkalkül steht das Bentham'sche Diktum „everybody to count for one, and nobody to count for more than one". Es skizziert die politische Tendenz dieses Wirkens, die sich zunächst gegen noch wirksame Vorrechte des Adels richtete und sich schließlich zur Forderung nach Berücksichtigung demokratischer Prinzipien erweiterte.[161]

Das Konzept dieses Nutzenkalküls begründet die hohe Affinität des Utilitarismus zur klassischen Ökonomik. In seinem Verzicht auf die Unterscheidung von Mitteln und Zwecken äußert sich die gleiche Abkehr von einer qualitativ werthaften Ordnung der Dinge, die der Ökonomik die Verrechenbarkeit jeglicher Objekte als durch Preise gleichnamig gemachter Güter ermöglicht.[162] Die Nähe zwischen Utilitarismus und Ökonomik hat aber auch eine personelle Dimension: Bentham selbst verfasste Abhandlungen über ökonomische Fragen.[163] Vor allem aber wurde die durch das Werk Smiths begründete klassische

---

[159] BENTHAM [1780] 1992, S. 81.

[160] Die „Einführung in die Prinzipien von Moral und Gesetzgebung" war ursprünglich als Einleitung zu einem großen rechtsphilosophischen Werk gedacht (vgl. HÖFFE 1992, S. 14). Die normativ ethische Reflexion individuellen Handelns kann Bentham aber auch deswegen vernachlässigen, da er hier das Nutzenprinzip ohnehin empirisch als verwirklicht ansieht: „Nicht, dass es jenes lebendige menschliche Wesen gibt oder jemals gegeben hat - ganz gleich wie dumm oder verderbt es sein mag -, das sich ihm nicht in vielen, vielleicht sogar in den meisten Augenblicken seines Lebens unterworfen hat. Aufgrund der natürlichen Beschaffenheit der menschlichen Verfasstheit machen sich im allgemeinen die Menschen dieses Prinzip in den meisten Augenblicken ihres Lebens zu eigen, ohne darüber nachzudenken; wenn nicht zur Leitung ihrer eigenen Handlungen, so doch zur Prüfung sowohl ihrer eigenen Handlungen als auch derer anderer Menschen." (BENTHAM [1780] 1992, S. 58).

[161] Vgl. HÖFFE 1992, S. 17ff. sowie PRIBRAM 1998, S. 270 u. S. 273.

[162] Zwar wurde, bzgl. der Unterscheidung zwischen realen und nominalen Preisänderungen, die Frage nach einem unveränderlichen Wertmaßstab in der Ökonomik noch lange diskutiert; dennoch ist die Verwendung von Preisen als Maßstab zur Erfassung und zum Vergleich quantitativer Relationen die Grundlage des Erfolgs moderner Ökonomik. So gingen auch schon einige merkantilistische Autoren vor, von denen Smith und die Klassik gerade in dieser Hinsicht stark profitierten (vgl. z.B. Pribram 1998, S. 136ff.).

[163] BENTHAM, J.: Defense of Usury. London 1787. Und ders.: Manual of Political Enonomy. London 1798.
Anders als mit dem hier verwendeten Begriff „Ökonomik" bezeichnete sich die neu entstehenden Wissenschaft selbst lange Zeit als „politische Ökonomie" vgl. oben den Hinweis in FN 14.

Ökonomik in England durch Autoren fortgesetzt, die allesamt mit der Bewegung der „Radicals“ in Verbindung standen.[164]

Die Fortsetzung der klassischen Ökonomik durch David Ricardo

Neben Jeremy Bentham war David Ricardo einer der bedeutendsten Vertreter dieser „Radicals“. Er hatte als Wertpapierhändler ein großes Vermögen gemacht und widmete sich später politischer und wissenschaftlicher Tätigkeit. Seine ersten Veröffentlichungen waren konkrete Stellungnahmen zu aktuellen wirtschaftspolitischen Problemen, die sich aus der Situation Englands in den Napoleonischen Kriegen ergaben.[165] Im Unterschied zur eher harmonischen Situation allgemeinen Wirtschaftswachstums und der daraus folgenden optimistischen Stimmung, die den Hintergrund für das Werk des Adam Smith dargestellt hatte, traten in dieser Situation Inflation und Versorgungsprobleme auf, die zu sozialen Unruhen führten. Das Zentrum der systematischen ökonomischen Analysen Ricardos, zu deren Formulierung er durch James Mill veranlasst wurde, bildete deshalb die Verteilungstheorie. Ähnlich wie Smith seinen „Wealth of Nations“ beginnt Ricardo sein Werk mit der Erwähnung des Sozialproduktes. Für das Hauptproblem der Ökonomik hält er aber nicht dessen Zustandekommen, sondern die „Auffindung der Gesetze, welche [dessen] Verteilung bestimmen.“[166] Auch Smith hatte sich zur Verteilung geäußert und darauf hingewiesen, dass sich das Volkseinkommen in Lohn, Rente und Gewinn aufteile. Aufgrund seiner Annahme eines positiven empirischen Zusammenhanges zwischen Bevölkerungsentwicklung, hohen Löhnen und Wirtschaftswachstum war ihm die Verteilung aber nicht als besonders problematisch erschienen. Dies hatte sich inzwischen geändert. Es gab Autoren, die die Krisenphänomene auf durch zu hohes Lohnniveau angeregtes Bevölkerungswachstum zurückführten, dem die Produktion von Grundnahrungsmitteln nicht mehr folgen könne.[167] Die Annahme vom abnehmenden Bodenertrag

---

[164] Karl Pribram behandelt in seiner „Geschichte des ökonomischen Denkens“ schon den „Wealth of Nations“ unter der Überschrift „Die erste Fassung der utilitaristischen Wirtschaftslehre“. Den Ursprung des Utilitarismus sieht er dabei in den hedonistischen Grundannahmen der Ethik John Lockes (vgl. PRIBRAM 1998, S. 235ff.). Auch wenn einzuräumen ist, dass die Prinzipien des Utilitarismus schon bei vorhergehenden Autoren nachweisbar sind, wird in der vorliegenden Arbeit, der Abgrenzung Otfried Höffes folgend, der Utilitarismus erst von den Schriften Benthams an als ethische Position bezeichnet (vgl. HÖFFE 1992, S. 12f.).

[165] Diese Schriften bezogen sich auf Währungsfragen und die so genannten „Korngesetze“, zeichneten sich aber schon durch ihr Bemühen um theoretische Fundierung aus (vgl. die biographischen Hinweise des Herausgebers Heinz D. Kurz in: RICARDO, D.: Über die Grundsätze der politischen Ökonomie und Besteuerung. Übersetzt von Gerhard Bondi. Herausgegeben von Heinz D. Kurz. Marburg 1994. [Erscheinungsjahr der ersten englischen Ausgabe: 1817] S. xv).

[166] Vgl. RICARDO [1817] 1994, S. 1.

[167] Einer der bedeutendsten von ihnen war Thomas Robert Malthus. Malthus nahm an, dass sich die Bevölkerung in geometrischer, die Nahrungsmittelproduktion aber nur in arithmetischer Proportion vermehre, und versuchte dies später durch Sammlung von Zahlenmaterial zu belegen. Obwohl ihre Ansichten in ökonomischen Fragen sich teilweise widersprachen, war er eng mit Ricardo befreundet. Er hatte einen der ersten Lehrstühle für politische Ökonomie in England inne und wird heute zu den Vertretern der ökonomischen Klassik gezählt. Auch wenn seine ökonomischen Ausführungen eher von Pessimismus gekennzeichnet sind, stehen sie dem Utilitarismus als politischer Bewegung nahe, da sie, auch von Malthus selbst, mit dem Ziel der Verbesserung der Lebensverhältnisse gerade auch der schlechter gestellten Bevölkerungsschichten propagiert wurden (vgl. PRIBRAM 1998, S. 292ff.).

spielte auch in Ricardos Erklärung der Verteilungskonflikte eine Rolle. Den Anteil des Lohnes betrachtete er aber zunächst als mit den Reproduktionskosten des Arbeiters und seiner Familie natürlich gegeben. Den eigentlichen Verteilungskonflikt sah er zwischen dem Anteil der Rente bzw. des Profits am gesellschaftlichen Überschussprodukt. Ricardos Ausführungen knüpfen an seine vorher veröffentlichte Argumentation zur Ablehnung der Korngesetze an: Die durch Schutzzölle künstlich erhöhten Nahrungsmittelpreise kommen den Renten zugute. Sie schaden gleichzeitig dem Profit, da aufgrund der hohen Lebensmittelpreise die Lohnkosten auch in der Industrie steigen. Außerdem werden aufgrund der gesicherten Nahrungsmittelpreise immer schlechtere Böden mit immer mehr Arbeitsaufwand in die Nahrungsmittelproduktion einbezogen, so dass sich der Anteil der Renten und Löhne am realen gesellschaftlichen Produkt immer weiter zu Lasten des Profits verschiebt. Die sinkende Profitrate aber führt zu wirtschaftlicher Stagnation, denn die Gewinne der Kapitaleigentümer sind der Motor für Fortschritt und Wachstum.[168]

Ricardo knüpft ausdrücklich an die Ausführungen Adam Smiths an, entwickelt die Ökonomik aber zur stärker formalisierten und mathematisierten Wissenschaft weiter.[169] Er verzichtet auf die, bei Smith auch im „Wealth of Nations" durchscheinende, sozialphilosophische Reflexion. Seine Argumentation vollzieht sich anhand von Modellen, die er mit Zahlenbeispielen, teilweise auch empirischen Ursprungs, bildet. Im Blick hat er dabei weitgehend hoch aggregierte volkswirtschaftliche Größen und deren Zusammenwirken in langfristiger Perspektive. Kurzfristigen Abweichungen von den von ihm postulierten Zusammenhängen misst er kaum Bedeutung bei. Dennoch hat seine Theorie praktische Konsequenzen. Ricardo selbst steuert mit ihrer Hilfe seine eigenen Entscheidungen als äußerst erfolgreicher Kapitalanleger. Außerdem begründet sie seinen Standpunkt in wirtschaftspolitischen Fragen. Aufgrund seiner Verteilungstheorie stehen für Ricardo die Interessen der Grundbesitzer im Gegensatz zu denen der anderen Klassen der Gesellschaft.[170] Er engagiert sich deshalb gegen Handelsbeschränkungen und Privilegien der Grundeigentümer und setzt sich für wirtschaftliche Freiheit, d.h. vor allem für die Freiheit der Unternehmer ein, da ihr Engagement Wachstum und Wohlstand bringt. In der dritten Auflage seiner „Principles" räumt er zwar in einem Kapitel über „Maschinerie" ein, dass die durch Suche nach Profit erfolgende Automatisierung der Produktion Arbeitskräfte verdrängt. Dies hält er aber nur für ein kurzfristiges Problem, das sich auf lange Sicht durch den Ausgleich zwischen Angebot und Nachfrage löst.[171] Ricardo bestätigt damit

---

168 Vgl. RICARDO [1817] 1994, vor allem S. 94ff. und RICARDO, D.: Ein Essay über den Einfluss eines niedrigen Getreidepreises auf den Kapitalprofit; ein Nachweis der Unzweckmäßigkeit von Einfuhrbeschränkungen nebst Bemerkungen zu Mr. Malthus' zwei neuesten Schriften. In: DERS.: Über die Grundsätze der politischen Ökonomie und Besteuerung. Übersetzt von Gerhard Bondi. Herausgegeben von Heinz D. Kurz. Marburg 1994. S. 391-422. [Erscheinungsjahr der ersten englischen Ausgabe: 1815].

169 Als Ricardos erster Kontakt mit der Ökonomik wird die Lektüre des „Wealth of Nations" überliefert (vgl. die biographische Angabe von Heinz D. Kurz in: RICARDO [1817]1994, S. xiv). Im Vorwort zu seiner systematischen Abhandlung, die sich in ihrem Aufbau am „Wealth of Nations" orientiert, würdigt er die Leistung Smiths trotz der ihm notwendig erscheinenden Korrekturen und Ergänzungen.

170 Vgl. RICARDO [1815] 1994, S. 404.

171 Vgl. RICARDO [1817] 1994, S. 245f. Ricardo referiert an dieser Stelle das sogenannte „Say'sche Theorem". Der französische Ökonom Jean Baptiste Say wird schon im Vorwort besonders hervorgehoben. Als dessen Leistung erwähnt Ricardo die Propagierung des Smith'schen Werkes in Frankreich und auf dem

trotz der Krisensymptome den Glauben seiner Zeitgenossen an die sich selbst regulierenden Kräfte der Ökonomie.[172]

Da sich Ricardo in seinem Werk nirgends ausdrücklich mit ethischen Fragestellungen beschäftigt, wird die Unterscheidung zwischen Ethik und Ökonomik in seiner Fortführung der Klassik noch deutlicher als bei Smith. Die Ethik des Utilitarismus bildet den normativen Hintergrund der ökonomischen Klassik nach Smith. Sie erleichtert es Ricardo sowie seinen Anhängern und Nachfolgern, bei der Analyse wirtschaftlichen Handelns moralische Beweggründe außeracht zu lassen und die aus dem Zusammenwirken individuell unterschiedlicher wirtschaftlicher Handlungsziele resultierenden Ergebnisse nach Art mechanischer Gesetze zu rekonstruieren. Umgekehrt liefert die klassische Ökonomik dem politischen Engagement der Utilitaristen ihre gesellschaftspolitischen Konzepte samt Begründungen, d.h. sie ermöglicht ihnen, Gesellschaftskritik mit wissenschaftlichem Anspruch vorzutragen.

Die Fortsetzung der klassischen Ökonomik durch John Stuart Mill

Im Unterschied zu Ricardo findet sich im Werk John Stuart Mills, des letzten großen Ökonomen der Klassik, wieder die Beschäftigung mit Ethik und Ökonomik. Mill war außerordentlich begabt und las bereits in frühester Kindheit griechische und lateinische Texte. Unter der Anleitung seines Vaters widmete er sich in jungen Jahren unter anderem dem Studium der Philosophie, Mathematik und Volkswirtschaft. Allerdings schlug er keine wissenschaftliche Laufbahn ein, sondern trat bereits im Alter von siebzehn Jahren in die Ostindische Handelsgesellschaft ein. Seine umfangreiche literarische Tätigkeit übte er zeitlebens sozusagen im Nebenberuf aus. Zunächst betraf dies vor allem Veröffentlichungen in Zeitschriften, unter anderem der „Westminster Review“, dem Organ der „Radicals“, bei denen er sich auch politisch engagierte.

Seine erste größere wissenschaftliche Arbeit, das „System der deduktiven und induktiven Logik. Darlegung der Grundsätze der Beweislehre und der Methoden der wissenschaftlichen Forschung“, erschien 1843.[173] Sie beinhaltet eine allgemeine Wissenschaftsmethodologie auf empiristischer Grundlage. Aufgrund ihrer guten Verständlichkeit war sie zu seinen Lebzeiten in England sein populärstes und am meisten verbreitetes Werk. Für den

---

europäischen Kontinent sowie die stringente Formulierung der Grundsätze der klassischen Ökonomik (vgl. RICARDO [1817] 1994, S. 2).

172 Obwohl einige seiner Annahmen in der wissenschaftlichen Diskussion sehr umstritten waren, wurde Ricardo in der öffentlichen Wahrnehmung als Nachfolger Adam Smiths angesehen. Dazu trugen vereinfachte Darstellungen seines ökonomischen Ansatzes bei (PRIBRAM S. 319ff. bes. S. 324). James Mill, der Ricardo zu seinem Werk angeregt hatte, stellte dessen Lehre in einer Schulbuchversion dar (vgl.: MILL, J.: Elemente der Nationalökonomie. Halle 1824. [Erscheinungsjahr der englischen Originalausgabe: 1821]), und John Ramsay McCulloch, der die erste Gesamtausgabe der Werke Ricardos betreute, veröffentlichte ebenfalls eine popularisierte Version (vgl. MCCULLOCH, J. R.: Grundsätze der politischen Oekonomie nebst kurzer Darstellung des Ursprungs und Fortschrittes dieser Wissenschaft. Stuttgart 1831. [Erscheinungsjahr der englischen Originalausgabe: 1825]; vgl. dazu die Hinweise des Herausgebers Heinz D. Kurz in: RICARDO [1817] 1994, S. xvi u. S. xxii).

173 Vgl. MILL, J. ST.: System der deduktiven und induktiven Logik. Übersetzt von Jacob Schiel. Braunschweig 1868 [Erscheinungsjahr der englischen Originalausgabe: 1843].

Zusammenhang von Ethik und Ökonomik sind die methodologischen Ausführungen zu den Sozialwissenschaften beachtenswert. Sie finden sich im sechsten Buch unter dem Titel „Zur Logik der Moralwissenschaften".[174] Besondere Aufmerksamkeit verdient die „Definition der politischen Ökonomie und der ihr angemessenen Forschungsmethode", die er inhaltsgleich schon 1836 in einem gleich lautenden Aufsatz in der Westminster Review veröffentlicht hatte.[175]

Mill ordnet die Wissenschaften zunächst anhand des Kriteriums ihrer Fragestellung. Während sich die Naturwissenschaften mit den Gesetzen der Materie beschäftigen, nennt er die Wissenschaften, die die Gesetze des menschlichen Geistes untersuchen, Moralwissenschaften. Gegenstand der Moralwissenschaften ist der Mensch als geistiges oder, wie er auch schreibt, moralisches Wesen. Dieser lässt sich als Individuum oder im gesellschaftlichen Zustand untersuchen. Letzteres ist Aufgabe der Wissenschaft von der Politik, als deren Teilbereich Mill die politische Ökonomie versteht. Zu ihrer Abgrenzung verwendet er nun wiederum ein methodisches Kriterium: „Sie beschäftigt sich mit dem Menschen lediglich in seiner Eigenschaft als ein Wesen, das Reichtum besitzen möchte und das die relative Effizienz der Mittel zum Erreichen dieses Zieles beurteilen kann."[176] Mill macht in den folgenden Sätzen deutlich, dass dieses Konstrukt eines nur wirtschaftlich denkenden und handelnden Menschen, des später so genannten „homo oeconomicus", eine notwendige Abstraktion darstellt, die angesichts der Vielfalt menschlicher Handlungsmotive ermöglichen soll, spezifisch ökonomische Gesetzmäßigkeiten aufzufinden.[177]

Auch seine Abhandlung über „Grundsätze der politischen Ökonomie" fand nachhaltige Beachtung; sie galt im 19. Jahrhundert lange Zeit als das Standardwerk der Ökonomik. Dabei vollzog Mill, trotz Aufnahme der Gedanken Ricardos, wieder eine gewisse Rückkehr zum umfassenderen sozialphilosophischen Anspruch des „Wealth of Nations", wie

---

174 MILL, J. ST.: Zur Logik der Moralwissenschaften = System der deduktiven und induktiven Logik. Darlegung der Grundsätze der Beweislehre und Methoden der wissenschaftlichen Forschung. 6. Buch. Frankfurt am Main 1997. [Erscheinungsjahr der englischen Originalausgabe: 1843]. Es handelt sich um eine Nachübersetzung, die sich an der deutschen Gesamtausgabe der Werke Mills aus dem letzten Jahrhundert sowie an der englischen Gesamtausgabe orientiert, die erst in diesem Jahrhundert entstand.

175 Vgl. zum Folgenden: MILL, J. ST.: Über die Definition der politischen Ökonomie und die ihr angemessene Forschungsmethode. In: Ders.: Einige ungelöste Probleme der politischen Ökonomie. Herausgegeben von Hans G. Nutzinger. Frankfurt am Main 1976. S. 146-184. [Erscheinungsjahr der englischen Originalausgabe: 1844; Erstveröffentlichung des Aufsatzes in einer nicht vollständig textgleichen Fassung in „London and Westminster Review" 1836].

176 MILL [1836] 1976, S. 161.

177 Vgl. MILL [1836] 1976, S. 162f.
Im Rahmen seiner Bemühungen um den Nachweis vergleichbarer Denkstrukturen bei Smith und Kant zitiert Oncken diese Stellen im Wortlaut der „Logik" Mills. Er will sie aufgrund der Ähnlichkeit von Mill und Smith in ihren philosophischen und volkswirtschaftlichen Ansichten als Beleg für das Methodenbewusstsein auch des Letzteren gelten lassen (vgl. ONCKEN 1877, S. 81 und den Hinweis in FN 137). Obwohl das von Mill skizzierte Vorgehen der politischen Ökonomie natürlich auch schon bei Smith nachzuweisen ist, muss Oncken einschlägige Belegstellen für dessen bewusste Reflexion bei Smith schuldig bleiben, wie er im übrigen selbst einräumt (vgl. a.a.O. S. 78).
Der Terminus „homo oeconomicus" für diese methodische Abstraktion der Ökonomik ist erst ab der Neoklassik geläufig; eine entsprechende Belegstelle findet sich beispielsweise bei PARETO, V.: Anwendungen der Mathematik auf Nationalökonomie. In: Encyklopädie der mathematischen Wissenschaften mit Einschluss ihrer Anwendungen. Leipzig 1900-1904. Bd. I, S. 1100f.

er im Vorwort ausdrücklich festhält.[178] Dies wird vor allem daran deutlich, dass Mill den institutionellen Rahmen der Wirtschaft als gesellschaftliches Arrangement thematisiert: Markt und Tausch sind ihm keine natürlichen bzw. nicht weiter reflektierte Gegebenheiten wie bei den Ricardianern, sondern durch Gewerbefreiheit und staatlich garantierte Eigentumsrechte ermöglichte Regelungen.[179] Während für Mill im Bereich der Produktion durch den Menschen nicht beeinflussbare Gesetze mit physikalischem Charakter gelten, ist der Bereich der Verteilung grundsätzlich durch gesellschaftlich aufgestellte Regeln gestaltbar. Allerdings sind die ökonomischen Folgen dieser Regeln wieder wissenschaftlich zu betrachten. Ihre Analyse kann ebenfalls zu Gesetzen mit quasi physikalischem Charakter führen.[180] Mill handelt diese im zweiten und dritten Buch mit den Titeln „Verteilung“ und „Tausch“ ab. Insgesamt bezeichnet er die drei ersten Bücher als statische Beschreibung der bestehenden Volkswirtschaft. Vom vierten Buch an wendet er sich der Betrachtung der Veränderungen zu, die aus den erhobenen Gesetzmäßigkeiten ableitbar sind.[181] Der „Einfluss der Fortschritte der Gesellschaft“ beinhaltet daneben aber gesellschaftspolitische Entscheidungsmöglichkeiten, denen er sich insbesondere im Kapitel „von der wahrscheinlichen Zukunft der arbeitenden Klassen“ widmet. Mill macht hier auf die Gestaltungsspielräume aufmerksam, die eine entwickelte Volkswirtschaft für die Verteilung bietet, und setzt sich unter Einbeziehung moralischer und sozialer Gesichtspunkte dafür ein, diese zur Besserstellung von Arbeitern und Frauen zu nutzen, ohne allerdings, wie die sozialistischen Reformer seiner Zeit forderten, die grundsätzliche Orientierung an Markt und Wettbewerb aufzugeben.[182] Unter der Überschrift „vom Einflusse der Regierung“ werden diese Gestaltungsmöglichkeiten im fünften Buch mit Blick auf die Organisation staatlicher Einrichtungen untersucht. Einen breiten Raum nimmt dabei das Thema der Besteuerung ein, das Mill mit einem Zitat der Besteuerungsgrundsätze Adam Smiths beginnt. Weiterhin behandelt er die Gestaltung des Eigentums- und Vertragsrechtes sowie deren Umsetzung mit Hilfe der Exekutive und Judikative. Mill postuliert als Rechtfertigungsgrund für Eingriffe der Regierung das Kriterium allgemeiner Nützlichkeit.[183] Aufgrund einer entsprechenden Überprüfung der Wirksamkeit staatlicher Einmischung in wirtschaftliches Handeln kommt er zu dem Schluss: „ ‚Laisser faire' ist die allgemeine Regel und jede Abweichung davon, sofern nicht ein großer Vorteil sie gebietet, ein sicheres Übel.“[184]

---

[178] Vgl. die Angaben Mills in der „Vorrede des Verfassers“ (MILL, J. ST.: Grundsätze der politischen Oekonomie nebst einigen Anwendungen derselben auf die Gesellschaftswissenschaft. Hamburg ²1864 [Erscheinungsjahr der englischen Originalausgabe: 1848].

[179] Eine Zusammenstellung der impliziten gesellschaftstheoretischen Voraussetzungen der Ricardianer, die zwar auch schon für Smith gelten, bei ihm allerdings noch in seine Sozialphilosophie eingebunden sind, findet sich bei Pribram (PRIBRAM 1998, S. 276f.). Mill hatte diese unreflektierten Voraussetzungen schon in seiner Logik kritisiert (vgl. MILL [1843] 1997, S. 122).

[180] Vgl. MILL [1848] ²1864, S. 157f.

[181] Vgl. MILL [1848] ²1864, S. 520f.

[182] Vgl. MILL [1848] ²1864, S. 569ff. und S. 588f.

[183] Vgl. MILL [1848] ²1864, S. 594.

[184] MILL [1848] ²1864, S. 711.

Dass Mill bei der Begründung seiner gesellschaftspolitischen Ansichten von utilitaristischen Ansichten geprägt ist, kommt auch in seinem berühmten Essay „über die Freiheit" zum Ausdruck.[185] Mill geht es in ihr um die Abgrenzung der Rechte des Einzelnen gegenüber den Forderungen der Gemeinschaft. Den Ausgangspunkt der Argumentation bilden kritische Überlegungen zum Mehrheitsprinzip in der Demokratie. Wie schon bei Locke, der „sentimental school" und seinen utilitaristischen Vorgängern, ist das, was jemand für gut und erstrebenswert hält, eine Frage der persönlichen Vorliebe. Mehrheitsmeinungen sind „nur die Vorliebe vieler statt eines".[186] Gesellschaftliche Eingriffe in die Sphäre des Einzelnen erscheinen ihm nur erlaubt, soweit die Rechte anderer betroffen sind. „Über sich selbst, über seinen eigenen Körper und Geist ist der einzelne souveräner Herrscher."[187] Mill gliedert das Feld menschlicher Freiheit in die Freiheit des Denkens, die Freiheit, diese Gedanken auch zu äußern, und schließlich, sie in die Tat umzusetzen. Diese individuelle Handlungsfreiheit charakterisiert er mit Blick auf wirtschaftliche Aspekte auch folgendermaßen: „seine Meinung auf eigene Kosten in die Praxis umzusetzen".[188] Die Abgrenzung zwischen den Rechten des Einzelnen und den berechtigten Eingriffen und Regelungen der Gesellschaft in Konfliktfällen vollzieht Mill mit Nützlichkeitsargumenten. Er bemüht sich, ein harmonisches Verhältnis zwischen den Freiheitsrechten der Individuen und dem Nutzen der Gesellschaft aufzuweisen. Interessanterweise versteht er unter diesem gesellschaftlichen Nutzen, den er auch als Fortschritt bezeichnet, ein sehr anspruchsvolles Ziel, nämlich die Selbstvervollkommnung der Menschen. Er zitiert in diesem Zusammenhang Wilhelm von Humboldt: „daß ‚der wahre Zweck des Menschen, der, den die ewigen und unveränderlichen Gesetze der Vernunft vorschreiben und der nicht von vagen und wechselnden Begierden angeregt wird, die höchste und harmonischste Entwicklung seiner Kräfte zu einem kompletten und folgerichtigen Ganzen ist'".[189] Bei aller Notwendigkeit staatlicher Eingriffe, die Mill einräumt, um andere zu schützen, bzw. um auch Schwächeren die Wahrnehmung ihrer Freiheitsrechte materiell zu ermöglichen, schreibt er am Ende seiner Ausführungen: „Der Wert eines Staates ist auf lange Sicht der Wert der Individuen, die ihn bilden."[190]

Der später von ihm veröffentlichte Essay über den Utilitarismus ist dessen erste eigenständige Darstellung als normativ ethische Position und zählt im angelsächsischen Sprachraum bis heute zu den am meisten gelesenen Schriften über Ethik.[191] Indem er die

---

[185] MILL, J. ST.: Über die Freiheit. Stuttgart 1974. [Erscheinungsjahr der englischen Originalausgabe: 1859].

[186] MILL [1859] 1974, S. 11.

[187] MILL [1859] 1974, S. 17.

[188] MILL [1859] 1974, S. 78.

[189] MILL [1859] 1974, S. 79. Der zitierte Wortlaut stammt aus einer Rückübersetzung aus dem Englischen. Im Originalzusammenhang lautet der Text folgendermaßen: „Der wahre Zwek des Menschen – nicht der, welchen die wechselnde Neigung, sondern welchen die ewig unveränderliche Vernunft ihm vorschreibt – ist die höchste und proportionirlichste Bildung seiner Kräfte zu einem Ganzen." (HUMBOLDT, W. VON: Ideen zu einem Versuch, die Gränzen der Wirksamkeit des Staats zu bestimmen. In: Ders.: Werke in fünf Bänden. Bd. I: Schriften zur Anthropologie und Geschichte. Darmstadt 1960. S. 64. [1792]).

[190] MILL [1859] 1974, S. 157.

[191] Vgl. oben den Hinweis in FN 152 und das Nachwort des Herausgebers Dieter Birnbacher in MILL [1863] 1976, S. 117.

Argumente der Gegner positiv würdigt, entwickelt er eine deutlich moderatere Version des Utilitarismus als Bentham. Im Gegensatz zu dessen provokativer Leugnung qualitativ unterschiedlicher Arten von Freuden räumt er ein, dass der Wert einer Freude nicht nur von ihrer Quantität abhängt.[192] Mill bemüht sich, mögliche Differenzen mit anderen ethischen Theorien gering zu halten, indem er die von ihnen vertretenen Normen dem utilitaristischen System als sekundäre Regeln der Nützlichkeit einfügt.[193] In einem eigenen Kapitel setzt er sich mit dem stärksten Einwand gegen den Utilitarismus auseinander: seine Unzulänglichkeit in Fragen der Gerechtigkeit. Mill, dessen gesellschaftspolitisches Engagement stark von gerechtigkeitstheoretischen Impulsen geprägt war, versucht nachzuweisen, dass das Prinzip der Gerechtigkeit schon im bentham'schen „everybody to count for one“ enthalten sei. Eine völlige Subsumierung erscheint ihm aber selbst unhaltbar. Am Ende seiner Ausführungen räumt er ein Gefühl der Gerechtigkeit ein, „das nicht nur dem Grad, sondern auch der Art nach verschieden ist und das sich von dem schwächeren Gefühl, welches sich an die Vorstellung gesteigerter menschlicher Lust und Annehmlichkeit knüpft, durch den bestimmteren Charakter seiner Gebote und die größere Strenge seiner Sanktionen unterscheidet.“[194] Von einem rein sinnlich verstandenen Hedonismus hatte er sich bereits durch die Einräumung qualitativ unterschiedlicher Werte distanziert. Darüber hinaus wird auch das Ziel menschlicher Selbstvervollkommnung, das bereits in der Freiheitsschrift, aber auch schon in der Logik von Mill positiv erwähnt worden war, in einen erweiterten utilitaristischen Glücksbegriff integriert.[195]

Andererseits hält er daran fest, dass der einzige Beweis für den Wert einer Sache ihre tatsächliche Gewünschtheit sei. Die Bestimmung der Werte durch die Lust- bzw. Unlustgefühle der Individuen hält er für eine psychologisch bewiesene Tatsache.[196] John Stuart Mill bleibt damit als Moralphilosoph auf der Linie des Utilitarismus seines Vaters James Mill und Benthams. Er steht wie diese in der Tradition Hobbes' und seines Programms, den Orientierungsverlust nach dem Niedergang des mittelalterlichen Ordo durch die Besinnung auf „den Menschen, wie er wirklich ist“ auszugleichen.[197] Die Natur des Menschen, verstanden als empirisch erhebbare Tatsache, bildet die Grundlage ihrer Ethik und Gesellschaftstheorie. Inzwischen hatte allerdings die Assoziationspsychologie die Erforschung der Gesetze des Individuums verfeinert, während die Entdeckung der darauf basierenden Gesetzmäßigkeiten gesellschaftlichen Zusammenlebens vor allem durch die politische Ökonomie Fortschritte gemacht hatte.[198] Menschen- und Gesellschaftsbild

[192] Vgl. MILL [1863] 1976, S. 15ff. Als besonders eindrucksvoller Satz aus diesem Zusammenhang wird häufig zitiert: „Es ist besser, ein unzufriedener Mensch zu sein, als ein zufriedenes Schwein; besser ein unzufriedener Sokrates als ein zufriedener Narr.“

[193] Vgl. MILL [1863] 1976, S. 40ff.

[194] MILL [1863] 1976, S. 112.

[195] Vgl. den Hinweis in FN 189 sowie MILL [1843] 1997, S. 180 und MILL [1863] 1976, S. 62ff.

[196] Vgl. MILL [1863] 1976, S. 60f. u S. 67.

[197] Vgl. oben S. 51.

[198] Die auf empiristischer Erkenntnistheorie fußende Assoziationspsychologie wurde im 19. Jahrhundert maßgeblich von James Mill vertreten (vgl. die Hinweise in PRIBRAM 1998, S. 271ff.).
Neben der Ökonomik etablierte sich im 19. Jahrhundert als Gesellschaftswissenschaft auch die Soziologie. Auguste Comte, einer ihrer Begründer, hatte John Stuart Mill vor allem in methodologischer Hinsicht beeinflusst (vgl. die Hinweise des Herausgebers Arno Mohr in: MILL [1843] 1997, S. 17).

haben sich dadurch gewandelt: der Mensch wird nicht mehr als „Wolf“ betrachtet, der nur durch die unbeschränkte Macht des gewaltigen „Leviathan“ zu friedlichem Zusammenleben angehalten werden kann.[199] Die Annahme von Sympathie, der Möglichkeit von Interessenharmonie und das Auffinden entsprechender Einrichtungen menschlichen Zusammenlebens eröffnet Gestaltungsmöglichkeiten für die Politik. Der Staat kann damit im Hinblick auf seine Dienstfunktion für die Gesellschaft kritisiert werden. Quelle inhaltlicher Normen aber bleibt weiter das Individuum. Zweck des Staates ist deshalb die Bereitstellung von Räumen privater Handlungsfreiheit. Dies ist das gesellschaftliche Programm des Liberalismus, wie Mill es in seinem Essay „On Liberty“ eindrucksvoll entfaltet hat. Besonders eindrücklich ist dabei, wie Mill für den Individualismus als Wert eintritt. Schon Hobbes setzte für seine Normbegründung beim Individuum an. Bei ihm aber war das Individuum von seinen Gefühlen bzw. Begierden gesteuert, die die eigentliche „kleinste unteilbare“ Ursache der nach mechanistischem Vorbild konstruierten Gesellschaftstheorie Hobbes' darstellten. Räume für freies Handeln waren in diesem Modell weder möglich noch erforderlich. In Mills Verständnis gewinnt das Individuum den Charakter eines frei handelnden Subjektes, da es qualitative Werte setzen, sich selbst vervollkommnen kann. Entsprechende Belegstellen wurden über sein Werk verstreut verschiedentlich angeführt; nicht ganz eindeutig geklärt wurde bisher deren systematischer Stellenwert sowie deren Auswirkungen auf das Verhältnis von Ethik und Ökonomik.[200]

Zwar bemüht sich Mill zu zeigen, dass die freie Entfaltung der Persönlichkeit eine der Hauptbedingungen der Wohlfahrt sei. Allerdings sind seine Ausführungen hierzu Bestandteil des Essays „On Liberty“.[201] Es handelt sich nicht um systematische Reflexion im Rahmen seiner politischen Ökonomie. Andererseits findet sich an der erwähnten Stelle eine Formulierung, die als Brücke zwischen qualitativen Wertvorstellungen und Ökonomik dienen kann. Es ist die Umschreibung der Handlungsfreiheit als Meinung, die auf eigene Kosten in die Praxis umgesetzt wird. Die durch die Subjekte gesetzten qualitativen Werte finden als Kosten, d.h. durch Preise gleichnamig gemacht, Eingang in die ökonomische Modellbildung. In dessen Rahmen braucht Moral nicht eigens berücksichtigt zu werden. Ökonomisches Handeln folgt nämlich wertfreien Gesetzen der Ökonomik. Ethische Fragen, im Sinne von Fragen nach dem richtigen Handeln, stellen sich nicht mehr, da dieses nur noch als Funktion bzw. Bedingung gesellschaftlicher Institutionen behandelt wird. Die durch den Utilitarismus beförderte Trennung von Moral und Ökonomie besteht also auch bei Mill. Andererseits geht die Diskussion der Möglichkeiten zur Gestaltung gesellschaftlicher Institutionen bei Mill über rein pragmatische Gesichtspunkte hinaus.[202] Auch bei der Frage nach der Bedeutung von Werten räumt Mill wieder deutlich anspruchsvollere Möglichkeiten ein als seine Vorgänger. Die Ökonomie stellt die Mittel

---

[199] Hobbes' berühmtes Diktum vom Menschen, der dem Menschen ein Wolf sei, findet sich im „Leviathan“ nur sinngemäß. Wörtlich hatte er es im Widmungsschreiben des vorher veröffentlichten staatstheoretischen Werkes „De Cive“ gebraucht (vgl. HOBBES [De Cive. 1642] ³1994, S. 59).

[200] Schon bei Hume findet sich im letzten Abschnitt seiner „Untersuchung über die Prinzipien der Moral“ ein inhaltlich ähnliches Plädoyer. Hume tritt hier für qualitativ hoch stehende Werte sowie die Bedeutung eines integren Charakters ein, ohne seiner Überzeugung mehr Gewicht als den Appell an den „gesunden Menschenverstand“ geben zu können (vgl. HUME [1751] ²1996, S. 214).

[201] Vgl. oben S. 67 und Mill [1859] 1974, S. 78ff.

[202] Mill hatte das in seiner „Politischen Ökonomie“ betont (vgl. oben S. 66).

dazu bereit, dass das Individuum seine jeweiligen subjektiven Werte, d.h. seine Vorstellung vom guten Leben, umsetzen kann. Die tatsächliche Wertentscheidung aber ist, solange nicht andere belästigt werden, keine Frage normativer Ethik, sondern Sache des Individuums, in der Terminologie des sich etablierenden Liberalismus ausgedrückt: Privatangelegenheit.

An anderer Stelle zeigt sich bei Mill allerdings ein Verständnis von Moral, das über deren Bezeichnung als Privatangelegenheit hinausgeht. Einschlägig ist hier das Schlusskapitel der Logik, auf das in anderem Zusammenhang bereits verwiesen wurde.[203] Mill macht deutlich, dass normative Ethik einen anderen Status hat als Aussagen über tatsächliche Gesetzmäßigkeiten menschlichen Urteilens und Handelns. Er kennzeichnet diesen Unterschied mit der Bezeichnung „Science" bzw. „Art". Wissenschaft sind die Erkenntnisse der Gesetzmäßigkeiten des Individuums, beispielsweise die Assoziationspsychologie. Ethik als die Lehre von den Zielen der Moral beruht auf ihnen, ist selber aber „Kunstlehre". Allerdings sind die Zielvorgaben normativer Ethik nach Ansicht Mills prinzipieller Fundierung fähig. Mill glaubt diese Prinzipien mit seiner Rückführung moralischer Normen auf die Orientierung an der Beförderung des Glücks aufgezeigt zu haben.[204]

Interessant ist, dass Mill in dem eben angegebenen Zusammenhang für die Umschreibung der Suche nach dem obersten Moralprinzip mit ausdrücklicher Bezugnahme auf „deutsche Metaphysiker" die Formulierung „Grundsätze der praktischen Vernunft" verwendet.[205] Mill nimmt auch an anderen Stellen verschiedentlich auf Kant Bezug, setzt sich mit dessen philosophischem Freiheitsbegriff aber nicht auseinander.[206] Genau dieser aber ist es, der es möglich macht ein Verständnis des Menschen als Subjekt zu begründen, das jenseits seiner empirischen Bedingtheiten freies Handeln überhaupt erst denkbar werden lässt. Der mit diesem Ansatz verbundene und zum Utilitarismus bis heute in Konkurrenz stehende Versuch, normative Ethik nach dem Verlust eines übergreifenden Weltbildes als Wissenschaft zu begründen, soll im Folgenden behandelt werden.

1.22 Die Bestimmung des Standpunktes der Moral durch Immanuel Kant

„Ob der Philosoph verbessert, kreativ fortgebildet oder mißverstanden worden ist - in jedem Fall liest sich die Geschichte der Philosophie seit Kant zu einem wesentlichen Teil als Wirkungsgeschichte, als Aufnahme und Weiterentwicklung, als Umbildung, Kritik und Wiederaufnahme Kantischer Gedanken", schreibt Otfried Höffe am Ende seiner Einführung in das Werk des großen Denkers.[207] In dessen Zentrum steht die Vernunftkritik, mit

---

[203] Vgl. oben S. 64 und MILL [1843] 1997, S. 170ff.

[204] Auf die Inkonsistenz des mill'schen Utilitarismus gerade in Bezug auf Wertfragen und das Problem der Gerechtigkeit ist bereits hingewiesen worden (vgl. oben S. 68f. sowie HÖFFE 1992, S. 21ff. und die Ausführungen im Nachwort des Herausgebers Dieter Birnbacher in MILL [1863] 1976, S. 122ff.).

[205] MILL [1843] 1997, S. 177.

[206] Vgl. MILL [1859] 1974, S. 5. Andererseits sympathisiert Mill in der gleichen Schrift an späterer Stelle mit dem Bildungsverständnis Humboldts, das durch die Philosophie Kants beeinflusst ist (vgl. a.a.O. S. 79f.). In seinem Essay über den Utilitarismus bezieht sich Mill lobend auf Kant, hat aber Schwierigkeiten, dessen kategorischen Imperativ zu verstehen, da er ihn unter das Prinzip des Utilitarismus subsumieren will (vgl. MILL [1863] 1976, S. 8 u. S. 91).

[207] HÖFFE, O.: Immanuel Kant. München ^{4}1996. S. 302.

der Kant für die Philosophie der Neuzeit eine tragfähige erkenntnistheoretische Basis formuliert. Die eigene Ausbildung hatte er noch im Rahmen rationalistischer Schulmetaphysik absolviert, sich aber schon in seiner Habilitationsschrift, die er im Alter von 23 Jahren verfasste, kritisch mit ihr auseinandergesetzt.[208] Allerdings erscheint mit der „Kritik der reinen Vernunft“ die erste seiner Vernunftkritiken mehr als ein Vierteljahrhundert später. In den „Prolegomena“, einer nachträglich als populären Einführung zu diesem Werk verfassten Schrift, bemerkt Kant ausdrücklich, dass er dessen ursprüngliche Anregung David Hume verdanke.[209]

„Daß alle unsere Erkenntnis mit der Erfahrung anfange, daran ist gar kein Zweifel“, räumt Kant zu Beginn seiner Einleitung der „Kritik der reinen Vernunft“ auch ein.[210] Allerdings gilt dieser Vorrang der Erfahrung nur in einem zeitlichen Sinn. Das erkenntnistheoretische Modell der Empiristen, die Entstehung von Verstandesbegriffen aus der assoziativen und gewohnheitsmäßigen Verknüpfung von Sinneseindrücken, lehnt Kant ab. Konsequent angewendet führt es nämlich zur Leugnung der Möglichkeit wirklicher Erkenntnis, d.h. zum Skeptizismus, wie er ihn Hume zuschreibt.[211] Erfahrung für sich allein ist dem Zufall unterworfen. Objektive Erkenntnis erfordert stattdessen Allgemeinheit und Notwendigkeit.[212]

Kant folgt aber eben auch nicht traditioneller Metaphysik bzw. dem Rationalismus, die die Möglichkeit objektiver Erkenntnis durch bloßes Denken und die übersinnliche Erkennbarkeit ontologischer Eigenschaften der Objektwelt zu sichern vermeinen. Nach Kant haben Aussagen über „die Dinge an sich“ allenfalls spekulativen Charakter.[213] Auch für Kant ist Erfahrung der Inbegriff aller Erkenntnis, insofern sie sich auf Objekte bezieht.[214] Allgemeinheit und Notwendigkeit von Erkenntnis aber ist erst durch die Überschreitung von Erfahrung im Hinblick auf die Bedingungen ihrer Möglichkeit, d.h. durch die Bestimmung der Erkenntnisart von Gegenständen, zu gewinnen.[215] Erkenntnis sichernde Instanz sind also für Kant nicht die Objekte, sondern das erkennende Subjekt. Seine „Kritik der reinen Vernunft“ widmet sich der Bestimmung der Quellen und Grenzen solcher apriorischen, d.h. aller Erfahrung systematisch voraus liegender Anschauungen und Begriffe des Verstandes; er bezeichnet dieses Vorgehen auch als „transzendentale Kritik“.[216]

---

208 Vgl. HÖFFE ⁴1996, S. 25.

209 KANT, I.: Prolegomena zu einer jeden künftigen Metaphysik, die als Wissenschaft wird auftreten können. Hrsg. von Karl Vorländer. Hamburg ⁷1993. [Erscheinung der Originalausgabe: Riga 1783] S. 6, AA IV, S. 260 (die zweite Seitenzahl bezieht sich auf Bd. IV der Akademie-Ausgabe, Berlin 1903).

210 KANT, I.: Kritik der reinen Vernunft. Hrsg. von Ingeborg Heidemann. Stuttgart 1995. [Erscheinung der Originalausgabe: Riga 1781, 2. Auflage: Riga 1787] S. 1 (die angegebenen Seitenzahlen beziehen sich auf den Text der zweiten Auflage).

211 Vgl. KANT [²1787], S. 127 ff.

212 Vgl. KANT [²1787], S. 3f.

213 Vgl. KANT [²1787], S. XXf.

214 Vgl. KANT [²1787], S. 296.

215 Vgl. KANT [²1787], S. 25.

216 Vgl. KANT [²1787], S. 24ff.

Mit der Suche nach dem „Menschen, wie er wirklich ist", hatte die praktische Philosophie der Neuzeit auf Ordo-Verlust und Religionskriege reagiert.[217] Der einzelne Mensch als kleinste unteilbare Einheit wurde für die Empiristen zur Grundinstanz von Erkenntnistheorie und Moralphilosophie. Allerdings ist er als Träger von Interessen und Affekten nur Individuum, nicht aber Subjekt, da er durch diese gesteuert wird. Den ersten Schritt zur Konstituierung des Menschen als Subjekt vollzieht die Erkenntnistheorie Kants. Kant geht in ihr über den Bereich der Erfahrung hinaus. Allerdings sind seine Aussagen über das transzendentale Subjekt keine idealistischen Appelle, sondern notwendige Voraussetzungen menschlicher Verstandestätigkeit. „Das: Ich denke, muß alle meine Vorstellungen begleiten können", trifft aus Prinzip jeden Menschen.[218]

Im Zusammenhang der Moralphilosophie Kants entwickelt der Subjektbegriff seine volle Deutlichkeit. Kant schließt an die Ergebnisse seiner Erkenntnistheorie an: Der Mensch als Verstandeswesen besitzt die Fähigkeit zur Vernunft. Mit diesem Begriff, nun in einem engeren Verständnis, bezeichnet Kant das Denken, insofern es sich auf Gegenstände des Begehrungsvermögens richtet und praktisch wird.[219] Kants Auffassung von praktischer Vernunft hängt unmittelbar zusammen mit seinem Verständnis von Freiheit, die er auch als Autonomie bezeichnet, d.h. als Fähigkeit des Menschen zur Selbstgesetzgebung.

Sein erstes moralphilosophisches Werk, die „Grundlegung zur Metaphysik der Sitten", beginnt Kant mit folgendem berühmten Satz, der gerne als Ausdruck Kantischen Moralverständnisses zitiert wird: „Es ist überall nichts in der Welt, ja überhaupt auch außer derselben zu denken möglich, was ohne Einschränkung für gut könnte gehalten werden, als allein ein GUTER WILLE."[220] Zunächst aber gibt Kant damit nur die Auffassung der „gemeinen sittlichen Vernunfterkenntnis" wieder, wie es in der Überschrift des ersten Abschnittes heißt.[221] Im Zuge der Erläuterung dieses Moralverständnisses der „gemeinen Menschenvernunft" gelangt er zu einer ersten Formulierung des später von ihm als „kategorischen Imperativ" bezeichneten Prinzips der Moral.[222] Nicht Pflichtgemäßheit oder die erwarteten Wirkungen einer Handlung machen die Sittlichkeit aus, sondern das Motiv der

---

[217] S. oben S. 51ff.

[218] KANT [^{2}1787], S. 131. Selbstverständlich kann das Denken auch zu falschen Ergebnissen führen, bei Kant mit dem Ausdruck „vernünftelnde Begriffe" bezeichnet (z.B. a.a.O. S. 368). Schlimmer noch beurteilt er allerdings die Weigerung, sich seines eigenen Verstandes zu bedienen (Vgl. KANT, I.: Beantwortung der Frage: Was ist Aufklärung? In: Was ist Aufklärung? Thesen und Definitionen. Herausgegeben von Ehrhard Bahr. Stuttgart 1996. S. 9-17 [Ursprünglich erschienen in: Berlinische Monatsschrift, 4. Jg., 1784, S. 481-494].

[219] Vgl. KANT, I.: Kritik der praktischen Vernunft. Herausgegeben von Joachim Kopper. Stuttgart 1961. [Erscheinung der Originalausgabe: Riga 1788] S. 96 (die angegebenen Seitenzahlen beziehen sich auf den Text der Originalausgabe.).
Zur Verwendung der Begriffe „Verstand" und „Vernunft" im Werk Kants vgl.: WELSCH, W.: Vernunft. Die zeitgenössische Vernunftkritik und das Konzept der transversalen Vernunft. Frankfurt am Main 1996. S. 624ff. und S. 815ff.

[220] KANT, I.: Grundlegung zur Metaphysik der Sitten. Hrsg. von Theodor Valentiner. Stuttgart 1961 [Erscheinung der Originalausgabe: Riga 1785, 2. Auflage: Riga 1786] S. 1 (die angegebenen Seitenzahlen beziehen sich auf den Text der zweiten Auflage).

[221] KANT [^{2}1786], S. 1. Vgl. auch a.a.O. S. 8.

[222] KANT [^{2}1786], S. 23 bzw. S. 39.

Achtung vor dem Gesetz: „d.i. ich soll niemals anders verfahren, als so, *daß ich auch wollen könne, meine Maxime solle ein allgemeines Gesetz werden.*“[223]

Im zweiten Abschnitt beabsichtigt Kant diese Vorstellung der Sittlichkeit als Handeln aus Pflicht bei der Suche nach „der Quelle ihres Prinzips und richtigen Bestimmung desselben“ philosophisch zu unterstützen.[224] Wie schon in seiner Erkenntnistheorie, grenzt sich Kant dabei sowohl gegen den Rationalismus als auch gegen den Empirismus ab.[225] Eine Begründung bzw. Ableitung der Moral aus theologischen Einsichten beispielsweise, ist für ihn allerdings überhaupt kein ernsthaftes Thema mehr.[226] Kant wirft den Rationalisten im Fall der Moralphilosophie vor allem die Vermischung ihrer Konzepte mit empirischen Motiven vor. Die Begründung der Moral aus Erfahrung aber führt zu Zufall und schwankenden Begriffen. Kant sucht stattdessen wiederum Notwendigkeit, indem er das Prinzip der Sittlichkeit durch eine apriorische Begründung sichert. Er wendet sich hierzu erneut einer Untersuchung der reinen Vernunft zu.[227]

Kant setzt dabei die Möglichkeit vernünftiger Wesen voraus, ihr Handeln von Gründen bestimmen zu lassen und bezeichnet ihren Willen als praktische Vernunft. Da allerdings der Wille den Vernunftgründen nicht notwendig folgsam ist, ergehen diese in Form von Sollensaussagen, d.h. als Imperative. Kant unterscheidet technische, pragmatische und moralische Imperative.[228] Technische Imperative besagen, wie ein vorausgesetzter Zweck erreicht wird; unter pragmatischen Imperativen versteht Kant Ratschläge, wie jemand die eigene Glückseligkeit erreichen könne. Beide bezeichnet er als hypothetisch, da in ihnen das Sollen von der Zustimmung zu gewählten Zwecken bzw. zur geteilten Vorstellung von Glückseligkeit abhängt. Die sittlichen Imperative beanspruchen demgegenüber kategorische Geltung. Ihre Begründung muss allgemein sein, darf von keiner inhaltlichen Bedingung abhängen. Die formale Bedingung der Verallgemeinerbarkeit der Handlungsgründe ist das gesuchte Prinzip der Sittlichkeit: „Handele nur nach derjenigen Maxime, durch die du zugleich wollen kannst, daß sie ein allgemeines Gesetz werde“.[229] Obwohl der kategorische Imperativ notwendig von inhaltlicher Zwecksetzung moralischen Handelns abstrahiert, hat er einen materialen Sinn, den Kant in einer zweiten Formulierung verdeutlicht: „Handele so, daß du die Menschheit sowohl in deiner Person, als in der

---

[223] KANT [^{2}1786], S. 17 (Hervorhebung entspricht dem ursprünglichen Text).

[224] KANT [^{2}1786], S. 24.

[225] Vgl. schon die Bemerkungen in der Vorrede (KANT [^{2}1786], S. VIIIff.). Kant räumt im übrigen den Erfahrungswissenschaften, insbesondere der Anthropologie, über die er selber Vorlesungen gehalten hat, in Anwendungsfragen entscheidende Bedeutung ein (vgl. KANT [^{2}1786], S. VIII u. 35f.).

[226] Vgl. die Bemerkung zum „Heiligen des Evangelii“, KANT [^{2}1786], S. 28f.

[227] Vgl. hier und im Folgenden KANT [^{2}1786], S. 33ff.

[228] KANT [^{2}1786], S. 44.

[229] KANT [^{2}1786], S. 51. In weiteren Formulierungen des kategorischen Imperativs variiert Kant den Begriff des „allgemeinen Gesetzes“ zu „allgemeinem Naturgesetz“ (S. 45) bzw. lässt den Willen selbst zur gesetzgebenden Instanz werden (S.72). Dass die geforderte Allgemeinheit mehr meint als eine Prüfung logischer Konsistenz des eigenen Wollens, verdeutlicht Kant in einer weiteren Formulierung, die fordert, "seine Maximen jederzeit aus dem Gesichtspunkte seiner selbst, zugleich aber auch jedes andern vernünftigen Wesens (die darum auch Personen heißen), nehmen zu müssen" (KANT [^{2}1786], S. 83).

Person eines jeden andern jederzeit zugleich als Zweck, niemals bloß als Mittel brauchest.“[230]

Damit hat Kant durch Analyse eines „allgemein im Schwange gehenden Begriffs der Sittlichkeit“ das oberste Prinzip der Moral bestimmt.[231] Im dritten Abschnitt will er nachweisen, dass diese Sittlichkeit „kein Hirngespinst“ sei.[232] Er bezeichnet diesen Teil seiner Grundlegung als „Kritik der reinen praktischen Vernunft“; die Überschrift ähnelt dem Titel seines zweiten moralphilosophischen Werkes, das diese Begründung vertieft.[233]

Den Schlüssel zu einer Begründung des kategorischen Imperativs bildet der Begriff der Freiheit. Negativ verstanden bedeutet Freiheit die Unabhängigkeit des Willens von Naturnotwendigkeit; anders ist der Wille eines vernünftigen Wesens nicht denkbar.[234] Um das Prinzip der Sittlichkeit zu gewinnen, ist Freiheit aber positiv zu qualifizieren. Hierzu bezieht sich Kant auf den Begriff der Vernunft: insofern Vernunft praktisch sein können soll, erfordert sie Freiheit als Möglichkeit, sein Handeln nach eigenen Gesetzen zu bestimmen.[235]

Zwar ist Freiheit für das dargelegte Konzept von Sittlichkeit als Idee denknotwendig, ihre Wirklichkeit damit aber noch nicht bewiesen, wie Kant einräumt.[236] In seiner „Kritik der praktischen Vernunft“ bringt Kant einen Ersatzbeweis für die apriorische Rechtfertigung von Freiheit. Er bezeichnet dort den kategorischen Imperativ als „Faktum der Vernunft“, da er sich der Vernunft von selbst aufdrängt.[237] Es ist Kants feste Überzeugung, dass sich der Mensch nicht anders denn als moralisches Wesen verstehen kann; dies zeigt sich im unabweisbaren Anspruch des Gewissens, den man wohl zurückweisen, nicht aber auslöschen kann.[238] Ist das moralische Gesetz bzw. das Bewusstsein desselben für den Menschen unvermeidliches Faktum, muss auch Freiheit tatsächlich sein. Dies hält Kant als Ersatz einer Rechtfertigung apriori für hinreichend, da die theoretische Vernunft wenigstens die Möglichkeit von Freiheit einräumen muss.[239]

Kant hatte dies bereits in seiner „Kritik der reinen Vernunft“ nachgewiesen. Die dort vorgenommene „Erläuterung der kosmologischen Idee einer Freiheit in Verbindung mit der allgemeinen Naturnotwendigkeit“ schließt mit dem Satz: „dass Natur der Kausalität aus Freiheit wenigstens nicht widerstreite, das war das einzige, was wir leisten konnten, und woran es uns auch einzig und allein gelegen war.“[240] Ähnlich wie Kant zuvor zwischen

[230] KANT [^{2}1786], S. 67.

[231] KANT [^{2}1786], S. 95.

[232] KANT [^{2}1786], S. 95.

[233] KANT [^{2}1786], S. 97 und KANT [1788].

[234] Vgl. KANT [^{2}1786], S. 97.

[235] Vgl. KANT [^{2}1786], S. 98ff.

[236] Vgl. KANT [^{2}1786], S. 102.

[237] Vgl. KANT [1788] S. 56.

[238] Vgl. die Beispiele KANT [1788] S. 54 und S. 176f.

[239] Vgl. KANT [1788] S. 79ff. Kant bezeichnet die Freiheit in diesem Zusammenhang als "Postulat" der praktischen Vernunft; vgl. weiterhin die so genannte "Postulatenlehre" S. 238ff.

[240] KANT [^{2}1787], S. 570-586.

den Dingen an sich und ihrer durch die Form unserer Anschauung bestimmten Erscheinungsweise unterschieden hatte, differenziert er hierzu zwischen der Betrachtung des Menschen und seiner Handlungen als der empirischen bzw. der intelligiblen Welt zugehörig.[241] Als Glied der intelligiblen Welt denkt der Mensch sich dem Willen nach als frei, d.h. als in der Lage, sein Handeln durch Vernunft zu bestimmen. Da er weiß, dass er zugleich ein Glied der Sinnenwelt ist und somit Neigungen und Begierden ausgesetzt, wird für ihn das Wollen der praktischen Vernunft zum Sollen, eben zum kategorischen Imperativ.[242]

Der Mensch als zu Freiheit und Vernunft befähigtes Wesen, d.h. als Subjekt, bildet die Grundlage der Moralphilosophie Kants. Auch Hobbes und Hume waren bei ihren Versuchen, ethische Prinzipien zu begründen, vom Menschen ausgegangen. Allerdings hatten sie bei dessen empirisch aufweisbaren Gefühlen und Interessen angesetzt, d.h. beim Individuum. Die so gewonnenen Glücks- bzw. Nutzenvorstellungen wurden vom Utilitarismus normativ gewendet und zum Prinzip der Moral erklärt. Zwar findet normative Ethik dadurch Anschluss an Ergebnisse positiver Human- und Sozialwissenschaft, gelangt auf diese Weise aber über technische bzw. pragmatische, also hypothetische Imperative nicht hinaus.[243] Das Prinzip der Moral ist erst als kategorischer Imperativ zutreffend erfasst. Unabhängig von empirischen Zwecken fordert dieser die Verallgemeinerungsfähigkeit menschlicher Handlungsgrundsätze, anders ausgedrückt: die Achtung jedes anderen als Person bei der Ausrichtung des eigenen Handelns.

An der Auseinandersetzung mit dieser Bestimmung des Moralprinzips kommt heute kein philosophischer Ansatz normativer Ethik vorbei; dies gilt inzwischen selbst für die Nachfolger des Utilitarismus.[244] Zur Diskussion steht die Reichweite seiner Begründung. Problematisch erscheint heutigen Zeitgenossen vor allem Kants Rede vom „Faktum der Vernunft". Der Optimismus der Aufklärung ist längst verschwunden. Mit Massenvernichtungsmitteln geführte Kriege und industriell organisierter Völkermord haben die Vernunft in Misskredit gebracht. Zudem ist spätestens seit der zweiten Hälfte des 20. Jahrhunderts deutlich geworden, dass die gestiegenen Möglichkeiten technischer Rationalität auch das Selbstgefährdungspotential der Menschheit deutlich erhöht haben.[245] Kants Auffassung

---

[241] Vgl. KANT [1788] S. 167ff.

[242] Vgl. KANT [²1786], S. 109ff.

[243] Dies zeigt sich besonders deutlich im utilitaristischen Verständnis von Gerechtigkeitsfragen (vgl. die Ausführungen oben S. 58 und 68f.).

[244] Vgl. HÖFFE ⁴1996, S. 179, 186 u. 301. Höffe qualifiziert hier das Verhältnis der vorherrschenden zeitgenössischen Theorien normativer Ethik zum Ansatz Kants eher negativ. Andererseits reflektiert inzwischen die Diskussion um den im englischsprachigen Raum nach wie vor starken Ansatz des Utilitarismus Fragen der Gerechtigkeit und die Bedeutung unbedingter ethischer Grundsätze (vgl. vor allem RAWLS, J.: Eine Theorie der Gerechtigkeit. Frankfurt am Main 1975. [Erscheinung der englischen Originalausgabe: Cambridge, Massachusetts, 1971] S. 283ff. und die durch sein Werk ausgelöste Diskussion). Auch die Diskursethik, nach Höffe das einflussreichste Konzept normativer Ethik im deutschsprachigen Raum, bezieht sich längst positiv auf den von Kant herausgestellten kategorischen Geltungsanspruch moralischer Normen (vgl. bereits HABERMAS, J.: Erläuterungen zur Diskursethik. Frankfurt am Main 1991. S. 106ff.; aber auch aus späterer Zeit: HABERMAS, J.: Wahrheit und Rechtfertigung. Philosophische Aufsätze. Frankfurt am Main 1999. S. 271ff.).

[245] Vgl. HÖFFE ⁴1996, S. 204 und WELSCH 1996, S. 36ff. Welsch bezeichnet in diesem Zusammenhang die Arbeit von HORKHEIMER, M./ADORNO, TH. W.: Dialektik der Aufklärung. Philosophische Fragmente. Amsterdam 1947 als Grundbuch der neueren Vernunftkritik.

vom Menschen als sich selbst moralisch verstehendes Wesen lässt sich heute nicht mehr als überempirische Selbstverständlichkeit einführen. Andererseits steckt selbst in der Rede von einer technologisch verengten Vernunft der Hinweis auf das unausgeschöpfte Potential praktischer Vernunft. Auch Kritiker der Ethik Kants gestehen zu, dass die Bestimmung der praktischen Vernunft durch den kategorischen Imperativ noch immer die beste Grundlegung normativer Ethik darstellt.[246] Allerdings wird man einräumen müssen, dass diese nicht zwingend ist: das Prinzip der Moral kann zwar nicht mit guten Gründen, wohl aber faktisch abgelehnt werden. Es bleibt nämlich gebunden an ein Selbstverständnis des Menschen als freies und vernünftiges Subjekt. Dass dieses Selbstverständnis trotz guter Begründbarkeit positionellen Charakter hat, bringt die inzwischen verbreitete Bezeichnung des Moralprinzips als „Standpunkt der Moral" treffend zum Ausdruck.[247]

Festzuhalten ist an der Unbedingtheit des Moralprinzips. Durch Vorteilskalküle und Klugheitsargumente, die zur Einnahme des Standpunktes der Moral motivieren sollen, mutiert dieser zu einer Position strategischer Rationalität. Aufgrund der Abhängigkeit von empirischen Bedingungen bleibt der Standpunkt der Moral auf diesem Wege unerreichbar.[248] Kant selber spricht, um die Unbedingtheit des Moralprinzips zu sichern, sogar von der „Antinomie der praktischen Vernunft", d.h. der Widersprüchlichkeit von Glückseligkeitsstreben und Sittlichkeit.[249]

Andererseits muss der Standpunkt der Moral auf empirische Sachverhalte beziehbar sein, wenn er konkrete Orientierung bieten soll. Kant setzt sich mit diesem Problem in seiner

---

246 Vgl. hierzu vor allem TUGENDHAT, E.: Vorlesungen über Ethik. Frankfurt am Main 1993. S. 80. Tugendhat versucht aber die "absolute Begründung" des Kantischen Konzepts, die er für verfehlt hält, durch dessen Plausibilisierung zu ersetzen (vgl. a.a.O. S. 86f.).

247 Ihren Ursprung hat diese Formulierung in der sprachanalytisch ausgerichteten angelsächsischen Ethik, die sich vor allem mit metaethischen Fragen beschäftigte. Zur Behandlung normativer Fragen gelangten natürlich nur Autoren mit einer kognitivistischen Auffassung von Moral. Die in Auseinandersetzung mit Kant entstanden Beschreibungen des moralischen Prinzips bezeichneten sie als "moral point of view". Vgl. FRANKENA 1972, S. 137f. und BAIER, K.: Der Standpunkt der Moral. Eine rationale Grundlegung der Ethik. Düsseldorf 1974. S. 178ff.

248 Im Rahmen der so genannten "Kommunitarismusdebatte" bzw., weiter gefasst, einer Renaissance aristotelischer Argumente in der Moralphilosophie wird die Frage nach den wertmäßigen Grundlagen des Standpunktes der Moral gestellt (vgl. z.B. TAYLOR, CH.: Quellen des Selbst. Die Entstehung der neuzeitlichen Identität. Frankfurt am Main 1994. SEEL, M.: Versuch über die Form des Glücks. Frankfurt am Main 1995. RICOEUR, P.: Das Selbst als ein Anderer. München 1996.). Wie diese Ansätze selber deutlich machen, werden Fragen des guten Lebens, also Wertfragen, in pluralistischen Gesellschaften im Rahmen des Selbstverständnisses einzelner bzw. einer Gruppe beantwortet. Daher können sie zwar auf das Problem der Einnahme des Standpunktes der Moral bezogen werden, beantworten aber nur Fragen seiner Genese; da der Geltungsanspruch des Standpunktes der Moral universell ist, kann er auf diesem Wege nicht begründet werden. Vgl. zur Kritik: FORST, R.: Praktische Vernunft und rechtfertigende Gründe. Zur Begründung der Moral. In: GOSEPATH, ST. (HG.): Motive, Gründe, Zwecke. Theorien praktischer Rationalität. Frankfurt am Main 1999. S. 193f. Vgl. auch: FORST, R.: Kontexte der Gerechtigkeit. Politische Philosophie jenseits von Liberalismus und Kommunitarismus. Frankfurt am Main 1994. S. 377ff. Forst geht hier auch auf den oben erwähnten Ansatz von Tugendhat ein (vgl. FN 246). Ähnlich argumentiert Habermas (vgl. HABERMAS 1999, S. 276 und HABERMAS, J.: Die Einbeziehung des Anderen. Studien zur politischen Theorie. Frankfurt am Main 1996, S. 33ff.).

249 KANT [1788], S. 204. Deren anschließend folgende Aufhebung in der Postulatenlehre ist aufgrund ihrer weltanschaulichen Voraussetzungen philosophisch heute nicht mehr vermittelbar.

Tugendlehre auseinander.[250] Den kategorischen Imperativ, als solcher eine weitgehend formale Bestimmung, füllt er mit Inhalt, indem er nach Zwecken sucht, die zugleich gesetzesförmig zu denken, d.h. Pflicht sind. Diese sind das Streben nach eigener Vollkommenheit und nach fremder Glückseligkeit. Allerdings sind die so gefundenen Zwecke nicht als Handlungsanweisungen zu verstehen; der Standpunkt der Moral kann lediglich verpflichten, sie sich zu Maximen, d.h. Handlungsgrundsätzen, zu machen. Konkrete Normen ergeben sich daraus in negativen Fällen, sofern sich nämlich Verhaltensweisen benennen lassen, die diesen Maximen grundsätzlich widersprechen.[251] Kant präzisiert diese Maximen auch positiv, indem er weitere Zwecke angibt, die zugleich Pflicht sind. Allerdings bezeichnet er diese als „unvollkommene Pflichten", da ihnen nur weite Verbindlichkeit zukommt.[252] Gegen Ende des ersten Teiles seiner Tugendlehre bemerkt Kant, dass die Vielfalt der Pflichten, „wie alle empirischen Einteilungen, keine gesichert vollständige Klassifikation" zulasse, denn sie ergibt sich aus der Anwendung reiner Pflichtprinzipien auf Fälle der Erfahrung.[253] Zumindest bei der Konkretisierung der unvollständigen Pflichten hatte Kant daher Spielräume eingeräumt, deren Ausschöpfung der „freien Willkür" überlassen bleibt.[254] Kant meint damit aber keine völlige Beliebigkeit sondern bezeichnet mit dem Begriff Willkür die vernunftgestützte Auswahl aus prinzipiell vorgeschriebenen Zwecken. Diese hat zu erfolgen in „Ansehung der Lust zu einer gewissen Lebensart und zugleich der Schätzung seiner dazu erforderlichen Kräfte".[255] Schon am Ende seiner Einleitung zur Tugendlehre hatte Kant eine Vorbemerkung gemacht, in der er die systematische Bedeutung der von ihm jeweils im Anschluss an seine Pflichtenbestimmung aufgeworfenen „kasuistischen Fragen" erläuterte. Die Spielräume, die die unvollkommenen Pflichten lassen, fordern nämlich die Urteilskraft auf, auszumachen, wie eine Maxime in besonderen Fällen anzuwenden sei.[256]

Es scheint, als ob Kant an die praktische Philosophie aristotelischer Prägung denkt, in der die kluge Abwägung konkreter Handlungsprobleme auf ein gleichzeitig tugendhaftes und gutes Leben zielte. Allerdings tauchen in den konkreten Formulierungen seiner Kasuistik keine Hinweise auf, in welcher Form Wertgesichtspunkte oder Folgenbetrachtung zur Problemlösung heranzuziehen seien. Das Allgemeine, das die Urteilskraft als Vermittlung zwischen Prinzip und Fall finden soll, liegt nach Kant wiederum in einer (untergeordne-

---

[250] KANT, I.: Metaphysische Anfangsgründe der Tugendlehre. (Metaphysik der Sitten. Zweiter Teil) Neu herausgegeben und eingeleitet von Bernd Ludwig. Hamburg 1990. [Erscheinung der Originalausgabe: Riga 1797] Vgl. zum Folgenden AA VI, S. 379ff. (die Seitenangaben beziehen sich auf den Text der Akademie-Ausgabe, Band VI).

[251] Im Einzelnen behandelt Kant das Verbot der Selbstentleibung, Selbstschändung und Selbstbetäubung, Lüge, Geiz und Kriecherei sowie die Laster Neid, Undankbarkeit, Schadenfreude, Hochmut, üble Nachrede und Verhöhnung (vgl. KANT [1797], AA VI, S. 421ff. u. 458ff.).

[252] In Bezug auf die eigene Vollkommenheit sind dies die Pflicht zur Entwicklung seiner Geistes-, Seelen- und Körperkräfte sowie der moralischen Vollkommenheit; bzgl. fremder Glückseligkeit sind es die Pflicht zur Liebe als tätigem Wohlwollen sowie Achtung (KANT [1797], AA VI, S. 444ff. u. 448ff.).

[253] KANT [1797], AA VI, S. 468f.

[254] KANT [1797], AA VI, S. 446.

[255] KANT [1797], AA VI, S. 445.

[256] KANT [1797], AA VI, S. 411.

ten) Maxime.[257] Die von ihm vollzogenen Überlegungen kennen die Möglichkeit echter Pflichtenkollision nicht; jedenfalls sieht Kant keine Notwendigkeit, seine normative Ethik durch Zusatzkriterien zu erweitern, sondern weist sie sogar mit Schärfe zurück.[258]

Die teilweise weltfremd anmutenden Überlegungen der Tugendlehre haben mit dazu beigetragen, die Moralphilosophie Kants als „Gesinnungsethik" erscheinen zu lassen, eine Sichtweise, die neben dem Vorwurf des „Formalismus" in der Rezeptionsgeschichte kantischer Ethik ein verbreiteter Topos ist.[259] Einerseits erscheint manche Forderung nicht wirklich lebbar; andererseits hatte Kant selbst hervorgehoben, dass die tatsächliche Handlung bzw. ihre Pflichtgemäßheit in Bezug auf den Standpunkt der Moral nicht das Wesentliche sei. Dieser ist erst dann erreicht, wenn das Handeln „aus Pflicht" geschieht, also die Einstellung moralisch ist. Auch der Vorwurf des Formalismus entbehrt nicht jeder Grundlage. Zwar ist das Moralprinzip kriteriell nicht leer; es enthält in der Prüfung der Verallgemeinerbarkeit von Handlungsmaximen die Forderung nach Achtung jedes anderen Menschen als Selbstzweck; begrenzt aber ist seine Reichweite. Zur Lösung von Pflichtenkollisionen und für Spielräume, die sich bei der Bestimmung von Zwecken, die zugleich Pflicht sind, ergeben, finden sich bei Kant keine weiteren Kriterien. Ethik als Frage nach dem guten Leben gehört für ihn nicht mehr in das Feld moralphilosophisch behandelbarer Fragen, sondern ist der Willkür des Subjektes freigestellt. Weder der Vorwurf einer reinen Gesinnungsethik noch der des Formalismus werden der moralphilosophischen Begründung des Standpunktes der Moral durch Kant gerecht. Sie machen aber deutlich, dass, trotz des universellen Anspruchs des Moralprinzips, von den Rezipienten kantischer Ethik Moral als Privatangelegenheit aufgefasst werden konnte.

Unterstützung findet diese Auffassung in der Rechtslehre Kants.[260] Hier trägt er der Unüberprüfbarkeit fremder Gesinnung Rechnung; das Recht kann nur äußeres Handeln zu Gesetzesgehorsam verpflichten. Allerdings beziehen auch die Gesetze, also positives Recht, ihre Begründung aus praktischer Vernunft. Das Prinzip des Rechts ergibt sich, wenn der Standpunkt der Moral statt auf die Willensbestimmung auf äußeres Verhalten bezogen wird: „Eine jede Handlung ist r e c h t, die oder nach deren Maxime die Freiheit der Willkür eines jeden mit jedermanns Freiheit nach einem allgemeinen Gesetz zusam-

---

257 Vgl. KANT [1797], AA VI, S. 411.

258 Vgl. z.B. Kants Äußerungen zur Pockenschutzimpfung (KANT [1797], AA VI, S. 424). Ein besonders prominentes Beispiel ist seine Auseinandersetzung mit Konstant: KANT, I.: Über ein vermeintes Recht aus Menschenliebe zu lügen. In: Kant's gesammelte Schriften. Herausgegeben von der Königlich Preußischen Akademie der Wissenschaften. Bd. VIII, Berlin 1912. S. 423-430 [Ursprünglich erschienen in: Berlinische Blätter, 1. Jg., 1797, S. 301-314]. Höffe macht zwar für diesem Fall darauf aufmerksam, dass es sich nicht um eine moralphilosophische, sondern rechtstheoretische Auseinandersetzung handelt. Auch Höffe räumt aber die grundsätzliche Leugnung der Möglichkeit von Pflichtenkollision bei Kant ein (Vgl. HÖFFE ⁴1996, S. 194ff). Zur Aufhebung dieser Unterbestimmung normativer Ethik kantischen Typs und zur Möglichkeit der Erweiterung durch Einbeziehung utilitaristischer Überlegungen vgl. neben HÖFFE ⁴1996, S. 189f. u. S. 207, HÖFFE ²1992, S. 41f., PATZIG, G.: Ethik ohne Metaphysik. Göttingen ²1983. S. 127ff. und SCHÜLLER, B.: Die Begründung sittlicher Urteile. Typen ethischer Argumentation in der Moraltheologie. Düsseldorf ³1987. S. 282ff.

259 Vgl. die Hinweise bei HÖFFE ⁴1996, S. 172, S. 179f. und S. 297.

260 KANT, I.: Metaphysische Anfangsgründe der Rechtslehre. (Metaphysik der Sitten. Erster Teil) Neu herausgegeben von Bernd Ludwig. Hamburg 1986. [Erscheinung der Originalausgabe: Riga 1797].

men bestehen kann."[261] Im Rahmen von Gesetzesgehorsam ist die Verfolgung subjektiv gewählter Zwecke daher reine Privatsache. Das Recht dient ausdrücklich dem Schutz jeweils gegenseitiger Räume privater Willkür. Die Moralphilosophie Kants ist mit einer rechtsphilosophischen Begründung des Liberalismus verknüpft. Moral wie Recht wurzeln in praktischer Vernunft.[262] Der sich aus ihr ergebende Standpunkt der Moral ist im Fall des Rechts auf die Struktur rechtlicher Normen und Institutionen zu beziehen. Er ermöglicht eine grundsätzliche Kritik positiven Rechts bzw. politischer Strukturen.[263] Der Einzelne aber ist, da das Recht nur das äußere Handeln zu Gesetzesgehorsam verpflichtet, in der Sphäre rechtlich regelbaren Verhaltens von Moral entlastet. Die in der Grundlegung der Metaphysik der Sitten aufgeworfenen Zweifel an der ehrlichen Gesinnung des Kaufmanns lassen sich nicht als Kritik an marktwirtschaftlichem Verhalten auffassen. Im Rahmen des Rechts ist vielmehr auch nach Kant moralische Gesinnung belanglos; wie im berühmten Smith-Zitat von Metzger, Bäcker und Brauer darf sich jeder am eigenen Vorteil orientieren.[264]

In Bezug auf seine erkenntnistheoretische Begründung ist die Moralphilosophie Kants dem etwa zeitgleich entstehenden und ebenfalls bis heute wirksamen Utilitarismus eindeutig überlegen. Im Gegensatz zu diesem macht Kant deutlich, dass empirische Argumente den Standpunkt der Moral nicht hinreichend bestimmen können. Erfahrung ist dem Zufall unterworfen und führt nur zu bedingten Normen. Mit dem kategorischen Imperativ als unbedingter Forderung praktischer Vernunft begründet Kant Moral prinzipiell. Wie die Empiristen setzt er nach dem Ende traditioneller Metaphysik zur Normbegründung beim einzelnen Menschen an. Allerdings bezieht er sich nicht auf das empirische Individuum, da dieses abhängig bleibt von naturgesetzlicher Kausalität. Im Postulat der Freiheit

---

261 KANT [1797], AA VI, S. 230 (die Seitenangaben beziehen sich hier und im Folgenden auf den Text der Akademie-Ausgabe, Band VI; Hervorhebung entspricht dem ursprünglichen Text).

262 Vgl. HÖFFE [4]1996, S. 208ff. und KERSTING, W.: Wohlgeordnete Freiheit. Kants Rechts- und Staatsphilosophie. Frankfurt am Main 1993. (Hier auch Hinweise auf weitere Autoren).

263 Die durch Hobbes gesellschaftstheoretisch begründete Konzeption von Recht und Staat, bei der der Herrscher mit uneingeschränkter Gewalt ausgestattet war (vgl. oben S. 47ff.), hatten bereits Locke (LOCKE, J.: Zwei Abhandlungen über die Regierung. Aus dem Englischen von Hans Jörn Hoffmann. Herausgegeben und eingeleitet von Walter Euchner. Frankfurt am Main 1998. [Erscheinungsjahr der englischen Erstausgabe: 1690]) und Montesquieu (MONTESQUIEU, CH. L. D.S.: Vom Geist der Gesetze. In einer neuen Übertragung eingeleitet und herausgegeben von Ernst Forsthoff. Tübingen 1951 [Erscheinungsjahr der französischen Originalausgabe: 1748]) durch die Einführung des Prinzips der Gewaltenteilung modifiziert. Auch die sich verselbständigende Ökonomie, vor allem vertreten durch Adam Smith, hatte staatliches Handeln kritisiert. Diese Kritik basierte auf der Untersuchung der Wirksamkeit staatlicher Eingriffe bzw. auf der Entdeckung eigenständiger ökonomischer Zusammenhänge. Der mit dieser Kritik verbundene Freiheitsanspruch, besonders deutlich artikuliert von Mill (s. oben S. 66ff.), ist zwar mehr als eine Proklamation der Normativität von Fakten, kann aber mit empirischen Argumenten nur bedingt untermauert werden. Kants Begründung von Recht und Staat aus Vernunft liefert dagegen gleichzeitig die Basis für deren Kritik und Einforderung von Freiheit (vgl. zu dieser Einschätzung KERSTING 1993, S. 23, der die Leistung Kants als "neues geltungstheoretisches Fundament" der praktischen Philosophie bezeichnet).

264 Die Überlegung zur Gesinnung des Kaufmannes steht in KANT [[2]1786], S. 8f. Das Smith-Zitat (SMITH [1776] 1978, S. 17) ist oben S. 49 ausgeführt. Eine ausdrückliche Bestätigung der Berechtigung des eigenen Vorteilskalküls als Grundlage wirtschaftlicher Tauschbeziehungen findet sich bei KANT [1797], AA VI, S. 230. Namentliche Erwähnung findet Adam Smith ebenfalls in der Rechtslehre (vgl. KANT [1797], AA VI, S. 289.). Kant paraphrasiert hier die Geldlehre Smiths (vgl. SMITH [1776] 1978, S. 22ff.).

begründet Kant den Subjektstatus des Menschen und bindet ihn zugleich an die Forderung praktischer Vernunft.

Die Konsequenzen des so begründeten Standpunktes der Moral für das Verhältnis der Ethik zur Ökonomik unterscheiden sich allerdings kaum von denen, die sich aus dem Utilitarismus ergeben. Da Kant Fragen der Glückseligkeit subjektiver Willkür anheim stellt, kennt auch er keinen inhaltlich gefüllten Begriff des Gemeinwohls mehr. Interpretiert man seine Konzeption des Rechtes als normativen Gerechtigkeitsbegriff, sind auch durch diesen marktwirtschaftliche Tauschbeziehungen von moralischen Skrupeln entlastet und als Räume privater Willkür freigegeben.[265] Die Trennung zwischen Moralphilosophie und Ökonomik, die die an Mill anschließende Neoklassik mit dem Wechsel ihrer Bezeichnung von „Political Economy" zu „Economics" zum Ausdruck bringt, lässt sich also auch im Rahmen der Ethik Immanuel Kants vollziehen.[266]

1.23 Neoklassik und ihre normativen Implikationen

Mit dem Übergang von der ökonomischen Klassik zur Neoklassik etabliert sich ein Wissenschaftsverständnis, das bei aller zwischenzeitlichen Modifikation bis heute in der Ökonomik vorherrschend ist. Der Wandel vollzog sich im letzten Viertel des 19. Jahrhunderts. Die industrielle Revolution und ihre gesellschaftlichen Auswirkungen waren inzwischen weiter fortgeschritten. Nach dem Ende der Napoleonischen Kriege, etwa zur Mitte des Jahrhunderts, hatte sich, ausgehend von England und unterstützt durch theoretische Argumente der ökonomischen Klassik, die Freihandelsbewegung durchgesetzt. Der Ausbau der Eisenbahnnetze und Verbesserungen in der Dampfschifffahrt führten zu weiterer Erleichterung von Warentransporten. Bislang weitgehend regional strukturierte Märkte bekamen verstärkt weltweite wirtschaftliche Einflüsse zu spüren.[267] Neben Wohlfahrtsgewinnen für alle beteiligten Volkswirtschaften, die im historischen Rückblick eindeutig nachweisbar sind, führte diese Verbundenheit aber auch zu stärkerer Problemanfälligkeit der Wirtschaft. Räumlich weit entfernte Ereignisse, wie beispielsweise der amerikanische Bürgerkrieg, hatten Auswirkungen auf Produktion, Preisgefüge und damit Einkommensverhältnisse des alten Kontinents.

Von der Wirtschaftswissenschaft wird in dieser Situation erwartet, dass sie kurzfristige Phänomene und Schwankungen erklären kann. Die ökonomische Klassik mit ihrem an langfristigen Entwicklungen orientierten Denken bietet hierfür keinen adäquaten Ansatz.

---

[265] Zum Fehlen sozialstaatlicher Prinzipien in der Rechtslehre Kants vgl. HÖFFE ⁴1996, S. 214; Argumente zu ihrer Ergänzbarkeit auf prinzipiengestützter Grundlage finden sich bei KERSTING 1993, S. 58ff.

[266] Zum Wechsel der Bezeichnung der Ökonomik vgl. oben den Hinweis in FN 14. Im völligen Gegensatz zur hier vorgetragenen Einschätzung bzgl. der Auswirkung der Philosophie Kants nimmt Ulrich an, dass bei einer breiteren Rezeption von dessen kritischer Vernunftethik im angelsächsischen Sprachraum die Ökonomik sich weniger stark von der Moralphilosophie entfernt hätte. Allerdings berücksichtigt Ulrich nicht die von Kant vollzogene Unterscheidung von Moral und Recht, die diese Trennung legitimiert (vgl. ULRICH, P.: Transformation der ökonomischen Vernunft. Fortschrittsperspektiven der modernen Industriegesellschaft. Bern ²1987. S. 180f.). Dass und wie der von Kant bestimmte Standpunkt der Moral im Rahmen von Sozialethik auch auf die Kritik gesellschaftlicher, also auch wirtschaftlicher Strukturen anwendbar ist, wird weiter unten im Zusammenhang des Kapitels 1.33 behandelt werden.

[267] Vgl. CAMERON, R.: Geschichte der Weltwirtschaft. Bd. 2. Von der Industrialisierung bis zur Gegenwart. Stuttgart 1992. S. 84ff.

Zudem erscheint sie gerade aufgrund der Popularität, die sie in der politischen Debatte um die Freihandelsbewegung gewonnen hatte, als Wissenschaft zunehmend desavouiert. Sie gilt vielen als selbstzufrieden und unbeweglich, manchem gar als interessenabhängige Ideologie.[268]

Aus der Kritik der Klassik gingen zur Mitte des 19. Jahrhunderts zwei Richtungen der ökonomischen Theoriebildung hervor, die sie in ihrer führenden Rolle hätten ablösen können. Es handelt sich um die politische Ökonomie des Karl Marx sowie den in Deutschland verbreiteten Historismus. Aus heutiger Sicht waren beide aber nur begrenzt wirksam. Der nachträglich leicht erkennbare Hauptstrom der Ökonomik, für den heute die Bezeichnung „Neoklassik“ üblich ist, nahm einen anderen Verlauf.[269]

Ausdrücklich gegen die Übermacht der englischen Klassiker und die durch ihre Arbeiten scheinbar abgeschlossene Erklärung ökonomischer Zusammenhänge richtet sich die 1871 erschienene „Theorie der politischen Ökonomie“ von William Stanley Jevons; er beabsichtigte mit ihr eine ökonomische Theorie „rein mathematischen Charakters“.[270] Der inhaltliche Unterschied zur Klassik aber liegt in der Wertlehre. Jevons kritisiert diese, weil sie noch den Arbeitswertgedanken enthält, der den Gesetzen von Angebot und Nachfrage widerspricht.[271] Etwa zeitgleich mit Jevons verfassten Carl Menger in Wien und Léon Walras in Lausanne zwei Werke, die ebenfalls ihre Erklärung ökonomischer Phänomene auf eine subjektive Theorie des Wertes gründeten.[272] Die Arbeiten dieser drei Männer waren der Ausgangspunkt für drei Richtungen der so genannten „Grenznutzenlehre“, eine Bezeichnung, die sich unter den Zeitgenossen bald durchsetzte, da sie den gemeinsamen Ausgangspunkt neoklassischen Denkens bezeichnet.[273]

Die neoklassische Suche nach Gesetzmäßigkeiten in der Wirtschaft setzt an bei einzelnen Menschen, Haushalten oder Unternehmen, die über die Verwendung ihrer Gütervorräte mit dem Ziel der Befriedigung ihrer Bedürfnisse entscheiden. Sie interpretiert diese Entscheidungen als Nutzenmaximierung unter Einbeziehung des Ausmaßes und der Reihenfolge der Bedürfnisse. Die Abnahme der Nutzensteigerung, die sich bei zunehmender Zahl konsumierter Einheiten des gleichen Gutes ergibt, wird „erstes Gossensches Ge-

---

[268] Vgl. WINCH 1985, S. 366ff.

[269] In Kapitel 1.3 wird im Zusammenhang der Behandlung der sozialen Probleme der Industrialisierung auf Marxismus und Historismus zurückzukommen sein.

[270] JEVONS, W. ST. : Die Theorie der politischen Ökonomie. Aus dem englischen Original, und zwar nach der vierten, von H. Stanley Jevons besorgten, den Text letzter Hand enthaltenden Auflage ins Deutsche übertragen und eingeleitet von Otto Weinberger. Jena 1924. [Erscheinung der englischen Erstausgabe: London 1871]. Vgl. vor allem die Einleitung, S. XXIIIff. und das einführende erste Kapitel, S. 1ff.

[271] Vgl. JEVONS [1871] 1924, S. 152ff. Zur Bedeutung der Arbeitswertlehre als einem Rest substantialistischen Wertverständnisses der Klassik vgl. PRIBRAM 1998, S. 247ff. u. 280ff.

[272] Vgl. MENGER, C.: Grundsätze der Volkswirtschaftslehre. Wien 1871 und WALRAS, L.: Eléments d' Economie politique pure ou Théorie de la richesse sociale. Lausanne 1874.

[273] Vgl. PRIBRAM 1998, S. 521ff. und MORGENSTERN, O.: Die drei Grundtypen der Theorie des subjektiven Wertes. In: MISES, L./SPIETHOFF, A. (Hg.): Probleme der Wertlehre. München und Leipzig 1931. S. 1-42. Pribram verwendet anstelle der verbreiteten geographischen Bezeichnungen (Cambridge-, Lausanner und Österreichische Schule) inhaltliche Charakterisierungen: utilitaristische, mathematische und psychologische Version der Grenznutzenlehre.

setz" genannt.[274] Es bedeutet nichts anderes als eine nutzentheoretische Formulierung der schon der Klassik bekannten fallenden Nachfragekurve. Außer acht bleiben kann dabei der, empirisch kaum ermittelbare, Gesamtverlauf solcher Kurven; die Neoklassik basiert auf einer Betrachtung des Nutzenzuwachses, der sich durch das Hinzufügen einer zusätzlichen Gütereinheit ergibt: ihr Gegenstand ist der Grenznutzen, ihre Methode die Marginalanalyse.

Zum Tausch zwischen zwei Wirtschaftssubjekten in Bezug auf zwei Güter kommt es solange, bis sich der Grenznutzen, der mit dem Erwerb einer Gütereinheit zusammenhängt, dem Grenznutzenverzicht des hergegebenen Gutes angepasst hat. Da man den Nutzenverzicht auch als Kosten bezeichnen kann, ergibt sich aus der Grenzkostenbetrachtung der steigende Verlauf der Angebotskurve. Entsprechende Marktkurvenverläufe kann man sich als Aggregation der Nachfrage- und Angebotskurvenabschnitte einzelner Individuen bzw. Wirtschaftseinheiten vorstellen. An der Stelle, wo sich beide Kurven schneiden, herrscht auf dem betreffenden Markt ein Tauschgleichgewicht. Es beinhaltet die Angleichung von Grenznutzen und Grenzkosten der tauschenden Wirtschaftseinheiten.

Zur Erklärung von Tausch und Marktgleichgewicht im Fall mehrerer Güter wird das „zweite Gossensche Gesetz" hinzugezogen; es besagt, dass das Nutzenmaximum eines Wirtschaftssubjektes erreicht ist, wenn die Grenznutzenwerte aller von ihm verbrauchten Güter einander angeglichen sind. Solange dies noch nicht gegeben ist, wird es seinen Güterverbrauch umschichten. Bezogen auf Märkte heißt dies: Tauschbereitschaft zeigen. Es kommt dann zu Marktransaktionen, bis sich auf allen Märkten Tauschgleichgewichte eingestellt haben, also Grenznutzen und Grenzkosten aller beteiligten wirtschaftlichen Einheiten gleich sind.

Die sich dabei ergebenden Tauschverhältnisse sind die Preise. In entwickelten Verkehrswirtschaften werden sie durch Bezug auf ein Wirtschaftsgut gleichnamig gemacht, d.h. in Geldeinheiten wiedergegeben. Als Ausdruck der Zahlungsbereitschaft spiegeln sie die subjektive Wertschätzung der Nachfrager für ein Gut. Als Ausdruck der Tauschbereitschaft der Anbieter signalisieren sie Knappheit.[275] Preise übernehmen also auf den Märkten Steuerungsfunktion. Sie dienen dem einzelnen Wirtschaftssubjekt als Hilfsmittel zur Optimierung seiner Mittelverwendung: diese ist entsprechend dem „zweiten Gossenschen Gesetz" erreicht, wenn die mit ihren Preisen gewogenen Grenznutzen aller von ihm

[274] Vgl. GOSSEN, H. H.: Entwicklung der Gesetze des menschlichen Verkehrs und der daraus fließenden Regeln für menschliches Handeln. Braunschweig 1854. Das Werk Gossens fand infolge der Vorherrschaft des Historismus in Deutschland zunächst kaum Beachtung. Erst nach der Etablierung der verschiedenen Grenznutzenschulen wurde es wiederentdeckt und nicht zuletzt durch die Verwendung des Namens Gossens bei der Bezeichnung grundlegender Erkenntnisse gewürdigt (vgl. z.B. JEVONS [1871] 1924, S. XLVII; BÖHM-BAWERK, E. V.: Positive Theorie des Kapitals. Jena [4]1921. S. 164 u. 180; MORGENSTERN 1931, S. 38).

[275] Damit ist auch das so genannte "Wertparadoxon" der Klassik überwunden, das auf einer Unterscheidung von Gebrauchs- und Tauschwert beruhte (vgl. z.B. die Überlegungen zum Wertverhältnis von Wasser und Diamanten bei SMITH [1776] 1978, S. 27). Die Neoklassik geht stattdessen von subjektiven Werteinschätzungen aus, deren Zustandekommen sie aber im Lauf ihrer Weiterentwicklung immer weniger beschäftigt; sie nimmt diese vielmehr als gegeben. Ihr eigentliches Interesse gilt deren Zusammenspiel, aus dem sich als objektive Werte Tauschwerte bzw. Preise ergeben (vgl. BÖHM-BAWERK [4]1921, S. 161 und MORGENSTERN 1931, S. 9).

verbrauchten Güter gleich sind. Gleichzeitig steuern sie den Ausgleich zwischen verschiedenen Gütermärkten. Solange auf einem Markt der Gleichgewichtspreis noch nicht erreicht ist, d.h. die Grenznutzen noch nicht den Grenzkosten entsprechen, werden entweder die Nachfrager oder die Anbieter vermehrte Tauschbereitschaft zu Lasten anderer Güter zeigen. Preise dienen so der Lenkung von Gütererzeugung und -verbrauch. Das dabei in der Regel erreichte Gleichgewicht auf allen Märkten wird als Allokationseffizienz bezeichnet. Es besagt, dass die Güter bzw. Faktoren einer Volkswirtschaft gemessen an den Nutzeneinschätzungen der Wirtschaftssubjekte nicht besser verwendet werden können.[276]

Ihr Ansatz bei den Grenznutzen, verallgemeinert zum Instrument der Marginalanalyse, d.h. der Betrachtung der Auswirkung minimal kleiner Veränderungen, gab der Neoklassik die Möglichkeit der Anwendung mathematischer Modelle. Die Modellbildung war allerdings voraussetzungsreich; sie erforderte starke Abstraktionen und beinhaltete daher zunächst eine Distanzierung der Ökonomik von unmittelbaren Problemen der Praxis.

Die grundlegende Voraussetzung des Modells ist die Betrachtung der Akteure als rational handelnde Nutzenmaximierer, d.h. die Fiktion des „homo oeconomicus"; sie war, zumindest implizit, bereits Voraussetzung der Theoriebildung in der Klassik, wird aber erst von der Neoklassik ausdrücklich mit diesem Terminus bezeichnet.[277] Darüber hinaus ist die Vorstellung des reibungslosen Ablaufes des Marktmechanismusses mit dem durch ihn herbeigeführten Ergebnis des Marktgleichgewichtes ebenfalls von gewichtigen Voraussetzungen abhängig. Die qualitativen Kriterien erfordern das Vorliegen homogener, also sachlich gleichartiger Güter, das Fehlen persönlicher Präferenzen von Käufern für bestimmte Verkäufer, das Fehlen räumlicher und zeitlicher Differenzierung zwischen Anbietern bzw. Nachfragern sowie das Vorliegen vollständiger Markttransparenz. Sind alle Kriterien erfüllt, spricht man von einem vollkommenen Markt. Sind zusätzlich Anzahl und relative Größe von Nachfragern und Anbietern so beschaffen, dass die Herausbildung monopolistischer Positionen ausgeschlossen ist, herrscht auf dem betroffenen Markt vollkommene Konkurrenz.[278]

Trotz dieser starken Abstraktionen von real handelnden Wirtschaftssubjekten und tatsächlich beobachtbarem Marktgeschehen erwies sich das neoklassische Marktmodell der Preisbildung, heute als Mikroökonomik bezeichnet, als äußerst leistungsfähiges Paradigma ökonomischer Theoriebildung.[279] Sein Charakteristikum ist der Ansatz beim individuellen

---

[276] Der Ausdruck "Faktoren" bezeichnet die Mittel einer Volkswirtschaft, die bei der Herstellung des Güterangebotes eingesetzt werden. Die Wirtschaftlichkeit ihrer Verwendung wird durch die Orientierung an den Grenzkosten erreicht.

[277] Vgl. oben auf S. 65 die Hinweise zum Methodenbewusstsein der Klassik sowie in FN 177 die Belegstelle der Verwendung des Begriffes durch Pareto.

[278] Der Begriff und seine Voraussetzungen wurden im Rahmen der Entwicklung der Neoklassik weiter ausdifferenziert (vgl. als Bsp. einer aktuellen Darstellung: ARNOLD, V.: Volkswirtschaftslehre. Eine Einführung für Nichtökonomen. München 1996. S. 17ff. und 47ff.); das eigentliche Problem behandelten aber bereits die Begründer der Neoklassik (vgl. z.B. JEVONS [1871] 1924, S. 87).

[279] Selbstverständlich hatte bereits die Klassik das Zusammenspiel von Angebot und Nachfrage bei der Marktpreisbildung hervorgehoben (vgl. oben S. 45 sowie FN 101). Aufgrund ihrer subjektorientierten Werttheorie, die zugleich als Basis der Marginalanalyse dient, entfernt die Neoklassik allerdings letzte Reste ontologisierender Wertvorstellungen aus der Ökonomik.

Verhalten der Wirtschaftssubjekte. Die Neoklassik rekonstruiert dieses als Problem der optimalen Zielerreichung angesichts knapper Mittel.[280] Gerade diese Formalisierung erlaubt eine Ausweitung der Marginalanalyse auf weitere wirtschaftliche Größen wie Kosten, Erlöse und physische Erträge und ermöglicht sogar die Rekonstruktion hoch aggregierter gesamtwirtschaftlicher Effekte, d.h. Makroökonomik, auf mikroökonomischer Basis.[281] Darüber hinaus etablierte sich mit Hilfe mikroökonomisch gestützter Planungs- und Entscheidungsverfahren in Deutschland die Betriebswirtschaftslehre als eigenständiger Zweig der Ökonomik.[282]

Aus heutiger Sicht kann die Neoklassik als eigentlicher Durchbruch der Ökonomik zu einer positiven Theorie verstanden werden, wie der oben erwähnte Namenswechsel der Wissenschaft, den die zweite Generation der Grenznutzenschule vornahm, zum Ausdruck bringt.[283] Die methodologischen Voraussetzungen einer positiven Theorie der Ökonomie waren bereits von John Stuart Mill formuliert worden. Allerdings hatte er sich in seinen Ausführungen zur Ökonomie gerade nicht auf positive Theorie beschränkt, sondern immer wieder normativ motivierte Überlegungen einfließen lassen.[284] Erst die Neoklassik mit ihrem Bemühen um mathematische Präzision versucht die Ökonomik konsequent als „Science" zu konzipieren. Die dabei vorgenommene Ausgrenzung der Behandlung gesellschaftstheoretischer Fragen bedeutet gleichzeitig die Entfernung von ethischer Reflexion als Teil des wissenschaftlichen Programmes der Ökonomik. Allerdings ist bei den Begründern der Grenznutzenschule der Anschluss an die moralphiloso-

---

[280] Die heute als hierfür klassisch angesehene Definition lautet: „Economics is the science which studies human behaviour as a relationship between ends and scarce means which have alternative uses" (ROBBINS, L.: An Essay on the Nature and Significance of Economic Science. London 1932. S. 16, zitiert nach BIERVERT, B./HELD, K./WIELAND, J.: Sozialphilosophische Grundlagen ökonomischen Handelns. Frankfurt am Main 1990. S. 18).

[281] Eine detaillierte Darstellung der über hundertjährigen Geschichte neoklassisch ausgerichteter Ökonomik würde auch ihre Rückschläge und Gefährdungen benennen. Zumindest eine davon, die Weltwirtschaftskrise am Ende der 20er Jahre des letzten Jahrhunderts und die Entstehung Keynesianischer Makroökonomik wird weiter unten kurz behandelt werden (vgl. S. 87).
An dieser Stelle sei als Beispiel grundlegender Kritik am neoklassischen Paradigma auf einen Aufsatz von Hans Albert verwiesen (ALBERT, H.: Modell-Platonismus. Der neoklassische Stil des ökonomischen Denkens in kritischer Beleuchtung. In: KARRENBERG, F./ALBERT, H. (Hg.): Sozialwissenschaft und Gesellschaftsgestaltung. Festschrift für Gerhard Weisser. Berlin 1963. S. 45-76. Eine differenzierte Auseinandersetzung mit den von Albert erhobenen Vorwürfen der Tautologisierung bzw. Verwendung der „ceteris-paribus-Klausel" zur Immunisierung des Ansatzes gegen empirische Prüfung seiner Ergebnisse findet sich bei SCHNEIDER ^{3}1987, S. 180ff.).
Im Rahmen der Fragestellung dieser Arbeit ist entscheidend, dass sich das neoklassische Paradigma ökonomischer Theoriebildung, unter anderem durch Korrektur entsprechender Schwachstellen, inzwischen erfolgreich etabliert hat und sogar zur ökonomischen Rekonstruktion von Moral verwendet wird (vgl. dazu unten S. 114).

[282] Vgl. Schneider 31987, S. 79ff., S. 129ff. und insbesondere S. 150ff.

[283] Vgl. die Hinweise oben (FN 14 und S. 80). Bereits Jevons regt den Namenswechsel im Vorwort der zweiten Auflage seiner politischen Ökonomie an, behält selbst aber noch den alten Titel bei (vgl. JEVONS [1871] 1924, S. XXX). Erst Alfred Marshall vollzieht ihn bei der Veröffentlichung seines Hauptwerkes (vgl. MARSHALL, A.: Handbuch der Volkswirtschaftslehre. Stuttgart 1905. [Titel der Originalausgabe: Principles of Economics. London 1890]).

[284] Vgl. oben S. 66ff.

phische Diskussion ihrer Zeit noch relativ eng. Insofern lassen sich die ethischen Implikationen, die die Modellwahl der Neoklassik beinhaltet, leicht identifizieren.

In erster Linie ergeben sie sich, wie schon in der Klassik, aus dem Utilitarismus. Ausdrücklich belegbar ist das für die englische Grenznutzenschule. William Stanley Jevons benutzt für sein Vorhaben einer Mathematisierung der Ökonomik vier quantitativ bestimmbare Dimensionen des Nutzenkonzepts Benthams.[285] Auch Hermann Heinrich Gossen, der nachträglich entdeckte Ahnherr der Grenznutzenlehre, hatte seine „Gesetze" auf der Grundlage utilitaristischer Prinzipien konzipiert. Seine Ausführungen enthalten keinen ausdrücklichen Bezug auf Bentham; im Gegensatz zum empiristischen Hintergrund des englischen Utilitarismus beansprucht Gossen für seine Entdeckung geradezu ontologischen Status.[286] Zur Mitte des 19. Jahrhunderts fand er damit allerdings im deutschen Sprachraum keinerlei positive Resonanz, was ihn veranlasst hatte sein Werk zurückzuziehen.[287]

Die österreichische Grenznutzenschule musste sich mit dem in Deutschland vorherrschenden Historismus auseinander setzen. Von vornherein versuchte sie daher ihr Grenznutzenkonzept deutlich von utilitaristischen bzw. hedonistischen Vorstellungen abzugrenzen.[288] Ökonomische Begriffe mit utilitaristischem Hintergrund werden durch zusätzliche Erläuterungen präzisiert.[289] Die Kritik am Utilitarismus wirkt sich auch auf die Weiterentwicklung der englischen Grenznutzenschule aus. Alfred Marshall bemüht sich durch Schaffung neuer Begriffe, die utilitaristische Terminologie zu vermeiden.[290] Inhaltlich bezog sich dies auf die Auslegung des Nutzenkonzepts im Sinne eines breiten und qualitativ anspruchsvollen Wertverständnisses, wie es bereits Mill und Jevons gefordert hatten. Darüber hinaus verzichtete man auf die psychologischen bzw. wertgenetischen Annahmen des Utilitarismus. Auf welche Weise subjektive Wertschätzungen zustande kommen, kann im Rahmen der Ökonomik offen bleiben. Voraussetzung für die Anwendung der Grenznutzenmethode ist nur, dass solche bestehen. Darüber hinaus wird in Bezug auf sie von subjektiver Rationalität ausgegangen, also angenommen, dass im Fall von Wertekonkurrenzen auf die Verwirklichung der weniger wichtigen Werte verzichtet wird.[291]

Die Lausanner Schule kommt von Anfang an ohne Bezug zum Utilitarismus aus. In ihrer Weiterentwicklung durch Pareto vermag sie die Abgrenzungsbemühungen der anderen Zweige der Grenznutzenlehre modelltheoretisch abzusichern. Bei der Aufstellung der Fundamentalgleichungen, die das Zustandekommen der Marktgleichgewichte erklären, kann sie auf die Voraussetzung der Messbarkeit des Nutzens verzichten. Verlangt ist nur,

---

[285] Vgl. JEVONS [1871] 1924, S. 27ff. Die Gründung seiner Ökonomik in der utilitaristischen Lehre Benthams hatte er schon in der Einführung hervorgehoben, dabei aber die Existenz qualitativer Wertunterschiede eingeräumt (vgl. a.a.O. S. 21ff.).

[286] Vgl. BIERVERT/WIELAND 1987, S. 34ff. und oben den Hinweis in FN 274.

[287] Vgl. PRIBRAM 1998, S. 525.

[288] Vgl. PRIBRAM 1998, S. 542ff. und 678ff.

[289] Vgl. BÖHM-BAWERK [4]1921, S. 236ff.

[290] Vgl. PRIBRAM 1998, S. 562f.

[291] Vgl. BÖHM-BAWERK [4]1921, S. 236 und PRIBRAM 1998, S. 678f.

dass das Individuum eine Rangordnung seiner Nutzenwerte bilden kann; diese gehen, als so genannte „Indifferenzkurven“, in das Modell ein. Sie bezeichnen in Bezug auf die Zusammenstellung der Güternachfrage von Individuen Situationen gleichen Nutzens. Um den Übergang von den nicht messbaren, individuellen Wertschätzungen der Wirtschaftssubjekte zu den empirisch erhebbaren sowie im Modell darstellbaren Marktpreisen bzw. Gütermengen herzustellen, werden diese als Ergebnis von Wahlakten interpretiert. Terminologisch kommt das in der Verschiebung der Rede von Nutzenwerten zu individuellen Präferenzen zum Ausdruck.[292]

Wenn auch die Bindung an bestimmte moralphilosophische Traditionen immer stärker relativiert wird, fußt selbst in der Neoklassik die Ökonomik noch auf einem normativen Hintergrund. Grob skizzieren lässt sich dieser als neuzeitliches Welt- und Menschenverständnis; für ökonomische Fragestellungen bedeutsam ist dessen Begründungsansatz in Bezug auf evaluative Fragen. Als wertsetzende Instanz bleibt der Neuzeit nur das Individuum bzw., transzendentalphilosophisch verstanden, das Subjekt. Solange Werte, als deren Verwirklichung sich ökonomische Ergebnisse interpretieren lassen, auf freie Entscheidungen von Individuen rückführbar sind, gelten sie als gerechtfertigt. In diesem Sinn kann positive Ökonomik auch normativ gewendet werden: sie dient zunächst der Analyse, dann aber der weiteren Verbesserung von Markt und Tausch als eigenständigen Institutionen bzw. eigengesetzlichen Abläufen, die einen normativ gesicherten Status beanspruchen können, da sie auf freien Entscheidungen von Subjekten beruhen.[293]

In der Diskussion um die wirtschaftspolitischen Empfehlungen der Neoklassik, die unter dem Begriff der „Wohlfahrtsökonomik“ geführt wurde, werden die Implikationen deutlich, die dieser normative Hintergrund der Neoklassik für das Verständnis von Gemeinwohl und Gerechtigkeit beinhaltet. Zentraler Begriff ist dabei das so genannten „Pareto-Optimum“; es zeichnet das Ergebnis der Faktorverbrauchssteuerung durch Märkte als effiziente Allokation aus und formuliert damit einen ökonomisch begründeten Wohlfahrtsbegriff. Da dieses Ergebnis aus den Bestrebungen der einzelnen Wirtschaftssubjekte hervorgegangen ist, ihre individuelle Wohlfahrt zu optimieren, und durch weiteren freiwilligen Tausch nicht mehr zu verbessern ist, kann es auch in einem ethisch begründeten Sinn als Gemeinwohl verstanden werden, sofern man im utilitaristischen Verständnis Gemeinwohl als Summe von Einzelwohlfahrt interpretiert. Pareto hatte allerdings eingeräumt, dass aus ethischer Sicht Korrekturen des ökonomischen Ergebnisses, d.h. der Verteilung, begründbar seien.[294] Die Maßnahmen hierzu, beispielsweise die Gestaltung von Steuertarifen, sind mit Blick auf ihre Auswirkungen wieder eine Frage ökonomischer Rationalität. Selbstverständlich hält die Neoklassik dabei fest an der Annahme nutzenmaximierender Wirtschaftssubjekte und der Selbstregulierung von Märkten.

---

[292] Vgl. PARETO 1902, S. 1111; MORGENSTERN 1931, S. 25 u. 27f.; PRIBRAM 1998, S. 578f.

[293] Nur insofern diese normative Konnotation geleugnet wird, erscheint die Bezeichnung der Neoklassik als "kryptoethisch" angebracht (vgl. z.B. BIERVERT 1987, S. 47). Solange allerdings "positiv fundierte normative Ökonomik" als "traditionelle Aufgabe der Ökonomik" angenommen wird, muss diese Normativität nicht als erschlichen verstanden werden (vgl. z.B. AUFDERHEIDE 1995, S. 74ff., der ein entsprechendes Verständnis von Ökonomik im Anschluss an Max Webers Konzept wissenschaftlicher Politikberatung darlegt).

[294] Vgl. PRIBRAM 1998, S. 582.

Mit Marshall und Pigou, den Hauptvertretern der Cambridge-Schule, gibt es von Beginn der Neoklassik an eine Tradition, ökonomisches Denken mit sozialpolitischem Engagement zu verbinden.[295] Erklärbar ist dies als Reaktion auf soziale Probleme der Industrialisierung in England; aus Sicht der Ökonomik können diese als Marktversagen interpretiert werden, dessen Lösung aber zunächst noch in Empfehlungen für die Politik gesucht wird, die mit dem mikroökonomischen Paradigma der Neoklassik vereinbar sind. Unter dem Eindruck der Weltwirtschaftskrise oder „großen Depression" in den 30er Jahren des 20. Jahrhunderts schwindet der Glaube an dessen Grundprinzipien. John Maynard Keynes, ein Schüler und Mitarbeiter von Marshall und Pigou, zieht hieraus Konsequenzen für die ökonomische Theorie. Unter dem Titel „Allgemeine Theorie der Beschäftigung, des Zinses und des Geldes" entwickelt er, von hoch aggregierten ökonomischen Größen ausgehend, also auf makroökonomischer Basis, ein Modell volkswirtschaftlicher Zusammenhänge, das länger bestehende Ungleichgewichte auf Märkten umfasst und entsprechende wirtschaftspolitische Steuerungsmaßnahmen empfiehlt.[296] Daneben scheinen planwirtschaftliches Vorgehen der Sowjetunion, aber auch Englands und Frankreichs während des 2. Weltkrieges, die Leistungsfähigkeit nicht-marktlich koordinierten Wirtschaftens zu belegen. Neoklassische Ökonomen setzen sich mit diesen Ansätzen auseinander.[297] Sie öffnen dabei die eigene Theorie für eine stärkere Berücksichtigung der Möglichkeiten politischer Eingriffe. Aus der ökonomischen Wohlfahrtsvorstellung des Pareto-Optimums wurde als Kriterium zur Beurteilung wirtschaftspolitischen Handelns abgeleitet, dass eine Maßnahme mit ökonomischer Rationalität vereinbar sei, solange die Verlierer aus den Überschüssen der Gewinner entschädigt werden könnten. Ob und auf welche Weise der Staat eine entsprechende Kompensation der Verlierer tatsächlich vornehmen sollte, wurde unterschiedlich beurteilt, da politische Eingriffe in die Verteilung eine rein ökonomische Faktorallokation auf Dauer verzerren. Die grundsätzliche Annahme der Verteilung als politisch gestaltbarer Bereich implizierte aber die Vorstellung einer Trennbarkeit von Produktion und Distribution, wie sie unter den Klassikern besonders John

---

[295] Vgl. PRIBRAM 1998, S. 570ff. Unter den Klassikern hatte John Stuart Mill ähnliches sozialpolitisches Engagement gezeigt und dieses durchaus mit seiner Begründung des Liberalismus zu vereinbaren gewusst (vgl. oben S. 64ff.).

[296] KEYNES, J. M.: Allgemeine Theorie der Beschäftigung, des Zinses und des Geldes. Berlin [6]1983. [Englische Originalausgabe: General Theory of Employment, Interest and Money. London 1936].

[297] Vgl. zum Folgenden das 30. Kapitel mit der Überschrift "Planung und Wohlfahrt" bei PRIBRAM 1998, S. 852ff. Der Autor, der selber der Tradition der österreichischen Grenznutzenschule entstammt, gibt Hinweise auf die einzelnen Themen und wichtigsten Beiträge der Debatte. Zu Beginn des Kapitels weist er darauf hin, dass selbst in den USA, die bis dahin traditionell eine Wirtschaftspolitik des "Laisser-faire" betrieben hatten, mit Roosevelts "New Deal" zumindest kurzzeitig planwirtschaftliche Elemente an Bedeutung gewannen.
Dass es auch in Amerika neben der vorherrschenden Grenznutzenschule andere Richtungen ökonomischer Theoriebildung gegeben hatte, beschreibt Pribram bereits in seinem 23. Kapitel (a.a.O. S. 664ff.). Im Zusammenhang der Diskussion um den New Deal ist insbesondere der amerikanische Institutionalismus hervorzuheben, da er ein Bindeglied zwischen Historismus, der führenden wirtschaftswissenschaftlichen Theorietradition im Deutschland des 19. und beginnenden 20. Jahrhunderts, und der aktuellen Neuen Institutionenökonomik darstellt (vgl. GROSSEKETTLER, H.: Die Wirtschaftsordnung als Gestaltungsaufgabe. Entstehungsgeschichte und Entwicklungsperspektiven des Ordoliberalismus nach 50 Jahren Sozialer Marktwirtschaft. Münster 1997, S. 14).

Stuart Mill hervorgehoben hatte.[298] Die Ökonomik war damit offen für die Berücksichtigung sozialethisch begründeter inhaltlicher Gerechtigkeitsstandards. Dass die wohlfahrtsökonomischen Überlegungen der Neoklassik auf eine Repolitisierung der Wirtschaftswissenschaft hinausliefen, markierte unmissverständlich das „Möglichkeitstheorem" Arrows.[299] Es besagt, dass die Ableitung sozialer Wohlfahrtsfunktionen aus individuellen Präferenzenordnungen einzelner Subjekte zu Widersprüchen führt. Zwischen individuelle und soziale Werturteile treten damit notwendig Prozesse der Auseinandersetzung über gemeinsame Werte. Im Grunde hatte die Wohlfahrtsökonomik das Modell der Neoklassik also längst verlassen. Die Arbeit Arrows führte aber nicht, wie man meinen könnte, zum Ende der Neoklassik, sondern zum Ende der Wohlfahrtsökonomik.[300]

Aufgrund des Versagens makroökonomischer Politikgestaltung in der Praxis gewann neoklassisches Denken spätestens seit Ende der 70er Jahren des 20. Jahrhunderts wieder an Aktualität. Das statische Gleichgewichtsdenken der ursprünglichen Grenznutzenlehre war inzwischen zu einer dynamischen Version mikroökonomischen Denkens weiterentwickelt worden.[301] In der Wirtschaftspolitik führte dies zur Orientierung am Paradigma der Selbstregulierungsfähigkeit von Märkten und der Zurückdrängung sozialpolitischer Maßnahmen. Soweit Ökonomen entsprechende Empfehlungen als Beitrag zur Gestaltung von Gesellschaftssystemen verstehen, skizziert man diese Position häufig mit der Bezeichnung „Neoliberalismus".[302] Gemeinwohl als inhaltlich gefüllte Größe, die Anlass gäbe für sozialethisch begründete Verteilungskorrekturen, also einen Begriff distributiver Gerechtigkeit, hat darin keinen Raum. Marktversagen oder Pareto-Optimum sind überflüssige Begriffe, da Markt und Wettbewerb als evolutive Größen aufgefasst werden. Die durch sie hervorgebrachten Ergebnisse sind hinzunehmen. Besonders hart formuliert dies Friedrich August von Hayek, neben Milton Friedman einer seiner prominentesten Vertre-

---

298 Vgl. oben S. 66.

299 ARROW, K. J.: Social Choice and Individual Values. New York 1951. S. 46ff.

300 Streng genommen muss es heißen: „... zum Ende paretianischer Wohlfahrtsökonomik." Dass die Wohlfahrtsökonomik im Anschluss an die Arbeit und Kritik Arrows durchaus weiterentwickelt werden konnte, machte der breiten Öffentlichkeit 1998 die Verleihung des Nobelpreises für Wirtschaftswissenschaften an Amartya Sen deutlich. In Auseinandersetzung mit der Arbeit Arrows, vor allem aber durch die Beschäftigung mit den konkreten entwicklungspolitischen Problemen von Hunger und Armut, fand Sen zu einer Erweiterung des Wohlfahrtsbegriffes. Aus seinen empirischen Arbeiten bei der makroökonomischen Erfassung des Problems der Armut ging der „Human Development Index" der Vereinten Nationen hervor. Fragen der Güterausstattung bzw. unterstellten subjektiven Nutzens erweitert er durch sein Konzept der „Capabilities". Gegenstand seiner Wohlfahrtsmessung ist die Frage, ob Menschen in der Lage sind, ihre Fähigkeiten zu nutzen. Dieser „Befähigungsansatz" verdankt sich der Zusammenarbeit und Diskussion mit der Philosophin Martha Nussbaum. Nach der Verleihung des Nobelpreises hat sich die Zahl seiner in deutsche Sprache übersetzten Arbeiten erhöht. Einen guten Zugriff auf das Werk Sens ermöglicht eine Sammlung von Vorträgen vor der Weltbank aus den Jahren 1995 bis 1997; sie enthält in den Anmerkungen Hinweise auf ökonomische Literatur und Fachdiskussion: SEN, A.: Ökonomie für den Menschen. Wege zur Gerechtigkeit und Solidarität in der Marktwirtschaft. München 2000.

301 In Kapitel 1.3 wird hierauf im Zusammenhang der Auseinandersetzung mit der "Neuen Institutionenökonomik " eingegangen werden.

302 Vgl. GROSSEKETTLER 1997, S. 8. Da der Begriff durch den politischen Sprachgebrauch teilweise zu unscharfen Abgrenzungen führt, schlägt der Autor als präzisere Bezeichnung dieser Richtung die Formulierung „Altliberale" vor (vgl. auch die Hinweise in FN 355).

ter; den Begriff soziale Gerechtigkeit bezeichnet er als „Atavismus“ und „Illusion“ oder diskreditiert ihn als „Wieselwort“.[303]

Auch der Neoliberalismus beinhaltet eine Vorstellung von Gerechtigkeit: sie besteht in der Anerkennung der Freiheit des Individuums; diese hat im wirtschaftlichen Bereich die Konsequenz der Unantastbarkeit bestehender Eigentumsverhältnisse bzw. der aus freiwilligen Tauschprozessen sich ergebenden Verteilung. Moralphilosophische Unterstützung kann er dafür sowohl im Utilitarismus als auch in der Moral- und Rechtsphilosophie Kants finden; diese haben Gerechtigkeit als inhaltlich zwischen verschiedenen Ansprüchen richtendes Kriterium längst verabschiedet. Der Utilitarismus versteht sie auf der Ebene der Koordination gesellschaftlichen Handelns nur noch instrumentell, lässt sie also im Nutzenbegriff aufgehen. Bei Kant taucht sie, außerhalb der Individualethik, im Zusammenhang der Begründung der Forderung grundlegender Rechtsgleichheit auf und dient damit als formales Kriterium.[304]

Zwar bot diese instrumentelle bzw. formale Gerechtigkeitskonzeption schon den Hintergrund der erfolgreichen Etablierung von Klassik und ursprünglicher Neoklassik. Deren Offenheit für politische Korrekturen sich aus ökonomischen Mechanismen einstellender Ergebnisse aber hatte Raum gelassen für sozialethisch motivierte Gerechtigkeitskriterien und Gemeinwohlkonzepte. Gerade darauf verzichtet der Neoliberalismus, den man daher als ökonomistische Version der Neoklassik interpretieren kann. Er lehnt die Beurteilung ökonomischer Ergebnisse ab, solange sie sich aus freiwilligem Tausch ergeben, und unterschlägt damit die Reflexion der politischen Bedingungen und Auswirkungen von Markt und Wettbewerb. Indem er den evolutiven Charakter dieser gesellschaftlichen Institutionen hervorhebt, stilisiert er, in einer an naturrechtliches Denken erinnernden Begründung, faktische Verhältnisse zur Norm.[305]

---

303 Vgl. HAYEK, F. A. V.: Die Anmaßung von Wissen. Neue Freiburger Studien. Tübingen 1996. S. 181, S. 193 und S. 277. Die Aufsatzsammlung gibt die Spätphase des Denkens Hayeks wieder, in der er auch die dreibändige gesellschaftstheoretisch motivierte Untersuchung "Recht, Gesetzgebung und Freiheit" (zunächst in englisch verfasst: HAYEK, F. A. V.: Law, Legislation and Liberty. London und Chicago 1973-79; deutsch: Landsberg am Lech 1980-81) verfasste. Hayek, der der österreichischen Grenznutzenschule entstammt, begann seine Auseinandersetzung mit planwirtschaftlichen Elementen der Wirtschaftspolitik im Rahmen der oben skizzierten Debatte (vgl. oben FN 297).
Im Anschluss an einen Lexikon-Artikel zum Stichwort "Liberalismus", der in der Aufsatzsammlung abgedruckt ist, findet sich eine von Hayek erstellte Bibliograpie, die Hinweise auf weitere Autoren des Neoliberalismus enthält (vgl. a.a.O. S. 246ff.).

304 Vgl. oben S. 58, 68f. und S. 78f.

305 Vgl. HOMANN, K.: Markt, Staat und Freiheit im Liberalismus. In: BOETTCHER, E./HERDER-DORNEICH, P./SCHENK, K.-E. (Hg.): Jahrbuch für Neue Politische Ökonomie. 2. Band. Tübingen 1983. S. 349. Im Unterschied hierzu wendet sich die Neue Institutionenökonomik der Sphäre des Politischen mit Hilfe des mikroökonomischen Paradigmas ausdrücklich zu; sie argumentiert allerdings nicht naturrechtlich bzw. evolutiv, sondern vertragstheoretisch. Ob dabei eine angemessene Vorstellung des Politischen vorliegt und welchen Stellenwert die Fragen nach Gemeinwohl und Gerechtigkeit haben, ist in Kapitel 1.3 näher zu untersuchen.
Unter der Bezeichnung „Evolutionsökonomik“ bzw. „Evolutorische Ökonomik“ etabliert sich derzeit eine neue Richtung der Wirtschaftswissenschaft, die den hier kritisierten Ansatz von Hayeks ausdrücklich weiterführt; sie ist dabei allerdings offen für den Diskurs mit anderen sozialwissenschaftlichen Disziplinen, da sie einen selbstreflexiven Umgang mit ihren eigenen Voraussetzungen postuliert (vgl.: HERRMANN-PILLATH, C.: Grundriß der Evolutionsökonomik. München 2002, S. 24).

Aus der Sicht derjenigen, deren Freiheit und materielle Lebensverhältnisse durch Markt und Wettbewerb verschlechtert werden, erscheint dies als Ideologisierung ökonomischer Rationalität. Insofern die ökonomischen Lehren der Klassik vom politischen Liberalismus unvermittelt normativ gewendet wurden, war bereits sie ähnlicher Kritik ausgesetzt. Die dabei übersehenen bzw. übergangenen sozioökonomischen Problemlagen großer Teile der Bevölkerung hatten im 19. Jahrhundert zu entsprechenden politischen und sozialen Gegenbewegungen geführt, die ihren Niederschlag auch in konkurrierenden Konzepten ökonomischer Theoriebildung und sozialethischer Kritik fanden.

1.3 Ökonomische Rationalität, Gemeinwohl und soziale Gerechtigkeit: Möglichkeiten und Grenzen normativer Kritik ökonomischer Strukturen

1.31 Die Soziale Frage des 19. Jahrhunderts als Anlass zu normativer Kritik an moderner Ökonomie

Dass die Industrialisierung zu einem materiellen Wohlstand führte, der für die Mehrzahl der Menschen vorheriger Generationen unvorstellbar war, wird heute von niemandem bestritten. Sie bildet die Grundlage für viele Errungenschaften, die jedem Bewohner der westlichen Welt inzwischen als selbstverständlich erscheinen. Die wohlstandssteigernde Wirkung der industriellen Revolution lässt sich aufs Ganze gesehen auch schon für das 19. Jahrhundert nachweisen. Allerdings verlief der Prozess nicht als progressiv lineare Verbesserung, sondern mit krisenhaften retardierenden Zwischenphasen.[306] Außerdem bedeutete die Industrialisierung auf gesellschaftlicher Ebene einen einschneidenden Strukturwandel. Insgesamt war die Industrielle Revolution daher gerade im 19. Jahrhundert für viele Menschen mit großen sozialen Härten verknüpft. Vor allem in Deutschland wurden diese unter dem Stichwort „Soziale Frage" oder auch „Arbeiterfrage" thematisiert.[307]

Ausgelöst wurde dieser Strukturwandel in Deutschland zunächst durch politische Reformen, die als Reaktion auf die französische Revolution und die napoleonischen Kriege zu einer Liberalisierung der gesellschaftlichen Verhältnisse führten; aufgrund der zunächst fehlenden nationalen Einheit nahm dabei Preußen eine führende Position ein. Zur Liberalisierung der Wirtschaft trugen vor allem Bauernbefreiung, Gewerbefreiheit und die Ver-

---

306 Als Beleg für die positive Tendenz in gesamteuropäischer Sicht vgl. CAMERON 1992, S. 7. Ein Überblick über die gesamtwirtschaftliche Entwicklung Deutschlands im Zuge der Industrialisierung findet sich bei FISCHER, W. (Hg.): Europäische Wirtschafts- und Sozialgeschichte von der Mitte des 19. Jahrhunderts bis zum ersten Weltkrieg. Handbuch der europäischen Wirtschafts- und Sozialgeschichte. Bd. 5. Stuttgart 1985. S. 391ff. Generell ist bei der Analyse von Indikatoren der gesamtwirtschaftlichen Entwicklung in diesem Zeitraum zu beachten, dass die Industrialisierung von einem starken Bevölkerungswachstum begleitet war. Zum Verlauf der Industrialisierung in Deutschland vgl. NORTH 2000, S. 192ff.

307 Vgl. zu den gesellschaftlichen Auswirkungen der Industrialisierung in Deutschland umfassend WEHLER, H.-U.: Deutsche Gesellschaftsgeschichte. Bd. 2: Von der Reformära bis zur industriellen und politischen „Deutschen Doppelrevolution": 1815-1845/49. München 1987 und WEHLER, H.-U.: Deutsche Gesellschaftsgeschichte. Bd. 3: Von der „Deutschen Doppelrevolution" bis zum Beginn des Ersten Weltkrieges: 1849-1914. München 1995. Einen kurzen Überblick bietet KAUFHOLD, K. H.: Wirtschaft und Gesellschaft in Deutschland seit der Industrialisierung (1800-1963). In: RAUSCHER, A. (Hg.): Der soziale und politische Katholizismus. Entwicklungslinien in Deutschland 1803-1963. Bd. II. München 1982. S. 9-51.

besserung des Freihandels durch die Bildung des Zollvereins bei.[308] Die industrielle Revolution begann unter diesen Bedingungen bis 1850 zunächst zaghaft, gewann dann in der zweiten Hälfte des 19. Jahrhunderts an Dynamik, so dass das Deutsche Reich am Ende des Jahrhunderts neben England und den Vereinigten Staaten zu den führenden Industrienationen gehörte.

Im Vormärz, d.h. der Zeit vor der gescheiterten Revolution von 1848/49, wurden die Folgen dieses Wandels unter dem Stichwort „Pauperismus“ als strukturelle Krise wahrgenommen und diskutiert. Das Anwachsen und die Verarmung der unteren Klassen interpretierte man, vor allem auf dem Hintergrund der französischen Revolution, als Bedrohung. Dabei bestand die eigentliche Ursache des Massenelends zu diesem Zeitpunkt darin, dass der gestiegenen Bevölkerungszahl noch kein ausreichendes Angebot an industriellen Beschäftigungsmöglichkeiten gegenüberstand. Dennoch kam im Zusammenhang dieser Diskussion bereits ein Teil der Probleme zur Sprache, die sich mit zunehmender Industrialisierung noch verschärfen sollten. Sie beruhten auf den Konsequenzen, die sich aus dem Übergang von einer agrarischen zu einer industriellen Gesellschaft ergaben. Am Beginn des 19. Jahrhunderts waren in Deutschland Arbeit und Leben noch weitgehend an naturbestimmten Abläufen orientiert. Die Industrialisierung forderte eine Anpassung der Arbeit an den Rhythmus der Maschinen; sie brachte Fabriken mit ihren durch Lärm und Staub verschlechterten Arbeitsbedingungen mit sich. Frauen- und Kinderarbeit, die es auch vorher gegeben hatte, erlangten durch diese Arbeitsbedingungen und die nun erforderliche Trennung von Haushalt und Arbeitsstätte neue Härte. Landflucht und Urbanisierung führten zu sozialer Entwurzelung; die Sprengung des Familienverbandes bedeutete einen Verlust bisheriger sozialer Netze. Mit zunehmender Industrialisierung wurden alle diese Probleme immer drängender; vor allem aber trat ihr ökonomischer Hintergrund hervor: Die Marktabhängigkeit der Löhne und Beschäftigungsmöglichkeiten, d.h. die Behandlung der Arbeit als Ware, führte für die Masse der Ungelernten zu einem Leben am Rande des Existenzminimums. Konjunkturschwankungen trafen sie mit voller Härte; Krankheit, Invalidität und Alter bedeuteten in der Regel ein Absinken ins Elend. Unerträglich war diese Situation darüber hinaus durch das Fehlen jeder Aussicht auf Besserung.

Kritik an moderner Ökonomie durch den Marxismus

Vor diesem Hintergrund erlangte die ökonomische Theorie von Karl Marx und Friedrich Engels im Laufe des 19. Jahrhunderts großen Einfluss, da sie durch die Verbindung von Wirtschaftstheorie mit Gesellschaftstheorie und Philosophie zugleich die orientierende Funktion einer Weltanschauung bot. Schon seit den Anfängen der industriellen Revolution hatte es vor allem in England und Frankreich Kritiker gegeben, die die kapitalistischen Produktionsverhältnisse angriffen und teilweise gesellschaftliche Alternativen auch praktisch erprobten. Man bezeichnet diese heute als „Frühsozialisten“.[309] Marx und Engels vertraten ihr Konzept des Sozialismus dagegen mit wissenschaftlichem Anspruch. Dadurch dass sie die idealistische Geschichtsphilosophie und dialektische Methode Hegels

---

[308] Vgl. CIPOLLA/BORCHARDT 1985b S. 139ff.

[309] Vgl. Furger 1992, S. 61ff.

materialistisch umwendeten, konnten sie Geschichte als eine Aneinanderreihung von Klassenkämpfen interpretieren; diese werden hervorgerufen durch den jeweiligen Stand der Entwicklung der Produktivkräfte, der eine entsprechende Gestaltung der Produktionsverhältnisse erforderlich macht. Aus der Kenntnis der Gesetzmäßigkeit geschichtlicher Entwicklung leiteten sie die Möglichkeit ihrer praktischen Anwendung ab.[310]

Bei der Analyse der aktuellen ökonomischen Situation orientierte sich Marx an der Theorie Ricardos, insbesondere an dessen Arbeitswertbegriff. Dieser ermöglichte ihm die Formulierung des „Mehrwerttheorems", d.h. die Interpretation der Gewinne des Unternehmers als Profit, der eigentlich durch den Arbeiter geschaffen und ihm vorenthalten wurde. Marx wendet damit die ökonomische Verteilungstheorie der Klassiker im Sinne der Theorie des Klassenkampfes an. Zusätzlich dynamisierte er die Theorie Ricardos, die eigentlich vom Zeitfaktor abstrahiert, durch Konzepte wie das „Zusammenbruchtheorem" und den „tendenziellen Fall der Profitrate", die die geschichtliche Selbstaufhebung der kapitalistisch organisierten Produktionsverhältnisse nachweisen sollten. Allerdings zeigte schon die tatsächliche Entwicklung der Wirtschaft im 19. Jahrhundert die Problematik dieser Behauptungen. Sie zog Modifikationen nach sich, die aber die empirische Unhaltbarkeit des Marxismus als ökonomische Theorie, wenigstens aus heutiger Sicht, nicht entscheidend korrigierten.[311]

Die geschichtliche Wirksamkeit des Marxismus ergab sich aber nicht in erster Linie aus seinem wissenschaftlichen Anspruch als ökonomische Theorie, sondern aus seiner politischen Programmatik. Ein noch heute eindrucksvolles Zeugnis ist das „Kommunistische Manifest", das Marx und Engels 1848 in London veröffentlichten.[312] Zwar blieb die von seinen Autoren beabsichtigte direkte Wirkung in den Revolutionen der Jahrhundertmitte aus. Mit zunehmender Industrialisierung gelang es dem Marxismus allerdings vor allem in Deutschland zur weltanschaulichen Grundlage des Hauptstromes der Arbeiterbewegung zu werden. Seine ökonomische Interpretation der Konjunkturzyklen, die den Prozess der Industrialisierung begleiteten, waren für die Erfahrungen der Lohnabhängigen plausibel. Zudem gab er ihnen mit seinem Konzept vom Klassenkampf Selbstbewusstsein und politische Handlungsfähigkeit. Mit der Russischen Revolution von 1917 wurde der Marxismus zur ideologischen Grundlage eines ganzen Gesellschaftssystems. Er gelangte dadurch für das 20. Jahrhundert zu weltweitem politischen Einfluss. Auch wenn inzwischen der Sozialismus als praktischer Gesellschaftsentwurf weitgehend gescheitert ist, finden die sozialpolitischen und ökonomiekritischen Impulse des Marxismus in der sozialethischen Diskussion weiterhin Beachtung.[313]

---

[310] Vgl. hier und im Folgenden Pribram 1998, S. 467ff.

[311] Vgl. Pribram 1998, S. 488ff. Als positiv hebt der Autor dessen Impulse für eine Dynamisierung der ökonomischen Theorie hervor, die insbesondere durch Joseph Alois Schumpeter aufgegriffen wurden (vgl. a.a.O. S. 503f.).

[312] MARX, K./ENGELS, F.: Manifest der Kommunistischen Partei. Stuttgart 1999. [Erscheinungsjahr der deutschsprachigen Erstausgabe: London 1848].

[313] Vgl. z.B. ANZENBACHER 1997, S. 158 und FURGER 1991, S. 81f.

Bürgerlichen Kreisen des 19. Jahrhunderts galt der Kommunismus bzw. Marxismus von Anfang an als Bedrohung. Dadurch trieb er gleichzeitig deren Sozialkritik und soziales Engagement voran. Bereits in der erwähnten Pauperismus-Debatte hatte man auch in diesen Kreisen die Soziale Frage als strukturelles Problem interpretiert. Die praktischen Versuche zur Abhilfe wiesen unterschiedliche Zielrichtungen auf. Liberale Kreise bemühten sich um die Verbesserung von Bildung und die Unterstützung von Arbeitervereinen, also Befähigung zur Selbsthilfe oder Verbesserung der Startchancen im Rahmen einer weiterhin grundsätzlich liberal konzipierten Wirtschaft und Gesellschaft. Aus konservativer Richtung entwickelte man eher paternalistische Konzepte zur Abhilfe drängendster Not und an idealisierten Vorstellungen des Mittelalters orientierte Vorstellungen von Gesellschaftsreform. Die Wirtschaftspolitik war zunächst auch in Deutschland durch liberale Tendenzen bestimmt; vor allem in Preußen waren die Verwaltungsbeamten von liberalem Gedankengut geprägt und ließen wirtschaftlicher Freiheit breiten Raum.[314] Nach der Beendigung der napoleonischen Kriege waren in Deutschland aber restaurative Tendenzen erstarkt. Selbst bürgerliche Kreise, die sich für die Revolution engagierten, waren im Rahmen der Frage nationaler Einigung, die sich an romantischen Leitbildern orientierte, für konservative gesellschaftspolitische Vorstellungen offen. Unterstützung fanden diese in der auf Kant folgenden idealistischen Philosophie Hegels und Fichtes. Der durch sie beeinflusste Historismus setzte sich zunächst in der Rechtswissenschaft, dann aber auch in der Wirtschaftswissenschaft durch.[315]

Schon Friedrich List, ein populärer Vorläufer des Historismus in der Wirtschaftswissenschaft, kritisierte den Kosmopolitismus und Individualismus der Lehren des Adam Smith und setzte dagegen sein „nationales System der politischen Ökonomie".[316] Auch die eigentliche historische Schule stand im Dienst nationaler Ideen, allerdings in der älteren Schule noch mit einer differenzierteren Bewertung der ökonomischen Klassik. Die Nation wurde als „organisches Ganzes" mit eigenen Entwicklungsgesetzen und Zielen aufgefasst, die in ihren spezifischen gesellschaftlichen Institutionen zum Vorschein kommen. Das Forschungsprogramm des Historismus bestand in der Aufdeckung ihrer Entwicklungsgesetze und -stufen, die man als „volksspezifisch" ansah. Im Bereich der Ökonomie versuchte man dabei gegen materialistisches und chrematistisches Denken deutsche Prinzipien von Moral und Gesellschaft als nationale Besonderheit nachzuweisen.[317]

Etwa seit der Gründung des Deutschen Reiches lässt sich von der jüngeren historischen Schule oder „historisch-ethischen Schule" sprechen; von der Klassik distanzierte diese sich schärfer als die ältere. Sie machte die Verbindung von ökonomischer Theoriebildung und wirtschafts- bzw. sozialpolitischem Engagement auf einer durch Moralprinzipien bestimmten Grundlage ausdrücklich zu ihrem Programm. Das zeigt sich in der Gründung

---

[314] Vgl. WEHLER 1987, S. 266f. sowie den Hinweis oben auf die von Preußen ausgegangenen gesellschaftspolitischen Reformen (S. 91 und FN 308).

[315] Vgl. PRIBRAM 1998, S. 401ff. und S. 469.

[316] PRIBRAM 1998, S. 408.

[317] Vgl. PRIBRAM 1998, S. 408ff. Umfangreiche empirisch-historische Einzeluntersuchungen legte vor allem die jüngere historische Schule vor (vgl. auch SCHNEIDER ^{3}1987, S. 169).

des „Vereins für Socialpolitik“, der ab 1872 den „Volkswirthschaftlichen Kongress“ ersetzte, dessen Mitglieder das Freihandelsprinzip vertreten hatten.[318] Den Mitgliedern des neuen Vereins hing stattdessen bald der Ruf von „Kathedersozialisten“ an. Auch wenn sie sich in der Frage der Koalitionsfreiheit auf die Seite der Gewerkschaften stellten, waren sie vom Marxismus weit entfernt. Allerdings unterstützten sie Forderungen nach staatlichen Eingriffen und sozialen Reformen zur Verbesserung der Lebenssituation von Arbeitern, Kleingewerbetreibenden und der Landbevölkerung.[319] Ihre Forderungen fanden durchaus Gehör, da bald nach der Reichsgründung die Ära liberaler preußischer Wirtschaftspolitik zu Ende ging. Eine länger andauernde Wirtschaftskrise bot den Anlass zu einer Rückkehr zu Wirtschaftsprotektionismus und Schutzzöllen. Darüber hinaus war Bismarck, der die Sozialistengesetze erlassen hatte, offen für die Einführung staatlicher Sozialversicherungen; sie schienen ihm geeignet, den Druck der Arbeiterfrage zu lindern.

1883 kam es zum so genannten „Methodenstreit“. Carl Menger, der Begründer der österreichischen Grenznutzenschule, hatte eine Studie über methodologische Probleme der politischen Ökonomie vorgelegt, die aufgrund ihrer polemischen Kommentierung durch Gustav Schmoller, den Wortführer der jüngeren historischen Schule, zu einer länger andauernden Auseinandersetzung zwischen ihren Anhängern führte.[320] Diese änderte allerdings nichts an der Vorherrschaft des Historismus in der Volkswirtschaftslehre des deutschen Sprachraumes. Auch der folgende „Werturteilsstreit“, hervorgerufen 1909 durch einen Vortrag Max Webers auf einer Tagung des Vereins für Socialpolitik, beendete diese nicht. Er führte aber zu einer Abspaltung der Soziologie und der Betriebswirtschaftslehre von der Volkswirtschaftslehre. Der umfassende gesellschaftswissenschaftliche Anspruch einer politischen Ökonomik, den der Historismus, anders als die Neoklassik, für die Wirtschaftswissenschaft weiter aufrechterhalten hatte, wurde dadurch geschmälert.[321] Allerdings dauerte die vorherrschende Rolle der historischen Schule im

318 Vgl. PRIBRAM 1998, S. 413f. und S. 422ff. Pribram erwähnt sogar, dass der Ablehnung der ökonomischen Klassik bei Schmoller, dem Wortführer des jüngeren Historismus, der Appell zur Rückwendung zum Erbe des Kameralismus gegenüberstand.

319 Vgl. FURGER 1992, S. 56ff.

320 Vgl. PRIBRAM 1998, S. 419 und SCHNEIDER ^{3}1987, S. 169f. sowie den Hinweis oben S. 85.

321 Zu Hintergründen und weiterführenden Hinweisen bezüglich des Werturteilsstreites vgl. PRIBRAM 1998 S. 434ff. und SCHNEIDER ^{3}1987, S. 132ff.
Die Verselbständigung der Soziologie zur eigenständigen akademischen Disziplin ist in Deutschland ebenfalls mit dem Namen Max Weber verbunden. Weber gründete 1910 mit anderen Mitgliedern des Vereins für Socialpolitik eine eigenständige soziologische Gesellschaft. Webers Interessen hatten schon länger (religions-)soziologischen Fragestellungen gegolten. Sein letzter Lehrstuhl in München bezog sich zwar formal auf die Fächer Volkswirtschaftslehre und Finanzwissenschaft. Es war Weber bei der Berufung aber ausdrücklich zugestanden worden, seine Lehrverpflichtungen im wesentlichen mit soziologischen Veranstaltungen zu erfüllen. Vor allem dieser Lehrtätigkeit entstammt seine soziologische Kategorienlehre (vgl. WEBER, M.: Wirtschaft und Gesellschaft. Grundriss einer verstehenden Soziologie. Tübingen 1922. Die biographischen Hinweise finden sich in: WEBER, M.: Max Weber. Ein Lebensbild. Tübingen 1926., S. 425ff. u. S. 657ff.).
Zur akademischen Verselbständigung der Betriebswirtschaftslehre von der Volkswirtschaftslehre als Folge des Werturteilsstreites vgl. die ausführliche Schilderung bei SCHNEIDER ^{3}1987, S. 132ff. Vorläufer der neuen akademischen Disziplin waren Lehrstühle für „Privatwirtschaftslehre“ an den Handelshochschulen des 19. Jahrhunderts. Der Autor weist darauf hin, dass dessen Vertreter ihr Fach durch normativ-ethische Orientierung zu rechtfertigen suchten. Die Bemühungen um den Nachweis dessen gemeinwirtschaftlichen Charakters führten zur weniger anrüchig klingenden Bezeichnung „Betriebswirtschaftslehre“.

Bereich der Volkswirtschaftslehre auch in der Zeit der Weimarer Republik an; die Mehrzahl der Lehrstühle für Volkswirtschaftslehre wurde in Deutschland nach wie vor von ihren Anhängern besetzt.[322] Die neue Republik definierte sich in ihrer Verfassung als „Sozialstaat"; auch von Seiten der Wirtschaftspolitik bestand daher Bedarf an wissenschaftlicher Begründung und Rechtfertigung staatlicher Eingriffe in das Wirtschaftsgeschehen.[323] Angesichts der Probleme, die Inflation und Weltwirtschaftskrise auslösten, wäre eine Weiterentwicklung von Geld- und Konjunkturtheorie gefragt gewesen. Das Verständnis ökonomischer Theorie innerhalb der historischen Schule bot hierzu aber keinen adäquaten Ansatz. Stattdessen verstärkte sich in Deutschland die auch in der übrigen Welt vorherrschende Ansicht des nahen Endes kapitalistischer Wirtschaftsweise und der Überlegenheit planwirtschaftlicher Konzepte.[324] Ihrer Vereinnahmung durch den Nationalsozialismus hatte die historische Schule kaum etwas entgegenzusetzen. Allerdings wurde schon während der Zeit der nationalsozialistischen Herrschaft aus ihren eigenen Reihen Kritik am Relativismus der historischen Schule geübt. Bedeutsam war vor allem ein Kreis um Walter Eucken, die so genannte „Freiburger Schule". Deren Konzept einer freiheitlichen Wettbewerbsordnung sollte später bei der Gründung der Bundesrepublik Deutschland den theoretischen Hintergrund der sozialen Marktwirtschaft abgeben.[325]

Zwar war die historische Schule auf Dauer nicht in der Lage den Hauptstrom der ökonomischen Theoriebildung zu bestimmen. Dennoch begründete sie mit ihrer Fragestellung einen wichtigen Forschungszweig, dessen Impulse beispielsweise im Rahmen der Neuen Institutionenökonomik heute durchaus aktuell sind.[326] Ihr Versuch, Ökonomik als politische Wissenschaft normativ und mit umfassendem gesellschaftswissenschaftlichen Anspruch zu definieren, ist dagegen gescheitert. Das dahinter stehende Problem einer Verhältnisbestimmung von Wirtschaft und Gesellschaft hat allerdings bis heute nichts von seiner Bedeutung verloren, auch wenn es sich nicht mehr im Rahmen einer akademischen Einzeldisziplin lösen lässt.[327]

Kritik an moderner Ökonomie durch die Katholische Soziallehre

Der Strukturwandel, der in Deutschland zu Beginn des 19. Jahrhunderts mit der Liberalisierung des gesellschaftlichen Lebens der eigentlichen Industrialisierung vorausgegangen

---

322 Vgl. PRIBRAM 1998, S. 693ff.

323 Vgl. KAUFHOLD 1982, S. 31ff.

324 Vgl. PRIBRAM 1998, S. 699ff. sowie oben S. 87.

325 Vgl. PRIBRAM 1998, S. 723ff. und unten Kapitel 1.32.

326 Vgl. unten Kapitel 1.33.
Die theoriegeschichtlichen Zusammenhänge, die dieser Aktualität zugrunde liegen, sind bei Pribram näher entfaltet (vgl. PRIBRAM 1998, S. 664ff.). Grossekettler stellt die Zusammenhänge in einem Schaubild personeller Verbindungen dar (vgl. GROSSEKETTLER 1997, S. 14). Vgl. auch den Hinweis oben in FN 297.

327 Vgl. z. B. FURGER 1992, S. 58. Der Autor verweist in diesem Zusammenhang auf den Positivismusstreit in den Sozialwissenschaften. Einer auf dem Boden des kritischen Rationalismus positivistisch verkürzten Ökonomik wurde in diesem Zusammenhang die mangelnde Reflexion der Auswahl ihrer Fragestellung vorgehalten.

war, hatte unter anderem auch deshalb zum Massenelend des Pauperismus geführt, weil gleichzeitig mit ihm die traditionellen Sozialeinrichtungen der Kirche zerstört worden waren. Die Säkularisation hatte Klöster konfisziert, Orden aufgelöst und viele Bischofsstühle verwaist gelassen.[328] Die Weiterführung der karitativen Tradition des Christentums wurde unter diesen Bedingungen vor allem von Laien geleistet.[329] Hierzu bildeten sich lose organisierte Caritas-Kreise und lokale Hilfsvereine. Aufgrund ihrer negativen Einschätzung des staatlichen Kirchenregiments fehlte aber noch der Sinn für sozialpolitische Lösungen.[330] Stattdessen wurden bewusst die religiösen Motive des Engagements betont; um die Mitte des 19. Jahrhunderts entstanden aus solchen Initiativen, die ihre Aufgabenfelder entsprechend den neu entstehenden Notlagen bestimmten, eine große Zahl neuer, vor allem weiblicher, Ordensgemeinschaften.[331]

Als mit der Pauperismusdebatte des Vormärzes eine strukturelle Einordnung der Sozialen Frage einsetzte, erfolgte diese in christlichen Kreisen zunächst im Rahmen mittelalterlicher Gesellschaftsvorstellungen. Rückblickend lässt sich die daraus erwachsende Gesellschafts- und Ökonomie-Kritik, die sich an ständisch-korporativem Denken orientierte, als sozialromantische Linie Katholischer Soziallehre kennzeichnen. Befördert wurde sie noch

---

[328] Zu Verlauf und Folgen der Säkularisation als der politisch-rechtlichen Beendigung weltlicher Herrschaft der Katholischen Kirche in Deutschland vgl. SCHATZ, K.: Zwischen Säkularisation und Zweitem Vatikanum. Der Weg des Katholizismus im 19. und 20. Jahrhundert. Frankfurt am Main 1986. S. 13ff. und HÜRTEN, H.: Kurze Geschichte des deutschen Katholizismus 1800-1960. Mainz 1986. S. 11ff. Hürten weist allerdings darauf hin, dass bereits während der Zeit der Aufklärung die alten Ordensgemeinschaften nicht mehr sehr angesehen waren und der Ordensnachwuchs deutlich zurückgegangen war.

[329] Sozial-karitatives Engagement zeigten im 19. Jahrhundert sowohl die Katholische Kirche als auch die Protestantischen Konfessionen. Im Folgenden wird sich die Darstellung auf die katholische Seite beschränken, da im 19. Jahrhundert nur sie zu einer systematischen Kritik ökonomischer Strukturen gelangte. Zwar beteiligten sich evangelische Christen beispielsweise maßgeblich an der Ausarbeitung der Bismarckschen Sozialgesetzgebung; allerdings erklärt sich ihr Engagement nicht aus grundsätzlich theologisch motivierter Kritik an der Ökonomie, sondern ist im Zuge der lutherischen Zwei-Reiche-Lehre (vgl. oben S. 37) als Wirken von Christen im autonomen Bereich weltlichen Regiments zu interpretieren. Eigene Lehrstühle für christliche Gesellschaftswissenschaften wurden an evangelischen Fakultäten erst Mitte des 20. Jahrhunderts eingerichtet. Durch die Öffnung der Katholischen Soziallehre nach dem zweiten Vatikanischen Konzil kam es bald zur Annäherung zwischen den Konfessionen. (Vgl. ANZENBACHER 1997, S. 171ff. und DAHM, K.-W.: Von der Götzenkritik zum Gestaltungsauftrag. Evangelische Sozialethik im Übergang. In: FURGER, F./LIENKAMP, A./DAHM, K.-W. (Hg.): Einführung in die Sozialethik. Münster 1996. S. 89-114).

[330] Nachdem die Katholische Kirche durch die Säkularisation ihre weltliche Macht verloren hatte, musste das Verhältnis zwischen politischer und religiöser Macht neu bestimmt werden. Zunächst wurde dabei vielfach das Muster protestantischen Landeskirchentums übernommen, d.h. die weltlichen Herrscher verstanden sich auch als höchste Macht über die jeweiligen Katholischen Bistümer. Im Rahmen der Restaurationsepoche nach dem Wiener Kongress wurden zwischen den einzelnen Staaten des Deutschen Bundes und der Kurie Konkordate ausgehandelt. Die konkrete Umsetzung dieser rechtlichen Regelungen gaben in der Folgezeit Anlass zu zahlreichen Konflikten zwischen Kirche und Staat. Aus dem Kampf für die Freiheit der Kirche entstand dabei die strikt an Rom und der Autorität des Papstes orientierte Bewegung des "Ultramontanismus". Sie blieb für den Katholizismus in Deutschland lange Zeit prägend.(Vgl. SCHATZ 1986, S. 38ff., HÜRTEN 1986, S. 27ff. und NIPPERDEY, TH. Deutsche Geschichte 1800-1866. Bürgerwelt und starker Staat. München 1983. S. 406ff.)

[331] Vgl. Schatz 1986, S. 149ff., Anzenbacher 1997, S. 132 und Gatz, E.: Caritas und soziale Dienste. In: Rauscher, A. (Hg.): Der soziale und politische Katholizismus. Entwicklungslinien in Deutschland 1803-1963. Bd. II. München 1982. S. 313ff.

dadurch, dass die renommiertesten Vertreter dieser Kritik vielfach dem Adel entstammten.[332]

Ein anderer Impuls zur theoretischen Bewältigung der Sozialen Frage verdankt sich der antimodernistischen Erneuerung der katholischen Theologie durch die Neuscholastik. Diese zielte zwar auf innere Geschlossenheit der Glaubenslehre und nahm den im Zuge der Aufklärung entstandenen Dialog der Theologie mit Positionen zeitgenössischer Philosophie wieder zurück. Andererseits vollzog sich in ihrem Rahmen eine Wiederentdeckung und Aktualisierung des Gemeinwohlverständnisses Thomas von Aquins, die eine Basis bot für die kritische Auseinandersetzung mit den Gesellschaftskonzepten des Liberalismus und Sozialismus.[333]

Hauptakteur in dieser Auseinandersetzung war der gesellschaftlich organisierte Katholizismus. Nachdem die Säkularisation die frühere Einheit von Kirche, Staat und Gesellschaft endgültig zerstört hatte, entwickelte die Katholische Kirche in den Konflikten der Restaurationsepoche ein unabhängiges Verhältnis zum Staat, das sich zunehmend auf ihre gesellschaftliche Basis, das Kirchenvolk stützte.[334] Innerkirchlich organisierte Bruderschaften und Vereinigungen hatte es vorher schon gegeben. Nun bildeten die Gläubigen auch bürgerliche Organisationen, die politisch-öffentliche Wirksamkeit entfalten. Zunächst waren dies vor allem die „Pius-Vereine", die zur Zeit des Vormärzes für die Freiheit der Kirche eintraten. Im Oktober 1848 formierten sie sich zur „Generalversammlung des Katholischen Vereins Deutschlands", dem ersten der seitdem fast alljährlich durchgeführten Katholikentage.[335] Obwohl die Revolution von 1848/49, gemessen an ihren weitreichenden Forderungen nach Verfassung, nationaler Einigung und umfassender bürgerlicher Freiheiten scheiterte, waren ihre Folgen für die Katholische Kirche eher positiv. Ihr reichten die bescheidenen konstitutionellen Zugeständnisse für eine größere Unabhängigkeit vom Staat; vor allem aber war durch die mit ihr einhergehende politische Mobilisierung das katholische Vereinswesen intensiviert und sein weiterer Ausbau angestoßen worden.[336]

Eine konkrete Antwort auf die sozialen Missstände waren die Gesellenvereine, die Adolf Kolping von 1849 an zu einer starken Bewegung formierte. Noch waren damit keine sozialpolitischen Programme oder Forderungen verknüpft. Allerdings entstand mit ihnen ein neuer Typus kirchlicher Vereinigung, der jenseits karitativer Betreuung durch Selbsthilfe und Selbstorganisation emanzipatorische Elemente zur Lösung der Sozialen Frage entwickelte.[337]

---

[332] Vgl. ANZENBACHER 1997, S. 134, FURGER 1992, S. 69, NIPPERDEY 1983, S. 242ff. und NIPPERDEY, TH.: Deutsche Geschichte 1866-1918. Erster Band: Arbeitswelt und Bürgergeist. München 1990, S. 457f.

[333] Vgl. ANZENBACHER 1997, S. 134ff.

[334] Vgl. SCHATZ 1986, S. 95 und HÜRTEN, H.: Katholische Verbände. In: RAUSCHER, A. (Hg.): Der soziale und politische Katholizismus. Entwicklungslinien in Deutschland 1803-1963. Bd. II. München 1982. S. 216.

[335] Zur Geschichte und zum Wandel des organisatorischen Rahmens der Katholikentage vgl. HÜRTEN 1982, S. 231ff., HÜRTEN 1986, S. 109ff. sowie S. 154ff. und SCHATZ 1986, S. 99f.

[336] Vgl. HÜRTEN 1982, S. 230f., HÜRTEN 1986, S. 79ff. und SCHATZ 1986, S. 100ff.

[337] Vgl. SCHATZ 1986, S. 162ff., HÜRTEN 1982, S. 229f.

Etwa zeitgleich mit den Kolpingvereinen begann sich der stärkere Zweig der Arbeiterbewegung zu etablieren, der sich weltanschaulich am Marxismus orientierte. Die Auseinandersetzung mit der Sozialdemokratie als dessen politischer Vertretung führte auf katholischer Seite über die Vorstellungen genossenschaftlicher Selbsthilfe hinaus zur Einsicht in die Notwendigkeit von Staatseingriffen und damit zu sozialpolitischen Forderungen im engeren Sinn. Eine bedeutende Rolle spielte in diesem Zusammenhang der Paulskirchenabgeordnete und spätere Bischof von Mainz, Wilhelm Emmanuel von Ketteler.[338] Dessen engagiertes Auftreten verhalf entsprechenden Forderungen zu Rückhalt in Kreisen der katholischen Laienbewegung. Mitglieder dieser Bewegung formierten sich im Preußischen Landtag zur Gruppe katholischer Abgeordneter, aufgrund der Sitzordnung als „Zentrum" bezeichnet.[339] Trotz ihrer Gegnerschaft zu Bismarck im Kulturkampf beteiligten sich Reichstagsabgeordnete des Zentrums an dessen Sozialgesetzgebung, die 1883 und 1884 die gesetzliche Kranken- und Unfallversicherung, 1889 die Rentenversicherung einführte und damit als Grundstein des modernen Sozialstaates bezeichnet werden kann.[340]

Mit dem Ende des Kulturkampfes hatte die Mobilisierung katholischer Laien für die Sache der Kirche ein langjähriges Ziel verloren. Durch die Gründung des „Volksvereins für das katholische Deutschland" gelang 1890 eine produktive Neuorientierung des sozialen und politischen Katholizismus. Hauptziel des Volksvereins war die soziale Bildung. Er vermittelte breiten Kreisen der katholischen Bevölkerung ein Verständnis der Zusammenhänge und Funktionsweisen moderner Gesellschaft und Wirtschaft. Damit sorgte er für ein Reservoir an politisch gebildeten katholischen Aktivisten, zumal das Zentrum keine eigentliche Parteiorganisation besaß.[341] Während der Volksverein alle katholischen Schichten ansprach, bildeten sich in den 90er Jahren zudem noch katholische Arbeitervereine. Darüber hinaus entstanden christliche Gewerkschaften, die sich allerdings interkonfessionell verstanden.[342]

Eine zusammenhängende Formulierung normativ ethischer Kritik an den ökonomischen und gesellschaftlichen Zuständen des 19. Jahrhunderts im Sinne dessen, was heute Katholische Soziallehre genannt wird, begann mit der päpstlichen Enzyklika „Rerum novarum" von 1891.[343] Der Argumentationsstil folgt neuscholastischem Denken, während die Vorschläge zu konkreten Lösungen sich weitgehend am vorangegangenen sozialen Engage-

---

338 Vgl. SCHATZ 1986, S. 164ff., HÜRTEN 1986, S. 116ff. und NIPPERDEY 1990, S. 459.

339 Vgl. SCHATZ 1986, S. 125ff.

340 Vgl. HÜRTEN 1986, S. 160 und SCHATZ 1986, S. 168. Die gesetzliche Arbeitslosenversicherung wurde 1927 durch den Zentrumspolitiker Heinrich Brauns eingeführt.

341 Vgl. SCHATZ 1986, S. 170ff., HÜRTEN 1982, S. 248ff. Auch in diesem Zusammenhang spielte das Motiv der Auseinandersetzung mit der Sozialdemokratie eine nicht unwesentliche Rolle.

342 Vgl. Hürten 1986, S. 166ff. Die Frage der Konfessionalität der christlichen Gewerkschaften war zu Anfang des 20. Jahrhunderts der Anlass für den so genannten "Gewerkschaftsstreit" innerhalb der katholischen Kirche (vgl. SCHATZ 1986, S. 200ff.). Spannt man den Rahmen weiter, kann man ihn als Teil des "Integralismusstreites", der Auseinandersetzung über die Frage der Unabhängigkeit weltlichen Engagements katholischer Laien von kirchlichen Weisungen, verstehen (so HÜRTEN 1986, S. 177ff. und NIPPERDEY 1990, S. 465ff.).

343 Der deutsche Text ist sorgfältig dokumentiert in: BUNDESVERBAND DER KATHOLISCHEN ARBEITNEHMER-BEWEGUNG DEUTSCHLANDS (Hg.): Texte zur katholischen Soziallehre. Kevelaer ^{7}1989. S. 41-78.

ment von Katholiken orientieren.[344] Die weitere theoretische Entwicklung christlicher Sozialethik wurde durch die in den folgenden Jahren entstehenden Lehrstühle vorangetrieben. Bis dahin waren die mit der Sozialen Frage zusammenhängenden Probleme im Rahmen der Veranstaltungen der Moraltheologie abgehandelt worden; nun trägt auch die wissenschaftliche Theologie der Erkenntnis Rechnung, dass es bei der ethischen Beurteilung dieser Probleme nicht mehr vorrangig um Einzelverhalten, sondern um die Gestaltung von Strukturen geht. Als erstes entstand 1893 in Münster ein Lehrstuhl für christliche Gesellschaftslehre. Mit Franz Hitze übernahm diesen ein sozialpolitischer Praktiker, der zudem ein Mitbegründer des Volksvereins war.[345] Weitere Lehrstühle entstanden einige Jahre später in Bonn sowie an den Ordenshochschulen der Jesuiten und Dominikaner. Bedeutsam für die theoretische Ausgestaltung der christlichen Gesellschaftslehre war nach Franz Hitze vor allem der Jesuit Heinrich Pesch.[346] Als Nationalökonom hatte er Verbindungen zur historischen Schule. Er veröffentlichte sein Konzept des „Solidarismus" in den Jahren von 1905 bis 1923 in einem fünfbändigen Lehrbuch der Nationalökonomie. Durch seine Ordensbrüder und Schüler Gustav Gundlach und Oswald von Nell-Breuning erlangte dieser Ansatz gesamtkirchliche Bedeutung. Sie waren maßgeblich an der zweiten wichtigen Sozialenzyklika „Quadragesimo anno" beteiligt, die Papst Pius XI. 1931 veröffentlichte.[347] Allerdings enthält die Enzyklika auch Äußerungen zu berufsständischen Ordnungen, die als Zugeständnis an die, damals vor allem in Österreich noch aktive, „sozialromantische" Linie katholischer Sozialkritik erscheinen. Da bald nach Veröffentlichung der Enzyklika die Herrschaft der Nationalsozialisten begann, erlangte sie zunächst kaum praktische Bedeutung. Umso nachhaltiger war die Wirkung in der Zeit nach dem Zweiten Weltkrieg bis zum Zweiten Vatikanum. In dieser Zeit setzte sich die „sozialrealistische" Linie Katholischer Soziallehre endgültig durch, nicht zuletzt aufgrund ihrer konkreten politischen Erfolge in der jungen Bundesrepublik. Zugleich war dies die Epoche ihrer systematischen Vereinheitlichung.

Man kann die Katholische Soziallehre als Neuinterpretation der traditionellen ethischen Kategorien Gemeinwohl und Gerechtigkeit angesichts der Herausforderungen einer

---

[344] Dabei ist nicht nur das Engagement deutscher Katholiken gemeint. Auch in England, Frankreich, Belgien, Italien und der Schweiz hatte es, je nach Fortgang der Industrialisierung teilweise schon früher, soziale Initiativen von Christen gegeben. Ein Memorandum der "Union de Fribourg", in dem führende Vertreter der christlich-sozialen Bewegung Europas ihre sozialpolitischen Erfahrungen und Forderungen eingebracht hatten, bildete eine wichtige Unterlage für die Enzyklika (vgl. FURGER 1991, S. 26ff. und ANZENBACHER 1997, S. 137f.; vgl. auch GROẞE KRACHT, H.-J.: Kirche in ziviler Gesellschaft. Studien zur Konfliktgeschichte von katholischer Kirche und demokratischer Öffentlichkeit. Paderborn 1997. S. 182f.; der Autor würdigt insbesondere, dass das kirchliche Lehramt hier erstmals die politisch-soziale Selbstorganisation anerkennt und damit den Umbruch von monarchisch-paternalistischem zu demokratischem Politikverständnis einleitet).

[345] Franz Hitze war Mitglied des preußischen Abgeordnetenhauses und des Deutschen Reichstages. (vgl. FURGER, F.: Ein wegweisender Impuls aus der Universität Münster - Katholische Soziallehre als akademische Disziplin. In: NACKE, B.: Visionen und Realitäten. Persönlichkeiten und Perspektiven aus der christlich-sozialen Bewegung Münsters. Münster 1993. S. 25ff.).

[346] Vgl. hier und im Folgenden die Darstellung bei ANZENBACHER 1997, S. 142ff.

[347] Der deutsche Text der Enzyklika ist abgedruckt in: BUNDESVERBAND DER KATHOLISCHEN ARBEITNEHMER-BEWEGUNG DEUTSCHLANDS (Hg.): Texte zur katholischen Soziallehre. Kevelaer [7]1989. S. 101-160.

modernen Gesellschaft skizzieren. Zur Beschreibung ihrer grundlegenden Anliegen haben sich im Laufe der Zeit die Prinzipien Personalität, Solidarität und Subsidiarität herausgebildet, die aus christlicher Sicht unverzichtbare Aussagen über Wesen und Bestimmung des Menschen als gesellschaftliches Wesen beinhalten. Sie stehen in Konkurrenz zu normativen Annahmen, die in modernem ökonomischem Denken explizit genannt bzw. implizit vorausgesetzt werden. Erinnert sei an das Gemeinwohlverständnis von Klassik und Neoklassik, das sich, in Anlehnung an den Utilitarismus, als Summe der Wohlfahrtsfunktionen der Einzelindividuen ergab. Gerechtigkeit ist in diesem Zusammenhang kein eigenständiges ethisches Kriterium mehr, sondern bezieht sich instrumentell auf die Funktionsfähigkeit von Institutionen, gemessen am angegebenen Gemeinwohlbegriff. Daneben sichert ein formalrechtliches Verständnis von Gerechtigkeit die Unantastbarkeit privaten Eigentums und gegebener Verteilungen. Mit ihrem Prinzip der Personalität betont die Katholische Soziallehre die Würde des Menschen, modern gesprochen, des Subjektes. Auch wenn die Begründung dieses Subjektstatus vom christlichen Standpunkt aus erfolgt und mit spezifisch christlichen Inhalten angereichert ist, besteht in diesem Punkt Anschlussfähigkeit an die moralphilosophischen Grundlagen der Moderne und Verständigungsmöglichkeit mit dem Liberalismus. Allerdings lehnt das christliche Subjektverständnis einen schrankenlosen Begriff von Freiheit ab, wie sich beispielsweise an der Vorstellung der Sozialpflichtigkeit des Eigentums zeigt. Diese steht in engem Zusammenhang mit dem Festhalten der Soziallehre an der, schon durch Aristoteles formulierten, Erkenntnis von der Sozialnatur des Menschen. Sie wird im Solidaritätsprinzip zum Ausdruck gebracht. Staat und Gesellschaft sind demzufolge mehr als Regelsysteme bzw. Institutionen zur Förderung der Wohlfahrt einzelner Individuen. Das gemeinsame Zusammenleben von Menschen hat inhaltlich unverzichtbare Bestandteile, ethisch gesprochen: das Gemeinwohl ist mehr als die Summe von Einzelwohlfahrten. Aufgrund der Gleichwertigkeit des Personalitätsprinzips werden aber auch kollektivistische oder organizistische Konzeptionen von Staat und Gesellschaft abgelehnt, wie sie Marxismus und Historismus nahe legen. Um beiden Aspekten der menschlichen Natur gerecht zu werden, tritt zwischen Personalitäts- und Solidaritätsprinzip als vermittelnde Instanz das Prinzip der Subsidiarität. Es besagt, dass die Regelung gesellschaftlicher Probleme nach Möglichkeit zunächst Individuen bzw. sozial überschaubaren Einheiten zu übertragen ist. Die Herstellung sozial gerechter Verhältnisse soll also mit möglichst viel freier Initiative erreicht werden, Gleichheit also mit Freiheit vermittelt werden.

Auch wenn die Katholische Soziallehre lange Zeit eher in normativ-autoritärem bzw. antimodernistischen Stil argumentierte, war sie aufgrund ihres spezifischen Wechselverhältnisses mit dem gesellschaftlichen Engagement des sozialen Katholizismus offen für die konkreten Erfordernisse sich wandelnder geschichtlicher Situationen. Nachdem im Zweiten Vatikanum die einseitige Orientierung der Theologie auf die Neuscholastik überwunden worden sowie Fruchtbarkeit und Eigenständigkeit auch anderer Wissenschaften offiziell anerkannt worden waren, konnte die Katholische Soziallehre mit Recht und ohne tiefere Brüche mit der Tradition als „Gefüge von offenen Sätzen" skizziert werden.[348] Sie öffnete sich damit für eine Entwicklung hin zu einer christlichen Sozialethik, die an aktuelle wissenschaftliche und gesellschaftliche Diskurse anschließbar ist.[349]

Im Vergleich mit der sozialen Kritik, die vom Marxismus und Historismus ausging, war die Katholische Soziallehre auf lange Sicht politisch wirksamer. Zwar war auch das sozialpolitische Engagement der Katholiken von grundlegender Gesellschafts- und Ökonomiekritik getragen; es klagte fundamentale Prinzipien ein, lange Zeit sogar mit antimodernistischer Argumentation. Andererseits setzte katholische Sozialkritik in der praktischen Durchsetzung auf Veränderungen im Rahmen bestehender Gesellschaftsstrukturen und Anerkennung des Eigentums an Produktionsmitteln.[350] Sie war damit in der Lage, die Soziale Marktwirtschaft und das föderative System der Bundesrepublik Deutschland maßgeblich zu beeinflussen.[351]

1.32 Soziale Marktwirtschaft: Ein Leitbild zur Vermittlung zwischen Wettbewerb und sozialem Ausgleich

Während die Wirtschafts- und Sozialordnung der Bundesrepublik Deutschland heute in der wissenschaftlichen und politischen Diskussion kritischen Anfragen ausgesetzt ist, wurde die Soziale Marktwirtschaft lange Zeit in anderen Ländern als Vorbild betrachtet.[352] Gemeint ist mit dieser Bezeichnung zunächst ein normatives Leitbild; gerade als solches hat die Idee der Sozialen Marktwirtschaft aber Einfluss auf die reale Gestalt der Wirtschaft und die Ergebnisse des Wirtschaftens ausgeübt.[353] Im Folgenden sollen zunächst die Wurzeln dieser ordnungstheoretischen Vorstellung freigelegt werden. Anschließend sind die Umsetzung des Konzeptes in die Gestaltung der konkreten Wirtschaftsordnung

---

[348] Vgl. WALLRAFF, H. J.: Die katholische Soziallehre - ein Gefüge von offenen Sätzen. In: ACHINGER, H./PRELLER, L./WALLRAFF, H. J. (Hg.): Normen der Gesellschaft. Festgabe für Oswald von Nell-Breuning zu seinem 75. Geburtstag. Mannheim 1965. S. 27-48.

[349] Zum Selbstverständnis katholischer bzw. christlicher Sozialethik in nachkonziliarer Zeit vgl. ANZENBACHER 1997, S. 174ff. und FURGER, F.: Sozialethik - warum eigentlich? In: FURGER, F./LIENKAMP, A./DAHM, K.-W. (Hg.): Einführung in die Sozialethik. Münster 1996. S. 20ff.

[350] Vgl. SCHATZ 1986, S. 180, NIPPERDEY 1990, S. 443f. und GROßE KRACHT 1997, S. 147ff.

[351] Die politische Wirksamkeit der Katholischen Soziallehre in der Zeit des Aufbaus der Bundesrepublik ging allerdings noch mit ihrem einheitlichen Auftreten einher und erfolgte vor dem Hintergrund einer Wiederbelebung des katholischen Milieus (vgl. ANZENBACHER 1997, S. 149f. und GABRIEL, K.: Christentum zwischen Tradition und Postmoderne. Freiburg 1992. S. 104ff. Gabriel kennzeichnet den Stellenwert der Katholische Soziallehre in dieser Epoche sogar mit dem Begriff „offiziöse Staatsphilosophie").

[352] Der zusammenhängende Terminus, gekennzeichnet durch die Großschreibung des Adjektivs sozial, stammt von Alfred Müller-Armack (vgl. MÜLLER-ARMACK, A.: Wirtschaftslenkung und Marktwirtschaft. Hamburg 1947. S. 59ff.). Zum Streit um seine Urheberschaft vgl. REUTER, H.-G.: Genese der Konzeption der Sozialen Marktwirtschaft. In: CASSEL, D. (Hg.): 50 Jahre Soziale Marktwirtschaft. Ordnungstheoretische Grundlagen, Realisierungsprobleme und Zukunftsperspektiven einer wirtschaftspolitischen Konzeption. Stuttgart 1998. S. 88.

[353] Die Aufdeckung solcher Zusammenhänge war das Forschungsprogramm der „Historischen Schule". Mit dem Festhalten am Begriff "Wirtschaftsgeist" plädiert Bertram Schefold für die Beachtung der Bedeutung entsprechender Zusammenhänge (vgl. SCHEFOLD, B.: Stellungnahme (zu: GROSSEKETTLER, H.: Kritik der Sozialen Marktwirtschaft aus der Perspektive der Neuen Institutionenökonomik). In: NÖRR, K. W./STARBATTY, J. (Hg.): Soll und Haben. 50 Jahre Soziale Marktwirtschaft. Stuttgart 1998. S. 85f.).

der Bundesrepublik Deutschland, in deren Wirtschaftspolitik sowie ihre Ergebnisse zu skizzieren.

Zwar lassen sich für die Gründungsväter der Sozialen Marktwirtschaft in den meisten Fällen über ihre akademischen Lehrer Verbindungen zum Historismus aufweisen, der die Ökonomik in Deutschland lange beherrschte.[354] Gemeinsam ist ihnen aber vor allem die Ablehnung von Planwirtschaft und wirtschaftlicher Vermachtung auf privater Basis. Ihre wirtschafts- und gesellschaftspolitischen Vorstellungen lassen sich daher dem Liberalismus zuordnen. Allerdings reflektieren sie die gesellschaftlichen Voraussetzungen des Wirtschaftens und räumen dem Staat bei der Gestaltung der Rahmenbedingungen des Wirtschaftens eine herausgehobene Rolle ein. Im Unterschied zu anderen, vornehmlich angloamerikanischen Ökonomen, die im 20. Jahrhundert an die liberalen Vorstellungen der ökonomischen Klassiker anknüpfen, bezeichnet man sie daher nicht als „Neo-" sondern als „Ordoliberale".[355] In der dogmenhistorischen Darstellung werden dabei rückblickend zwei Richtungen unterschieden und mitunter als „Freiburger" bzw. „Kölner Schule" bezeichnet. Diese Unterscheidung soll hier aufgegriffen werden, da sie bei der Analyse der später zu schildernden Probleme der Sozialen Marktwirtschaft eine Rolle spielt.

Die Freiburger Schule um Walter Eucken und Franz Böhm gilt als Kerngruppe der Ordoliberalen. Schon in den 20er und 30er Jahren übten spätere Mitglieder Kritik an der deutschen Wirtschaftspolitik, die sie nicht zuletzt auf Fehlleistungen der Volkswirtschaftslehre im Gefolge der historischen Schulen zurückführten. Später einigte sie zusätzlich ihre Gegnerschaft zum Nationalsozialismus. Die Freiburger Schule zeichnet sich durch eine enge Zusammenarbeit von Juristen und Ökonomen aus. Die zentrale Figur aus Sicht der Ökonomik stellt dabei Walter Eucken dar.[356] Seine „Grundlagen der Nationalökonomie" vermitteln zwischen theoretischer und historischer Fragestellung in der Volkswirtschaftslehre, deren Dualismus seit dem Methodenstreit Bestand hatte.[357] Entscheidend ist die Übernahme des ökonomischen Ansatzes der Neoklassik, die Eucken vor allem im Rahmen der Beschäftigung mit Autoren der schwedischen und österreichischen Grenznutzenschule rezipierte. Die Realisierung der informationstheoretischen Bedeutung des Preissystems, entsprechend den Erkenntnissen der Debatte um Möglichkeiten und Grenzen sozialistischer Planwirtschaft, führt zu einem Plädoyer für die wirtschaftliche Effi-

---

[354] Vgl. z.B. das Schaubild und die Erläuterungen in: GROSSEKETTLER 1997, S. 14ff.

[355] Vgl. GROSSEKETTLER 1997, S. 1 und 8. Allerdings wurden und werden die Ordoliberalen, meist in pejorativer Absicht, als „neoliberal" bezeichnet. (Für die katholische Sozialethik belegt dies z.B. RAUSCHER, A.: Katholische Soziallehre und liberale Wirtschaftsauffassung. In: DERS.: Kirche in der Welt. Beiträge zur christlichen Gesellschaftsverantwortung. Bd. II. Würzburg 1988. S. 387ff. Hier finden sich Hinweise auf einschlägige Arbeiten. Zu nennen ist vor allem NAWROTH, E.: Die Sozial- und Wirtschaftsphilosophie des Neoliberalismus. Heidelberg 1961. Für Nell-Breuning dagegen lässt sich eine differenziertere Sichtweise belegen (vgl. NELL-BREUNING, O. VON: „Können Neoliberalismus und katholische Soziallehre sich verständigen?" In: MESTMÄCKER, E.-J./SAUERMANN, H. (Hg.): Wirtschaftsordnung und Staatsverfassung. Festschrift für Franz Böhm zum 80. Geburtstag. Tübingen 1975. S. 459-470).

[356] Vgl. zum Folgenden GROSSEKETTLER 1997, S. 1ff. und REUTER 1998, S. 68ff.

[357] Vgl. EUCKEN, W.: Die Grundlagen der Nationalökonomie. Berlin [9]1989. [Erscheinung der Erstauflage: Berlin 1940] S. 30ff. Zum Methodenstreit vgl. den Hinweis oben S. 94.

zienz von Markt und Wettbewerb.[358] Allerdings ist für die Ordoliberalen Wettbewerb kein Verfahren, das von selbst funktioniert; immer besteht die Gefahr seiner Aufhebung durch private Marktmacht oder den Einfluss politischer Interessengruppen. Gerade die Freiburger Schule nimmt daher die politisch-rechtlichen Rahmenbedingungen der Wirtschaft in den Blick. Markt und Wettbewerb sind für sie dauerhaft nur zu organisieren unter der Voraussetzung eines starken, sich durch das Recht selbst bindenden Staates, der sich unmittelbarer wirtschaftlicher Lenkung enthält.[359]

Alfred Müller-Armack erläuterte in seiner 1947 erschienenen Schrift „Wirtschaftslenkung und Marktwirtschaft" erstmals die Vorstellung einer Sozialen Marktwirtschaft. In diesem Zusammenhang betonte er, dass der Markt niemals von sich aus in der Lage sei, die Notwendigkeiten des sozialen und staatlichen Lebens zu berücksichtigen, geschweige denn eine letztgültige soziale Ordnung zu schaffen.[360] Die Untersuchung der wertmäßigen Voraussetzungen des Wirtschaftens bzw. seiner Grundlagen in Staat und Gesellschaft steht daher im Zentrum des Interesses der Kölner Schule, zu der neben Müller-Armack vor allem Wilhelm Röpke und Alexander Rüstow gezählt werden.[361] Man kann die Arbeiten der Kölner Schule als Beiträge zur sozialethischen Grundlegung einer wettbewerblich strukturierten Wirtschaft auffassen. Die Kölner schätzten Instrumentarium und Überlegungen der Katholischen Soziallehre. Daher gelang ihnen der Brückenschlag zum politischen und sozialen Katholizismus, der in der Nachkriegszeit nicht unerheblichen politischen Einfluss hatte, aber noch von Vorbehalten gegenüber dem Liberalismus geprägt war.[362] Ihre Untersuchungen der Bedingungen gesellschaftlichen Zusammenlebens führten zur Betonung der Bedeutung des sozialen Ausgleichs und damit der Sozialpolitik.

Dennoch ist die Kölner Schule Bestandteil des Ordoliberalismus. Sozialpolitische Eingriffe werden von ihr auch aus Sicht der Wirtschaftsordnung reflektiert.[363] Entsprechend den Erkenntnissen der Neoklassik geht es einerseits darum, dass die Steuerungsfunktion der Preise durch Subventionen oder Transferzahlungen nicht aufgehoben werden darf. Die Orientierung an der Katholischen Soziallehre führt zur Forderung, bei der Erstellung sozialer Leistungen der Selbsttätigkeit Einzelner und der Selbstorganisationsfähigkeit kleiner Gemeinschaften möglichst weiten Raum zu lassen; dies trifft sich mit liberalen Bestrebungen, die eine Bevormundung der Bürger durch einen umfassenden Versorgungsstaat ablehnen. Systemkonformität und Subsidiarität sind daher die Kriterien für die

---

[358] Vgl. EUCKEN, W.: Grundsätze der Wirtschaftspolitik. Tübingen [6]1990. [Erscheinung der von Edith Eucken und K. Paul Hensel posthum hrsg. Erstauflage: Tübingen 1952] S. 8. Hinweise auf die genannte Debatte finden sich bei GROSSEKETTLER 1997, S. 36f. und PRIBRAM 1998, S. 852ff. (vgl. oben S. 88).

[359] Vgl. EUCKEN [6]1990, S. 325ff.

[360] Vgl. MÜLLER-ARMACK 1947, S. 85.

[361] Vgl. REUTER 1998, S. 88ff. und GROSSEKETTLER 1997, S. 26ff.; Grossekettler weist darauf hin, dass für die „Kölner Schule" auch die Bezeichnung „soziologische Neoliberale" verwendet wird (a.a.O. S. 28).

[362] Vgl. LANGNER, A.: Wirtschaftliche Ordnungsvorstellungen im deutschen Katholizismus 1945-1963. IN: LANGNER, A. (Hg.): Katholizismus, Wirtschaftsordnung und Sozialpolitik 1945-1963. Paderborn 1980. S. 78ff.

[363] Vgl. MÜLLER-ARMACK, A.: Die Wirtschaftsordnung sozial gesehen. In: ORDO: Jahrbuch für die Ordnung von Wirtschaft und Gesellschaft. Bd. 1, 1948, S. 152ff.

Gestaltung einer Sozialpolitik, die mit einer grundsätzlich wettbewerblich organisierten Wirtschaft verträglich ist.

Unterschiede zwischen beiden Richtungen des Ordoliberalismus ergaben sich vor allem aus den verschiedenen Forschungsschwerpunkten. Die Freiburger untersuchten die rechtlichen Rahmenbedingungen des Wirtschaftens, also den Rechtsstaat, während die Kölner eher den Sozialstaat im Blick hatten. Dennoch lässt sich hinsichtlich der Grundprinzipien der Gestaltung von Wirtschaft und Gesellschaft von Übereinstimmung sprechen.[364] Die Ordoliberalen treten ein für eine rechtsstaatlich zu sichernde Wettbewerbsordnung, die Freiheit ermöglicht und Effizienz des Wirtschaftens gemäß den Wünschen der Verbraucher gewährleistet. Sie plädieren dafür, diese Wettbewerbsordnung durch eine Sozialordnung zu flankieren. Diese soll bei für den Einzelnen untragbaren Lebensrisiken und in Fällen krasser sozialer Ungerechtigkeit für Ausgleich sorgen.[365]

Besonders deutlich wird diese Gemeinsamkeit vor dem Hintergrund der gesellschaftspolitischen Situation, die zur Zeit der Entstehung des Konzeptes der sozialen Marktwirtschaft herrschte. In den ersten Jahren nach dem zweiten Weltkrieg gab es in Deutschland starke gesellschaftliche Gruppen und politische Kräfte, die für eine Verstaatlichung zumindest großer Industriezweige eintraten, und damit für eine Wirtschaftsordnung plädierten, die in hohem Maße von planwirtschaftlichen Elementen bestimmt sein sollte.[366] Durch die Unterstützung der Engländer hatten diese Gruppen in den Wirtschaftsverwaltungen der westlichen Besatzungszonen zunächst die Oberhand. Dies änderte sich 1947 durch die Ankündigung des Marshall-Planes sowie die Landtagswahlen in der britischen Besatzungszone. Aufgrund der veränderten politischen Kräfteverhältnisse im Wirtschaftsrat konnte dann im Frühjahr 1948 Ludwig Erhard zum Direktor der Verwaltung für Wirtschaft gewählt werden. Erhard war zwar in erster Linie ein Mann der Praxis, vertrat aber eine Wirtschaftspolitik, die von ordnungstheoretischen Gesichtspunkten aus beiden Schulen des Ordoliberalismus bestimmt war. Parallel zur Erarbeitung der Währungsreform gelang es ihm, das so genannte Leitsätzegesetz im Wirtschaftsrat verabschieden zu lassen. Auf der Grundlage dieses Gesetzes hob Erhard am 20. Juni 1948, dem Tag der Einführung der neuen Währung, ohne vorher die Zustimmung der Alliierten eingeholt zu haben, ca. 90% der bestehenden Preisbindungen auf. Gewissermaßen handstreichartig erreichte er damit die wirtschaftspolitische Implementation von Markt und Wettbewerb

---

364 Ausdruck dieser Gemeinsamkeit ist beispielsweise der programmatische Titel des Jahrbuches ORDO, das von Walter Eucken und Franz Böhm unter Mitwirkung von Wilhelm Röpke, Alexander Rüstow und anderen herausgegeben wurde. Vgl. auch das Vorwort zum 1. Band (ORDO Bd. 1, 1948, S. VIIff.).

365 Vgl. CASSEL, D./RAUHUT, S.: Soziale Marktwirtschaft: Eine wirtschaftspolitische Konzeption auf dem Prüfstand. In: CASSEL, D. (Hg.): 50 Jahre Soziale Marktwirtschaft. Ordnungstheoretische Grundlagen, Realisierungsprobleme und Zukunftsperspektiven einer wirtschaftspolitischen Konzeption. Stuttgart 1998. S. 7ff.

366 Vgl. hierzu: NÖRR, K. W.: Die Entscheidung für die Soziale Marktwirtschaft als ein Wendepunkt der deutschen Geschichte. In: NÖRR, K. W./STARBATTY, J. (Hg.): Soll und Haben. 50 Jahre Soziale Marktwirtschaft. Stuttgart 1998. S.23ff. Nörr weist darauf hin, dass diese Positionen vor allem mit den wirtschaftspolitischen Unzulänglichkeiten der Weimarer Republik argumentierten. Zur Abgrenzung gegen nationalsozialistische und kommunistische Konzepte wirtschaftlicher Planung wurde der Begriff „Freiheitlicher Sozialismus" verwendet. Selbst für die Unionsparteien lassen sich mit dem „Ahlener Programm" von 1947 entsprechende Vorstellungen belegen.

und schuf so die Grundlagen der Sozialen Marktwirtschaft.[367] Zwar enthält das Grundgesetz der ein Jahr später entstandenen Bundesrepublik Deutschland keinen ausdrücklichen Verweis auf die Soziale Marktwirtschaft; in Artikel 20 wird die Bundesrepublik lediglich als „demokratischer und sozialer Bundesstaat“ bezeichnet und die Rechtsstaatlichkeit betont. Allerdings bieten die in den vorausgehenden Artikeln dargelegten Grundrechte ausreichende Freiheitsgarantien, um wettbewerblich organisierte Wirtschaft durchführen zu können. Eine ausdrückliche rechtliche Sicherung der Wettbewerbsordnung erfolgte aber erst im Laufe der 50er Jahre durch einfache Bundesgesetze; hervorzuheben sind dabei das später mehrfach novellierte Gesetz gegen Wettbewerbsbeschränkung sowie das Bundesbankgesetz.[368]

Aufgrund eines entsprechend zugespitzten Wahlkampfes kann man die erste Bundestagswahl von 1949 auch als Abstimmung über die Person bzw. die wirtschaftspolitische Weichenstellung Ludwig Erhards auffassen. Zusammen mit anderen Parteien, die sich für Erhards wirtschaftspolitischen Kurs ausgesprochen hatten, erreichte die CDU die Mehrheit und machte Erhard zum ersten Wirtschaftsminister der jungen Bundesrepublik.[369] Erhard setzte die eingeschlagene Linie der Wirtschaftspolitik fort und erreichte damit einen beispiellosen wirtschaftlichen Aufschwung, für den bald der Name „Wirtschaftswunder“ geläufig wurde. In der ersten Hälfte des 20. Jahrhunderts war das reale Sozialprodukt, bezogen auf die Bevölkerungszahl, kaum gewachsen. Zwar waren Versorgung und soziale Sicherung verglichen mit dem 19. Jahrhundert deutlich besser, die Bevölkerung des Deutschen Reiches hatte aber durch zwei Kriege zeitweilig Rückgänge hinnehmen müssen.[370] In der jungen Bundesrepublik wurde dagegen bereits 1953 wieder das reale Nettosozialprodukt von 1939 erreicht. Insgesamt kam es im Zeitraum von 1950 bis 1973 fast zur Verdreifachung des durchschnittlichen realen Pro-Kopf-Einkommens. Die Bundesrepublik Deutschland erreichte damit für große Teile der Bevölkerung Wohlstand auf bisher nicht gekanntem Niveau.[371]

---

[367] Vgl. NÖRR 1998, S. 27ff., CASSEL/RAUHUT 1998, S. 4 und HOHMANN, K.: Ludwig Erhard (1897-1977). In: WÜNSCHE, H. E. (Hg.): Grundtexte zur Sozialen Marktwirtschaft. Bd. 2: Das Soziale in der Sozialen Marktwirtschaft. Stuttgart 1988. S. 564ff.

[368] Vgl. CASSEL/RAUHUT 1998, S. 13f.

[369] Vgl. SCHLECHT, O.: Leitbild oder Alibi? Zur Rolle der Konzeption der Sozialen Marktwirtschaft in der praktischen Wirtschaftspolitik. In: CASSEL, D. (Hg.): 50 Jahre Soziale Marktwirtschaft. Ordnungstheoretische Grundlagen, Realisierungsprobleme und Zukunftsperspektiven einer wirtschaftspolitischen Konzeption. Stuttgart 1998. S. 39 und HOHMANN 1988, S. 568ff.

[370] Vgl. FISCHER, W. (Hg.): Europäische Wirtschafts- und Sozialgeschichte vom Ersten Weltkrieg bis zur Gegenwart. Handbuch der europäischen Wirtschafts- und Sozialgeschichte. Bd. 6. Stuttgart 1987. S. 416ff., CIPOLLA, C. M./BORCHARDT, K. (Hg.): Europäische Wirtschaftsgeschichte. Bd. 5: Die europäischen Volkswirtschaften im zwanzigsten Jahrhundert. Stuttgart/New York 1986. S. 47ff. u. S. 89 und NORTH, M. (Hg.): Deutsche Wirtschaftsgeschichte. Ein Jahrtausend im Überblick. München 2000. S. 282ff.

[371] Dass dieses "Wirtschaftswunder" ursächlich mit den ordnungspolitischen Weichenstellungen der Ordoliberalen zusammenhängt, wird heute von den meisten Ökonomen vertreten (zum so genannten "Abelshauser-Klump-Streit" vgl. GROSSEKETTLER, H.: Kritik der Sozialen Marktwirtschaft aus der Perspektive der Neuen Institutionenökonomik. In: NÖRR, K. W./STARBATTY, J. (Hg.): Soll und Haben. 50 Jahre Soziale Marktwirtschaft. Stuttgart 1998. S. 74, SCHULZ, G.: Demokratie und Soziale Marktwirtschaft - Zwei Seiten derselben Medaille? Die Erfahrungen der deutschen Nachkriegszeit. In: NÖRR, K.

Allein diese Wohlstandszunahme ist aus Sicht der Ordoliberalen als soziale Wirkung von Markt und Wettbewerb zu interpretieren. Parallel zur positiven wirtschaftlichen Entwicklung, d.h. mit Anwachsen der wirtschaftlichen Leistungsfähigkeit, wurde aber zusätzlich der Ausbau des Sozialstaates vorgenommen. Zu Anfang der 50er Jahre betraf dies vor allem Regelungen des Lastenausgleiches, also einen Ausgleich der ungleichen Verteilung von Kriegsbelastungen und -folgeschäden. Angesichts des Zustroms von Vertriebenen und Flüchtlingen aus der sowjetischen Besatzungszone wurde auch der Wohnungsbau als sozialpolitische Aufgabe angesehen.[372] Während der 50er Jahre war das wichtigste Feld der Sozialpolitik die Neustrukturierung des deutschen Sozialversicherungssystems von Unfall-, Kranken-, Arbeitslosen- und Rentenversicherung gemäß der föderalen Struktur der Bundesrepublik. Ihren Höhepunkt fand diese mit der Einführung der dynamischen Rente 1957.[373] Insgesamt kann man diese sowie viele weitere sozialpolitische Maßnahmen als Umsetzung der Forderung nach Sozialem Ausgleich interpretieren, für den vor allem die Kölner Schule des Ordoliberalismus eintrat. Sie führten in der Tat zur Zunahme der gesellschaftlichen Zustimmung zur Sozialen Marktwirtschaft auch bei ihren bisherigen Skeptikern. Augenfälligster Beleg hierfür ist das Godesberger Programm der SPD von 1959, mit dem die Sozialdemokraten sich endgültig von marxistischen Gesellschaftsvorstellungen verabschiedeten und die Vorzüge einer wettbewerblich organisierten Wirtschaft anerkannten.[374]

Mit dem Konjunktureinbruch von 1966/67 musste die Bundesrepublik erstmals in der Nachkriegszeit einen wirtschaftlichen Rückgang hinnehmen. Psychologisch bedeutsamer für die Wahrnehmung des Endes der Phase ständigen Wachstums durch breite Kreise der Bevölkerung war die erste Ölkrise 1973. Realen wirtschaftlichen Ausdruck fand die geänderte wirtschaftliche Situation im Phänomen einer andauernd hohen Arbeitslosigkeit, die zunächst auf fast 5% anstieg und in den folgenden Jahrzehnten teilweise sogar über 10% lag.[375] Mit dem "Gesetz zur Förderung von Stabilität und Wachstum" von 1967 führte die veränderte wirtschaftliche Lage auch zu einer anderen Ausrichtung der Wirtschaftspolitik. Bereits seit 1966 war Karl Schiller, ein Sozialdemokrat und Vertreter der makroökonomischen Lehre Keynes', Wirtschaftsminister der großen Koalition; unter seiner Ägide trat statt der ordnungspolitischen Gestaltung wirtschaftlicher Rahmenbedingungen die ergebnisbezogene Steuerung wirtschaftlicher Abläufe in den Vordergrund. Das Gesetz verpflichtete die Wirtschaftspolitik darauf, die Zielgrößen Geldwertstabilität, hohe Beschäfti-

---

W./STARBATTY, J. (Hg.): Soll und Haben. 50 Jahre Soziale Marktwirtschaft. Stuttgart 1998. S. 213f. und NORTH 2000, S. 352ff.).

[372] Vgl. KLEINHENZ, G./ LAMPERT, H.: Der Wiederbeginn freiheitlicher Sozialpolitik nach dem Kriege. In: WÜNSCHE, H. E. (Hg.): Grundtexte zur Sozialen Marktwirtschaft. Bd. 2: Das Soziale in der Sozialen Marktwirtschaft. Stuttgart 1988. S. 165ff.

[373] Vgl. ZACHER, H. F.: Sozialpolitik, Verfassung und Sozialrecht im Nachkriegsdeutschland. In: WÜNSCHE, H. E. (Hg.): Grundtexte zur Sozialen Marktwirtschaft. Bd. 2: Das Soziale in der Sozialen Marktwirtschaft. Stuttgart 1988. S. 196ff.

[374] Vgl. DELHAES-GUENTHER, D. V.: Gesellschaftliche Akzeptanz der Sozialen Marktwirtschaft: Zur Position der Parteien, Verbände und Kirchen. In: CASSEL, D. (Hg.): 50 Jahre Soziale Marktwirtschaft. Ordnungstheoretische Grundlagen, Realisierungsprobleme und Zukunftsperspektiven einer wirtschaftspolitischen Konzeption. Stuttgart 1998. S. 140.

[375] Vgl. NORTH 2000, S. 380ff.

gung, eine ausgeglichene Außenhandelsbilanz und angemessenes Wirtschaftswachstum zu erreichen bzw. in ein ausgewogenes Verhältnis zu bringen.[376] Nach dem Übergang zur sozialliberalen Koalition wurde die wirtschaftliche Leistungsfähigkeit der Bundesrepublik ab 1969 durch einen umfangreichen Ausbau der sozialen Sicherungssysteme im Rahmen weitreichender gesellschaftspolitischer Reformbestrebungen zusätzlichen Anforderungen ausgesetzt.[377] Im Verlauf der 70er Jahre zeigte sich, dass eine Politik der Wirtschaftssteuerung hiermit überfordert war. Die angestrebten wirtschaftspolitischen Ziele wurden nicht oder nur unzureichend umgesetzt. Stattdessen wurde eine hohe Staatsverschuldung aufgebaut. Nicht zuletzt aufgrund der wirtschaftlich problematischen Situation erfolgte 1982 deshalb ein Regierungswechsel. Die nun regierende Koalition aus Christ- und Freidemokraten bemühte sich um eine wirtschaftspolitische Wende. Ihre Anstrengungen zur Haushaltskonsolidierung führten zu Sparmaßnahmen im Bereich sozialer Leistungen. Insgesamt orientierte sich die Wirtschaftspolitik wieder stärker am ursprünglichen Ideal der Ordnungspolitik.[378]

Ab 1990 ergaben sich durch den Beitritt der neuen Bundesländer erneut hohe Anforderungen an die Leistungsfähigkeit der Sozialen Marktwirtschaft. Aus politischen Gründen erfolgte die Übernahme einer großen Zahl von Menschen in das Sozialversicherungssystem, der kein entsprechendes Beitragsaufkommen gegenüberstand. Zu finanzieren war dies, wie der sonstige wirtschaftliche Umbau der ehemaligen Deutschen Demokratischen Republik, nur durch hohe Transferzahlungen. Anfangs noch durch politische Euphorie und eine vereinigungsbedingte Sonderkonjunktur überdeckt, wurden spätestens ab Mitte der 90er Jahre die wirtschaftlichen Probleme sichtbar. Das Wachstum der neuen Bundesländer blieb hinter den Erwartungen zurück, die Arbeitslosigkeit hoch. Da weiter hohe Transferzahlungen nötig waren, wuchs die Staatsverschuldung. 1998 wurde, ohne dass sie gravierende wirtschaftspolitische Alternativvorstellungen vorgelegt hätte, eine neue Regierung aus Sozialdemokraten und Grünen gewählt. Wie die vorherige Regierung war sie mit starken Sparzwängen konfrontiert. Zusätzlich hatte sich in den 90er Jahren der wirtschaftliche Konkurrenzdruck aus dem Ausland verschärft.[379] Die Möglichkeiten moderner Informations- und Kommunikationstechnologien waren rapide gestiegen; zudem hatte sich durch das Ende des Sozialismus das internationale politische Klima geändert. Das Phänomen der Globalisierung, die Tendenz zur weltweiten Verflechtung von Güter- und Kapitalmärkten, war unübersehbar geworden.[380] Forderungen nach dem Ab- bzw. Umbau des Sozialstaates wurden laut, um der Wirtschaft der Bundesrepublik Deutschland die Möglichkeit zu geben, im weltweiten Wettbewerb bestehen zu können. Zu ihrem 50sten Geburtstag stand die Soziale Marktwirtschaft, nicht nur aus Sicht der Wirtschaftswissenschaft, auf dem Prüfstand.

---

[376] Vgl. NORTH 2000, S. 381.

[377] Vgl. SCHLECHT 1998, S. 42ff.

[378] Vgl. NORTH 2000, S. 387ff.

[379] Vgl. NORTH 2000, S. 410ff.

[380] Vgl. KLODT, H.: Globalisierung: Phänomen und empirische Relevanz. In: SCHENK, K.-E./SCHMIDTCHEN, D./STREIT, M. E./VANBERG, V. (Hg.): Jahrbuch für Neue Politische Ökonomie. Bd. 17: Globalisierung, Systemwettbewerb und nationalstaatliche Politik. Tübingen 1998. S. 7ff.

Von Anfang an hatte sich Kritik an der Sozialen Marktwirtschaft aus Sicht der Wissenschaft am Stellenwert des Sozialen entzündet. Die Sozialpolitik wurde als deren „Achillesferse" bezeichnet, die Politik des sozialen Ausgleichs als „Einfallstor für Interventionismus".[381] In der rückblickenden Betrachtung nach 40 bzw. 50 Jahren Sozialer Marktwirtschaft wurde diese Kritik in Form der Gegenüberstellung von Freiburger und Kölner Schule erneut vorgetragen. Aus Sicht derjenigen, die den Neoliberalismus von Hayeks als zeitgemäße Fortführung des Ordoliberalismus der Freiburger Schule interpretieren, erscheint die Soziale Marktwirtschaft im Sinne Müller-Armacks sogar als gescheiterte Konzeption.[382] Neben konzeptioneller Fehlerhaftigkeit des Ansatzes wurde aber auch die These vom Versagen der Politik bzw. der unzulänglichen Implementation als Grund für die Probleme der Sozialen Marktwirtschaft angeführt.[383] Allerdings relativieren einige Autoren das angebliche Versagen mit Hinweisen auf die zeitgeschichtlichen Besonderheiten der Nachkriegszeit. Mit dem Begriff der „Wirtschaftsgesinnung" als Bedingung für die Umsetzung des Modells bringen sie die moralisch-normative Dimension gesellschaftlicher und politischer Rahmenbedingungen des Wirtschaftens in Erinnerung. Aus dieser Perspektive waren die Implementationsbemühungen der Väter der Sozialen Marktwirtschaft abhängig von Faktoren, die heute entfallen sind. Sowohl die Fehleranalyse als auch die Suche nach Möglichkeiten der Umsetzung des Konzeptes unter den Bedingungen der heutigen Gesellschaft folgten aber einer anderen Spur. Auch die Ökonomen, die weiterhin die Umsetzung des Anliegens der Sozialen Marktwirtschaft verfolgen, favorisieren hierzu die Analyse politischer Einrichtungen und politischen Handelns mit ökonomischem Paradigma.[384] Die Neue Politische Ökonomik ist inzwischen ein verbreiteter Ansatz ökonomischer Theoriebildung im Rahmen der Neuen Institutionenökonomik. Deren Stärke im Vergleich zur Neoklassik besteht darin, dass sie die Einbeziehung politischer und gesellschaftlicher Aspekte in ökonomische Fragestellungen ermöglicht. Sie bietet daher Chancen zur Rückbesinnung auf ein sozialphilosophisch reflektiertes Verständnis von Ökonomie.[385] Zugleich ergibt sich die Perspektive für eine Verhältnisbestimmung von Ökonomie und Moral, die den Bedingungen moderner Gesellschaften Rechnung trägt. Voraussetzung dafür ist, dass die normativen Ansprüche von Aussagen der Neuen Institutionenökonomik über Einrichtungen und Ziele des Wirtschaftens als solche reflektiert und diskursiver Begründung zugänglich gemacht werden.

---

381 ZOHLNHÖFER, W.: Von der Sozialen Marktwirtschaft zum Minimalstaat? Zur politischen Ökonomie des Wohlfahrtsstaates. In: ORDO: Jahrbuch für die Ordnung von Wirtschaft und Gesellschaft. Bd. 43, 1992, S. 269.

382 Vgl. WOLL, A.: Freiheit durch Ordnung: Die gesellschaftspolitische Leitidee im Denken von Walter Eucken und Friedrich A. von Hayek. In: ORDO: Jahrbuch für die Ordnung von Wirtschaft und Gesellschaft. Bd. 40, 1989, S. 87ff. und LANGE-VON KULESSA, J./RENNER, A.: Die Soziale Marktwirtschaft Alfred Müller-Armacks und der Ordoliberalismus der Freiburger Schule - Zur Unvereinbarkeit zweier Staatsauffassungen. In: ORDO: Jahrbuch für die Ordnung von Wirtschaft und Gesellschaft. Bd. 49, 1998, S. 79ff.

383 Vgl. z.B. CASSEL/RAUHUT 1998, S. 18ff. und GROSSEKETTLER 1998, S. 66ff.

384 Vgl. etwa den Ansatz einer institutionenökonomisch aufgeklärten Reinterpretation des Programms der Sozialen Marktwirtschaft von GROSSEKETTLER 1997, S. 1ff.

385 Vgl. oben (S. 66 und FN 178) die Hinweise auf ein entsprechendes Verständnis von Ökonomie im Rahmen der Klassik, insbesondere bei John Stuart Mill.

1.33 Neue Institutionenökonomik und die Bedeutung gesellschaftlicher Verständigung über Gemeinwohl und Gerechtigkeit

Bereits 1937 veröffentlichte Ronald Harry Coase einen Aufsatz über die „Natur der Unternehmung", in dem er wirtschaftliche Transaktionen innerhalb von Unternehmen mit solchen vergleicht, die über Märkte abgewickelt werden.[386] Der Beginn einer breiteren wissenschaftlichen Diskussion, die mit dem Namen Neue Institutionenökonomik zu betiteln ist, steht in Zusammenhang mit der bereits erwähnten Arbeit Arrows; er lässt sich grob auf das Ende der 50er Jahre datieren.[387] Im Zusammenhang der wachsenden Bedeutung und öffentlichen Wahrnehmung des Forschungsansatzes wurde die Leistung Coases nachträglich gewürdigt: Für die Entdeckung der Transaktionskosten sowie die daraus entwickelte neue Sichtweise des Problems negativer externer Effekte, für das sogenannte „Coase-Theorem", erhielt er 1991 den Nobelpreis für Wirtschaftswissenschaften.[388] Inzwischen gehören die Begriffe, wie etliche andere Konzepte der Neuen Institutionenökonomik, zum Grundbestand des Studiums der Ökonomik.

Allerdings wird dadurch der harte Kern des neoklassischen Paradigmas nicht abgelöst, sondern erweitert. Bereits die „keynesianische Revolution" hatte zu keinem wirklichen Paradigmenwechsel in der ökonomischen Theoriebildung geführt.[389] Im Rückblick wirkt sie wie ein überschaubares Intermezzo; nach dem Scheitern makroökonomisch ausgerichteter Wirtschaftspolitik verlor das politische Programm des Keynesianismus deutlich an Attraktivität, seine wissenschaftlichen Erkenntnisse wurden dagegen in die Volkswirtschaftstheorie integriert.[390] Innerhalb der Disziplin selbst oder aus wissenschaftstheoretischer Sicht mag daher die Frage nach der Rivalität der Ansätze interessant erscheinen.[391]

---

[386] COASE, R. H.: The Nature of the Firm. In: Economica, N.S. 4. Jg., 1937, S. 386-405.

[387] Zum Aufsatz von Arrow vgl. die Hinweise oben S. 88. Zur Datierung der Anfänge der Neuen Institutionenökonomik vgl.: FELDMANN, H.: Eine institutionalistische Revolution? Zur dogmenhistorischen Bedeutung der modernen Institutionenökonomik. Berlin 1995. S. 7f.

[388] Die Entdeckung der Kosten der Marktbenutzung war die Leistung des Aufsatzes von 1937. Der Begriff „Transaktionskosten" wurde später von Arrow eingeführt (vgl. ERLEI, M./LESCHKE, M./SAUERLAND, D.: Neue Institutionenökonomik. Stuttgart 1999. S. 42). Das Problem negativer externer Effekte, also von Kosten oder Faktorverbräuchen, die nicht vom Verursacher, sondern von anderen bzw. der Allgemeinheit getragen werden, erörterte Coase in einem Aufsatz von 1960 (COASE, R. H.: The Problem of Social Cost. In: Journal of Law and Economics, 3. Jg.,1960, S. 1-44). Im Gegensatz zur bis dahin üblichen, an wohlfahrtsökonomischem Denken orientierten Lösung durch Steuern, zeigt Coase, dass, bei Berücksichtigung von Transaktionskosten, Verhandlungslösungen volkswirtschaftlich oft effektiver sind.

[389] Der Begriff wird hier zitiert nach FELDMANN 1995, S. 9. Die bereits angeführte Arbeit nimmt die dogmengeschichtliche Darstellung moderner Ansätze der Institutionenökonomik unter der Fragestellung einer „institutionalistischen Revolution" vor, ohne den Begriff wissenschaftstheoretisch ausdrücklich einzuordnen.

[390] Vgl. dazu oben S. 88. Als Beispiel für die Integration der keynesianischen Makroökonomik in das Theoriegebäude der neoklassischen Ökonomik sei auf das populäre Lehrbuch von Samuelson verwiesen: SAMUELSON, P. A./NORDHAUS, W. D.: Volkswirtschaftslehre. Wien [15]1998.

[391] So neigen beispielsweise Feldmann aber auch Richter/Furubotn dazu, die Schwierigkeiten zu betonen, eine allgemeine ökonomische Theorie mit dem Instrumentarium der Neuen Institutionenökonomik zu formulieren und damit die Neoklassik zu ersetzen (vgl. FELDMANN 1995, S. 91ff. und RICHTER/FURUBOTN [2]1999, S. 477ff.). Ohne ausdrückliche Erwähnung scheinen sie sich auf den wissenschaftstheoretischen Ansatz Thomas Kuhns zu beziehen.
Im Gegensatz dazu beurteilen Aufderheide und Erlei/Leschke/Sauerland, die ausdrücklich Imre Lakatos

Im Rahmen einer Bestimmung des Verhältnisses von Ökonomie und Moral ist es ausreichend, die Neue Institutionenökonomik als Ergänzung der Neoklassik zu betrachten.

Schon bei der Darstellung der Klassik ist hervorgehoben worden, dass deren Leistung in der Entdeckung der Bedeutung von Markt und Wettbewerb für die Erreichung möglichst hohen Volkswohlstandes bestand.[392] Sie wurden in der damaligen Zeit nicht einfach vorgefunden, so dass die Klassik deren Voraussetzungen, nämlich Gewerbefreiheit und Eigentumsrechte, durchaus reflektierte.[393] Erst die Neoklassik verzichtet hierauf. Zum einen war für sie die Organisation der Wirtschaft mit Hilfe von Märkten und Wettbewerb inzwischen weitgehend selbstverständlich. Andererseits waren ihr derartige Reflexionen hinderlich bei ihrem Vorhaben, die Ökonomik zu einer möglichst exakten Wissenschaft mit mathematischem Charakter zu entwickeln.[394] Sie sah sich deswegen zu Abstraktion und Modellbildung gezwungen. Der Historismus hatte gerade das kritisiert.[395] Er wandte sich stattdessen den ökonomischen Phänomenen in ihrer sozialen, politischen und rechtlichen Einbindung und Eigenart zu. Untersucht wurden volksspezifische Institutionen und deren Entwicklungen. Da der Historismus auf abstrahierende Begriffe und Modellbildung verzichtete, kam er über umfangreiche und detaillierte Beschreibungen historischer Phänomene kaum hinaus. Dass die Neue Institutionenökonomik gewissermaßen an den Historismus anknüpft, lässt sich z.B. durch personelle Verbindungslinien, vor allem über dessen amerikanischen Ableger, den Institutionalismus, zeigen.[396] Wie dieser kritisiert sie die abstrakte Modellwelt der Neoklassik und deren Realitätsferne.[397] Allerdings lehnt die Neue Institutionenökonomik den Kern des mikroökonomischen Paradigmas der Neoklassik nicht ab; sie stärkt diesen vielmehr dadurch, dass sie Möglichkeiten eröffnet, seine Voraussetzungen, die die Neoklassik als gegebenen Datenkranz betrachtet hatte, einer eigenständigen Analyse mit ökonomischen Methoden zu unterziehen.

Eine zentrale Rolle spielt dabei das erwähnte Konzept der Transaktionskosten. Mit seiner Hilfe kann verdeutlicht werden, dass sich ein Nachfrager durchaus rational verhält, der statt alle verfügbaren Angebote zu prüfen mit einer stichprobenartigen Auswahl zufrieden ist. Dem dadurch vielleicht verfehlten monetär günstigsten oder qualitativ besten Angebot stehen die gesparten Kosten der Informationsbeschaffung gegenüber. Räumliche, zeitliche und persönliche Präferenzen, die das neoklassische Modell des vollkommenen Mark-

---

erwähnen, die Anschlussfähigkeit der Forschungsprogramme von Neoklassik und Neuer Institutionenökonomik (vgl. AUFDERHEIDE 1995, S. 102f. und ERLEI/LESCHKE/SAUERLAND 1999, S. 51f.).

392 Vgl. oben S. 49.

393 Vgl. oben S. 66. Mit Blick auf Ricardo wird hier allerdings eine Ausnahme formuliert.

394 Vgl. oben S. 80ff.

395 Vgl. oben S. 94 den Hinweis auf den Methodenstreit.

396 Vgl. GROßEKETTLER 1999, S. 56 und ERLEI/LESCHKE/SAUERLAND 1999, S. 27ff.

397 Vgl. z.B. RICHTER/FURUBOTN ²1999, S. 477. Bemerkenswert ist, dass die Autoren durch ein einschlägiges Zitat von Keynes eine Parallele zu dessen Kritik am neoklassischen Paradigma aufzeigen. Vgl. auch den Hinweis auf die bemerkenswerte Parallele zwischen der Kritik Coases und Schmollers an Grenznutzenschule bzw. Neoklassik bei ERLEI/LESCHKE/SAUERLAND 1999, S. 50f.

tes ausschließt, können mit Hilfe des Konzeptes der Transaktionskosten in ähnlicher Weise ökonomischer Kalkülbildung zugänglich gemacht werden.[398]

Die institutionenökonomische Analyse der Rechtsordnung interessiert sich insbesondere für die Ausgestaltung der Eigentumsrechte, wobei sie vor allem die Verfügung über materielle und nichtmaterielle Dinge und Ansprüche aus Vertragsverhältnissen im Blick hat. Unter dem Stichwort Property-Rights wird deren Verteilung untersucht, da man diese als Anreizsystem auffasst, das nicht ohne Einfluss auf ökonomische Transaktionen bleibt. Entwickelt wurde der Ansatz im Rahmen der Analyse geschichtlicher Probleme, bei denen die Übernutzung zunächst freier Güter durch Schaffung privater Verfügungsrechte eingedämmt werden konnte.[399] Die Schwierigkeiten der Einführung und Durchsetzung privater Verfügungsrechte werden dabei ebenfalls mit Hilfe des Begriffes der Transaktionskosten untersucht.

Auch für den Problemkreis des so genannten „Principal-Agent-Ansatzes" spielt der Transaktionskostenbegriff eine zentrale Rolle. Es geht um Auftraggeber Auftragnehmer-Beziehungen und die Messung bzw. den Ausgleich ungleich verteilter Information in diesen Beziehungen. Einschlägige Beispiele bilden das Verhältnis von Arbeitgebern und Arbeitnehmern, Aktionären und Managern oder auch von Patienten zu ihrem Arzt. In ökonomischer Sichtweise sind diese Verhältnisse deswegen problematisch, da aufgrund der methodologischen Vorannahmen der Ökonomik opportunistisches Verhalten, d.h. Ausnutzung des Informationsvorsprunges, angenommen wird.[400] Unter Einbeziehung aller relevanten Kosten werden die Bedingungen dafür untersucht, dass die Verträge bzw. deren Durchführung und Überwachung trotz bzw. aufgrund des eigennützigen Verhaltens der Beteiligten zu einem für beide Parteien jeweils zufriedenstellenden Ergebnis führen.

Auf die Neue Politische Ökonomik als inzwischen etabliertes Anwendungsfeld der Neuen Institutionenökonomik ist bereits hingewiesen worden. Erste Anregungen zu einer ökonomischen Betrachtung der politischen Sphäre gingen in den 40er Jahren des 20. Jahrhunderts von Joseph Alois Schumpeter aus.[401] 1957 veröffentlichte Anthony Downs seine „Ökonomische Theorie der Demokratie".[402] Im Rahmen der Neuen Institutionenöko-

---

[398] Zu den Kriterien des Konzeptes vgl. oben S. 83.

[399] Vgl. den Hinweis auf den Aufsatz von Coase in FN 388. Coase analysierte das Problem der Luftverschmutzung beim Bau und der Unterhaltung der großen amerikanischen Eisenbahnlinien. Demsetz entwickelte den Ansatz im Rahmen der Untersuchung der Entstehung von Grundeigentumsrechten bei den nordamerikanischen Indianern weiter (vgl. hierzu die Hinweise bei FELDMANN 1995, S. 7 und 46 sowie RICHTER/FURUBOTN ²1999, S. 120). Weitere Beispiele aus der Geschichte finden sich bei NORTH, D. C.: Theorie des institutionellen Wandels. Tübingen 1988.

[400] Vgl. RICHTER, R.: Institutionen ökonomisch analysiert. Zur jüngeren Entwicklung auf einem Gebiet der Wirtschaftstheorie. Tübingen 1994, S. 16ff., RICHTER/FURUBOTN ²1999, S. 163 und FELDMANN 1995, S. 48f. Zu den methodologischen Vorannahmen der Neuen Institutionenökonomik vgl. die folgenden Ausführungen.

[401] Vgl. SCHUMPETER, J. A.: Kapitalismus, Sozialismus und Demokratie. Bern 1946. Dass der Autor, beeindruckt durch den Marxismus, mit seinem Werk zu einer Dynamisierung der ökonomischen Theorie beitrug, ist bereits oben erwähnt worden (vgl. FN 311).

[402] Downs, A.: Ökonomische Theorie der Demokratie. Tübingen 1968. [Erscheinung des englischsprachigen Originals: New York 1957].

nomik wurde die Verwendung ökonomischer Analyseinstrumente zur Untersuchung des Verhaltens der Akteure im politischen Sektor unter der Bezeichnung „public-choice-Ansatz" weiterentwickelt. Dabei werden beispielsweise Politiker als politische Unternehmer aufgefasst, die nach Macht, Einfluss oder Prestige streben; weil sie sich dabei periodisch Wahlen stellen müssen, richten sie ihr politisches Handeln danach aus, dass die Zahl der auf sie entfallenden Wählerstimmen möglichst hoch wird; die Stimmabgabe der Wähler wird selbstverständlich ebenfalls als Akt der Nutzenmaximierung interpretiert. Entsprechend dieser ökonomischen Logik wird auch das Verhalten von Bürokratien, Verbänden und anderen gesellschaftlichen Interessengruppen modelliert. Während in all diesen Fällen das politische Handeln im Rahmen bestehender Regeln mit ökonomischen Mitteln rekonstruiert wird, gibt es einen weiteren Zweig des public-choice-Ansatzes, der die Wahl der Regeln selber zum Gegenstand einer mit ökonomischen Modellen arbeitenden Analyse macht. Unter der Bezeichnung „constitutional economics" bzw. „Verfassungsökonomik" werden die grundlegenden politischen Institutionen und rechtlichen Regelungen von Gemeinwesen untersucht. Normatives Kriterium ist dabei die Annahme, sie sollten so beschaffen sein, dass jedes Mitglied der Gesellschaft ihnen aus eigenem Interesse zustimmen können müsste. James McGill Buchanan, einer der prominentesten Vertreter dieser Richtung, erhielt für die Etablierung dieses Ansatzes 1986 den Nobelpreis für Wirtschaftswissenschaften.[403]

Um den Zusammenhang zu verdeutlichen, der die unterschiedlichen Forschungsrichtungen unter der Bezeichnung Neue Institutionenökonomik verbindet und sie als gemeinsames Forschungsprogramm ausweist, sind deren Vorannahmen zu benennen, auf denen ihre Aussagen und Erkenntnisse als methodisch abstrahierender Zugang zur Wirklichkeit beruhen.[404]

Dies ist zunächst der methodologische Individualismus. Es handelt sich um eine Entscheidung, die der eigentlichen ökonomischen Theoriebildung systematisch vorausgeht. Zwar zielt die Wirtschaftswissenschaft in der Regel nicht auf Beschreibung von Individualverhalten, sondern beschäftigt sich mit aggregierten Größen und sozialen Phänomenen; sie arbeitet mit Typisierung und Musteraussagen, um ihre Erklärungsmodelle prognosefähig und offen für Gestaltungsvorschläge zu halten. Alle diese Aussagen aber lassen sich herleiten von - bzw. müssen verträglich sein mit einem Grundmodell menschlichen Verhaltens, das das einzelne Individuum mit seinen je eigenen Zielvorstellungen zum Ausgangspunkt hat. Gemeint ist allerdings keine empirisch vorfindbare Person, sondern ein Modellindividuum, der bereits aus Klassik und Neoklassik bekannte „homo oeconomicus".

---

403 Vgl. FELDMANN 1995, S. 8 und 53ff. Hier finden sich auch Hinweise auf die einschlägigen Arbeiten von James M. Buchanan und anderen Vertretern dieses Zweiges der Neuen Institutionenökonomik.

404 Diese methodologischen Vorannahmen stimmen in weiten Teilen mit denen überein, die im Rahmen der Behandlung der Neoklassik erwähnt worden waren (vgl. oben S. 83). Das schon die Klassik ein hohes Niveau methodologischer Reflexion ereichte, ist bereits erwähnt worden (vgl. oben S. 65). Eine Charakterisierung des Forschungsprogrammes der Neuen Institutionenökonomik in der wissenschaftstheoretischen Terminologie von Imre Lakatos findet sich bei ERLEI/LESCHKE/SAUERLAND 1999, S. 52ff. Vgl. auch die Hinweise bei AUFDERHEIDE 1995, S. 41f. und S. 102f.

Seine hervorstechenden Eigenschaften bestehen in der Annahme der Verfolgung von Eigennutz sowie der zusätzlichen Unterstellung von Rationalität, d.h. der Beachtung von Kostenaspekten. Dabei ist der Begriff Nutzen aus Sicht der Ökonomik zunächst einmal nicht weiter qualifiziert. Er ist offen für die jeweiligen Präferenzen empirisch beobachteter Individuen. Dadurch ergibt sich die Möglichkeit, selbst alltagssprachlich als altruistisch bezeichnete Verhaltensweisen in ökonomische Theorien zu integrieren. Da der Kostenbegriff, verstanden als entgangener Nutzen, d.h. Opportunitätskosten, ebenfalls eine formale Kategorie ist, bietet auch die Rationalitätsannahme weitreichende Übertragungsmöglichkeiten. Das Konstrukt des homo oeconomicus erlaubt eine Modellierung menschlichen Verhaltens mithilfe nur zweier Dimensionen, nämlich Präferenzen bzw. Nutzen und Nebenbedingungen bzw. Kosten. Damit ist es einerseits anschlussfähig an die Erkenntnisse und Instrumentarien der klassischen und neoklassischen Ökonomik. Gleichzeitig erlaubt die Offenheit des verwendeten Nutzen- und Kostenbegriffes andererseits die Übertragung des ökonomischen Modells zur Analyse menschlichen Verhaltens aus dem engeren Bereich des Wirtschaftens auf eine Vielzahl menschlicher Verhaltensbereiche, in denen sich Knappheitsprobleme stellen. Auf einen Satz gebracht kann also das Konstrukt des homo oeconomicus folgendermaßen skizziert werden: Angesichts von Knappheit maximieren Akteure ihren Nutzen unter Beachtung von Nebenbedingungen.

Wie bereits im Rahmen der Behandlung der Neoklassik gezeigt wurde, wandelt sich damit das Selbstverständnis der Ökonomik von einer gegenstandsbezogenen zu einer methodologisch definierten Wissenschaft.[405] Zwar benötigt auch die moderne Wirtschaftswissenschaft Anwendungsfelder. Sie findet diese aber nicht mehr im Rahmen eines eingeschränkten Gegenstandsbereiches, sondern formal mit Hilfe des Knappheitsproblems. Überall dort, wo sich Situationen als Knappheitsprobleme interpretieren lassen, ist die moderne Ökonomik in der Lage, sie mit Hilfe der Unterscheidung von Zielen und Nebenbedingungen so zu modellieren, dass sie als Maximierungsproblem unter Restriktionen bearbeitet werden können. Ökonomik kann damit verstanden werden als Wissenschaft vom Handeln unter Entscheidungszwang.[406]

Die Neue Institutionenökonomik verstärkt diese Tendenz, die auch als Imperialismus bezeichnet wird, da der ökonomischen Analyse neue Anwendungsfelder erschlossen werden, die bisher von anderen Sozialwissenschaften bearbeitet wurden. Neben dem im Rahmen der Neuen Politischen Ökonomie genannten Bereiche Demokratie, Verbände oder Wahlen werden auch das Zustandekommen und die Funktion sonstiger Institutionen, wie beispielsweise Ehe und Familie, mit Hilfe ökonomischer Methoden untersucht.[407] Inzwischen zählen dazu auch Gebiete, die traditionell von der Ethik untersucht wurden; unter der Bezeichnung „ökonomische Ethik“ oder „Moralökonomik“ werden

[405] Vgl. oben S. 83 und FN 280.

[406] Vgl. AUFDERHEIDE 1995, S. 41.

[407] Weiterführende Literaturhinweise und eine Würdigung des Nobelpreisträgers Gary Stanley Becker, der diese Entwicklung innerhalb der Wirtschaftswissenschaften entscheidend vorangetrieben hat, finden sich in folgendem Sammelband: LESCHKE, M./PIES, I. (Hg.): Gary Beckers ökonomischer Imperialismus. Tübingen 1998.

moralische Normen aus ökonomischer Perspektive analysiert.[408] Die thematische Offenheit, die dieses methodologisch orientierte Verständnis moderner Ökonomik mit sich bringt, ist zugleich die Voraussetzung für die erwähnte Rückbesinnung auf die politischen und gesellschaftlichen Rahmenbedingungen ökonomischer Fragestellungen.[409]

In der Auseinandersetzung mit dem makroökonomischen Konzept des Keynesianismus hatten bereits seit Mitte des 20. Jahrhunderts neoklassische Ökonomen begonnen, das mikroökonomische Paradigma dynamischer zu interpretieren. Das wirtschaftspolitische Leitbild des vollständigen Wettbewerbs, der sich an der Marktform des Polypols orientiert, war durch realitätsnähere Konzepte ersetzt worden. Eine Tolerierung von Marktmacht und möglicherweise daraus folgenden Monopolgewinnen wurde danach wenigstens zeitweilig akzeptiert; die Behauptung langfristiger Allokationseffizienz als Ergebnis des Wettbewerbs in marktlich organisierten Volkswirtschaften hielt man dennoch aufrecht. Als die politische Umsetzung makroökonomischer Steuerung in den 70er Jahren des 20. Jahrhunderts scheiterte, wurden, wenigstens im anglo-amerikanischen Raum, Positionen populär, die vor allem auf die Selbstregulierungsfähigkeit von Märkten setzten und selbst ordnungspolitisch motivierte Eingriffe ablehnten.[410] Im Vergleich zu derartigen neoliberalen Positionen erweitert die Neue Institutionenökonomik durch ihre Betrachtung von Institutionen wieder das Spektrum politischer Gestaltungsmöglichkeiten.[411] Die

---

408 Spätestens seit Mitte der 80er Jahre des 20. Jahrhunderts ist auch in Deutschland eine breite und nachhaltige wirtschaftsethische Diskussion entstanden (vgl. zum Beispiel die Hinweise bei HOMANN/BLOME-DREES 1992, S. 9f. oder bei AUFDERHEIDE 1995, S. 17f.). Der Impuls hierzu kam aus den Vereinigten Staaten. Dort hatten Unternehmen begonnen, der gesellschaftlichen Problemwahrnehmung, die für Krisenphänomene wie Umweltzerstörung, Armut, Unterentwicklung und Arbeitslosigkeit nicht zuletzt die Wirtschaft verantwortlich machte, mit der Entwicklung von „Business Ethics" zu begegnen. Am Beginn der neueren wirtschaftsethischen Diskussion stand damit eher die Vorstellung von Unternehmensethik bzw. Wirtschaftsethik als einer angewandten Bereichsethik. Durch die Entstehung ständiger Arbeitsgruppen, neuer Zeitschriften und Lehrstühle differenzierte sich die Diskussion im Laufe der Zeit immer weiter aus (einen Überblick über den Diskussionstand zur Mitte der 90er Jahre findet sich in: STÜBINGER, E.: Literaturbericht: Wirtschaftsethik und Unternehmensethik. In: Zeitschrift für Evangelische Ethik, 40. Jg., 1996, S. 148-161 und S. 226-244).
Unter ausdrücklicher Bezugnahme auf die Neue Institutionenökonomik, insbesondere den public-choice-Ansatz von Buchanan, profilierten sich im Rahmen dieser Diskussion Karl Homann und seine Schüler mit dem Anspruch, eine ökonomische Theorie der Moral zu entwickeln (vgl. HOMANN/BLOME-DREES 1992, S. 109). Als einschlägige Veröffentlichungen aus dieser Richtung sind beispielsweise zu nennen: der Sammelband AUFDERHEIDE, D./DABROWSKI, M.: Wirtschaftsethik und Moralökonomik. Normen, soziale Ordnung und der Beitrag der Ökonomik. Berlin 1997 sowie die Monographie von SUCHANEK, A.: Ökonomische Ethik. Tübingen 2001.

409 Vgl. oben die Hinweise auf die institutionentheoretischen Reinterpretation des ordoliberalen Programms der sozialen Marktwirtschaft anlässlich ihres 40- bzw. 50jährigen Jubiläums (S. 108 und FN 384). Der Beginn einer institutionenökonomisch orientierten Beschäftigung mit Politik, also der Neuen Politischen Ökonomik, muss auch in Deutschland schon früher datiert werden. Hinzuweisen ist in diesem Zusammenhang auf das seit 1982 jährlich erscheinende Jahrbuch für Neue Politische Ökonomik, das die Dokumentation entsprechender Tagungen des Vorjahres wiedergibt (vgl. BOETTCHER, E./ HERDER-DORNEICH, PH./SCHENK, K.-E. (Hg.): Jahrbuch für Neue Politische Ökonomie. Bd. 1. Tübingen 1982. S. III). Abweichend vom Sprachgebrauch dieser Arbeit bezeichnen die Autoren die wissenschaftliche Diskussion mit dem Terminus Ökonomie (vgl. oben FN 6).

410 Vgl. oben S. 88.

411 Gewisse Einschränkungen sind bei dieser Aussage einzuräumen, sofern man Ansätze evolutorischer Ökonomik zur Neuen Institutionenökonomik rechnet, so z.B. KARPE, J./KROL, H.-G.: Funktionsbedin-

Heuristik ihres Forschungsprogrammes besteht darin, gesellschaftliche Institutionen mit Hilfe des ökonomischen Paradigmas als relevante Restriktionen zu interpretieren; sie verfolgt dabei die Zielperspektive, die nutzenerhöhende Wirkung von Restriktionen zu rekonstruieren.[412] Die so gewonnenen positiven Erkenntnisse lassen sich als politische Handlungsempfehlung normativ wenden.

Die Problemerfassung durch Modelle der Neuen Institutionenökonomik erfolgt dabei gerade unter Verzicht darauf, historischen und kulturellen Aspekten des Wirtschaftslebens, insbesondere Werthaltungen, einen systematischen Erklärungswert einzuräumen.[413] Sie geht vom Verhalten des Einzelnen aus und modelliert dieses als strategisches Verhalten, d.h. andere Motive als die Nutzenmaximierung gehen nicht als erklärende Variablen in ihre Überlegungen ein. Auf der Grundlage ihres methodologischen Imperialismus entwickelt sie so ein stringentes Modell politischer Funktionszusammenhänge, das allerdings bestimmte Vorstellungen von Gesellschaft impliziert. Die Neue Institutionenökonomik unterstellt eine dilemmahafte Struktur der meisten Probleme moderner ausdifferenzierter Gesellschaften. Das ökonomische Paradigma für solche Probleme stellt die so genannte „Kollektivgutproblematik" dar. Gemeint ist die Schwierigkeit, die sich bei der Bereitstellung öffentlicher Güter dadurch ergibt, dass es möglich ist von ihnen zu profitieren, ohne sich an den Kosten ihrer Erstellung zu beteiligen. Zentrales Analyseinstrument zur Strukturierung entsprechender Problemsituationen ist das „Gefangenendilemma", eine spieltheoretische Modellierung von Situationen, in denen für zwei Individuen die gemeinsame bessere Lösung dadurch verhindert wird, dass sich jeder Einzelne an der individuell vorteilhaftesten Lösung orientiert.[414] Die Kombination divergierender Einzelkalküle im Modell dient der Suche nach institutionellen Arrangements, die individuelle Anreize und sozial erwünschte Ergebnisse zur Deckung bringen. Zielperspektive sind

---

gungen moderner Gesellschaften und Neue Institutionenökonomik als Herausforderung für die ökonomische Bildung. In: KROL, H.-G./KRUBER, K.-P. (Hg.): Die Marktwirtschaft an der Schwelle zum 21. Jahrhundert – Neue Aufgaben für die ökonomische Bildung? Bergisch-Gladbach 1999. S. 32. Zurückhaltender schätzt dies Feldmann ein (vgl. FELDMANN 1995, S. 87). Bzgl. neuerer Ansätze zur evolutionären Ökonomik vgl. auch oben die FN 305.

412 Vgl. ERLEI/LESCHKE/SAUERLAND 1999, S. 54f. und AUFDERHEIDE 1995, S. 105.

413 Sie unterscheidet sich damit von traditionellen Ansätzen der Ordnungstheorie, etwa der ordnungspolitischen Reflexion des Ordoliberalismus (vgl. oben S. 103). In seinem Aufsatz über die Wirtschafts- und Sozialordnung der Bundesrepublik im Spiegel der Jahrestagungen des Vereins für Socialpolitik hebt Bertram Schefold die bleibende Bedeutung dieser Perspektive der Historischen Schule hervor. Sie sei selbst von den Ordnungstheoretikern des Ordoliberalismus nicht angemessen umgesetzt, aber immerhin berücksichtigt worden (vgl. SCHEFOLD, B.: Die Wirtschafts- und Sozialordnung der Bundesrepublik Deutschland im Spiegel der Jahrestagungen des Vereins für Socialpolitik 1948 bis 1989. In: HAUSER, R. (Hg.): Die Zukunft des Sozialstaates. Schriften des Vereins für Socialpolitik. Neue Folge Band 271. Berlin 1998. S. 223ff.).
Eine Ausnahme ist mit Blick auf die Behandlung wirtschaftshistorischer Fragestellungen aus institutionenökonomischer Sicht einzuräumen (vgl. NORTH, D. C.: Institutionen, institutioneller Wandel und Wirtschaftsleistung. Tübingen 1992). Allerdings spielen die von North als Erklärung für die Beharrungstendenz problematischer Institutionen angeführten mentalen Modelle bzw. Ideologien eben eine negative Rolle.

414 Zu den Ursprüngen der Spieltheorie vgl. PRIBRAM 1998, S. 1093ff. Zum Beispiel des Gefangenendilemmas vgl. AUFDERHEIDE 1995, S. 95f. Hinweise zu den Problemen der Verwendung spieltheoretischer Modelle im Rahmen der Neuen Institutionenökonomik finden sich bei RICHTER 1996, S. 306.

Regelungen, die allen Beteiligten nützen bzw. denen jedes eigeninteressierte Individuum zustimmen kann. Dahinter steckt die Absicht, Institutionen resistent gegen Missbrauch zu machen, ihre Rahmenbedingungen und Anreizstrukturen also so zu gestalten, dass sie weitgehend unabhängig von moralischen Einstellungen und Haltungen der Betroffenen funktionieren.

Gerade der Verzicht auf eine normative Problembeurteilung wird von Vertretern des Ansatzes als dessen Stärke hervorgehoben: Sie verweisen darauf, dass sich Probleme individualisierter und pluralistischer sowie funktional ausdifferenzierter Gesellschaften besser durch allseits vorteilhafte soziale Arrangements lösen ließen als durch normativ aufgeladene gesellschaftliche Diskurse.[415]

Spätestens wenn sie als Handlungsempfehlungen ausgewiesen werden, räumen allerdings auch moderne Ökonomen ein, dass der erkenntnistheoretische Status ihrer wissenschaftlichen Aussagen von positiver zu normativer Theorie wechselt. Sie werden damit unter der Voraussetzung gerechtfertigter Ziele erhoben.[416] So lässt sich beispielsweise zeigen, dass der methodologische Individualismus der Neuen Institutionenökonomik in der Neuen Politischen Ökonomik ausdrücklich als normativer Individualismus auftritt, der als Kriterium für die Gestaltung politischer Institutionen bzw. Verfassungen fordert, dass diese den individuellen Präferenzen der Mitglieder eines sozialen Kollektivs am besten entsprechen.[417] Hierfür könnte man sicher Gründe anführen, gelangte damit allerdings wieder auf die eigentlich zurückgewiesene Ebene eines Diskurses über Normen.

Anstelle einer Prüfung normativer Ansprüche verlangen in der aktuellen wirtschaftsethischen Diskussion institutionenökonomisch ausgerichtete Vertreter von der Ethik, ihren Schwerpunkt auf Implementationsfragen zu verlagern. Unter Hinweis auf die Eigengesetzlichkeiten funktional ausdifferenzierter Gesellschaften bieten sie an, die Verwirklichung moralischer Normen oder Ideale durch deren ökonomische Rekonstruktion zu unterstützen. Den Hintergrund hierfür bildet eine Konzeption von Moral, die diese als gesellschaftliche Veranstaltung zur Erreichung wechselseitiger Kooperationsgewinne auffasst.[418]

Da moralisch gefordertes Sollen empirisches Können voraussetzt, sind Fragen der Anwendung moralischer Normen immer schon ein wichtiges Gebiet der Ethik. In modernen Gesellschaften überschreitet die Vorhersage von Handlungsfolgen aufgrund unüberschaubarer Implikationen und Zusammenhänge häufig den Bereich lebensweltlicher Erfahrung, so dass sich in der neuzeitlichen Ethik der Zweig der Sozialethik stärker entwickelt hat. Die Sozialethik beschäftigt sich mit Analyse, Beurteilung und Gestaltung

---

415 Vgl. z.B. HOMANN/BLOME-DREES 1992, S. 15f. oder KARPE/KROL 1999, S. 24ff.

416 Zum hypothetischen Anspruch politischer Handlungsempfehlungen aus ökonomischer Sicht vgl. AUFDERHEIDE 1995, S. 77ff. Vgl. in diesem Zusammenhang auch die Begriffsreihen: Science, reine Theorie bzw. positive Theorie und Art, Kunstlehre bzw. normative Theorie (s. oben S. 84).

417 Zu Belegen hierfür mit Bezug auf den Ansatz Buchanans vgl. FELDMANN 1995, S. 54f. und KOLLER, P.: Neue Theorien des Sozialkontrakts. Berlin 1987. S. 187ff.

418 Vgl. oben die Hinweise auf S. 13 und S. 114, insbesondere die in FN 408 angesprochenen Bestrebungen von Karl Homann und seinen Schülern, unter dem Begriff Moralökonomik Moral mit ökonomischem Instrumentarium zu rekonstruieren.

gesellschaftlicher Institutionen und Regelsysteme und ist daher grundsätzlich offen für Anregungen bezüglich Implementationsfragen.

Allerdings steht die Sozialethik auf dem gleichen Fundament wie die moderne Ethik überhaupt: den transzendentalkritisch analysierten bzw. sprachpragmatisch rekonstruierten Möglichkeitsbedingungen von Moralität, heute in der Regel „Standpunkt der Moral" genannt.[419] Von Kant als kategorischer Imperativ bzw. Aufforderung zur Anerkennung der Selbstzweckhaftigkeit eines jeden Menschen beschrieben, hatte dieser ihn noch als unabweisbar vorfindliches Faktum der Vernunft bezeichnet. Man wird einräumen müssen, dass eine solche Auffassung nicht weiter begründbar, also positionell ist; allerdings ist sie untrennbar mit der Vorstellung des Menschen als eines zu Freiheit und Vernunft aufgerufenen und fähigen Subjektes verbunden. Ein entsprechendes Selbstverständnis wollen sich vermutlich die wenigsten Menschen absprechen lassen. Es lässt sich zwar faktisch, nicht aber theoretisch, d.h. mit Geltungsanspruch, leugnen, da sich der Leugnende durch diesen Akt in Selbstwiderspruch begibt. Auch der methodologische Individualismus, dem sich die Neue Institutionenökonomik verschrieben hat, dürfte diese Auffassung vom Menschen zu ihren normativen Basisannahmen rechnen.

Eine Begründung von Moral beruhend auf Vorteilskalkülen, wie sie eine institutionenökonomische Rekonstruktion der Moral in ihren fortgeschrittensten Positionen behauptet, kann diesem Anspruch nicht genügen; sie bleibt auf der Ebene empirischer Motive bzw. strategischer Rationalität und verfehlt damit den Standpunkt der Moral systematisch. Übrigens lässt Kant in seiner Rechtstheorie solche äußeren Motivationen ausdrücklich zu;[420] insofern ist entsprechenden Überlegungen im Hinblick auf die Konstruktion rechtlicher Institutionen eingeschränkte Berechtigung zuzugestehen. Nur leisten sie eben keine Begründung von Moral.

Vielleicht handelt es sich auch um ein bloßes Missverständnis. Die Vermutung sei an einer neueren monographischen Darstellung der Konzeption ökonomischer Ethik erläutert. Der Autor überschreibt seine Auseinandersetzung mit Utilitarismus, Diskursethik und dem Ansatz von Kant zwar mit dem Titel „das Problem der Begründung von Moral";[421] er deutet die Frage aber im ersten Absatz sogleich um als Frage nach der Motivation zur Einnahme des moralischen Standpunktes. Damit setzt er diesen implizit voraus, auch wenn er ihn in seinem Lösungsvorschlag durch den Rekurs auf strategische Motive konterkariert. Als besondere Stärke der ökonomischen Ethik führt er nämlich deren systematische Orientierung am je eigenen Vorteil der Akteure an.

Aber selbst das Problem der Motivation zur Einnahme des moralischen Standpunktes ist mit diesem Hinweis nicht zutreffend gelöst. Der Standpunkt der Moral berührt nämlich das grundlegende Selbstverständnis des Menschen. Sich ihn zu eigen zu machen ist für den Einzelnen kein strategisches Problem, sondern hängt mit Fragen zusammen, die seine Identität betreffen. Der Mensch ist in seinem Selbstverständnis durch Kalküle rationaler Nutzenmaximierung nicht hinreichend beschreibbar; in ökonomischer Sprache wird dem

---

[419] Vgl. hierzu oben S. 75f.

[420] Zur Rechtstheorie Kants vgl. oben S. 78.

[421] Vgl. SUCHANEK 2001, S. 136ff.

inzwischen dadurch Rechnung getragen, dass man neben dem „self-interest" des Menschen von einem „interest in his own self" spricht.[422]

Der Versuch Moral durch Vorteilskalküle zu begründen ist aber nicht allein auf der Ebene der Individuen und ihrer Selbstkonzepte unzureichend. Mit ihrem Plädoyer gegen eine diskursive Auseinandersetzung über normative Fragen und für eine Implementation moralischer Impulse in gesellschaftliche Institutionen und Regeln auf dem Weg der Nutzung strategischer Kalküle behandelt die Moralökonomik diese Fragen als technologische Probleme. Damit ist der Mensch als soziales Wesen und sein Bedürfnis, auch das Zusammenleben mit anderen unter normativ auszuweisenden Regeln zu verstehen und zu rechtfertigen, nicht hinreichend erfasst. Dies ist zunächst einmal empirisch festzustellen: Die Begriffe Gemeinwohl und Gerechtigkeit spielen im Rahmen der politischen Willensbildung und des demokratischen Streites in modernen, funktional differenzierten Gesellschaften weiterhin eine Rolle. Aus soziologischer Perspektive geht es dabei um Gemeinsinn, d.h. einen Bestand an geteilten Werten und Überzeugungen, den auch weitgehend individualisierte Gesellschaften für ihren Zusammenhalt benötigen. Von allen geteilte Vorstellungen von Gerechtigkeit und Gemeinwohl sind heute aber nicht mehr aus einem übergeordneten Weltbild ableitbar. Sie müssen in gesellschaftlichen Auseinandersetzungen geklärt werden. Diese finden unter den Bedingungen medial vermittelter Öffentlichkeit statt. Bei der Ausnutzung ihrer Gesetzmäßigkeiten kommt es auch zu strategisch motivierter Verwendung der Begriffe Gemeinwohl und Gerechtigkeit. Allerdings ist es unangemessen, diese pauschal als ideologisch zu kritisieren, bzw. illusorisch, ihre Verwendung durch eine Umstellung öffentlicher Diskurse von Begründungs- auf Anwendungsdiskurse zu vermeiden. Die scheinbare Zurückhaltung moderner Ökonomen in normativen Fragen enthält ja ebenfalls Vorstellungen darüber, was gerecht ist oder was allen dient. Ihre Plädoyers für institutionelle Verbesserungen, denen jeder aus Eigeninteresse zustimmen können muss, setzen Normen voraus, wie die Unantastbarkeit individuellen Eigentums und die Anerkennung des jeweiligen Status quo, die selbst keinem weiteren normativen Diskurs mehr ausgesetzt werden sollen.[423] Gerade weil Menschen sich als freie und vernünftige Subjekte verstehen, bleiben öffentliche Diskurse über Fragen des Zusammenlebens politisch. Zur Debatte steht eine begründete Gestaltung menschlichen Zusammenlebens. Dabei geht es nicht allein um die Effizienz gesellschaftlicher Regeln und Institutionen; im Hintergrund steht die umfassendere Frage, in was für einer Gesellschaft Menschen leben wollen. Die Verwendung von Begriffen wie Gerechtigkeit und Gemeinwohl bringt dies zum Ausdruck. [424]

---

[422] Vgl. KIRSCH, G.: Neue Politische Ökonomie. Düsseldorf ³1993. S. 89 und 96f. Der Autor nimmt hierbei ausdrücklich auf neuere Arbeiten von Paul Ricoeur und Charles Taylor Bezug.
Zur Trennung der Fragen von Genese und Grundlegung der Moral sowie neueren Ansätzen zur Behandlung des Problems der Entstehung der Werte vgl. oben die Hinweise in FN 243. Hier werden auch die einschlägigen Arbeiten von Ricoeur und Taylor angegeben.

[423] Zur Kritik an von Hayek, dessen Diktum vom Atavismus des Begriffes der sozialen Gerechtigkeit von Ökonomen noch immer gern zitiert wird, vgl. die Hinweise oben S. 88f. Mit Bezug auf den Ansatz Buchanans, auf den sich in Deutschland ausdrücklich der Wirtschaftsethiker Karl Homann und seine Schüler beziehen, vgl. KOLLER 1987, S. 239ff.

[424] Als Beleg für die Anschlussfähigkeit solcher Diskurse an wissenschaftliche Reflexion sei auf aktuelle Debatten zum Thema verwiesen, die unter Beteiligung von Geschichtswissenschaft, Politikwissenschaft, Philosophie, Ökonomik, Rechtswissenschaft und Soziologie geführt werden (vgl. BRUGGER, W./KIRSTE,

Der ethische Gehalt dieser Begriffe lässt sich verdeutlichen indem man sie als Übertragung des Standpunktes der Moral auf die Ebene des Sozialen auslegt. Kant hatte diesen als kategorischen Imperativ bestimmt.[425] Formal interpretiert, enthält er die Aufforderung zu Unparteilichkeit; seinem materialen Sinn nach bedeutet er die unbedingte Pflicht, die Selbstzweckhaftigkeit eines jeden Menschen zu achten. Im Zuge weiterer materialer Präzisierung hatte Kant die „eigene Tugendhaftigkeit und fremde Glückseligkeit" als prinzipiell vorgeschriebene Zwecke angeführt, in seiner Tugendlehre allerdings nur noch vermocht, hieraus negative bzw. unvollkommene Pflichten abzuleiten. Nach dem Verlust eines gemeinsamen Weltbildes ist nicht mehr für alle verbindlich zu beantworten, worin Tugend und Glückseligkeit bestehen. Zwar kann man auch nach Kant noch das gute und gerechte Leben als Zielperspektive des Anspruchs der Moral betrachten. Verallgemeinerungsfähige Antworten verspricht aber mit dem formalen Kriterium der Unparteilichkeit nur noch der Gesichtspunkt des Gerechten. Der Gesichtspunkt des guten Lebens wirft Fragen auf, die zum großen Teil nur noch individuell beantwortbar scheinen.

Unstrittig ist daher, dass der Standpunkt der Moral mit Blick auf die Gesellschaft gleiches Recht für alle verlangt. Formal verstanden ergibt sich daraus die Forderung nach Freiheit für jeden Einzelnen, die soweit reicht, bis die Freiheit eines anderen eingeschränkt würde; diesen Gedanken hatte Kant bereits seiner Rechtslehre zugrunde gelegt.[426] Den Anforderungen eines sozialethisch begründeten Gerechtigkeitsbegriffes genügt diese formale Bestimmung allerdings noch nicht. Bereits die persönlichen Grundfreiheiten benötigen als Voraussetzung ihrer Wahrnehmung die Sicherung von Leib und Leben, also die Bereitstellung und Gewährleistung äußerer und innerer Sicherheit durch eine Gesellschaft. Darüber hinaus ist zumindest eine grundlegende materiale Ausstattung zur Ermöglichung der Wahrnehmung persönlicher und politischer Freiheitsrechte sicherzustellen. Gerechtigkeit ist also nicht allein durch die Definition von Räumen persönlicher Freiheit bestimmbar. Ihre Ausschöpfung erfordert bestimmte Fähigkeiten, deren Konkretisierung eine Mindestausstattung an Grundgütern zur Voraussetzung hat.[427] Das Problem der

---

S./ANDERHEIDEN, M. (Hg.): Gemeinwohl in Deutschland, Europa und der Welt. Baden-Baden 2002 oder MÜNKLER, H./BLUHM, H./FISCHER, K. (Hg.): Gemeinwohl und Gemeinsinn. Forschungsberichte der interdisziplinären Arbeitsgruppe „Gemeinwohl und Gemeinsinn" der Berlin-Brandenburgischen Akademie der Wissenschaften. Bd. I-IV. Berlin 2001-2002).

[425] Vgl. dazu oben die Ausführungen S. 73ff.

[426] Vgl. oben S. 78f.
Dass den Rechten des einen jeweils Pflichten des anderen korrespondieren, ist im Zusammenhang der Moralphilosophie Kants noch deutlich. Den Charakter strenger Verbindlichkeit erlangen solche Rechtspflichten durch rechtliche Kodifizierung; als Kehrseite des Rechts wird der Begriff der Pflicht in der zeitgenössischen ethischen Diskussion eher selten explizit thematisiert.

[427] John Rawls führt in seiner Theorie der Gerechtigkeit Freiheit und Chancen, Vermögen und Einkommen als Grundgüter an, erweitert und differenziert diese Liste aber später mehrfach (vgl. RAWLS 1975, S. 434 sowie den Hinweis in NUSSBAUM, M. C.: Gerechtigkeit oder Das gute Leben. Frankfurt am Main 1999. S. 268f.). Martha Nussbaum ersetzt die von Rawls formulierten Grundgüter durch die Auflistung grundlegender menschlicher Fähigkeiten; sie entwickelt diese im Zusammenhang einer „starken vagen Theorie des Guten", bei der sie sich an der praktischen Philosophie des Aristoteles orientiert (NUSSBAUM 1999, S. 45ff.).
Mit dem sogenannten „Befähigungsansatz" von Amartya Sen hat diese Position Eingang in die ökonomische Diskussion gefunden (vgl. dazu die Hinweise oben in FN 300).

Gerechtigkeit wirft damit im Bereich der Sozialethik Fragen auf, deren Beantwortung verbindliche Aussagen zu Fragen evaluativer Art, also mit Bezug auf den Gesichtspunkt des guten Lebens, zur Voraussetzung hat. Damit kommt die Kategorie des Gemeinwohls ins Spiel, die eng mit Fragen der Gerechtigkeit zusammenhängt.

Im Unterschied zur neoklassischen Ökonomik, die Gemeinwohl als Summe unterschiedlicher Wohlfahrtsfunktionen einzelner Individuen konzipiert, beinhaltet diese Kategorie aus sozialethischer Sicht die Frage nach von allen geteilten Werten. Deren gesellschaftstheoretisch begründete Notwendigkeit wird seit der kommunitaristischen Kritik am Liberalismus von kaum jemandem ernsthaft bestritten; ohne einen Grundbestand gemeinsamer Werte kommt keine Gesellschaft aus.[428] Bezüglich des Umfangs und Verbindlichkeitsgrades bestehen nach wie vor unterschiedliche Ansichten. Sie stehen in Zusammenhang mit der Einschätzung der Bedeutung von Weltanschauungsgemeinschaften und wertintegrierter Gruppen als vermittelnde Instanzen zwischen Individuum und Gesamtgesellschaft. Dass diese Gruppen bei der Entstehung und Bindungswirkung gemeinsamer Wertüberzeugungen eine Rolle spielen ist ebenfalls wenig umstritten. Jenseits dieser deskriptiven Einsicht ist allerdings aus sozialethischer Sicht der normative Anspruch der von diesen Gruppen postulierten Werte zu prüfen. Die Auslegung des Standpunktes der Moral auf die Situation moderner Gesellschaften führt zur Forderung, dass Werten, die für alle gelten sollen, auch alle zustimmen können müssen. Diese Forderung ergibt sich aus dem Gerechtigkeitsprinzip, das die Anerkennung formal gleicher Rechte für jedes Mitglied einer Gesellschaft verlangt.[429] Das Menschenbild, dass dem Standpunkt der Moral zu Grunde liegt, versteht den Einzelnen als freies und vernünftiges Subjekt und besteht daher auf dessen freiwilliger Zustimmung zu gemeinsamen Werten. Aufgrund des Verlustes eines gemeinsamen Weltbildes und Sinnhorizontes sind diese allerdings nicht durch ontologische Erwägungen zwingend einsichtig zu machen. Moderne Gesellschaften zeichnen sich stattdessen durch eine Vielzahl unterschiedlicher Lebensdeutungen und Werthorizonte aus, die in der Regel aber nicht völlig individuell sind, sondern im Rahmen gesellschaftlicher Teilgruppen und Weltanschauungsgemeinschaften tradiert und weiterentwickelt werden. Sobald solche Vorstellungen vom guten Leben Werthaltungen betreffen, die von allen Mitgliedern einer Gesellschaft geteilt werden sollen, bleibt diesen Gruppen nur der Weg, ihre Ansprüche mit Hilfe verallgemeinerungsfähiger Argumente ein-

---

[428] Zur Kommunitarismusdebatte vgl. die Hinweise oben in FN 248 sowie HONNETH, A. (Hg.): Kommunitarismus. Eine Debatte über die moralischen Grundlagen moderner Gesellschaften. Frankfurt am Main 1993.

[429] Bernd Ladwig spricht in diesem Zusammenhang von der Gerechtigkeit als „konstitutiver Grenze des Gemeinwohls" (LADWIG, B.: Gemeinwohl und Eigensinn. Eine Auseinandersetzung mit Winfried Brugger und Peter Koller. In: BRUGGER, W./KIRSTE, S./ANDERHEIDEN, M. (Hg.): Gemeinwohl in Deutschland, Europa und der Welt. Baden-Baden 2002. S. 91). Dass der Vorrang der Gerechtigkeit vor den Fragen nach dem guten Leben auch durch die Argumente der Kommunitaristen nicht überzeugend zurückgewiesen ist, konstatierte bereits Rainer Forst (FORST, R.: Kommunitarismus und Liberalismus - Stationen einer Debatte. In: HONNETH, A. (Hg.): Kommunitarismus. Eine Debatte über die moralischen Grundlagen moderner Gesellschaften. Frankfurt am Main 1993. S. 211).
Mit dem Gedanken der Verantwortlichkeit für das Gemeinwesen richtet der Kommunitarismus die Aufmerksamkeit auf die in der liberalen Tradition lange vernachlässigte verpflichtende Kehrseite des Rechts. Eine ausgleichende Position in der angesprochenen Debatte kann die Tradition christlicher Sozialethik anbieten, die mit dem Begriff der Subsidiarität ein Prinzip einer gesellschaftlichen Pflichtenverteilung anbietet, das zwischen Individuum und Gemeinschaft vermittelt (vgl. dazu oben S. 99f.).

sichtig zu machen. An die Stelle eines ontologisch nicht mehr ableitbaren Gemeinwohlbegriffes tritt damit dessen prozessuale Füllung, die sich als öffentlicher Vernunftgebrauch charakterisieren lässt. Das Ergebnis solcher Prozesse wird dabei je nach Zusammensetzung der Gesellschaft unterschiedlich sein und im Extremfall inhaltlich nur einen Minimalbestand geteilter Werte beinhalten.[430]

Der Zusammenhang der Kategorien Gerechtigkeit und Gemeinwohl wird erneut und noch einmal anders bedeutsam, wenn jenseits der Fragen nach basalen Grundgütern und gemeinsamen Werten die Güterverteilung innerhalb einer Gesellschaft thematisiert wird. Die Frage ergibt sich notwendig bei der Bestimmung der Grenze für die Ausstattung mit Grundgütern oder anders ausgedrückt bei der Bestimmung des Maßes normativ gerechtfertigter Ungleichheit.[431] Für eine Abweichung vom Gleichheitsgrundsatz in Fragen materieller Güterversorgung lassen sich verschiedene Gründe anführen. Bereits in der Frage der Ausstattung mit Grundgütern kommt man nicht ohne das Kriterium des Bedarfes aus, da persönliche Beeinträchtigungen oder widrige Umstände es in bestimmten Fällen erforderlich machen können, dass jemand eine höhere materielle Ausstattung zur Verwirklichung grundlegender Rechte und Freiheiten benötigt, als im Durchschnittsfall dafür üblich ist. Zudem beinhaltet der formale Wert der Freiheit, wenn er im Rahmen persönlicher Lebensführung umgesetzt wird, dass aufgrund unterschiedlicher Wertungen in evaluativen Fragen auch Unterschiede in der materiellen Güterausstattung verwirklicht werden können müssen.

Theoretisch wäre es denkbar, solche Unterschiede mit dem Maß der individuellen Beiträge zum gesellschaftlichen Wohlstand zu begründen. Die soziale Reaktionsverbundenheit ist in modernen Gesellschaften aber so schwer überschaubar, dass eine Verteilung gesellschaftlichen Wohlstandes entsprechend individuell zurechenbarer Leistung tatsächlich kaum operationalisierbar ist.[432] In der Regel werden die Unterschiede in der Verteilung stattdessen mit der Logik von Märkten begründet, d.h. als Ergebnis des Wechselspiels von Angebot und Nachfrage betrachtet. Eine solche Verteilung ist nicht gerecht im Sinne der Würdigung subjektiver Leistung, also persönlich aufgewendeter Anstrengung. Sie ist allenfalls interpretierbar als Indikator für objektive Leistung: die für Arbeitsleistungen oder erstellte Güter gezahlten Preise können als Signale für deren gesellschaftliche Geschätztheit aufgefasst werden. Da dieser Maßstab in der Regel erst nachträglich zur Verfügung und durch persönlich zurechenbare Handlungen nur begrenzt beeinflussbar ist, fehlt ihm die Eigenschaft eines ethisch unmittelbar begründeten Verteilungskriteriums.

---

[430] John Rawls konzeptualisiert den notwendigen Grundbestand von allen geteilter Werte innerhalb einer Gesellschaft unter dem Terminus „überlappender Konsens". Er trägt damit dem Phänomen Rechnung, dass die Zustimmung zu ein und demselben Wert durch unterschiedliche Weltanschauungen und Sinnoptionen motiviert sein kann (vgl. RAWLS, J.: Die Idee des politischen Liberalismus. Aufsätze 1978-1989. Frankfurt am Main 1992. S. 293ff.).

[431] Vgl. hierzu: LADWIG 2002, S. 92 und KOLLER, P.: Soziale Gerechtigkeit – Begriff und Begründung. In: Erwägen Wissen Ethik, 14. Jg., 2003, Heft 2, S. 249. Zur Problematisierung von Grundsätzen distributiver Gerechtigkeit vgl. auch HINSCH, W.: Gerechtfertigte Ungleichheiten. Grundsätze sozialer Gerechtigkeit. Berlin/New York 2002. S. 170ff.

[432] In der katholischen Soziallehre wird diese soziale Reaktionsverbundenheit mit dem Terminus „Gemeinverstrickung" bezeichnet (vgl. NELL-BREUNING, O. VON: Baugesetze der Gesellschaft. Freiburg 1968, S. 17ff.). Vgl. auch HINSCH 2002, S. 257ff.

Andererseits darf man eine Regelung von Verteilungsfragen, die sich an Marktmechanismen orientiert, nicht per se als unethisch qualifizieren. Die durch sie hervorgebrachten Unterschiede beinhalten nämlich den funktionalen Sinn von Anreizen, die zu einer effizienten Faktorverwertung und damit zur Steigerung des gesellschaftlichen Wohlstandes führen. Sie leisten damit einen Beitrag zur Verwirklichung der materiellen Grundlagen des Gemeinwohls. Fraglich bleibt allerdings, ob durch dieses funktionale Argument jedes Ergebnis marktlich hervorgebrachter Verteilungsunterschiede gerechtfertigt ist. Die Steigerung des materiellen Wohlstandes kann Unterschiede in seiner Verteilung nicht unbegrenzt rechtfertigen. Bereits im Zusammenhang der Frage nach den gemeinsamen Gütern war darauf hingewiesen worden, dass die Idee des Gemeinwohls aus ethischer Sicht ihre Begrenzung durch das Prinzip der Gerechtigkeit findet.[433] Ähnliches gilt im Zusammenhang der Frage der Güterverteilung. Der Gerechtigkeitsgrundsatz fordert Gleichbehandlung von Menschen, sofern keine relevanten Unterschiede begründet werden können. Die Regelung der Verteilung nach marktlichen Gesichtspunkten ist aus ethischer Sicht dadurch begründet, dass sie ein System von Leistungsanreizen darstellt, das den materiellen Wohlstand einer Gesellschaft steigert. Das Prinzip der Gerechtigkeit aber begrenzt dieses System durch die Forderung, dass sich die materielle Situation der am schlechtesten Gestellten in einer Gesellschaft durch entsprechende Einrichtungen nicht weiter verschlechtern darf, sondern gegenüber einer Situation ohne diese Einrichtungen wenigstens tendenziell verbessern muss.[434]

Zu lösen ist diese Problematik nur unter Bezug auf konkrete empirisch aufzuklärende Sachverhalte. Neben moralischen Vorstellungen und ihrer ethischen Kritik spielen bei der Frage der Güterverteilung daher sachbezogene Argumente bezüglich der Zusammenhänge und Abläufe funktional differenzierter Gesellschaften eine Rolle. An dieser Stelle haben die Beiträge der Neuen Institutionenökonomik ihren legitimen Ort. Mit den durch ihr methodologisches Instrumentarium konstruierten Modellen zur Funktionsweise gesellschaftlicher Regelsysteme kann sie Voraussetzungen und Umsetzungsbedingungen alternativer Szenarien benennen, die allerdings weiterhin dem Anspruch der sozialethischen Referenznormen Gerechtigkeit und Gemeinwohl ausgesetzt bleiben.

Trotz dieser sozialethischen Dimensionen, auf die öffentliche Diskurse zur Regelung der Fragen des gemeinsamen Zusammenlebens normativ bezogen bleiben, sind die Entscheidungen am vorläufigen Ende solcher Diskurse politische Vorgänge. Das Politische trägt dabei in modernen Gesellschaften den Charakter eines gesellschaftlichen Subsystems, dessen Eigenlogik aber aus sozialethischer Sicht eine wichtige Funktion hat. Ergebnisse gesellschaftlicher Diskurse werden zu verbindlichen Normen im Sinne positiven Rechts nämlich erst, indem sie bestimmte politische Institutionen und Verfahren durchlaufen.[435] Nach den geschichtlichen Erfahrungen, aus denen die modernen Demokratien hervorge-

---

[433] Vgl. oben S. 120.

[434] Dieser von Rawls im Rahmen seiner Gerechtigkeitstheorie entwickelte Gedanke wird als Differenzprinzip bezeichnet (RAWLS 1975, S. 95ff.).

[435] Jürgen Habermas verwendet für seinen Versuch, Demokratie unter den Bedingungen einer systemisch zu charakterisierenden, komplexen Gesellschaft als „öffentlichen Vernunftgebrauch" zu verstehen, die Bezeichnung „deliberative Politik" (vgl. HABERMAS, J.: Faktizität und Geltung. Beiträge zur Diskurstheorie des Rechts und des demokratischen Rechtsstaates. Frankfurt am Main 1992. S. 349ff.).

gangen sind, sorgt das Prinzip der Rechtsstaatlichkeit, als dessen Konkretion man solche Systeme prozeduraler Vorschriften interpretieren kann, für den Schutz individueller und gruppenbezogener Freiheitsrechte vor ihrer willkürlichen Einschränkung durch Einzelne oder gesellschaftliche Mehrheiten. Gerade die funktionale Differenzierung moderner Gesellschaften stellt auf diese Weise eine wichtige Voraussetzung dafür bereit, dass gesellschaftliche Diskurse über das gemeinsame Zusammenleben normativ ausgerichtet bleiben, ohne die Grundlage moderner Moralität, die Autonomie des Einzelnen, aufzuheben.

Auch in modernen Gesellschaften, die nach eigenständigen Gesetzlichkeiten funktionierende Subsysteme hervorgebracht haben, ist es nötig und möglich, öffentliche Diskurse über ökonomische Fragen zu führen, in denen die Begriffe Gerechtigkeit und Gemeinwohl normative Bedeutung haben. Es wird sich herausstellen, dass auf diese Kategorien auch aus der Sicht von Bildung, deren Anspruch und Aufgabe im folgenden Kapitel näher zu entfalten ist, nicht verzichtet werden kann.

2. Bildung und Ökonomie

Erziehung als pädagogische Praxis hat in der Geschichte in unterschiedlichen Formen immer schon stattgefunden. Man kann sie als anthropologische Konstante auffassen, die sich aus den biologischen Bedingtheiten und der gesellschaftlichen Verfasstheit menschlichen Daseins ergibt.[436] Der Begriff Bildung im Sinn einer kritischen Norm für Erziehungspraxis ist dagegen Ergebnis erziehungswissenschaftlicher Reflexion. Die Erziehungswissenschaft entstand, wie die Wirtschaftswissenschaft, im Rahmen der Differenzierung geistes- und sozialwissenschaftlicher Disziplinen aus der Philosophie.[437] Vor dem Hintergrund der Aufklärung lassen sich zunächst beide demselben zeitgeschichtlichen Impuls zuordnen: der Absicht vernunftgemäßer Gestaltung und damit Verbesserung menschlicher Lebensumstände. In der Pädagogik der Aufklärung führte dies zu einer Vielzahl methodischer Anregungen bezüglich der Gestaltung des Schul- und Erziehungswesens, die sich am Gedanken der Befähigung des Menschen zu gesellschaftlicher Nützlichkeit orientierten. Eine radikale und nachhaltige Umorientierung des Denkens über Erziehung setzte mit der Etablierung des Bildungsbegriffes ein. Beeinflusst durch die Philosophie Kants und dessen Begründung von Moralität im Subjektstatus des Menschen, postulierte der Neuhumanismus die allgemeine Menschenbildung als Ziel von Erziehung.[438] Zur Erreichung dieses Zieles wurden alle Inhalte, die praktischen Lebensanforderungen entstammten, unter anderem eben auch ökonomisches Wissen, als ungeeignet

---

[436] Mit einem Vergleich zwischen neugeborenem Mensch und Tier, der einen heutigen Leser an Gehlens Formulierung vom „Mängelwesen" erinnert, setzt die Vorlesung Immanuel Kants über Pädagogik ein. (Vgl. KANT, I.: Über Pädagogik. In: Immanuel Kant. Ausgewählte Schriften zur Pädagogik und ihrer Begründung. Besorgt von Hans-Herrmann Groothoff unter Mitwirkung von Edgar Reimers. Paderborn ²1982. [Aus Vorlesungsmanuskripten Kants unter dem Titel "Immanuel Kant über Pädagogik" herausgegeben von Friedrich Theodor Rink. Königsberg 1803], S. 9 und GEHLEN, A.: Der Mensch. Seine Natur und seine Stellung in der Welt. Berlin 1940. S. 18ff. Selbstverständlich ist das tatsächliche Verhältnis der Autoren zueinander umgekehrt; Gehlen, der zur Zeit der Abfassung dieses Werkes Professor für Philosophie in Königsberg war, ließ sich in seiner Arbeit durch Überlegungen Kants, Schillers und Herders anregen, wie er an der angegebenen Stelle betont.)
Schleiermacher beginnt seine Grundlegung einer Theorie der Erziehung aus dem Gesichtspunkt des Generationenverhältnisses (vgl. SCHLEIERMACHER, F.: Die Vorlesungen aus dem Jahre 1826. In: Friedrich Schleimacher. Pädagogische Schriften. Hrsg. von Erich Weniger. Bd. 1. Düsseldorf 1957, S. 9).

[437] Den ersten Lehrstuhl für Pädagogik an einer deutschen Universität erhielt 1779 der Aufklärungspädagoge Ernst Christian Trapp in Halle. Die Etablierung der Erziehungswissenschaft im Sinne einer selbständigen Einzelwissenschaft erfolgte aber erst mit dem Aufkommen der geisteswissenschaftlichen Pädagogik an der Wende zum 20. Jahrhundert (vgl. BLANKERTZ, H: Die Geschichte der Pädagogik. Von der Aufklärung bis zur Gegenwart. Wetzlar 1982. S. 23 u. 222f.).
An dieser Stelle sei darauf hingewiesen, dass die in ökonomischen Zusammenhängen vorgenommene Unterscheidung von Theorie und Praxis mit Hilfe der Begriffe Ökonomik und Ökonomie (vgl. oben FN 6 u. 14) im Rahmen von Erziehung keine Entsprechung kennt. Bei der Verwendung des Terminus „Pädagogik" ist deshalb jeweils vom Zusammenhang her zu erschließen, ob es um die Praxis oder Theorie von Erziehung geht.

[438] Die Bezeichnung der pädagogischen Theorie der Deutschen Klassik mit dem Terminus „Neuhumanismus" geht zurück auf einen Buchtitel: PAULSEN, F.: Geschichte des gelehrten Unterrichts auf den deutschen Schulen und Universitäten vom Ausgang des Mittelalters bis zur Gegenwart. Bd. 2: Der gelehrte Unterricht im Zeichen des Neuhumanismus. Berlin 1885 (vgl. BLANKERTZ 1982, S. 89ff.).

betrachtet.[439] Das Verhältnis zwischen Ökonomie und Bildung erscheint damit trotz der Gemeinsamkeiten im Ursprung frühzeitig durch Spannungen belastet.

Zu untersuchen ist, ob sich hinter dieser Spannung mehr verbirgt als ein historisch erklärbares Missverständnis.[440] Systematisch scheint auch aus heutiger Sicht das Verhältnis nicht unproblematisch, wenn man Ökonomie im modernen Verständnis als eigengesetzliches gesellschaftliches Subsystem auffasst. Solche Systeme werden moralfrei gedacht, der Standpunkt der Moral aber hängt eng mit dem Bildungsbegriff zusammen. Im Folgenden soll daher der Begriff der Bildung und seine moralischen Implikationen systematisch entfaltet werden. Sodann ist das Verhältnis ökonomischer Rationalität, als Kern modernen ökonomischen Denkens, zum Standpunkt der Moral zu analysieren. Schließlich sind die Erfordernisse und Möglichkeiten bildender Auseinandersetzung mit ökonomischen Inhalten im Rahmen von Schule aufzuzeigen.

2.1 Der Begriff der Bildung und sein Anspruch

Der Wandel von mittelalterlich stratifizierter in Richtung auf die heutige funktional differenzierte Gesellschaft, dem die moderne Ökonomie einschließlich der Wirtschaftswissenschaft ihren Aufschwung verdankt, blieb nicht ohne Auswirkungen auf die pädagogische Praxis.[441] Wachsende wirtschaftliche Prosperität und Auflösung tradierter Strukturen machten neue Bildungseinrichtungen erforderlich. Diese entstanden zunächst als Modifikation mittelalterlicher Bildungswege, also vornehmlich traditionsorientierter Berufs- und Standeserziehung. Im Zusammenhang der Aufklärungspädagogik entwickelten sich mit der Zeit neue Schulformen. Wie der Merkantilismus orientierte sich die Aufklärungspädagogik am Ziel gesellschaftlicher Wohlfahrtssteigerung. Ihr Beitrag dazu war die Forderung einer möglichst allgemeinen Unterrichtspflicht. Die neuen Schulen, mit deren Hilfe diese verwirklicht werden sollte, blieben aber weiterhin bezogen auf die gesellschaftliche Herkunft ihrer Adressaten, die man nach wie vor als deren Zukunft ansah.[442]

Im Nachhinein ist zu erkennen, dass die Aufklärung damit eine Dynamik freisetzt, die über die Beschränkungen von Stand und Herkunft hinausführt. Die vom Einzelnen geforderte und ihm zugleich zugetraute Anstrengung, das Potential der in ihm liegenden Kräfte zu entwickeln und zu nutzen, eröffnet ihm zugleich Freiräume, seinen Lebensweg selber zu bestimmen. Im Rahmen der Kritik der Verzweckung des Menschen durch die Aufklärungspädagogik entwickelt der Neuhumanismus den Gedanken der Bildung als Befreiung des Menschen zu sich selbst. Nicht mehr die möglichst optimale Entwicklung

---

439 Vgl. dazu das einschlägige Diktum Humboldts im Litauischen Schulplan, in: HUMBOLDT, W. VON: Der Königsberger und der Litauische Schulplan. In: Ders.: Werke in fünf Bänden. Bd. IV: Schriften zur Politik und zum Bildungswesen. Darmstadt 1964, S. 188 [1809].

440 So interpretierte Herwig Blankertz in seiner Habilitationsschrift den Gegensatz zwischen Berufsbildung und Allgemeinbildung (vgl. BLANKERTZ, H.: Berufsbildung und Utilitarismus. Problemgeschichtliche Untersuchungen. Düsseldorf 1963).

441 Zur Terminologie der Typen gesellschaftlicher Differenzierung vgl. LUHMANN 1997, S. 613.

442 Zu den Motiven der am Gemeinwohl und seiner utilitaristischen Interpretation orientierten Aufklärungspädagogik vgl. BLANKERTZ 1982, S. 79ff.

seiner Fähigkeiten für gesellschaftliche Zwecke, sondern die Entwicklung seiner Fähigkeiten um ihrer selbst willen, ist der Leitgedanke für die Gestaltung des Schulwesens im Rahmen der Preußischen Schulreform.[443] Noch unser heutiges Verständnis der Bildungsaufgabe der Schule, die in der Tradition Humboldts nach wie vor gern als „allgemeinbildend" bezeichnet wird, speist sich aus diesem emphatischen Motiv. Dies lässt sich beispielsweise anhand eines Zitates aus der Denkschrift der Kommission „Zukunft der Bildung – Schule der Zukunft" zeigen:

> „Bildung soll … als individueller, aber auf die Gesellschaft bezogener Lern- und Entwicklungsprozess verstanden werden, in dessen Verlauf die Befähigung erworben wird,
>
> – den Anspruch auf Selbstbestimmung und die Entwicklung eigener Lebens-Sinnbestimmungen zu verwirklichen,
>
> – diesen Anspruch auch für alle Mitmenschen anzuerkennen,
>
> – Mitverantwortung für die Gestaltung der zwischenmenschlichen Beziehungen und der ökonomischen, gesellschaftlichen, politischen und kulturellen Verhältnisse zu übernehmen und
>
> – die eigenen Ansprüche, die Ansprüche der Mitmenschen und die Anforderungen der Gesellschaft in eine vertretbare, den eigenen Möglichkeiten entsprechende Relation zu bringen."[444]

Unschwer ist in der Formulierung die Zielperspektive der Befreiung des Menschen zu sich selbst wiederzuerkennen. Andererseits enthält sie Elemente, die berücksichtigen, dass die Bildungsaufgabe der Schule gesellschaftlichen Funktionsanforderungen unterliegt. Diesen Aspekt hatte der Neuhumanismus weniger stark betont, da sich sein Bildungsverständnis gerade der Kritik einer Pädagogik verdankt, die sich an gesellschaftlichen Nützlichkeitserwägungen orientiert.[445] Die sich daraus ergebende Gefahr individualistischer

---

[443] Im „Königsberger Schulplan" begründet Humboldt die Ablehnung von Mittelschulen, d.h. der an den künftigen beruflichen Anforderungen bürgerlicher Schichten orientierten neuen Bildungswege, und setzt dagegen seinen Entwurf eines (gestuften) allgemeinbildenden Schulwesens für alle. Als dessen Ziel gibt er an: „Jeder, auch der Aermste, erhielte eine vollständige Menschenbildung, jeder überhaupt eine vollständige, nur da, wo sie noch zu weiterer Entwicklung fortschreiten könnte, verschieden begränzte Bildung, jede intellectuelle Individualität fände ihr Recht und ihren Platz, keiner brauchte seine Bestimmung früher als in seiner allmäligen Entwicklung selbst zu suchen, …" (vgl. HUMBOLDT 1964 [1809], S. 175).

[444] BILDUNGSKOMMISSION NRW: Zukunft der Bildung – Schule der Zukunft. Denkschrift der Kommission „Zukunft der Bildung – Schule der Zukunft" beim Ministerpräsidenten des Landes Nordrhein-Westfalen. Neuwied 1995. S. 31. Die Autoren der Denkschrift nehmen bei der Herleitung ihres Bildungsverständnisses ausdrücklich auf Wilhelm von Humboldt Bezug (vgl. a.a.O. S. 30f.).
Ähnlich lautende Formulierungen finden sich in § 2 des Schulgesetzes NRW sowie in den Richtlinien der einzelnen Unterrichtsfächer.

[445] Dass die Vernachlässigung der Reflexion von Schule als gesellschaftlicher Institution der ideologischen Verwendung des, durch den Neuhumanismus formulierten, Kanons allgemeinbildender Fächer Vorschub leistete, kann man an den Auseinandersetzungen um das Berechtigungswesen im 19. Jahrhundert nachvollziehen (vgl. BLANKERTZ 1983, S. 181ff.).
Zum Stand der Reflexion der gesellschaftlichen Funktionsbestimmtheit von Schule im Rahmen zeitgenössischer Pädagogik vgl. z.B. REKUS, J.: Bildung und Moral. Zur Einheit von Rationalität und Moralität in Schule und Unterricht. München 1993. S. 22f.

Verengung ist allerdings kein notwendiges Moment des Bildungsgedankens. Zwar hängt dieser etymologisch mit dem Begriff „Bild“ zusammen und verdankt sich der spätmittelalterlichen Mystik, die den biblischen Gedanken der Gottesebenbildlichkeit als fortdauernde Aufgabe des Menschen interpretierte, seine Seele als Bild Gottes auszuprägen. Es liegt daher nahe, den neuhumanistischen Bildungsgedanken als säkularisierte Parallele dieser „imago dei“ Vorstellung aufzufassen.[446] Aber selbst wenn man Bildung in diesem Sinn zunächst als Entwicklung und Ausfaltung des im Menschen liegenden Potentials an Kräften und Fähigkeiten versteht, ist sie nicht denkbar, ohne dass diese Kräfte auf Objekte außerhalb des Menschen bezogen werden.[447] Der Gedanke der Bildung zielt zwar auf das Individuum, er meint es aber in einem Zustand, der dessen Orientierung an und in der Welt der Dinge und der Menschen beinhaltet. Im Bildungsverständnis der Denkschrift spiegelt sich dies wieder in der Rede von der Mitverantwortung für die ökonomischen, gesellschaftlichen, politischen und kulturellen Verhältnisse. Darüber hinaus formuliert sie den Anspruch auf Anerkennung der Selbstbestimmungsansprüche der Mitmenschen. Die Freiheit, die der Gedanke der Selbstbestimmung beinhaltet, ist also nicht als Willkür oder Beliebigkeit zu interpretieren, sondern muss mit den Anforderungen, denen das Individuum in der Welt begegnet, vermittelt werden. Ihr korrespondiert daher der Begriff der Verantwortung.

Der Begriff der Freiheit wurde bereits im Zusammenhang der Begründung von Moralität behandelt.[448] Kant hatte ihn als deren Voraussetzung dargelegt, die zwar nicht bewiesen werden kann, wohl aber denknotwendig vorausgesetzt werden muss. Die Möglichkeit von Freiheit ist anzunehmen, wenn man den Menschen als Wesen betrachtet, das grundsätzlich in der Lage ist, sein Handeln nach eigenen Gesetzen zu bestimmen. Als deren Kehrseite ergibt sich implizit der Begriff der Verantwortung: Wer in der Lage ist, sein Handeln nach eigenen Gesetzen zu bestimmen, muss sich dieses Handeln zurechnen lassen. Im Sinn der Moralphilosophie Kants stehen dabei nicht die möglichen Konsequenzen des Handelns im Vordergrund. Diese sind häufig genug gar nicht bis ins Letzte zu ermitteln. Kriterium der Moralität ist viel mehr die Ausrichtung des Willens am Guten, dessen formale Bedingungen Kant im kategorischen Imperativ formuliert. Kant bezeichnet den Willen des Menschen als praktische Vernunft, da er den Menschen als vernünftiges Wesen versteht, das sein Handeln von Gründen bestimmen lassen kann. Nach Kant machen die Fähigkeit zu Freiheit und Vernunft den Subjektstatus des Menschen aus. Selbstbestimmung ist dessen Vollzug. Sie besteht darin, dass der Mensch seinem Handeln selbst Gesetze gibt, d.h. es an Grundsätzen ausrichtet, die dem Kriterium ihrer Verallgemeine-

---

[446] Vgl. ROMBACH, H. (Hg.): Lexikon der Pädagogik. Bd. 1. Freiburg 1970. S. 179f.

[447] Die klassische Formulierung dieser grundlegenden bildungstheoretischen Problemstellung findet sich in den fragmentarischen Äußerungen Humboldts zur Theorie der Bildung des Menschen und lautet wie folgt: "Im Mittelpunkt aller besonderen Arten der Thätigkeit nemlich steht der Mensch, der ohne alle, auf irgend etwas Einzelnes gerichtete Absicht, nur die Kräfte seiner Natur stärken und erhöhen, seinem Wesen Werth und Dauer verschaffen will. Da jedoch die blosse Kraft einen Gegenstand braucht, an dem sie sich üben, und die blosse Form, der reine Gedanke, einen Stoff, in dem sie, sich darin ausprägend, fortdauern könne, so bedarf auch der Mensch einer Welt ausser sich." (HUMBOLDT, W. VON: Theorie der Bildung des Menschen (Bruchstücke). In: HUMBOLDT, W. VON: Werke in fünf Bänden. Hrsg. von FLITNER, A./GIES, K.., Darmstadt 1963. Bd. I. S. 235).

[448] Vgl. oben S. 74ff.

rungsfähigkeit standhalten. Der Mensch verwirklicht seinen Subjektstatus also dadurch, dass er den Standpunkt der Moral einnimmt.

Die Parallele zur Rede von Selbstbestimmung und Verantwortung im Zusammenhang des Bildungsgedankens ist deutlich. Wer Bildung als Selbstbestimmung qualifiziert, unterstellt, dass der Mensch in der Lage ist autonom zu handeln, seinem Leben selbst Gesetze zu geben; er setzt also Freiheit voraus. Dadurch, dass der Bildungsgedanke zugleich den Begriff der Verantwortung und die Anerkennung der Selbstbestimmungsrechte der anderen umfasst, beinhaltet er die formale und inhaltliche Forderung des kategorischen Imperativs. Bildung zielt auf die Fähigkeit zur Selbstbestimmung bei Anerkennung des gleichen Rechtes jedes anderen, d.h. der Selbstzweckhaftigkeit jedes Menschen. Bis hierhin betrachtet, fällt der Anspruch des Bildungsgedankens mit dem Standpunkt der Moral zusammen: Als Ziel des Bildungsprozesses wird ein Subjekt beschrieben, das den Standpunkt der Moral einzunehmen in der Lage und Willens ist.

Das Feld der Bildung aber ist umfassender, als der Bereich von Fragen, die sich mit dem formalen Kriterium des kategorischen Imperativs lösen lassen. Der Anspruch der Bildung beinhaltet die Befähigung zur Gestaltung der ökonomischen, politischen, gesellschaftlichen und kulturellen Verhältnisse, also der Welt außerhalb des Individuums, und fordert auch in diesem Bereich Verantwortung. Er geht damit über den Standpunkt der Moral hinaus. Dieser verlangt Verallgemeinerungsfähigkeit der eigenen Handlungsgrundsätze und schränkt mögliche Handlungszwecke nur formal ein. Bildung dagegen beansprucht Selbstbestimmung und Verantwortung auch in der Bestimmung positiver Handlungszwecke. Ihr Horizont ist Ethik im umfassenden Sinn, verstanden als Frage nach dem gerechten und guten Leben. In modernen Gesellschaften gibt es darauf keine einheitliche Antwort mehr. Der Anspruch von Bildung aber besteht darin, dass jeder Einzelne diese Frage für sich beantwortet und vor anderen verantworten kann.[449]

Manchem geht dieser Anspruch heute zu weit. Angesichts der Anforderungen unserer funktional differenzierten Gesellschaft, insbesondere der Eigenlogik des Subsystems Wirtschaft, scheint er die heranwachsende Generation durch Fragen und Probleme zu verunsichern, die die Gesellschaft insgesamt zu beantworten nicht in der Lage ist. Gerade aus der Perspektive von Wissenschaftlern, die sich mit Fragen ökonomischer Bildung beschäftigen, gibt es daher Bestrebungen, diesen Anspruch zu mildern.

2.2 Ökonomische Rationalität und der Standpunkt der Moral

Unter der Überschrift „Wirtschaftserziehung und Moralerziehung – ein Widerspruch in sich?“ hat Klaus Beck jüngst den Vorstoß unternommen, den skizzierten Anspruch der Moralität als Bildungsziel, wenigstens für den Bereich ökonomischer Bildung, zurückzuweisen.[450] Beck argumentiert dabei auf zwei Ebenen: Er richtet sich gegen den ethischen

[449] Zur Problematik der Frage nach dem guten Leben in der Moralphilosophie Kants und in der Sozialethik vgl. oben die Hinweise S. 76f. und 120f.

[450] BECK, K.: Wirtschaftserziehung und Moralerziehung – ein Widerspruch in sich? Zur Kritik der Kohlbergschen Moralentwicklungstheorie. In: Pädagogische Rundschau, 53. Jg., 1999a, S. 9-28. Der Forschungszusammenhang, dem diese und andere Arbeiten Becks zur Moralerziehung im Bereich der Wirtschaft entstammen, ist die Anwendung und auf empirischen Daten beruhende Kritik der Kohlbergschen Theorie moralischer Entwicklung. Im Folgenden wird ausschließlich auf Becks ethische und bildungstheo-

Universalismus, und damit eine normative Ethik im Sinne Kants, und behauptet zudem, dass eine Erziehung zum ethischen Universalismus, bezogen auf das Handlungsfeld Wirtschaft, zu einer dauerhaften Überforderung junger Menschen führe. Diese ergäbe sich daraus, dass junge Menschen im Handlungsfeld Wirtschaft den Imperativen ökonomischer Rationalität folgen müssten, die zu Moralkonzepten im Sinne eines ethischen Universalismus in Widerspruch stünden.[451] Eine Konfrontation der jungen Menschen mit den Forderungen des kategorischen Imperativs helfe ihnen nicht bei der Lösung dieser Konflikte, sondern bereite ihnen lediglich ein dauerhaft schlechtes Gewissen.

Als Alternative plädiert Beck für die Ausrichtung der Wirtschaftserziehung am Konzept einer „differentiellen Ethik“. Er versteht darunter einen Zusammenhang subsystemischer Sondermoralen, wie er sich aus ökonomischer Sicht im Anschluss an die Neue Institutionenökonomik skizzieren lässt.[452] Moderne Großgesellschaften zeichnen sich demnach durch eine Vielzahl subsystemischer Funktionserfordernisse aus, die sich an die Individuen als Rollenerfordernisse richten. Unter moralischer Perspektive ergeben sich daraus in unterschiedlichen Handlungskontexten spezifische, teilweise einander widersprechende Anforderungen. Beck unterscheidet dabei Konkurrenz-, Kooperations-, Koordinations- und Konstitutionssituationen als Haupttypen. Er ordnet diese den Subsystemfunktionen Wettbewerb im Markt, innerbetriebliche Leistungserstellung, betriebliche Organisation sowie intersystemische Abstimmung und mit ihnen verbundenen spezifischen Interaktionspartnern zu. Die Aufgabe moralischer Erziehung besteht nach Beck darin, die Heranwachsenden zu befähigen, diese Situationen zu identifizieren und sich den in ihnen jeweils erforderlichen moralischen Prinzipien verpflichtet zu fühlen. Entsprechend den subsystemischen Anforderungen charakterisiert er die unterschiedlichen moralischen Orientierungen als strategisch, fürsorglich, unternehmensdienlich bzw. gesellschaftsbezogen.

Neben seinem pädagogischen Anliegen, die Konsequenz der systemischen Verfasstheit heutiger Gesellschaft und der sich daraus ergebenden oft widersprüchlichen Rationalitätspostulate für Heranwachsende verträglich zu gestalten, erhebt Beck mit seinem Konzept differentieller Ethik einen ethisch-normativen Anspruch und behauptet, dieser Ansatz sei dem Zusammenleben der Menschen in modernen Großgesellschaften angemessener als Konzepte, die mit einem universalistischen Geltungsanspruch operierten.[453] Als legitima-

---

retische Argumentation eingegangen; eine Auseinandersetzung mit der Theorie der formalen Entwicklung des moralischen Urteils nach Kohlberg erfolgt im Rahmen des Kapitels 2.33.

[451] Vgl. BECK 1999a, S. 23. Beck entwickelt seine Argumentation vor dem Hintergrund kaufmännischer Berufsausbildung. Angesichts der Forderung nach stärkerer Berücksichtigung ökonomischer Inhalte an allgemeinbildenden Schulen, lässt sich seine Argumentation unschwer auf Wirtschaftserziehung auch in anderen Bildungsgängen und Schulformen beziehen.

[452] Vgl. hier und im Folgenden BECK 1999a, S. 22f. und BECK, K.: Zur Grundlegung und Vermittlung einer Berufsethik für Kaufleute. In: TRAMM, T./SEMBILL, D./KLAUSER, F./JOHN, E.G. (Hg): Professionalisierung kaufmännischer Berufsbildung. Beiträge zur Öffnung der Wirtschaftspädagogik für die Anforderungen des 21. Jahrhunderts. Festschrift zum 60. Geburtstag von Frank Achtenhagen. Frankfurt am Main 1999b. S. 203ff; an dieser Stelle bezieht sich Beck ausdrücklich auf die Neue Institutionenökonomik, unter anderem auf Karl Homann (vgl. dazu den Hinweis in FN 408).

[453] Vgl. BECK 1999a, S. 20. Für die gesellschaftstheoretisch gestützte Argumentation vgl. BECK, K.: Ethische Differenzierung als Grundlage, Aufgabe und Movens Lebenslangen Lernens. In: ACHTENHAGEN, F./LEMPERT, W. (Hg.): Lebenslanges Lernen im Beruf – seine Grundlegung im Kindes- und Jugendalter. Bd. 5: Erziehungstheorie und Bildungsforschung. Opladen 2000. S. 37ff.

torische Grundlage der subsystemspezifischen Handlungsrationalitäten verweist er auf den „als moralisch gerechtfertigt angenommenen Zustand des Gesamtsystems".[454] An anderer Stelle begründet er die subsystemspezifischen Sondermoralen mit der Vorzugswürdigkeit ihrer Funktionalität gegenüber der Alternative des Chaos, da unter der Voraussetzung von Massengesellschaften nur mit ihrer Hilfe ein menschenwürdiges Leben zu sichern sei.[455] Warum bestimmte Regeln bzw. Institutionen für das Zusammenleben der Menschen gelten sollen, wird im Einzelnen aber nicht angegeben. Gelegentlichen Bemerkungen kann man entnehmen, dass deren moralische Begründung im Einzelfall auch gar nicht vorgesehen ist. Ausdrücklich ordnet Beck seinen Ansatz in die Reihe neuerer Denkansätze einer „evolutionären Ethik" ein.[456] Diese denken die Entstehung moralischer Regeln und Institutionen als evolutionären Prozess einer mehr oder minder zufälligen Entstehung, Selektion und Anpassung; bewusster und gezielter Konstruktion und Implementation seien sie eben gerade nicht zugänglich.[457]

Würde Beck wenigstens seinen Verweis auf die normative Vorzugswürdigkeit des Status Quo argumentativ einlösen, müsste er die von ihm zur Kennzeichnung von dessen ethischer Dignität in Anspruch genommene Sicherung eines „menschenwürdigen Lebens" entfalten. Wie bereits oben in der Auseinandersetzung mit den von Beck favorisierten Positionen der Neuen Institutionenökonomik oder auch der Moralökonomik gezeigt wurde, kommt ein entsprechender Begründungsdiskurs ohne den Standpunkt der Moral bzw. den kategorischen Imperativ als Kriterium für die Verallgemeinerungsfähigkeit der in ihm erhobenen Geltungsansprüche nicht aus; auf den von Beck gescholtenen ethischen Universalismus kann unter der Perspektive normativer Ethik nicht verzichtet werden.[458]

Bleibt das pädagogische Argument zu untersuchen, die Warnung Becks, dass junge Menschen mit dieser Begründungsproblematik überfordert seien. Beck erwähnt ausdrücklich, dass sein Ansatz im Gegensatz zu einem „archaischen Ganzheitlichkeitskonzept" stehe und wendet sich gegen Vorstellungen von „strukturierter Ganzheit" oder „konsistenter Identität", die er als „psychologische Parallelstücke universalistischer Moralen" bezeichnet.[459] Dies sind genau die Vorstellungen, die das Subjekt im Sinn des traditionellen Bildungsbegriffes beschreiben. Beck dagegen möchte junge Menschen von der „Bevormundung" durch den Kategorischen Imperativ befreien und sie zu tüchtigen und flexiblen Kaufleuten, Marktteilnehmern und Bürgern qualifizieren, die ihre jeweiligen Rollen an den Rationalitätsanforderungen des zugehörigen gesellschaftlichen Subsystems ausrichten.[460]

---

454 BECK 1999a, S. 21.

455 Vgl. BECK 2000, S. 39.

456 Vgl. BECK, K.: Ist moralische Erziehung in der Schule möglich? – Eine Problemanalyse. In: POLLAK, G./PRIM, R. (Hg.): Erziehungswissenschaft und Pädagogik zwischen kritischer Reflexion und Dienstleistung. Festschrift zum 65. Geburtstag von Helmut Heid. Weinheim 1999c. S. 289. Wegen der Nähe dieser Konzepte zu entsprechenden Ansätzen in der Ökonomik sei auf die Bemerkungen oben auf S. 89 bzw. in den FN 305 und 411 hingewiesen.

457 Vgl. BECK 1999a, S. 208. Beck bezieht sich an dieser Stelle ausdrücklich auf von Hayek.

458 Vgl. oben S. 117ff.

459 BECK 2000, S. 37 und BECK 1999a, S. 20.

460 Vgl. BECK, K.: Ethischer Universalismus als moralische Verunsicherung? Zur Diskussion um die Grundlegung der Moralerziehung. In: Zeitschrift für Berufs- und Wirtschaftspädagogik, 99. Jg., 2003,

Ein eigenständiges Urteil über deren Regeln und Institutionen unter dem Gesichtspunkt ihrer Verallgemeinerbarkeit und der Perspektive einer verantwortlichen Gestaltung der ökonomischen, politischen, gesellschaftlichen und kulturellen Verhältnisse sieht er nicht vor. Die von ihm favorisierte pädagogische Alternative steht damit ausdrücklich nicht mehr unter dem Anspruch von Bildung, sondern ist als Einweisung Heranwachsender in bestehende Regelsysteme zu qualifizieren.

Bereits im Zusammenhang der Behandlung neuzeitlicher Begründung von Ethik war auf deren Grundlegung in den transzendentalkritisch analysierten bzw. sprachpragmatisch rekonstruierten Möglichkeitsbedingungen von Moralität, heute in der Regel „Standpunkt der Moral“ genannt, hingewiesen worden. Die Rede vom „Standpunkt“ räumt ein, dass eine solche Auffassung nicht noch weiter begründbar, sondern positionell ist; allerdings ist sie untrennbar mit der Vorstellung des Menschen als zu Freiheit und Vernunft aufgerufenes und fähiges Subjekt verbunden. Diese Auffassung kann zwar nicht mit Argumenten bestritten, wohl aber faktisch missachtet werden. Zudem ist es möglich, im Rahmen wissenschaftlicher Modellbildung von ihr zu abstrahieren; man wird aber ohne die Einbeziehung des Standpunktes der Moral dem Selbstverständnis und den Geltungsansprüchen, die Menschen in Fragen ihrer Lebensgestaltung zum Ausdruck bringen, nicht gerecht und kann daher ohne ihn weder Moral noch normative Ethik begründen.[461] Ähnliches wird man bezüglich des bisher entfalteten Bildungsbegriffes einräumen müssen. Wer heute von Bildung redet, erhebt damit den Anspruch auf verantwortliche Selbstbestimmung des Menschen.[462] Dieser Anspruch ist positionell. Auch er hat das Verständnis des Menschen als freies und zur Vernunft fähiges und aufgerufenes Subjekt zur Grundlage, umfasst daher den Standpunkt der Moral. Durch Einweisung in die Rationalität gesellschaftlicher Subsysteme wird man diesem Anspruch nicht gerecht.

Allerdings ist der Begriff der Bildung und sein Anspruch bisher lediglich als Zielvorstellung formuliert. Es bleibt die Art und Weise der Umsetzung dieses Anspruches zu untersuchen, die mit dem Terminus Erziehung bezeichnet werden kann.[463] In der Regel hat es Erziehung mit jungen Menschen zu tun, die zu selbstbestimmtem und verantwortlichem Urteil erst zu führen sind. Die Problematik pädagogischer Vermittlung stellt sich in diesem Zusammenhang in einem viel grundsätzlicheren Sinn, als Beck es formuliert hat. Das

---

S. 296. Beck setzt sich in diesem Aufsatz mit der grundlegenden Kritik Zabecks an seiner Position zur beruflichen Moralerziehung auseinander. Er kritisiert dabei die Orientierung Zabecks an der Tradition eines formal-ethischen Universalismus kantischer Prägung, den er vor allem aufgrund neuerer evolutionstheoretischer Befunde der Bio- und Verhaltenswissenschaften für überholt hält (zur Kritik Zabecks an Beck vgl. ZABECK, J.: Moral im Dienste betrieblicher Zwecke? Anmerkungen zu Klaus Becks Grundlegung einer kaufmännischen Moralerziehung. In: Zeitschrift für Berufs- und Wirtschaftspädagogik, 98. Jg., 2002, S. 485-503).

[461] Vgl. oben S. 75f. u. 117f.

[462] Im Rahmen der Darstellung des Bildungsbegriffes wurde von dessen historischem Entdeckungszusammenhang ausgegangen. Sein Geltungsanspruch ist allerdings prinzipiell; er richtet sich auf jedes pädagogische Denken und Handeln, sofern es unter Pädagogik mehr versteht als Dressur und Aufzucht (vgl. BENNER [4]2001, S. 59ff. u. 71).

[463] Die terminologische Unterscheidung lehnt sich in dieser Frage an Benner an, der die Aufgabe pädagogischer Praxis als „Theorie der Bildung“, die Art und Weise der pädagogischen Interaktion als „Theorie der Erziehung“ thematisiert (vgl. Benner [4]2001, S. 128ff.).

Subjekt und seine Fähigkeit zur Selbstbestimmung ist nämlich nicht durch Fremdbestimmung herstellbar. Das Bildungsziel stellt damit Anforderungen an die Art und Weise seiner Erreichung im Prozess der Erziehung, die auf den ersten Blick widersprüchlich zu sein scheinen.[464] Vor dem Hintergrund des skizzierten Anspruches von Bildung ist jedoch als Anforderung an den Erziehungsprozess festzuhalten, dass auf eine wertende Auseinandersetzung mit ökonomischem Wissen nicht verzichtet werden kann, selbst wenn dies für die Heranwachsenden eine Zumutung bedeuten sollte. Auf deren ethische Bezugspunkte und unterrichtsmethodische Möglichkeiten ihrer Thematisierung ist im Zusammenhang des nächsten Abschnitts einzugehen.

2.3 Ökonomische Bildung durch wertende Auseinandersetzung mit ökonomischem Wissen

2.31 Erziehender Unterricht als Einlösung des Anspruchs der Bildung in der Schule

Erziehung als Umsetzung des Anspruchs der Bildung vollzieht sich im Rahmen von Institutionen, im hier zu untersuchenden Zusammenhang in der Schule. Schule ist zunächst eine Veranstaltung der Gesellschaft. Deren Erwartungen und Ansprüche bilden ein Reservoir von Inhalten und Zielen für den schulischen Erziehungsprozess. Aus der Perspektive der Gesellschaft steht dabei die Aufgabe der Qualifikation im Vordergrund, d.h. die Vermittlung von Kenntnissen, Fertigkeiten und Einstellungen, die die Heranwachsenden zur kompetenten Teilnahme am gesellschaftlichen Leben benötigen.[465] Die Hauptform pädagogischen Handelns, in der dies in der Schule umgesetzt wird, ist der Unterricht. Zur pädagogischen Institution im emphatischen Sinn wird Schule erst dadurch, dass die Art und Weise der Vermittlung von Wissen und Werten, also vorrangig der Unterricht, so gestaltet wird, dass die Heranwachsenden schon im Erziehungsprozess als Subjekte behandelt werden; damit wird Schule dem Anspruch gerecht, der mit dem Gedanken der Bildung erhoben ist.[466] Die Erziehungswissenschaft bringt diesen An-

---

[464] In der erziehungswissenschaftlichen Diskussion wird diese Problematik unter dem Terminus „pädagogisches Paradox“ behandelt (vgl. REGENBRECHT, A.: Ist Tugend lehrbar? In: REGENBRECHT, A./PÖPPEL, K.G. (Hg.): Moralische Erziehung im Fachunterricht. Münstersche Gespräche zu Themen wissenschaftlicher Pädagogik. Bd. 7.1. Münster 1990. S. 8. und BENNER, D./PEUKERT, H.: Moralische Erziehung. In: Enzyklopädie Erziehungswissenschaft, Bd. 1. Stuttgart 1983. S. 396).

[465] Zu den gesellschaftlich funktionalen Erwartungen an Schule vgl. REKUS 1993, S. 22. Zur lehrplantheoretischen Problematisierung dieses Zusammenhanges vgl. BLANKERTZ, H.: Theorien und Modelle der Didaktik. München 1975. S. 42f. Blankertz knüpft in seinen Ausführungen an die Argumentation Erich Wenigers an und wirft das Problem der stimmigen Intentionalität der gesellschaftlichen Erwartungen in pluralen Gesellschaften auf, in denen kein einheitliches Bildungsideal mehr identifizierbar sei. Mit Bezug auf diese Problematik kann man heute sicher davon ausgehen, dass die gesellschaftlichen Qualifikationserwartungen an Schule die Ausstattung der Schüler mit Grundbeständen ökonomischen Wissens beinhalten. Allerdings ergeben sich im Rahmen der Begründung neuer inhaltlicher Ansprüche und ihrer Einfügung in bestehende Bildungsgänge und Lehrpläne Probleme, die eine bildungstheoretische und fachdidaktische Detailargumentation erfordern. Im Zusammenhang des 3. Kapitels wird auf diese Fragen wenigstens kurz einzugehen sein.

[466] Benner bezeichnet dies als „pädagogische Transformation gesellschaftlicher Einflüsse und Anforderungen“; in dieser Hinsicht ist der Bildungsbegriff für ihn „regulatives Prinzip“ (BENNER [4]2001, S. 128).

spruch seit langem mit dem Terminus „erziehender Unterricht" zum Ausdruck, dessen Voraussetzungen und Erfordernisse im Folgenden zu skizzieren sind.[467]

Als negative Abgrenzung kann man festhalten, dass erziehender Unterricht nicht als Weitergabe ausgewählter Wissensbestände an bis dahin mehr oder minder mangelhaft informierte Adressaten konzipiert werden kann. Er muss vielmehr eine Auseinandersetzung mit den Gegenständen des Wissens ermöglichen, in der die Adressaten als Subjekte, d.h. als zu Selbstbestimmung und Vernunft aufgerufene und befähigte Individuen agieren können. Den Schlüssel zu einem solchen Erziehungsverständnis kann man der Erkenntnistheorie Kants entlehnen. Kant bezeichnet nämlich die subjektive Seite des Wissens mit dem Begriff „Fürwahrhalten".[468] Durch die Interpretation des Lernens als Sonderfall des Erkennens, gewinnt man den Ansatz zur Lösung der oben angesprochenen Widersprüchlichkeit der pädagogischen Aufgabe.[469] Es geht dann nicht mehr darum, dass die Individuen Wissensbestände einfach zu übernehmen hätten. Zugleich ist ein Verhältnis zwischen Lehrendem und Lernendem denkbar, das nicht von Fremdbestimmung gekennzeichnet ist. Wissen als Überzeugt-Sein von der Wahrheit eines Sachverhaltes bzw. einer Information ist in Auseinandersetzung mit den Gegenständen nur durch das Individuum selbst als dessen eigene Erkenntnisleistung herstellbar. Erziehung kann dann als Beitrag des Lehrers zum Erkenntnisprozess des Schülers verstanden werden, durch den der Lehrer die Auseinandersetzung des Schülers mit den Gegenständen anregt und unterstützt. In einem solchen Lehrer-Schüler-Verhältnis kann der Lehrer aufgrund seines Vorsprungs an Wissen durchaus die Rolle des Führenden übernehmen. Das Ziel der Erkenntnis ist aber erst im Fürwahrhalten des Schülers erreicht; diese Subjektbestimmtheit des Wissens

---

[467] Vgl. den Hinweis oben in FN 8.
Die klassische Belegstelle findet sich in der Einleitung zur „Allgemeinen Pädagogik" Herbarts: „Und ich gestehe gleich hier, keinen Begriff zu haben von Erziehung *ohne Unterricht*, so wie ich rückwärts ... keinen Unterricht anerkenne, der nicht erzieht" (HERBART, J. H.: Allgemeine Pädagogik aus dem Zweck der Erziehung abgeleitet. [Göttingen 1806] In: HERBART, JOHANN FRIEDRICH, Pädagogische Schriften, hrsg. von ASMUS, W.. Bd. 2, Pädagogische Grundschriften. Düsseldorf 1965. S. 22). Alfred Petzelt beginnt seine „Grundzüge systematischer Pädagogik" mit einem Einführungskapitel zur „Einheit von Unterricht und Erziehung (PETZELT, A.: Grundzüge systematischer Pädagogik. Freiburg ³1964, S. 17ff.). Die aktuellen Richtlinien für die Sekundarstufe II in Nordrhein-Westfalen formulieren: „Erziehung findet in erster Linie im Unterricht statt" (MINISTERIUM FÜR SCHULE UND WEITERBILDUNG, WISSENSCHAFT UND FORSCHUNG DES LANDES NORDRHEIN-WESTFALEN (Hg.): Richtlinien und Lehrpläne für die Sekundarstufe II – Gymnasium/Gesamtschule in Nordrhein-Westfalen. Sozialwissenschaften. Frechen 1999, S. XIII).

[468] KANT [²1787], S. 848f.
Transzendentale Voraussetzung, d.h. Möglichkeitsbedingung für Erkenntnis stellt die Fähigkeit des Menschen zur Vernunft dar. Diese ist aber nicht nur etwas empirisch Vorfindliches, sondern ähnlich wie der kategorische Imperativ, den Kant als Faktum der Vernunft bezeichnet, dem Menschen als Sollen aufgegeben. In seiner Vorrede zur ersten Auflage der „Kritik der reinen Vernunft" führt Kant zur menschlichen Vernunft aus, dass ihr durch ihre eigene Natur Fragen aufgegeben seien, die sie zwar nicht beantworten könne, die sie aber fortwährend belästigten (vgl. KANT [1781], S. VII). Zur Erkenntnistheorie Kants vgl. die Ausführungen oben S. 71f.
Zur pädagogischen Interpretation der Aufgegebenheit der Vernunft sowie zur Analogie von Erkenntnis- und Lernprozess vgl. PETZELT ³1964, S. 19ff. und PÖPPEL, K. G.: „Fürwahrhalten heißt Überzeugung… Fürwahrhalten lässt sich nicht mitteilen." (Kant). Zur Theorie des Lehrer-Schüler-Verhältnisses bei Alfred Petzelt. In: Vierteljahresschrift für wissenschaftliche Pädagogik, 53. Jg., 1977, S. 326f. und REKUS 1993, S. 88ff.

[469] Vgl. oben FN 464.

macht es erforderlich, den Erziehungsprozess als Dialog zu interpretieren, der seine Grundlage in der gemeinsamen Bezugnahme auf die Wahrheit hat. Dabei geht es nicht um die Vorstellung, dass Wahrheit im ontologischen Sinn vorhanden sei bzw. in einer Art Entsprechung von Verstand und Welt erkannt werden könne. Ein sachbestimmtes Argumentieren über Gegenstände und Beziehungen der Objektwelt setzt aber Wahrheit als regulative Idee voraus, da ohne sie Geltungsansprüche logisch nicht erhoben werden können.[470]

Bildende Vermittlung von Wissen zeichnet sich demnach dadurch aus, dass der Schüler zur Selbsttätigkeit angeregt wird. Der Lehrer problematisiert begründete Wissensbestände so, dass der Schüler sich in sachbestimmtem Argumentieren mit ihnen auseinandersetzt. Modernes ökonomisches Wissens eignet sich ausgezeichnet für eine derartige Aneignung, da aufgrund seiner wissenschaftlichen Konstituiertheit die Möglichkeit zu argumentierender Auseinandersetzung gegeben ist. Bereits die intellektuelle Redlichkeit macht es allerdings erforderlich, im Unterricht die Voraussetzungen wissenschaftlicher Aussagensysteme zu thematisieren. Eine moderne wissenschaftliche Weltbetrachtung darf ihre Ergebnisse nicht einfach als theoretisches Abbild der Wirklichkeit einführen. Sie muss vielmehr das Bewusstsein für die methodische Konstruiertheit ihrer Aussagen sowie die historische Bedingtheit ihrer Paradigmen schärfen.[471] Die bildende Vermittlung ökonomischen Wissens im erziehenden Unterricht beinhaltet also schon aus wissenschaftstheoretischen Überlegungen die Notwendigkeit, einen rein innerwissenschaftlichen Standpunkt zu überschreiten.

Aus bildungstheoretischer Sicht ist der Gedanke noch weiter zu führen. Wenn nämlich die Paradigmenabhängigkeit und die methodische Konstruiertheit wissenschaftlichen Wissens erkannt ist, relativiert dies zugleich dessen Bedeutung für lebensweltliche Handlungszusammenhänge. Aus der Wissenschaft selbst lässt sich nicht ableiten, wie angesichts ihrer Ergebnisse sinnvoll und verantwortlich zu handeln ist. Je nach Paradigma und Perspektive könnten deren Ergebnisse nämlich auch andere sein. Der Anspruch der Bildung aber fordert verantwortete Selbstbestimmung der zu Erziehenden. Die den wissenschaftlichen Aussagesystemen zugrunde liegende Wirklichkeit ist dazu unter dem Gesichtspunkt ihrer verantwortlichen Gestaltung in den Blick zu nehmen. Zur bildenden Vermittlung von Wissen muss ein entscheidender Aspekt, der zwar psychologisch kaum, wohl aber systematisch vom bisher entfalteten zu trennen ist, hinzukommen: die Bestimmung der Lebensbedeutsamkeit des Wissens für das Subjekt, d.h. dessen Bewertung. Zwar ist der Anspruch von Bildung ohne sachgemäße Argumentation nicht zu erreichen; dieser Anforderung trägt das Kriterium wissenschaftlicher Begründbarkeit der zu vermittelnden Inhalte durchaus Rechnung. Aber die Frage nach der Lebensbedeutsamkeit ihrer Er-

---

[470] Vgl. oben auf S. 71f. die Hinweise auf die Erkenntnistheorie Kants. Ideen sind bei Kant Begriffe der reinen Vernunft, mit deren Hilfe aus der Erfahrung gewonnene Erkenntnisse geordnet werden (vgl. das Kapitel „Von dem regulativen Gebrauch der Ideen der reinen Vernunft“ in: KANT [²1787], S. 670ff.).

[471] Vgl. BENNER, D.: Die Struktur der Allgemeinbildung im Kerncurriculum moderner Bildungssysteme. Ein Vorschlag zur bildungstheoretischen Rahmung von PISA. In: Zeitschrift für Pädagogik, 48. Jg., 2002, S. 75f.

kenntnisse, in unserem Fall des ökonomischen Wissens, können die Wissenschaften aus sich selber nicht beantworten.[472]

Erziehender Unterricht steht damit vor dem Problem einer normativen Einordnung der in ihm thematisierten Inhalte, die subjektbestimmt, gleichwohl nicht willkürlich zu erfolgen hat. Damit dies denkbar ist, muss erneut die Vorstellung vom Dialog zwischen Lehrer und Schüler herangezogen werden.[473] Ein solcher Dialog, der selbstbestimmte, aber nicht beliebige Bedeutsamkeitsbestimmungen hervorbringen soll, setzt ein Kriterium voraus, auf das sich die Dialogpartner argumentierend beziehen. Wie in Bezug auf das Wissen der Gegenstände der Geltungsanspruch der vorgetragenen Argumente auf die regulative Idee der Wahrheit verweist, ist der Geltungsanspruch in Bezug auf die Bedeutungseinschätzung der Gegenstände nur denkbar vor dem Hintergrund der regulativen Idee des Guten. Auch in diesem Fall ist nicht die Annahme eines ontologischen Konzeptes gemeint, sondern der logische Bezugspunkt einer mit Argumenten geführten Auseinandersetzung über Werte. Die dabei herausgeforderte Aktivität des Schülers ist mit Blick auf die Gegenstände des Unterrichts als Werten zu qualifizieren. Wendet man die Blickrichtung von den Gegenständen auf den Schüler, kann der Zusammenhang der von ihm vorgenommenen Wertungsakte als dessen Einstellung bezeichnet werden.[474] Bildung vollzieht sich in erziehendem Unterricht durch die wertende Auseinandersetzung mit Gegenständen, in der sich das Subjekt selbst bestimmt und gestaltet. Allerdings darf diese Auseinandersetzung nicht unabhängig von dem als sachlich richtig erkannten Wissen erfolgen. Der unterrichtliche Dialog, der auf diese Auseinandersetzung zielt, setzt vielmehr bei den erarbeiteten Wissensbeständen an und thematisiert deren Bedeutsamkeit für menschliches Leben und Handeln. Erziehender Unterricht erfordert daher argumentative Auseinandersetzung mit Inhalten einschließlich ihrer normativen Einordnung.

Im Fall wirtschaftlichen Wissens verlangt erziehender Unterricht die Auseinandersetzung der Schüler mit ökonomischer Rationalität einschließlich ihrer Voraussetzungen und Konsequenzen; im Rahmen dieser Auseinandersetzung sind normative Gesichtspunkte zu thematisieren, die aus der Wirtschaftswissenschaft nicht ableitbar sind. Unter dem Aspekt der Bedeutsamkeitsbestimmung des Wissens kann der erziehende Unterricht als Dialog über verantwortliches menschliches Leben und Handeln verstanden werden. Dass in diesem Dialog auf eine einheitliche Ethik im umfassenden Sinn einer „Lehre vom guten Leben" nicht mehr zurückzugreifen ist, wurde mehrfach konstatiert. Andererseits erfor-

---

472 In der erziehungswissenschaftlichen Diskussion wird dieses Problem mit dem Terminus „didaktische Differenz bezeichnet" (vgl. BLANKERTZ 1975, S. 47 und REGENBRECHT 1990, S. 8f.). Den Begriff „Lebensbedeutsamkeit" als Terminus für die Einschätzung der Bedeutung eines Sachverhaltes aus der Perspektive des Subjekts verwendet Schilmöller (vgl. SCHILMÖLLER, R.: Wissenschaftsorientierter Unterricht – ein Weg zur Bildung? In: Vierteljahresschrift für wissenschaftliche Pädagogik, 71. Jg., 1995, S. 48).

473 Die Vorstellung des Dialogs bringt zum Ausdruck, dass es sich beim Lehrer-Schüler-Verhältnis um ein Verhältnis zwischen zwei Subjekten handelt; sie markiert die erkenntnistheoretischen Bedingungen für einen Erziehungsprozess, der dem Anspruch der Bildung genügt (vgl. oben S. 133.) Davon zu unterscheiden sind Aussagen über Lehrmethoden bzw. Sozialformen von Unterricht, die im folgenden Abschnitt zu treffen sind.

474 In der pädagogischen Terminologie Alfred Petzelts wird die in den Wertungsakten gewonnene Überzeugung des zu Erziehenden als Haltung bezeichnet (zum Zusammenhang von Wissen und Haltung im Prozess der Erziehung vgl. PETZELT ³1964, S. 19f.). Eine Einführung in Begrifflichkeit und Systematik des pädagogischen Denkens Petzelts findet sich bei REKUS 1993, S. 81ff.

dert der Anspruch der Bildung, dass die normative Einordnung der Gegenstände, die auch als Kehrseite der Selbstbestimmung aufgefasst werden kann, mit Geltungsanspruch erfolgt. Summarisch wurde als dessen Bezugskriterium bisher die regulative Idee des Guten genannt. Vor dem Hintergrund der oben getroffenen Aussagen zur Begründung von Ethik in modernen Gesellschaften, insbesondere zur Bedeutung des Standpunktes der Moral, ist dies zu präzisieren und auf den Gegenstandsbereich ökonomischen Wissens zu beziehen.

2.32 Die Frage nach der Lebensbedeutsamkeit ökonomischen Wissens und ihre ethischen Implikationen

Kant hatte den guten Willen als das einzige, was in der Welt ohne Einschränkung für gut gehalten werden kann, bezeichnet. Aus dessen formaler Bestimmung hatte er das Prinzip der Moral, den kategorischen Imperativ gewonnen, der in der Forderung nach Verallgemeinerbarkeit von Handlungsgrundsätzen bis heute als das notwendige Kriterium des Moralischen verstanden wird.[475] Allerdings ist dieses Kriterium zur Beantwortung zahlreicher ethischer Probleme allein nicht hinreichend. Ihm fehlt die evaluative Dimension, die Bewertung inhaltlicher Zwecke. Im Zusammenhang der inhaltlichen Bestimmung unvollkommener Pflichten war von Kant auf die freie Willkür des Einzelnen verwiesen worden. Er hatte diese sogar zur Grundlage seiner Rechtslehre gemacht, in der er als Einschränkung der Willkürfreiheit des Einzelnen nur die Freiheit der anderen gelten ließ. Mit Bezug darauf gilt modernem ökonomischen Denken daher in evaluativen Fragen jeder Wert als gerechtfertigt, solange er als freie Entscheidung eines Subjektes aufgefasst werden kann und formale Rechte anderer nicht verletzt.[476]

Im Zusammenhang der Erziehungsaufgabe ist dieser lediglich formal eingeschränkte Begriff von Willkürfreiheit unzulänglich, da der Anspruch der Bildung die Gestaltung des eigenen Lebens sowie die Mitgestaltung des gesellschaftlichen Zusammenlebens unter die Kriterien Sinn und Verantwortung stellt. Die mit der Bestimmung der Lebensbedeutsamkeit der Gegenstände verbundenen Geltungsansprüche müssen sowohl in Bezug auf ihre Vereinbarkeit mit dem Standpunkt der Moral, also in formeller Hinsicht, als auch in Bezug auf evaluative Fragen ausgewiesen und argumentativ vertreten werden. Hinsichtlich der Erziehungsaufgabe stimmt Kant mit dieser Forderung überein: die Beschreibung der Ziele der Erziehung in seiner Vorlesung über Pädagogik beinhaltet folgende Formulierung: „Der Mensch soll nicht bloß zu allerlei Zwecken geschickt sein, sondern auch die Gesinnung bekommen, dass er nur lauter gute Zwecke erwähle."[477] In seiner Tugendlehre bietet Kant dazu Orientierungshilfe.[478] Zwar ist aus ihr keine materiale Wertethik ableitbar, im Gegensatz zur Rechtslehre nennt er hier aber Gesichtspunkte zur Einschränkung der Willkür des Einzelnen; dessen Spielraum zur Bestimmung positiver Handlungsziele ist begrenzt durch die Verpflichtung nach eigener Vollkommenheit und fremder Glückselig-

---

[475] Vgl. oben S. 72f. und S. 75f.

[476] Vgl. oben S. 78f. und S. 86f.

[477] KANT [1803] 1982, S. 17.

[478] Zur Tugendlehre Kants vgl. oben S. 77f. Zum Zusammenhang der Erziehungsziele aus der Pädagogik-Vorlesung mit der Tugendlehre Kants vgl. KOCH, L.: Kants ethische Didaktik. Würzburg 2003. S. 145.

keit zu streben. Fasst man diese positiven, aber weiten Tugendpflichten unter der Bezeichnung „Lebensdienlichkeit" zusammen, kann man sie zur Auslegung der regulativen Idee des Guten heranziehen, die als Bezugspunkt des Dialogs über die Bedeutsamkeit der Gegenstände im erziehenden Unterricht angegeben war.[479] Neben dem kategorischen Imperativ als formalem Gesichtspunkt der Unparteilichkeit hat die Frage nach der Lebensbedeutsamkeit des unterrichtlich thematisierten Wissens damit einen inhaltlichen Gesichtspunkt. Bei der Analyse des Erziehungsprozesses wird damit noch einmal deutlich, dass sich der Anspruch der Bildung auf das gute und richtige Leben in einem ethisch umfassenden Sinn bezieht.

Dabei ist die Perspektive des erziehenden Unterrichts nicht normative Ethik, sondern die Selbstgestaltung des Lernenden als Subjekt. Zu beachten ist nämlich, dass Schule und Unterricht die von ihnen behandelten Gegenstände im Hinblick auf Anwendung und Handeln thematisieren, selbst aber in Bezug auf diese nicht das wirkliche Leben darstellen und damit keine realen Handlungssituationen sind.[480] Fragen menschlichen Handelns und Probleme gesellschaftlicher Handlungsfelder, also auch der Ökonomie, sind in der Schule Unterrichtsgegenstände. Der unterrichtliche Dialog über die Bedeutsamkeit ökonomischen Wissens stellt dieses in potentielle Handlungszusammenhänge. Dabei ist zu beachten, dass ökonomisches Wissen von seiner Grundstruktur häufig bereits Funktionswissen darstellt. Wie in seiner wissenschaftlichen Bezugsdisziplin, der Ökonomik, sind positive und normative Aussagen eng miteinander verknüpft. Erkenntnisse über die Funktionsweise ökonomischer Zusammenhänge lassen sich leicht in Anwendungsregeln umformulieren. Daher kann der Dialog über die Bedeutsamkeit ökonomischen Wissens in der Regel bei dessen Funktionswert ansetzen. In der Terminologie Kants ist dieser allerdings als „hypothetischer Imperativ" oder „Imperativ der Geschicklichkeit" zu bezeichnen, d.h. er gilt nur unter der Voraussetzung gerechtfertigter Zwecke.[481] Der unterrichtliche Dialog über die Bedeutsamkeit ökonomischen Wissens hat aber über den Funktionswert dieses Wissens hinaus nach dessen Gebrauchswert im Zusammenhang gerechtfertigter Zwecke zu fragen.

---

[479] Frankena entfaltet in seiner analytischen Ethik das Grundpostulat „Leben soll gelingen" in die beiden Prinzipien „Wohlwollen" und „Gerechtigkeit" (vgl. FRANKENA 1972, S. 64ff.). Den mit dem Terminus „Wohlwollen" erfassten inhaltlichen Aspekt des Moralischen bezeichnet Regenbrecht mit dem Begriff „Lebensdienlichkeit"(vgl. REGENBRECHT, A.: Ethikunterricht als Aufgabe der Schule. In: SCHILMÖLLER, R./REGENBRECHT, A./PÖPPEL, K.G. (Hg.): Ethik als Unterrichtsfach. Münstersche Gespräche zu Themen wissenschaftlicher Pädagogik. Bd. 17. Münster 2000, S. 34ff.). Ein ähnlicher Gebrauch dieses Terminus findet sich in der Wirtschaftsethik Peter Ulrichs (vgl. ULRICH, P.: Integrative Wirtschaftsethik. Grundlagen einer lebensdienlichen Ökonomie. Bern ³2001, S. 203ff.).

[480] Vgl. REGENBRECHT 2000, S. 51 bzw. REKUS, J.: Schule als ethischer Handlungsraum. Möglichkeiten und Grenzen ethischer Erziehung in der Schule. In: LADENTHIN, V./SCHILMÖLLER, R. (Hg.): Ethik als pädagogisches Projekt. Grundfragen schulischer Werterziehung. Opladen 1999. S. 258ff.

[481] Vgl. oben den Hinweis auf S. 73. Einige Seiten vor der dort angegebenen Stelle findet sich folgendes Zitat: „Alle Wissenschaften haben irgendeinen praktischen Teil, der aus Aufgaben besteht, daß irgend ein Zweck für uns möglich sei, und aus Imperativen, wie er erreicht werden könne. Diese können daher überhaupt Imperative der Geschicklichkeit heißen. Ob der Zweck vernünftig und gut sei, davon ist hier gar nicht die Frage, sondern nur was man tun müsse, um ihn zu erreichen." (KANT [²1786], S. 67).
Zur Berücksichtigung dieses Zusammenhanges im Rahmen moderner Ökonomik vgl. den Hinweis auf S. 116.

Erziehender Unterricht hat damit ökonomisches Wissen im Sinn einer funktionalen Beschreibung ökonomischer Sachverhalte in den umfassenden Reflexionshorizont seiner Lebensbedeutsamkeit zu stellen. Das Problem einer normativen Einordnung des Wissens stellt sich vor dem Anspruch der Bildung dabei in abgewandelter Form. Die Selbstgestaltung des Lernenden als Subjekt erfordert subjektbestimmte Urteile über die Lebensbedeutsamkeit unterrichtlich thematisierter Inhalte, die allerdings nicht willkürlich sein dürfen. Die in solchen Urteilen enthaltenen Geltungsansprüche sind daher auf ihre Verallgemeinerbarkeit zu prüfen. Um dies im unterrichtlichen Dialog zur erreichen, hat der Lehrer deren ethische Implikationen aufzudecken. Mit den aus ihnen sich ergebenden Gesichtspunkten und Perspektiven sind die Schüler bei ihrer Beurteilung der Lebensbedeutsamkeit ökonomischen Wissens zu konfrontieren.

In individualethischer Perspektive wird unter dem Gesichtspunkt der Legitimation als regulative Idee, an der entsprechende Urteile zu messen sind, ihre Unparteilichkeit, d.h. die formale Verallgemeinerbarkeit der ihnen zugrunde liegenden Handlungsgrundsätze, herangezogen werden müssen.[482] Die unter dem Gesichtspunkt der Lebensdienlichkeit zusätzlich zu fordernde Vernunftgemäßheit der in den Urteilen bewerteten Zwecke, bezieht sich zunächst auf selbst zu wählende Ziele für das je eigene Leben.[483] Deren regulative Idee ist das gute Leben im Sinne eines „gut für mich". Die Bestimmung der Lebensbedeutsamkeit ökonomischen Wissens lässt damit Spielraum für unterschiedliche Lebensentwürfe. Der Mensch ist aber ein soziales Wesen, so dass der Gesichtspunkt des „gut für mich" bei der Thematisierung der wenigsten Probleme ausreichend ist. Individuelle Entscheidungen in Fragen persönlicher Lebensführung stoßen schnell an die Bedingungen des Zusammenlebens mit anderen. Die regulative Idee des guten Lebens ist daher um den Gesichtspunkt des „gut für andere" zu erweitern. Das „gut für mich und andere" ist dabei nicht zu verstehen im Sinn eines utilitaristischen Glücksbegriffes. Glück und Wohlergehen sind als Werte zwar nicht ausgeschlossen, regulative Idee für den Gesichtspunkt der Lebensdienlichkeit bildet aber das gute Leben in umfassendem Sinn. „Gut für mich" bedeutet in diesem Zusammenhang die echte Überzeugung von der Werthaftigkeit einer Sache bzw. ihrer Bedeutsamkeit im Rahmen eines persönlichen Lebensentwurfes.[484] Entsprechende Geltungsansprüche sind im unterrichtlichen Dialog über die Lebensbedeutsamkeit ökonomischen Wissens argumentativ zu vertreten. Mit dem umfassenden Begriff des guten Lebens kommt allerdings die Sinnperspektive ins Spiel, die abschließend nur noch weltanschaulich bzw. religiös beantwortbar ist und damit unterschiedliche Vorstellungen zulässt.[485] Die Vielzahl unterschiedlicher Lebensdeutungen und Werthorizonte, durch die sich moderne Gesellschaften auszeichnen, ist aber in der Regel nicht völlig individualisiert. Diese werden vielmehr im Rahmen gesellschaftlicher Teilgruppen und Weltanschauungsgemeinschaften tradiert und weiterentwickelt. Deren Überzeugungen können im unterrichtlichen Dialog über die Beurteilung ökonomischer Sachverhalte im

---

482 Vgl. zum Folgenden das auf S. 140 abgedruckte Strukturschema 1, hier insbesondere den I. Quadranten.

483 Vgl. im Strukturschema 1 auf S. 140 den II. Quadranten.

484 Vgl. JOAS, H.: Die Entstehung der Werte. Frankfurt am Main 1999, S. 286f.

485 Zur Möglichkeit und Grenze eines solchen Dialogs insbesondere in Hinsicht auf evaluative Fragen vgl. z.B. REGENBRECHT 2000, S. 40ff. und SCHILMÖLLER 1995, S. 48f.

Hinblick auf das gute Leben im Sinne eines „gut für uns“, d.h. als gemeinsamer Überzeugungs- und Wertbestand einer Weltanschauungsgemeinschaft, eingebracht werden.[486] Der Anspruch der Bildung verlangt keine einheitliche, sondern eine begründete Position. Er ist daher durchaus mit gesellschaftlichem Pluralismus vereinbar, nicht aber mit Beliebigkeit. Antworten auf die Frage nach der Lebensbedeutsamkeit ökonomischen Wissens unterliegen daher in erziehendem Unterricht der Forderung, ihren Geltungsanspruch ausweisen und argumentativ belegen zu können.

Interpretiert man den erziehenden Unterricht als Übung der praktischen Vernunft, kann man bezogen auf die Fragen der verantwortlichen Gestaltung des gesellschaftlichen Zusammenlebens von einer Einübung in den „öffentlichen Vernunftgebrauch“ sprechen[487]. Die damit einhergehende Weitung des Blickwinkels im Dialog über die Bedeutsamkeit der Gegenstände des Wissens trägt dem Anspruch der Bildung Rechnung, insofern er sich auf die verantwortete Mitgestaltung des gesellschaftlichen Zusammenlebens bezieht. Da es sich bei modernem ökonomischen Wissen vor allem um Wissen über Regeln und Institutionen handelt, ist die Frage nach dessen Lebensbedeutsamkeit ausdrücklich auf deren Beitrag zu einem guten und gerechten gesellschaftlichen Zusammenleben zu beziehen. Neben der individualethischen Perspektive ist daher für den Gegenstandsbereich Wirtschaft ausdrücklich die Perspektive der Sozialethik zu thematisieren, da eine normative Beurteilung gesellschaftlicher Strukturen zu berücksichtigen hat, dass diese einer anderen und spezifischen Logik unterliegen als das Handeln in überschaubaren Zusammenhängen.[488]

In der Perspektive der Sozialethik verweist die Frage nach der Lebensbedeutsamkeit ökonomischen Wissens unter dem Aspekt der Legitimation auf die regulative Idee der sozialen Gerechtigkeit.[489] Die sozialethische Reflexion des Begriffes hatte bei dessen rein formaler Interpretation als „gleiches Recht für alle“ angesetzt und deutlich gemacht, dass zur Verwirklichung solcher Freiheitsrechte eine materiale Ausstattung mit Fähigkeiten bzw. Grundgütern notwendig ist.[490] Spätestens auf dieser Ebene der Bedeutsamkeitsbestimmung unterliegen die erhobenen Geltungsansprüche der Forderung „gleichermaßen gut für alle“ zu sein.[491] Solange dieses „gleichermaßen gut für alle“ als formale Verallge-

---

486 In der philosophischen Diskussion ist hierfür der Begriff des Ethos gebräuchlich (vgl. etwa ULRICH ³2001, S. 32ff.).

487 Vgl. oben S. 122. Der öffentliche Vernunftgebrauch war dort als prozessuale Füllung des Begriffes des Gemeinwohls skizziert worden.

488 Vgl. oben S. 99f. u. S. 117. Im Strukturschema 1 auf S. 140 ist daher die individualethische Betrachtung der Lebensbedeutsamkeit ökonomischen Wissens um eine Betrachtung aus sozialethischer Perspektive erweitert. Während im ersten Fall die Bedeutsamkeit ökonomischer Sachverhalte im Rahmen bestehender Regeln und Institutionen thematisiert wird, wird im zweiten Fall die Bedeutsamkeit dieser Regeln und Institutionen als solche problematisiert. Als moralische Akteure implizieren die Perspektiven das Individuum bzw. die Gesellschaft oder den Staat.

489 Vgl. im Strukturschema 1 auf S. 140 den III. Quadranten.
Der Begriff der sozialen Gerechtigkeit beinhaltet als Kehrseite der Rechte auch Pflichten (vgl. dazu die Bemerkungen oben in FN 426 u. FN 429).

490 Vgl. oben S. 119.

491 Die Verwendung der Formulierung „gleichermaßen gut für alle“ als Kennzeichnung des Anspruches der Moral findet sich bei TUGENDHAT, E.: Probleme der Ethik. Stuttgart 1984. S. 86.

meinerbarkeit interpretiert wird, grenzt es gesellschaftliche Bereiche ab, in denen unterschiedliche Lebensentwürfe gelebt werden können.[492] Es ist aber einerseits auszuhandeln, wie weit diese Bereiche gehen sollen. Andererseits hatte die sozialethische Reflexion der Begriffe Gemeinwohl und Gerechtigkeit erwiesen, dass das gesellschaftliche Zusammenleben nicht ohne ein bestimmtes Maß an geteilten Werten auskommt. Die regulative Idee des guten Lebens, aus sozialethischer Perspektive das Gemeinwohl, zielt daher auf eine von allen Mitgliedern einer Gesellschaft geteilte Wertebasis.[493]

Die Frage nach der Lebensbedeutsamkeit ökonomischen Wissens und ihre ethischen Implikationen

Frage nach der Lebensbedeutsamkeit ökonomischen Wissens	*unter dem* Gesichtspunkt der **Legitimation**	*unter dem* Gesichtspunkt der **Lebensdienlichkeit**
in **individualethischer** Perspektive *Regulative Idee:*	*Beurteilung ökonomischer Sachverhalte im Hinblick auf verallgemeinerbare Handlungsgrundsätze* **Unparteilichkeit** *I*	*Beurteilung ökonomischer Sachverhalte im Hinblick auf ein gutes Leben für mich und andere* **Gutes Leben** *II*
in **sozialethischer** Perspektive *Regulative Idee:*	*Beurteilung ökonomischer Sachverhalte im Hinblick auf die Verteilung von Rechten und Gütern in einer Gesellschaft* **(Soziale) Gerechtigkeit** *III*	*Beurteilung ökonomischer Sachverhalte im Hinblick auf die in einer Gesellschaft von allen geteilte Wertebasis* **Gemeinwohl** *IV*

Strukturschema 1

Normative Ethik im philosophischen Sinn, und damit auch Sozialethik, hat ihre Grenze heute in der deduktiven Ableitung von Werten aus einer verbindlichen Gesamtidee des guten Lebens. Mit dem Hinweis auf gesellschaftliche Diskurse, deren Ergebnis erst durch politisch formalisierte Verfahren für alle verbindlich werden, gibt sie prozedurale Hinweise, wie die fehlende Allgemeinheit postulierter Werte jeweils konkret herzustellen bzw. wie mit bleibenden Differenzen angemessen umzugehen ist.[494] Die Kategorien Gemeinwohl und soziale Gerechtigkeit sind daher inhaltlich zu konkretisieren in gesellschaftlichen Diskursen, in denen mit normativen Argumenten um die Gestaltung des Zusammenlebens und der dazu notwendigen Institutionen gerungen wird. Solcherart „öffentli-

492 Vgl. im Strukturschema 1 auf S. 140 den III. Quadranten. In einer negativen Formulierung lässt sich die regulative Idee der sozialen Gerechtigkeit auch als „gerechtfertigte Ungleichheit" beschreiben (vgl. oben FN 431).

493 Vgl. im Strukturschema 1 auf S. 140 den IV. Quadranten.

494 Vgl. oben S. 120ff.

cher Vernunftgebrauch" setzt voraus, dass auch evaluative Fragen mit Geltungsanspruch verhandelt werden, d.h. dass praktische Vernunft deren Bezugsinstanz bleibt. Mehr und anderes ist auch als Voraussetzung für den Erziehungsprozess nicht notwendig. Weil junge Menschen unter dem Anspruch der Bildung zu verantwortlichen Subjekten auch für die Mitgestaltung des (künftigen) Zusammenlebens erzogen werden sollen, muss in erziehendem Unterricht die Lebensbedeutsamkeit ökonomischen Wissens auch in sozialethischer Perspektive thematisiert werden.

2.33 Methodische Aspekte wertender Auseinandersetzung mit ökonomischem Wissen im Unterricht

Die Auslegung des Anspruches der Bildung auf die Vermittlung ökonomischen Wissens hat ethische Implikationen verdeutlicht, die mit der Forderung nach Bedeutsamkeitsbestimmung zusammenhängen. Das zusammenfassende Strukturschema markiert zunächst erkenntnistheoretische Bezugspunkte des unterrichtlichen Dialogs über ökonomisches Wissen.[495] Konsequenzen für das Problem der Auswahl und Anordnung von Lerninhalten, also die didaktische Frage im engeren Sinn, sind bisher noch nicht gezogen worden.[496] Im nächsten Kapitel ist diese Frage im Zusammenhang der Lehrplangestaltung wenigstens kurz zu thematisieren.

Den Schwerpunkt der Betrachtung dieses Abschnittes bildet das Problem, auf welche Weise die Berücksichtigung der ethischen Bezugspunkte in der wertenden Auseinandersetzung über die Lebensbedeutsamkeit unterrichtlich vermittelten ökonomischen Wissens erreicht werden kann. Damit wird der Übergang zur Ebene der Methodik vollzogen, d.h. Unterricht als tatsächliche soziale Form des erzieherischen Verhältnisses in den Blick genommen. Es sollen dabei Lehr- bzw. aus Sicht der Schüler Lernarrangements skizziert werden, die sich an den dargelegten Bezugspunkten orientieren und zugleich institutionellen Bedingungen von Schule Rechnung tragen.[497]

Als zentrale Bedingung ist dabei die Gliederung des Unterrichts in Fächer zu beachten. Bildungstheoretisch kann man sie als spezifische Zugänge zur Welt und damit zu den Gegenständen schulischen Lernens interpretieren.[498] In der Regel entsprechen ihnen wissenschaftliche Bezugsdisziplinen sowie eigene Fachdidaktiken. Deren Aufgabe ist die fachlich begründete Adaption allgemeiner didaktischer Prinzipien und ihre Umsetzung in fachunterrichtliche Handlungsarrangements.[499] Entsprechende Erkenntnisse der Didaktik

---

[495] Vgl. oben den Hinweis in FN 473.

[496] Zur Abgrenzung der Probleme der Allgemeinen Didaktik vgl. etwa: HINTZ, D./PÖPPEL, K.G./REKUS, J.: Neues schulpädagogisches Wörterbuch. München 1993. S. 51f. bzw. MEYER, H.: Unterrichtsmethoden. Bd. I: Theorieband. Berlin 1987. S. 23.

[497] Methodik als Frage nach dem „wie" kann analytisch der Frage nach dem „was", der didaktischen Frage im engeren Sinn, gegenübergestellt werden. Der umfassende Begriff der Didaktik als Frage nach der pädagogischen Gestaltung von Lernen und Lehren bezieht sich auf beide Aspekte, die zudem Interdependenzen aufweisen (vgl. HINTZ/PÖPPEL/REKUS 1993, S. 221ff. und MEYER 1987, S. 45ff.).

[498] Vgl. HINTZ/PÖPPEL/REKUS 1993, S. 103ff.

[499] Vgl. REGENBRECHT, A.: Zum Verhältnis von Allgemeiner Didaktik und Fachdidaktik an der Pädagogischen Hochschule. In: Pädagogische Hochschule Dortmund (Hg.): Die Pädagogische Hochschule. Struktur und Aufgaben. Ratingen 1964. S. 278, KLAFKI, W.: Zum Verhältnis von Allgemeiner Didaktik und

der Ökonomie sollen im folgenden Abschnitt nicht eigens thematisiert werden; ein ihnen Rechnung tragender Fachunterricht dient vielmehr als Ausgangspunkt für die Frage nach Unterrichtsbedingungen, die eine wertende Auseinandersetzung mit fachgerecht vermitteltem ökonomischen Wissen ermöglichen.

Sowohl aus fachwissenschaftlicher als auch aus fachdidaktischer Sicht erscheint die methodisch geforderte Konsequenz einer Thematisierung der Lebensbedeutsamkeit ökonomischen Wissens zunächst unproblematisch. Die Ökonomik behandelt als normative Wissenschaft traditionell Anwendungsfragen; Handlungsorientierung ist seit langem eine zentrale fachdidaktische Kategorie des Ökonomie-Unterrichts.[500] Schule bereitet, nicht zuletzt durch die Einübung von Fertigkeiten, auf ökonomisches Handeln vor. Allerdings ist es nicht ihre Aufgabe, wirkliches Handeln vorweg zu nehmen.[501] Der Anspruch der Bildung beinhaltet das Ziel, die Schüler zur Gestaltung der Zukunft zu befähigen; diese aber ist heute noch unbekannt und soll als Handlungsraum für künftige Generationen möglichst offen bleiben.[502] Die Thematisierung der Lebensbedeutsamkeit ökonomischen Wissens zielt auf die Befähigung zur Gestaltung der im Einzelnen unvorhersehbaren Zukunft. Die Frage der Anwendungsmöglichkeiten ökonomischen Wissens wird in diesem Zusammenhang zur Frage nach gerechtfertigten Anwendungen, es geht um die Bestimmung gültiger, nicht beliebiger Zwecke![503] Auch in ethischer Hinsicht kann und soll durch entsprechende unterrichtliche Wertungsprozesse das Handeln der künftigen Generation nicht vorweggenommen werden. Dies ist die notwendige Grenze eines Erziehungsverständnisses, das den Menschen als Subjekt und damit frei denkt. Andererseits geht es im Erziehungsprozess darum, dass die Schüler sich an ihre Wertungsakte binden; solche Selbstbindung aus Vernunft kann in ihrem Zusammenhang als Haltung bzw. Charakter bezeichnet werden. Ziel unterrichtlicher Wertungsprozesse ist weder Determination noch folgenlose Beliebigkeit, sondern Bildung.

Auch die Intention Schüler in Bezug auf ökonomische Fragen zu moralischer Sensibilität und ethischer Reflexionsfähigkeit zu führen, findet bei Fachdidaktikern des Ökonomie-Unterrichts Zustimmung; als methodisches Modell wird in einschlägigen Zusammenhängen auf die so genannte Dilemma-Methode verwiesen, die ursprünglich im Zusammenhang der Theorie der moralischen Entwicklung von Lawrence Kohlberg entwickelt wur-

---

Fachdidaktik – Fünf Thesen. In: MEYER, M.A./PLÖGER, W. (Hg.): Allgemeine Didaktik, Fachdidaktik und Fachunterricht, Weinheim und Basel 1994. S 49ff. und REKUS, J.: Didaktik nach Pisa. In: SEMINAR – Lehrerbildung und Schule. BAK-Vierteljahresschrift, 9. Jg. 2003, Heft 3, S. 134ff. Vgl. auch: KAISER, F.-J./KAMINSKI, H.: Methodik des Ökonomie-Unterrichtes. Bad Heilbrunn [3]1999. S. 13.

[500] Vgl. den Hinweis auf den Zusammenhang von normativen und positiven Aussagen der Ökonomik, oben S. 137; zur aktuellen und traditionellen Bedeutung der Forderung nach handlungsorientiertem Lernen vgl. KAISER/KAMINSKI [3]1999, S. 86f.

[501] Vgl. dazu den Hinweis oben auf S. 137. Als Beleg für Zustimmung aus wirtschaftspädagogischer Sicht sei auf folgende Stelle verwiesen: AFF, J.: Dilemmata-Analyse. In: AFF, J./WAGNER, M. (Hg.): Methodische Bausteine der Wirtschaftsdidaktik. Wien 1997. S. 339.

[502] Vgl. die Ausführungen zum sogenannten „Zukunftsparadox" bei LADENTHIN, V.: Wirtschaft und Bildung. Notwendigkeiten, Möglichkeiten und Grenzen eines Zusammenhangs. In: REKUS, J. (Hg.): Schule und Wirtschaft. Auf der Suche nach einem neuen Verhältnis. Münstersche Gespräche zur Pädagogik. Bd. 18. Münster 2002. S. 15ff.

[503] Vgl. den Hinweis in Kapitel 2.32, S. 137.

de.[504] Die Zustimmung zum Anspruch der Bildung, den moralischen Standpunkt in ökonomischen Fragen einzubringen, wird allerdings mit Blick auf dessen Realisierungschancen relativiert. Da diese Skepsis mit einer Kritik des Ansatzes der moralischen Entwicklung von Kohlberg begründet wird, soll auf diesen kurz eingegangen werden.

Bei Kohlbergs Ansatz handelte es sich zunächst um eine entwicklungspsychologische Theorie, die in der Tradition Piagets die moralische Entwicklung von Kindern untersuchte, indem deren Urteile über moralische Konflikte analysiert wurden. Dabei interessierten nicht die Inhalte der Entscheidungen über die jeweils vorgelegten Dilemmata, bei denen über die Vorzugswürdigkeit einander widersprechender Ansprüche zu urteilen war, sondern die Struktur der Begründung dieser Entscheidung.[505] Ähnlich wie Piaget für die kognitive Entwicklung, postulierte Kohlberg aufgrund seiner Untersuchungsergebnisse für die moralische Entwicklung eine sechsfache Stufenabfolge auf drei Ebenen, die er als vorkonventionelle, konventionelle und nachkonventionelle bzw. autonome Ebene bezeichnete. Die Einordnung der Probanden richtet sich nach ihrem Verständnis der Gerechtigkeitsproblematik. Auf Stufe 1 bildet das eigene bzw. individuelle Wohlergehen den Bezugspunkt für die Beurteilung einander entgegengesetzter Ansprüche, auf Stufe 2 kommen zusätzlich soziale Beziehungen und damit die Interessen der jeweiligen sozialen Gruppen bzw. des Staates in den Blick, auf Stufe 3 schließlich orientiert sich das moralische Urteil an universalen Prinzipien. Das theoretisch postulierte Modell einer hierarchischen, integrativen und irreversiblen Stufenabfolge ließ sich empirisch in Längsschnittstudien nicht halten; zudem erwies sich Kohlbergs Ansatz auch theoretisch durch zusätzliche Aspekte der moralischen Entwicklung als ergänzungsbedürftig.[506]

Die von Kohlberg als diagnostische Instrumente entwickelten moralischen Dilemmata wurden allerdings bald von ihm und anderen zur Förderung der moralischen Urteilsfähigkeit verwendet. Die oben angeführte Skepsis bezieht sich vor allem auf diese Verwendung als methodischer Ansatz moralischer Erziehung. Durch die erwähnte empirische Kritik ist diese allerdings nicht begründbar, da die entsprechenden Ansätze vom strengen Modell der Stufenentwicklung abrücken und stattdessen auf die Erhöhung moralischer Sensibili-

[504] Vgl. KAISER/KAMINSKI ³1999, S. 88 u. 333f. Die Autoren beziehen sich dabei ausdrücklich auf AFF 1997, S. 340f.

[505] Vgl. KOHLBERG, L.: Kognitive Entwicklung und moralische Erziehung. In: MAUERMANN, L./WEBER, E. (Hg.): Der Erziehungsauftrag der Schule. Beiträge zur Theorie und Praxis moralischer Erziehung unter besonderer Berücksichtigung der Wertorientierung im Unterricht. Donauwörth 1978. S. 111. Entsprechend bilden die von Piaget gefundenen Stufen der kognitiven Entwicklung die notwendige Voraussetzung für Fortschritte im moralischen Urteil (vgl. ebenda).

[506] Vgl. KOHLBERG, L./TURIEL, E.: Moralische Entwicklung und Moralerziehung. In: PORTELE, G. (Hg.): Sozialisation und Moral. Neuere Ansätze zur moralischen Entwicklung und Erziehung. Weinheim/Basel 1978. S.18ff. Durch kulturvergleichende Untersuchungen sollte zudem die Kulturinvarianz dieser Entwicklung belegt werden.
Zur empirischen Kritik vgl. beispielsweise die in FN 450 angegebene Arbeit von Klaus Beck.
Einen Überblick über die Forschungstätigkeit Kohlbergs sowie die Kritik und Weiterentwicklung seiner Theorie, die sich nicht nur als ergänzungsbedürftig sondern auch als ergänzungsfähig erwies vgl. OSER, F./ALTHOFF, W.: Moralische Selbstbestimmung. Modelle der Entwicklung und Erziehung im Wertebereich. Stuttgart 1992. Kapitel 2 und 6.

tät bzw. ethischer Reflexivität verweisen.[507] Auch die Bedenken, die auf den Unterschied zwischen moralischem Urteil und moralischem Handeln verweisen, muss man nach den bisherigen schulpädagogischen Überlegungen relativieren: Da Schule Handeln nicht vorwegnimmt, ist dies eine notwendige Kluft. Allerdings zielen unterrichtliche Wertungsprozesse nicht auf folgenlose Beliebigkeit, sondern auf verbindliche Urteile, d.h. Charakterbildung im Sinne einer Selbstbindung aus Vernunft.[508] Welchen Beitrag hierzu moralische Dilemmata leisten können, soll im Folgenden untersucht werden.

Sowohl die Ausführungen zur Begründung des Standpunktes der Moral als auch die Darlegung der Bildungsaufgabe haben zur Konsequenz, dass die Bestimmung der Bedeutsamkeit des Wissens bzw. die Wahl gültiger Ziele als Akte zu verstehen sind, die nur das Subjekt selbst hervorbringen kann.[509] Erziehung bedeutet Anregung der Selbsttätigkeit; die Förderung moralischer Urteilsfähigkeit durch Auseinandersetzung mit Dilemma-Situationen will dies erreichen. Der im Folgenden wiedergegebene Text „Susannes Problem“ schildert eine solche Situation, die zudem fachliche Bezüge zur Wirtschaftslehre aufweist.

„Susanne ist mit Uli, ihrer besten Freundin, in ein Warenhaus gegangen, um Einkäufe zu machen. Sie schauen sich verschiedene Kleider an. Da sieht Uli eine Bluse, die ihr sehr gefällt. Sie sagt zu Susanne, dass sie die Bluse anprobieren wolle. Inzwischen schaut sich Susanne andere Sachen an. Susanne sieht, wie Uli aus der Umkleidekabine heraus kommt. Sie hat ihren Mantel an, winkt Susanne zu und zeigt kurz auf die Bluse unter ihrem Mantel. Dann dreht sie sich um und verlässt schnell das Geschäft. Wenig später kommen der Detektiv des Geschäfts und der Geschäftsleiter auf Susanne zu und wollen ihre Tasche sehen. Dann verlangt der Detektiv, dass sie sagt, wer das Mädchen war, mit dem sie die ganze Zeit zusammen gewesen ist. Er sagt: ‚Sie hat eine wertvolle Bluse gestohlen. Du musst uns den Namen nennen, sonst kannst Du wegen Mithilfe bei einer kriminellen Tat bestraft werden.’ Susanne beschloss, ihre Freundin nicht zu verraten.“[510]

Schüler werden nach der Vorlage eines solchen Dilemmas zur Stellungnahme aufgefordert. Sie sollen angeben, wie sie selbst handeln würden, bzw. ob sie das beschriebene Verhalten für richtig oder falsch halten, und außerdem ihr Urteil begründen. Die Reaktion

---

[507] Neben Fritz Oser, auf den bereits hingewiesen wurde (vgl. OSER/ALTHOFF 1992), sei die Arbeit von Georg Lind erwähnt, der wie Oser an einem Modellprojekt des Landes Nordrhein-Westfalen zur Adaption von Kohlbergs Just Comunity Ansatz beteiligt war (vgl. LIND, G.: Moral ist lehrbar. Handbuch zur Theorie und Praxis moralischer und demokratischer Bildung. München 2003, 25f.). Wegen des berufs- bzw. wirtschaftspädagogischen Hintergrundes seien weiterhin hervorgehoben die Arbeiten von Wolfgang Lempert (vgl. LEMPERT, W.: Modernisierung der Moral oder pseudomoralische Entmoralisierung? In: Zeitschrift für Berufs- und Wirtschaftspädagogik, 99. Jg., 2003, S. 449f.).
Im Gegensatz zu den genannten Autoren entwickelt Klaus Beck, auf den bereits im Zusammenhang der empirischen Kritik des Ansatzes verwiesen wurde (vgl. oben FN 450 und FN 506), als Konsequenz der Auseinandersetzung mit dem Stufenschema sein Konzept einer differentiellen Ethik (vgl. oben S. 128).

[508] Zu den schulpädagogischen Überlegungen vgl. oben S. 137 u. 142. Zum Ziel unterrichtlicher Wertungsprozesse vgl. den Hinweis auf S. 135 insbesondere in FN 474.

[509] Zum Standpunkt der Moral vgl. oben die Ausführungen auf S. 76 und S. 117. Zum Zusammenhang von Standpunkt der Moral und Anspruch der Bildung vgl. S. 128. Zur damit zusammenhängenden besonderen Problematik der Bildungsaufgabe vgl. den Hinweis auf S.131f. insbesondere FN 464.

[510] LIND 2003, S. 138.

einer Schülerin auf das geschilderte Dilemma lautet wie folgt: „...Ich würde den Namen meiner Freundin sofort nennen. Ich glaube, unsere Freundschaft ist in dem Augenblick vorbei, in dem sie sich aus dem Staub gemacht hat und mich im Stich ließ. Wenn sie wirklich meine Freundin wäre, dann wäre ihr unsere Freundschaft wichtiger gewesen als die neue Bluse. Jetzt ist sie für mich nur noch jemand, der etwas gestohlen hat. ...“[511]

Bereits in Kants „Metaphysik der Sitten“ findet sich der Hinweis, dass moralische Urteilskraft geübt werden kann und muss, damit man sich mit ihrer Hilfe in praktischen Handlungsspielräumen orientieren kann.[512] Kant denkt dabei nicht daran, die Besonderheiten des Einzelfalles bestehenden Maximen unterzuordnen. Sowohl in seiner Tugend- als auch in seiner Methodenlehre hat Kant die reflektierende Urteilskraft im Blick. Diese dient dazu, die Besonderheiten konkreter Fälle auf ihre Verallgemeinerbarkeit, d.h. auf in ihnen liegende Prinzipien zu befragen.[513] Interessant ist, dass die zitierte Schülerin in ihren Überlegungen den Besitz einer Bluse gegen den Wert der Freundschaft abwägt. Auf der Ebene der Handlungsgrundsätze stehen im skizzierten Dilemma Wahrhaftigkeit und Treuepflicht einander gegenüber. Welcher dieser Maximen zu folgen ist, wird durch die Abwägung und Bewertung der Zwecke entscheidbar, die in der Situation konkurrieren. Die Verallgemeinerbarkeit der Handlungsgrundsätze ist zwar notwendiges Kriterium für Moralität. Zur Begründung eines moralischen Urteils reicht dieses Kriterium allein aber in den wenigsten Fällen aus. Das moralische Urteil macht eine Bewertung der in Konfliktsituationen konkurrierenden Zwecke erforderlich.[514]

Wie das Beispiel verdeutlicht, ist die Dilemma-Methode zur Übung der moralischen Urteilskraft in einem wichtigen Punkt zu verändern. In der ursprünglichen Version zielte sie, in Orientierung an Kohlbergs formalem Stufenmodell, auf das Kriterium der Verallgemeinerbarkeit der Handlungsgrundsätze. Dazu wurde mit Hilfe der sogenannten „+1-Konvention“, die Sicherheit der moralischen Argumentation der Schüler auf ihrer aktuellen Stufe erschüttert und ihnen Denkanstöße gegeben, die ihnen ermöglichen sollten, sich Urteile auf der nächst höheren Stufe zu eigen zu machen.[515] Die Dilemma-Methode förderte damit die Berücksichtigung des notwendigen Kriteriums für Moralität, blieb aber formal, da ihr die inhaltliche Entscheidung gleichgültig blieb. Damit sie zu gültigen moralischen Urteilen führt, muss sie ergänzt werden durch die Aufforderung zur Bewertung und Begründung der Zwecke.[516]

---

511 Die Antwort ist zitiert nach PÖPPEL, K.G..: Moralische Erziehung im Fachunterricht – Zur Einheit von Unterricht und Erziehung. In: REGENBRECHT, A./PÖPPEL, K.G. (Hg.): Moralische Erziehung im Fachunterricht. Münstersche Gespräche zu Themen wissenschaftlicher Pädagogik. Bd. 7.1. Münster 1990. S. 30.

512 Vgl. KANT [1797], AA VI, S. 411 und die Hinweise oben S. 77f.

513 Zu den entsprechenden Ausführungen in der Methodenlehre der Kritik der praktischen Vernunft vgl. KANT [1788], S. 275. Zur Unterscheidung zwischen bestimmender und reflektierender Urteilskraft vgl. KANT, I: Kritik der Urteilskraft. Herausgegeben von Karl Vorländer. Hamburg [7]1990 [Erscheinung der Originalausgabe: Berlin 1790] S. XXVff. (die Seitenangaben beziehen sich auf die 3. Auflage von 1799).

514 Vgl. SCHÜLLER [3]1987, S. 69ff. Zum Problem der Erweiterbarkeit der normativen Ethik Kants durch utilitaristische Gesichtspunkte in Anwendungsfragen vgl. den Hinweis oben in FN 258.

515 Vgl. KOHLBERG/TURIEL 1978, S. 66f.

516 Zur Kritik vgl. vor allem: REGENBRECHT, A.: Der Beitrag Kohlbergs zu einer Theorie der moralischen Erziehung. In: Vierteljahresschrift für wissenschaftliche Pädagogik, 64. Jg., 1988, S. 83ff.

Die ethischen Bezugspunkte der Frage nach der Lebensbedeutsamkeit ökonomischen Wissens sind im vorigen Abschnitt dieses Kapitels dargestellt worden.[517] Sie beinhalten die normativen Kriterien des moralischen Urteils und können aus der Perspektive des Lernprozesses der Schüler als „Strukturelemente einer Grammatik moralischer Urteilsbildung" interpretiert werden.[518] Die Auseinandersetzung mit ökonomischen Sachverhalten in handlungsbezogenen Problemsituationen hat so zu erfolgen, dass die Schüler die normativen Kriterien verstehen lernen und anzuwenden üben.

Im Zentrum des Unterrichts steht dabei die Auseinandersetzung mit einer Handlungssituation, die Probleme normativer Orientierung aufwirft. Im Ökonomie-Unterricht knüpft eine solche Situation an wirtschaftliche Sachverhalte an. Deren Zusammenhang und Funktionsweise sind in vorangegangenen Phasen des Unterrichts behandelt worden; aus dem Wissen über ökonomische Sachverhalte ergeben sich im Zusammenhang der zu lösenden Handlungsproblematik Handlungsbedingungen. Die normative Orientierung zur Lösung der Problematik gewinnt man dadurch, dass die Handlungsbedingungen auf die normativen Kriterien bezogen werden. Dabei wird, wie das angeführte Beispiel zeigt, in der Regel zunächst der Gesichtspunkt der Lebensdienlichkeit im Vordergrund stehen. Er richtet die Aufmerksamkeit auf die Wahl und Rechtfertigung der Zwecke, die in der Situation zur Disposition stehen. Das Kriterium für diese individuell zu treffende, aber mit Geltungsanspruch zu vertretende Wahl stellt die regulative Idee des guten Lebens dar.[519] Diese ist abzugleichen mit dem Gesichtpunkt der Sachbezogenheit, der im Bezug auf das geplante Handeln die Bedingungen oder, positiv ausgedrückt, die Möglichkeit seiner Verwirklichung beschreibt. Damit das Urteil als moralisches gelten kann, ist die geplante Handlungsweise außerdem unter dem Gesichtspunkt der Legitimation zu betrachten. Zu prüfen ist, ob sie sich zum Handlungsgrundsatz verallgemeinern lässt und damit das notwendige Kriterium für Moralität erfüllt. Das Ergebnis bildet eine normative Orientierung im Sinn einer situationsangemessenen Handlungsregel; diese ist zwar abhängig von den Wertsetzungen des Individuums und den Bedingungen der Situation, erhebt unter diesen Voraussetzungen aber Anspruch auf Verallgemeinerbarkeit.[520]

---

517 Vgl. oben S. 136ff.

518 Die Formulierung ist angeregt durch Wolfgang Sanders „Grammatik der Urteilsbildung" (zum Konzept vgl. SANDER, W.: Mündige Bürger – Gerichtshöfe der Vernunft. Wie ist politisch-moralische Urteilsbildung im Unterricht möglich? In: REDAKTION DER FRANKFURTER HEFTE (Hg.): Existenzwissen. Frankfurt am Main 1983. S. 176ff.; zum Begriff vgl. SANDER, W.: Mädchen – Jungen und Computer. Perspektiven der didaktischen Konzeptbildung für adressatenspezifische Computerkurse. In: BUNDESMINISTER FÜR BILDUNG UND WISSENSCHAFT (Hg.): Mädchen und Computer. Ergebnisse und Modelle zur Mädchenförderung in Computerkursen. Bad Honnef 1992. S. 57). Auf den aktuellen Stand von Sanders Konzept der Urteilsbildung wird unten im Zusammenhang moralisch-politischer Regelbildung eingegangen.
Eine schematische Darstellung der folgenden Ausführungen findet sich im Strukturschema 2 auf S. 148.

519 Dass aus bildungstheoretischer Sicht eine umfassende Vorstellung vom guten und gerechten Leben den Hintergrund des moralischen Urteils darstellen muss und damit auch evaluative Fragen begründungspflichtig sind, wurde oben dargelegt (vgl. S. 147ff.).

520 In der normativen Ethik wird für präsumtive Handlungsregeln, die noch durch die Umstände einer Situation zu spezifizieren sind, die Bezeichnung „prima facie Regel" verwendet (vgl. z.B. FRANKENA 1972 S. 65 und SCHÜLLER ^{3}1987 S. 113, 202f. u. 302f. Hier findet sich auch der Hinweis auf den Ursprung dieser Terminologie bei ROSS, W. D.: The Right and the Good. Oxford 1930. S. 19ff.).

Es wurde bereits erwähnt, dass die in Deutschland weiterentwickelten Ansätze der Dilemma-Methode auf das strenge Modell der Stufenabfolge verzichten.[521] Die Auseinandersetzung mit den gegensätzlichen Argumenten der Mitschüler gilt inzwischen als vollwertiger Ersatz für die ursprüngliche „+1-Konvention".[522] Zudem wird die Verwendung realitätsnaher Dilemmata propagiert. Die Berücksichtigung der Lebens- und Erfahrungswelt der Schüler soll deren Motivation und die Ernsthaftigkeit der Auseinandersetzung stärken.[523] Damit stellt die Dilemma-Methode ein Verfahren dar, das durchaus geeignet ist, die Bedeutsamkeitsbestimmung ökonomischen Wissens in der Perspektive verantwortlichen menschlichen Lebens und Handelns unterrichtlich umzusetzen. Da sie eine systematische Beachtung der inhaltlichen Komponente des moralischen Urteils bisher nicht vorsieht, ist sie in diesem Punkt zu ergänzen. Eine entsprechende Modifikation ist relativ einfach vorzunehmen; im Rahmen der „Konstanzer Methode" sind beispielsweise ausdrücklich Unterrichtsphasen vorgesehen, in denen die gesammelten Argumente geordnet und gewichtet werden.[524] An dieser Stelle können auch die inhaltlichen Gesichtspunkte eingebracht werden, die die „Grammatik moralischer Urteilsbildung" erfordert.

Ein zusätzlicher Aspekt für die Weiterentwicklung der Dilemma-Methode Kohlbergs in Deutschland waren deren methodisch und diagnostisch relativ hohen Ansprüche an die Lehrer, die sich für den Schulalltag als zu aufwendig erwiesen hatten.[525] Die modifizierten Formen scheinen aufgrund der Relativierung der Bedeutung des Stufenschemas mit weniger anspruchsvollen Voraussetzungen auszukommen. Da die diskursive Auseinandersetzung vor allem zwischen den Schülern ablaufen soll, werden vom Lehrer vor allem moderative Fähigkeiten gefordert.[526] Andererseits erfordert der skizzierte Anspruch der Bildung, dass jeder Lehrer, egal welches Fach er unterrichtet, über ein moralphilosophisches

---

[521] Vgl. oben den Hinweis auf S. 144.

[522] Vgl. OSER/ALTHOFF 1992, S. 112. Die Autoren verweisen hier auf eine amerikanische Studie, die zeigt, „dass die Argumente der Kameraden häufig herausfordernder, überzeugender und stimulierender sind als die des Lehrers".

[523] Vgl. LIND 2003, S. 73ff. und OSER/ALTHOFF 1992, S. 118ff.; die Autoren verweisen an dieser Stelle darauf, dass Kohlberg selbst bereits 1978 eine Hinwendung zu Dilemmata aus dem wirklichen Leben vollzogen habe.
Zum Problem der Motivation der Schüler für die Frage nach der Bedeutsamkeit unterrichtlich behandelter Gegenstände vgl. auch REKUS, J: Technikunterricht und moralische Erziehung – Zur Förderung der Werturteilsfähigkeit durch Fachunterricht. In: REGENBRECHT, A./PÖPPEL, K.G. (Hg.): Moralische Erziehung im Fachunterricht. Münstersche Gespräche zu Themen wissenschaftlicher Pädagogik. Bd. 7.2. Münster 1990. S. 109.

[524] Vgl. LIND 2003, S. 133.

[525] Vgl. z. B. OSER/ALTHOFF 1992, S. 114f., und LIND 2003, S. 73.

[526] Vgl. LEMPERT 2003, S. 449, LIND 2003, S. 74ff. und OSER/ALTHOFF 1992, S. 119ff. Man kann die erforderliche kommunikative Kompetenz des Lehrers als Fähigkeit zur Umsetzung der dialogischen Prinzipien des Erziehungsprozesses in der sozialen Situation der Klasse interpretieren (vgl. dazu oben den Hinweis in FN 473). Bei den angeführten Autoren hat die Bezugnahme auf den Begriff des Diskurses allerdings eine zusätzliche systematische Bedeutung. Deren eingeschränkte Berechtigung wird unten im Zusammenhang sozialethisch relevanter Problemstellungen behandelt.

Grundwissen verfügt, das ihm die Einordnung und Gewichtung der in der Diskussion von Fallbeispielen vorgetragenen Argumente der Schüler ermöglicht.[527]

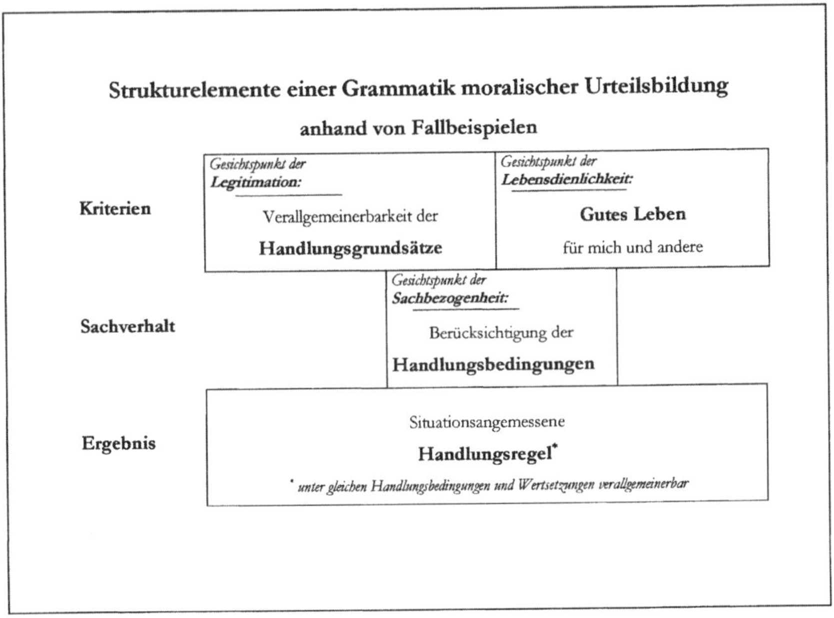

Strukturschema 2

Der Beitrag des Fachunterrichtes zur Thematisierung der Lebensbedeutsamkeit ökonomischen Wissens im Rahmen der Auseinandersetzung mit Fallbeispielen liegt allerdings zunächst in der Bereitstellung richtigen Wissens. Die Bestimmung des moralisch Richtigen in einer potentiellen Handlungssituation beinhaltet die Anforderung der Berücksichtigung situativer Bedingungen, die sachgerecht erfolgen muss. Eine situationsangemessene Handlungsregel entsteht aber erst dadurch, dass aus sachlich denkbaren Handlungsalternativen eine moralisch gerechtfertigte ausgewählt wird. Hierzu sind die vorliegenden

527 Zu den ethischen Implikationen des Anspruchs der Bildung vgl. oben S. 136ff. Für ein moralphilosophisches Grundlagenwissen des Lehrers plädiert auch LIND 2003, S. 80f.; er hebt dabei hervor, dass jedes Fach mindestens über die Dimension des Sachbezuges zum moralischen Lernen beiträgt. Etwas missverständlich ist dagegen die Formulierung bei LEMPERT 2003, S. 449. Der Autor meint an dieser Stelle im Haupttext, auf besondere moralische Kompetenzen und Orientierungen als Voraussetzung für die Diskussionsleiter bei moralischen Konflikten zugunsten rein moderativer Fähigkeiten verzichten zu können; allerdings wird dieser Hinweis durch die eindeutige ethische Position des Autors korrigiert, auf die er in der Fußnote verweist.
Ein Moralverständnis, das auf ethische Fundierung meint verzichten zu können und stattdessen aus pädagogischen Gründen die emotionale Bindungswirkung moralischer Handlungsgrundsätze zum Kriterium von Moralität macht, führt bei der Strukturierung moralischer Dilemmata zur Alternative Beliebigkeit oder Indoktrination. Als Beispiel sei auf das Dilemma im Buchladen hingewiesen, mit dem Klaus Beck die Notwendigkeit seines oben skizzierten Ansatzes der Moralerziehung illustriert (zum Ansatz Becks vgl. oben S. 128f. Das Beispiel findet sich bei BECK 1999c, S. 294ff.).

Sachverhalte auf ethische Kriterien zu beziehen. Der Fokus einer solchen wertenden Auseinandersetzung mit ökonomischem Wissen liegt dabei im Fachunterricht bei der Frage der Lebensdienlichkeit. Die Beantwortung der Legitimationsfrage, d.h. das Kriterium der Verallgemeinerungsfähigkeit der Handlungsgrundsätze, wird vom Fachlehrer des Ökonomie-Unterrichts in der Regel vorausgesetzt, zumal er sie in seinem Unterricht nur begrenzt problematisieren kann.[528] Eine ausdrückliche Thematisierung von und Auseinandersetzung mit moralischen Handlungsgrundsätzen verweist auf die übergreifenden Sinnhorizonte von Weltanschauungen und Religionen; hierfür sind im Rahmen der Schule der konfessionsgebundene Religionsunterricht bzw. entsprechende Ersatzfächer zuständig. Sowohl der Religionsunterricht als auch die bundeslandspezifischen Ersatzfächer sind im Rahmen ihres Bildungsauftrages in der Lage, ausgehend von Handlungssituationen Handlungsgrundsätze zu thematisieren und damit den Standpunkt der Moral, einschließlich weltanschaulicher und religiöser Motivation zu seiner Übernahme, sachlich und pädagogisch adäquat zu thematisieren. Da zudem auch eine weitergehende Begründung evaluativer Urteile ohne Bezugnahme auf den weiteren Rahmen von Lebensentwürfen einschließlich weltanschaulich zu beantwortender Sinnfragen nicht auskommt, verweist auch die Auseinandersetzung über Fragen der Lebensdienlichkeit auf diese Fächergruppe.[529] Bildender Ökonomie-Unterricht, der die Frage nach der Bedeutsamkeit ökonomischen Wissens aufwirft, ist also bezüglich der Thematisierung dieser weiterreichenden Begründungshorizonte auf den Religionsunterricht bzw. entsprechende Ersatzfächer verwiesen. Aus pragmatischen Gründen bietet es sich an, diesen Zusammenhang im Rahmen fächerverbindender Unterrichtseinheiten über grundlegende Problemstellungen aus dem Bereich ökonomischen Handelns exemplarisch zu verdeutlichen.[530]

Zum fachlichen Anspruch, den der Ökonomie-Unterricht erhebt, gehört die Einsicht in den institutionellen Charakter modernen ökonomischen Wissens. Damit ist eine Perspektive verbunden, die ökonomische Sachverhalte unter der Voraussetzung funktionaler Differenzierung gesellschaftlicher Zusammenhänge und Abläufe rekonstruiert.[531] Eine normative Problematisierung der Lebensbedeutsamkeit ökonomischen Wissens, die diesem institutionellen Charakter Rechnung trägt, erfordert dessen Beurteilung aus sozialethischer Sicht.

Der methodische Ansatz, die Frage nach der Lebensbedeutsamkeit ökonomischen Wissens im Unterricht mit Hilfe von Fallbeispielen zu thematisieren, ist in diesem Zusammenhang abzuwandeln: Nicht mehr einzelne Fallbeispiele, sondern typische gesellschaftliche Problemsituationen bilden die zu diskutierenden Entscheidungsfälle. Die zu ihrer Lösung gesuchten bzw. zu problematisierenden Regeln haben den Charakter von Institutionen, also gesellschaftlicher Verabredungen oder Normen, die unter Umständen sogar

---

[528] Zur Problematik dieser Unterstellung vgl. REGENBRECHT 2000, S. 46f. und LIND 2003, S. 23.

[529] Vgl. zur Frage der ausdrücklichen unterrichtlichen Thematisierung normativer Ethik die Diskussion um das Schulfach Ethik in SCHILMÖLLER, R./REGENBRECHT, A./PÖPPEL, K. G. (Hg.): Ethik als Unterrichtsfach. Münstersche Gespräche zu Themen wissenschaftlicher Pädagogik. Bd. 17. Münster 2000.

[530] Vgl. dazu das Beispiel unten in Kapitel 3.21.

[531] Vgl. die Ausführungen zur Institutionenökonomik in Kapitel 1.33 sowie die Hinweise zur Notwendigkeit der Thematisierung der methodischen Konstruiertheit modernen ökonomischen Wissens im Unterricht oben S. 134.

mit Hilfe von Sanktionen durchgesetzt werden. Mit ihrer Einrichtung erhobene Geltungsansprüche beinhalten, anders als die Handlungsregeln aus individualethischer Sicht, neben der moralischen auch eine politische Dimension. Der Diskurs, der im Rahmen der Dilemma-Methode der Vielfalt der Argumente dient, mit denen sich der Einzelne bei der moralischen Urteilsbildung auseinanderzusetzen hat, gewinnt in diesem Zusammenhang systematische Bedeutung. Das Schema zur Grammatik moralischer Urteilsbildung ist daher so abzuwandeln, dass der Dimension der Diskursivität, die eine Konsequenz der Anwendung des Standpunktes der Moral auf Fragen der Regelung des gemeinsamen Zusammenlebens darstellt, anders ausgedrückt der Forderung eines „öffentlichen Vernunftgebrauchs" bei der Regelung gemeinsamer Angelegenheiten, Rechnung getragen wird.[532]

Der Wechsel von der individual- zur sozialethischen Perspektive modifiziert die Strukturelemente einer Grammatik moralisch-politischer Urteilsbildung bereits auf der Ebene der Kriterien.[533] Die sozialethische Auslegung des Standpunktes der Moral hatte ergeben, dass unter dem Gesichtspunkt der Legitimation eine Verallgemeinerbarkeit von Handlungsgrundsätzen im Sinne formaler Rechtsgleichheit kein hinreichendes Kriterium für sittliche Richtigkeit sein kann, da die Verwirklichung solcher Freiheitsrechte eine materiale Ausstattung mit Fähigkeiten bzw. Grundgütern erfordert. Zudem verweist der Begriff der Lebensdienlichkeit in sozialethischer Perspektive auf von allen geteilte Werte, ohne die ein gesellschaftliches Zusammenleben nicht auskommt.[534] In individualethischer Perspektive lässt die Frage nach der Lebensdienlichkeit einen breiten Raum für unterschiedliche Antworten zu, insofern es um Fragen persönlicher Lebensführung geht. In sozialethischer Perspektive geht es um die Regelung von Fragen, die alle gemeinsam betreffen, bzw. um die Aushandlung der Räume privater Lebensgestaltung. Dabei sind die in den hierüber geführten gesellschaftlichen Diskursen eingebrachten Argumente von Vorstellungen vom guten und gerechten Leben gespeist, die in der Regel den Sinnhorizonten von Weltanschauungsgemeinschaften und wertintegrierten gesellschaftlichen Gruppen entstammen. Damit diese Vorstellungen als normative Grundlage gesellschaftlicher Regelungen dienen können, müssen sie mit Hilfe verallgemeinerungsfähiger Argumente, d.h. mit Bezug auf die regulativen Ideen der sozialen Gerechtigkeit und des Gemeinwohls, anderen plausibel gemacht werden.[535]

Zur Klärung des Sachverhaltes sind in den jeweiligen Diskurs sachbezogene Argumente hinsichtlich der Zusammenhänge und Abläufe funktional differenzierter Gesellschaften

---

532 Vgl. oben S. 122f. bzw. S. 140.

533 Zur Akzentuierung der Gesichtspunkte der Legitimation bzw. Lebensdienlichkeit in individualethischer und sozialethischer Perspektive vgl. oben das Strukturschema 1 auf S. 140 und die entsprechenden Ausführungen im Text.
Eine schematische Darstellung der folgenden Ausführungen findet sich im Strukturschema 3 auf S. 151.

534 Im Strukturschema 3 ist durch graue Unterlegung ein Überschneidungsbereich zwischen dem Gesichtspunkt der Legitimation und dem Gesichtspunkt der Lebensdienlichkeit hervorgehoben. Damit wird dem Umstand Rechnung getragen, dass bei der Diskussion sozialethischer Fragen der Gesichtpunkt der Legitimation nicht ohne evaluative Argumente auskommt (vgl. dazu oben S. 119).
Dass der Begriff der sozialen Gerechtigkeit als Kehrseite der Rechte mindestens implizit Pflichten beinhaltet, wurde oben angesprochen (vgl. FN 489 und die dort angegebenen Verweise).

535 Vgl. oben S. 121.

einzuspeisen. Sie werden in der Regel der Ökonomik entstammen. Mit den durch ihr methodologisches Instrumentarium konstruierten Modellen zur Funktionsweise gesellschaftlicher Regelsysteme, hilft sie die Voraussetzungen und Umsetzungsbedingungen alternativer Regelungsvorschläge empirisch zu beleuchten.

Grundlage normativer Diskurse über Fragen gesellschaftlichen Zusammenlebens bildet das Verständnis des Menschen als moralisches Subjekt. In modernen Gesellschaften hat das Prinzip der Rechtsstaatlichkeit die Funktion, willkürliche Einschränkungen der dazu notwendigen Freiheitsrechte zu verhindern. Daher setzt auf der Ergebnisebene die rechtliche Umsetzung institutioneller Regelungsvorschläge die Beachtung politischer Institutionen und Verfahrensbedingungen voraus.[536]

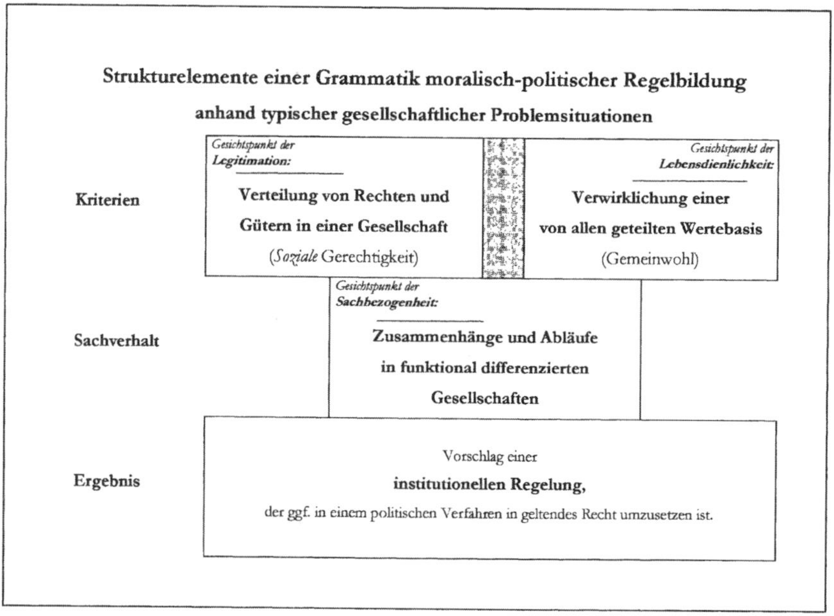

Strukturschema 3

Die Thematisierung der Lebensbedeutsamkeit ökonomischen Wissens anhand typischer gesellschaftlicher Problemsituationen bietet sich aus der Perspektive des Fachunterrichts an, wenn in ihm der institutionelle Charakter dieses Wissens verdeutlicht werden soll. Allerdings macht die Behandlung der normativen Gesichtspunkte aus sozialethischer Sicht die Auseinandersetzung mit weltanschaulichen und religiösen Positionen erforderlich. Eine handlungsbezogene Beschäftigung mit dem institutionellen Charakter ökonomischen Wissens verweist daher noch deutlicher als die Bedeutsamkeitsbestimmung in individuell zu lösenden Problemsituationen auf die Zusammenarbeit ökonomischen Fachunterrichts mit dem Religionsunterricht und entsprechenden Ersatzfächern. Die

[536] Vgl. oben S. 122f.

erwähnten Anforderungen an die politischen Verfahrensbedingungen legen zudem fächerverbindende Kooperationen mit dem Politikunterricht nahe.

Im folgenden Kapitel sind am Beispiel der neuen Rahmenvorgabe für die ökonomische Bildung in der Sekundarstufe I in Nordrhein-Westfalen curriculare Bedingungen derartiger fächerverbindender Kooperation zu erörtern. Zudem soll die Behandlung der Lebensbedeutsamkeit ökonomischen Wissens an je einer Unterrichtsskizze zur moralischen Urteilsbildung sowie zur moralisch-politischen Regelbildung exemplarisch verdeutlicht werden.

3. Bildende Vermittlung ökonomischen Wissens im Unterricht

Schule als Veranstaltung der Gesellschaft setzt deren Qualifikationsforderungen an die nachwachsende Generation um.[537] Ihren administrativen Ausdruck finden diese Forderungen in Ausbildungs- und Prüfungsordnungen, deren inhaltliche Konkretisierung Lehrpläne darstellen. Dass solche Anforderungen in pluralen Gesellschaften nicht einheitlich sind, hatte bereits die geisteswissenschaftliche Lehrplantheorie Erich Wenigers festgestellt. Weniger bezeichnet Lehrpläne als Ergebnis einer Auseinandersetzung gesellschaftlicher Mächte. Den Staat sieht er dabei ebenfalls als eine Macht, die um Wirkung auf den Nachwuchs bemüht ist; zugleich kommt ihm als Veranstalter von Schule die Verantwortung einer Ordnungsmacht zu. Bei der Verwirklichung dieser Aufgabe bedient er sich der Pädagogik als Hilfsinstanz.[538]

Aus erziehungswissenschaftlicher Sicht ist hierzu die didaktische Frage im engeren Sinn zu behandeln, d.h. die Auswahl und Anordnung von Lehr- bzw. Lerninhalten. Wie bereits im Zusammenhang der Überlegungen zum Anspruch der Bildung erwähnt, wirkt der Bildungsbegriff dabei als regulatives Prinzip.[539] Gerechtfertigte Ansprüche der Gesellschaft sind in ein pädagogisch verantwortbares Curriculum zu überführen.

Das in diesem Zusammenhang zu fordernde Kriterium der Wissenschaftsorientierung, d.h. der wissenschaftlichen Vermittelbarkeit der Inhalte schulischen Lernens, ist im Fall ökonomischer Sachverhalte grundsätzlich umsetzbar.[540] Auch der Adressatenbezug, also die Fasslichkeit entsprechend dem Alter und der Vorbildung der Schüler, kann bezogen auf wirtschaftliches Wissen für jede Alters- und Schulstufe hergestellt werden.[541] Allerdings sind, wenn es wie im Fall der ökonomischen Bildung gegebenenfalls um die Einführung eines neuen Faches geht, die Auswirkungen auf den bestehenden Fächerkanon und dessen Aufbau und Zusammenhang zu beachten. In Frage steht dabei der bildungstheoretisch zu verantwortende Gesamtaufbau des Curriculums. Eine Antwort setzt kulturtheoretische Überlegungen zur Bedeutung ökonomischen Denkens als grundsätzlichem Zugang zu modernem Leben und heutiger Welt sowie dessen Verhältnis zu anderen Weltzugängen voraus.[542] Genau hierüber aber sind die Ansichten strittig: Systemisch orientierten Ansätzen, die ökonomische Rationalität als formalen Ansatz zur Lösung von Knappheitsproblemen durch Optimierung der Zweck-Mittel Relation auffassen, steht beispiels-

---

537 Vgl. oben S. 132 bzw. FN 465.

538 WENIGER, E.: Didaktik als Bildungslehre. Teil I: Theorie der Bildungsinhalte und des Lehrplans. Weinheim 91971. S. 62ff.

539 Zum regulativen Charakter des Anspruchs der Bildung vgl. die Hinweise oben in FN 466.

540 Wie dieses Kriterium auszulegen bzw. zu ergänzen ist, ist in der erziehungswissenschaftlichen Diskussion bis heute umstritten. Dass es im Sinne eines modernen Wahrheitskriteriums als grundlegend zu gelten hat, ist seit seiner Formulierung durch die Bildungskommission des Deutschen Bildungsrates unstrittig (vgl. DEUTSCHER BILDUNGSRAT: Empfehlungen der Bildungskommission: Strukturplan für das Bildungswesen. Stuttgart 1970. S. 33). Zur Einlösung des Kriteriums im Falle ökonomischen Wissens vgl. oben S. 134.

541 Vgl. LADENTHIN 2002, S. 10.

542 Vgl. BENNER 2002, S. 72ff., BENNER, D.: Bildungsstandards und Qualitätssicherung im Religionsunterricht. In: Zeitschrift für Religionspädagogik. 3. Jg., 2004, Heft 2, S. 26. und LADENTHIN 2002, S. 10f.

weise nach wie vor ein substantielles Verständnis von Ökonomie gegenüber. Dieses interpretiert Wirtschaften als ein grundlegendes Weltverhältnis, in dessen Zentrum als zentrale Kategorie menschliche Selbstverwirklichung durch Arbeit steht.[543]

Im Rahmen eines pädagogischen Selbstverständnisses, das den Anspruch der Bildung ernst nimmt, kann es sich bei curricularen Entscheidungen, die unter Bezugnahme auf die Bedeutung wirtschaftlichen Wissens erfolgen, aber lediglich um einen vorläufigen Akt fürsorglicher Hilfe handeln.[544] Da Bildung Freiheit ermöglichen soll, darf sie nicht auf einer kulturtheoretisch begründeten Option bestehen, sondern muss die Schüler in die Lage versetzen, ihr Verhältnis zu Leben und Welt selbstverantwortlich zu bestimmen. Genau hierauf zielen die im letzten Kapitel dargelegten Kriterien zur Bedeutsamkeitsbestimmung ökonomischen Wissens. Dass sich dabei auf gesellschaftlicher Ebene unterschiedliche Positionen gegenüberstehen, muss unterrichtlich thematisiert werden. Es hatte sich herausgestellt, dass wertende Auseinandersetzung mit der Frage nach der Lebensbedeutsamkeit ökonomischen Wissens auf weltanschauliche, ethische und politische Kategorien angewiesen ist. Die curricularen Bedingungen für die Umsetzung des skizzierten Anspruches der Bildung beinhalten daher insbesondere die Frage nach Möglichkeiten fächerverbindender Unterrichtssequenzen.

Im Folgenden soll diese Frage exemplarisch an der Rahmenvorgabe für die ökonomische Bildung in der Sekundarstufe I in Nordrhein-Westfalen untersucht werden. Dazu wird diese einschließlich ihres Entstehungshintergrundes kurz dargestellt. Sie dient anschließend als Orientierungsrahmen für die Skizzierung von Unterrichtssequenzen, die eine mögliche Umsetzung des geforderten Anspruches an eine bildende Vermittlung ökonomischen Wissens entsprechend den dargelegten unterrichtsmethodischen Überlegungen veranschaulichen sollen.[545]

3.1 Curriculare Bedingungen wertender Auseinandersetzung mit ökonomischem Wissen - untersucht am Beispiel der Rahmenvorgabe für die ökonomische Bildung in der Sekundarstufe I in Nordrhein-Westfalen

Die Stundentafeln des allgemeinbildenden Schulwesens, insbesondere des Gymnasiums, waren in Deutschland lange Zeit durch die bildungstheoretischen Vorstellungen des Neuhumanismus geprägt. Im Litauischen Schulplan hatte Wilhelm von Humboldt die Trennung von allgemeiner und spezieller Bildung gefordert. Alle Inhalte, die sich durch Nähe

---

543 Vgl. die Kontroverse, die Ladenthin in einer Fußnote seines Beitrages andeutet (LADENTHIN 2002, S. 11, FN 15).

544 Vgl. HINTZ/PÖPPEL/REKUS 1993, S. 202ff.

545 Die in der Überschrift von Kapitel 3.2 verwendete Bezeichnung „ethisch reflektierende Unterrichtssequenzen" lehnt sich an eine Formulierung von Georg H. Neuweg an. Dieser verwendete in einer Debatte um das Verhältnis von Ethik und ökonomischer Bildung den Begriff „ethisch reflexive Wirtschaftsdidaktik". Die hier vertretene Position zur wertenden Auseinandersetzung mit ökonomischem Wissen stimmt in der Tendenz mit Neuweg überein, lässt sich aber systematisch mit dessen Argumentationsgang kaum zur Deckung bringen, da sein bildungstheoretisches Konzept als Aufklärungsprogramm entsprechend erkenntnistheoretischen Motiven des Kritischen Rationalismus gestaltet ist. Augenfällig zum Ausdruck kommt dies in der Formulierung der Überschrift des Aufsatzes: NEUWEG, G. H.: Vom Wert der Wertfreiheit in einer ethisch-reflexiven Wirtschaftsdidaktik. In: ALBERS, H.-J. (Hg.): Ethik und ökonomische Bildung. Bergisch-Gladbach 1996. S. 59-91.

zu beruflicher Verwertbarkeit auszeichnen, standen seitdem im Verdacht, den Menschen zu verzwecken, nicht aber seiner Bildung zu dienen.[546] Noch im Jahr 1999 konnte daher eine Expertengruppe feststellen, dass die zeitlichen Anteile für technische und arbeitsweltliche Inhalte in den Stundentafeln allgemeinbildender Schulen sich umgekehrt proportional zur Höhe des an der jeweiligen Schule erreichbaren Bildungsabschlusses verhielten.[547] Die Feststellung dieses Mankos, insbesondere mit Blick auf ökonomische Inhalte, erfolgte zunächst durch Fachdidaktiker sowie einschlägig interessierte Organisationen und Verbände. Durch Einbeziehung weiterer Interessengruppen konnte allerdings in kurzer Zeit ein breiter gesellschaftlicher Konsens darüber hergestellt werden, dass ökonomische Grundbildung ein notwendiger Bestandteil schulisch zu vermittelnder Allgemeinbildung ist.[548]

Vorbereitet und begleitet wurde diese gesellschaftspolitische Initiative zur Stärkung ökonomischer Bildung in der Schule durch Pilotprojekte, die Instrumente für die Umsetzung dieser Forderung erstellten und erprobten. Neben Vorschlägen für Lehrpläne wurden Unterrichtsmaterialien entwickelt sowie Qualifizierungsmaßnahmen für Lehrkräfte. Zur Erleichterung ihrer Verbreitung wurden diese teilweise als internetbasierte Fortbildungsmodule und Lehrgänge konzipiert.[549] Um eine optimale institutionelle Verankerung ökonomischer Bildung im System von Lehrerausbildung, Schule und Universität sicherzustellen, diente dabei als Zielperspektive die möglichst weitgehende Einführung eines eigenständigen Schulfaches Ökonomie. Unter der Prämisse, dass die Unterrichtszeit in

---

[546] Vgl. HUMBOLDT 1964 [1809], S. 188f. und die Ausführungen oben S. 125ff.

[547] Vgl. DEUTSCHES AKTIENINSTITUT: Memorandum zur ökonomischen Bildung. Ein Ansatz zur Einführung des Schulfaches Ökonomie an allgemeinbildenden Schulen. Frankfurt 1999. S. 15. Etwa zeitgleich entstand im Rahmen des durch Bertelsmann-, Heinz Nixdorf- und Ludwig-Erhard-Stiftung geförderten Pilotprojektes „Wirtschaft in die Schule!" eine umfassende Analyse der Lehrpläne für Gymnasien mit Blick auf die curriculare Verankerung ökonomischer Bildung (vgl. SCHLÖSSER, H. J./WEBER, B.: Wirtschaft in der Schule. Gütersloh 1999).

[548] Vgl. BDA/DGB (Hg).: Wirtschaft – notwendig für schulische Allgemeinbildung. Gemeinsame Initiative von Eltern, Lehrern, Wissenschaft, Arbeitgebern und Gewerkschaften. Berlin 2000.

[549] Das Pilotprojekt „Wirtschaft in die Schule!" begann ab 1998 mit der Entwicklung erster Unterrichtseinheiten für die gymnasiale Oberstufe. Es wurde ab dem Jahr 2002 durch das Projekt „Praxiskontakte Wirtschaft - Wirtschaft in die Schule" weitergeführt, das dessen curriculare Grundlagen insbesondere durch das methodische Element der Praxisbegegnung erweiterte. Beide Projekte wurden in Kooperation mit dem Land Nordrhein-Westfalen durchgeführt. Die wissenschaftliche Begleitung lag bei den Instituten für ökonomische Bildung in Oldenburg und Münster.
Bereits im Jahr 2001 wurden ausgehend vom Projekt „Wirtschaft in die Schule!" internetbasierte Aus- und Weiterbildungsangebote für Lehrer entwickelt. Sie werden mittlerweile von zehn Bundesländern genutzt und finden auch im Bereich der Sekundarstufe I Anwendung. Das Ministerium für Schule, Jugend und Kinder des Landes Nordrhein-Westfalen nutzt Module des Projektes „Ökonomische Bildung online" als Grundlage für seine Fortbildung zur Qualifizierung von Lehrern für die Umsetzung der Rahmenvorgabe für die ökonomische Bildung in der Sekundarstufe I (der Abschlussbericht des Projektes „Wirtschaft in die Schule!" findet sich als Download auf der Website der Bertelsmann-Stiftung: http://www.stiftung-bertelsmann.de; der Abschlussbericht des Projektes „Praxiskontakte – Zusammenarbeit zwischen Schule und Wirtschaft" ist im Frühjahr 2005 bei der Verlagsgruppe Westermann, Braunschweig erschienen: KAMINSKI, H./KROL, G.-J./EGGERT, K./KOCH, M./LOERWALD, D./ZOERNER, A.: Praxiskontakte. Zusammenarbeit zwischen Schule und Wirtschaft. Braunschweig 2005; von Westermann wurden außerdem die Grundmodule des Projektes „Ökonomische Bildung online" in den sieben Bänden der Reihe „Ökonomische Bildung kompakt" verlegt).

Deutschland insgesamt nicht ausgeweitet, sondern eher reduziert wird, ist dies im bestehenden Fächerkanon nur durch Verdrängung anderer Fächer bzw. ihrer Stundenanteile zu erreichen. Da mit den Fächern die Interessen gesellschaftlicher Gruppen zusammenhängen, verliert der Konsens bezüglich der Notwendigkeit ökonomischer Grundbildung in der Frage der Forderung eines neuen und eigenständigen Unterrichtsfaches Wirtschaft seine Bindungskraft.[550]

Die Rahmenvorgabe für die ökonomische Bildung in der Sekundarstufe I in Nordrhein-Westfalen trägt dieser Problematik durch einen Kompromiss Rechnung. Ausdrücklich formuliert der Einführungserlass, dass der systematische Aufbau ökonomischer Kompetenzen in der Sekundarstufe I „nicht durch Einführung eines weiteren Faches mit ggf. minimalen Anteilen in den Stundentafeln, sondern durch Vernetzung der ökonomischen Anteile in den Fächern der Gesellschafts- und Arbeitslehre" erreicht werden soll.[551] Ähnlich wie die Rahmenvorgabe Politische Bildung bildet sie die verbindliche Grundlage für die künftige Überarbeitung von Richtlinien und Lehrplänen der beteiligten Fächer.[552] Dies sind in der Haupt- und Gesamtschule die Lernbereiche Gesellschafts- und Arbeitslehre, an Realschulen und Gymnasien die Fächer Erdkunde, Geschichte und Politik. Anders als im Fall der politischen Bildung hat die Rahmenvorgabe Ökonomische Bildung allerdings bereits auf der Grundlage der geltenden Lehrpläne verbindlichen Charakter. Dazu definiert sie verbindliche zeitliche Anteile für die ökonomische Bildung in den beteiligten Fächern.[553] Die unterrichtspraktische Realisierung der obligatorischen wirtschaftskundlichen Anteile der Fächer, einschließlich der Gewährleistung einer sachgerechten Lernprogression in der Vernetzung zwischen den jeweiligen fachlichen Anteilen, hat auf der Grundlage von schuleigenen Arbeitsplänen zu erfolgen, die gemeinsam von den Fachkonferenzen der beteiligten Fächer zu entwickeln sind.

Die Frage eines bildungstheoretisch zu verantwortenden Gesamtaufbaus des Curriculums ist damit in wichtigen Punkten auf die Ebene der Einzelschule verlagert. Bildende Vermittlung ökonomischen Wissens im Sinne des dargelegten Anspruchs unterliegt in hohem Maße der pädagogischen Verantwortung der beteiligten Fachlehrer. Diese werden zudem auf die Möglichkeit fächerverbindender Absprachen und Projekte, auch mit Kollegen

---

550 Im Vorwort der gemeinsamen Initiative „Wirtschaft – notwendig für schulische Allgemeinbildung" wird darauf hingewiesen, dass die Landeselternverbände in der Frage der Einführung eines eigenen Unterrichtsfaches Wirtschaft zu keinem einheitlichen Votum kamen (vgl. BDA/DGB 2000, S. 5); darüber hinaus lässt die Nennung des Realschullehrerverbandes als beteiligter Lehrerverband ahnen, welche Interessengruppen nicht für diese Forderung gewonnen werden konnten.

551 Auszug aus dem Amtsblatt des Ministeriums für Schule, Jugend und Kinder des Landes Nordrhein-Westfalen Nr. 1/04, abgedruckt in: MINISTERIUM FÜR SCHULE, JUGEND UND KINDER DES LANDES NORDRHEIN-WESTFALEN (Hg.): Rahmenvorgabe für die ökonomische Bildung in der Sekundarstufe I. Frechen 2004. S. 4. Die Rahmenvorgabe ist seit dem Schuljahr 2004/2005 in Kraft, ihre Umsetzung durch alle weiterführenden Schulen des Landes ist vom Schuljahr 2005/2006 an verbindlich.

552 Vgl. MINISTERIUM FÜR SCHULE, WISSENSCHAFT UND FORSCHUNG DES LANDES NORDRHEIN-WESTFALEN (Hg.): Rahmenvorgabe Politische Bildung. Frechen 2001. S. 4.

553 Vgl. MINISTERIUM FÜR SCHULE, JUGEND UND KINDER DES LANDES NORDRHEIN-WESTFALEN 2004, S. 38ff.

weiterer Fächer, ausdrücklich hingewiesen.[554] Allerdings formuliert die Rahmenvorgabe hinsichtlich der Ziele, Inhalte und Methoden ökonomischer Bildung Bedingungen, die bei der schulinternen Realisierung beachtet werden müssen; als Grundlage für die im folgenden Abschnitt skizzierten Unterrichtssequenzen sollen deshalb ihre leitenden didaktischen Kategorien dargestellt werden.

Auf die strukturelle Parallele zur Rahmenvorgabe politische Bildung wurde bereits hingewiesen. Wie diese ist die Rahmenvorgabe ökonomische Bildung den grundlegenden Zielen politischer Bildung verpflichtet, denen aufgrund ihrer Erwähnung in den Artikeln 7 und 11 der Landesverfassung für das Land Nordrhein-Westfalen Verfassungsrang zukommt.[555] Beide Rahmenvorgaben zielen auf die „Mündigkeit junger Menschen als Staatsbürgerinnen und Staatsbürger in einem demokratischen System"; die Rahmenvorgabe ökonomische Bildung ist auf die Rahmenvorgabe politische Bildung abgestimmt.[556] Um sich trotz dieses gemeinsamen Zieles von der politischen Bildung zu unterscheiden, beginnt die Rahmenvorgabe ökonomische Bildung mit einer Darlegung zentraler bzw. elementarer Kategorien ökonomischen Denkens einschließlich ihrer Erfassung durch ökonomische Theoriebildung.[557] Damit ist die Voraussetzung für spezifische Ziele ökonomischer Bildung zunächst aus fachwissenschaftlicher Sicht formuliert. Den Übergang zur Zielebene findet die Rahmenvorgabe dadurch, dass sie die Handlungsrelevanz ökonomischen Denkens aufgrund der Komplexität der wirtschaftlichen Verhältnisse und der „zunehmenden Ökonomisierung immer weiterer Lebensbereiche" reklamiert.[558] Bei der inhaltlichen Strukturierung des Zielbereiches tritt die Fachsystematik zugunsten einer Orientierung an gegenwärtigen und zukünftigen Handlungs- und Lebenssituationen der Lernenden zurück. Mit Blick auf die zu ihrer Lösung benötigten Kenntnisse und Fähigkeiten, deren Darlegung im nächsten Abschnitt erfolgt, werden die bedeutsamen wirtschaftlichen Problemstellungen in die Bereiche privater Haushalt, Arbeitswelt sowie Situation des Wirtschafts- und Staatsbürgers gegliedert.[559] Die eigentliche materiale Entfaltung,

---

[554] Vgl. MINISTERIUM FÜR SCHULE, JUGEND UND KINDER DES LANDES NORDRHEIN-WESTFALEN 2004, S. 14 u. 35.
Offen bleibt die Frage nach den Ressourcen der Schulen für die bisher in solchem Umfang nicht vorgesehene Arbeit an schulinternen Curricula. Die Frage nach der fachwissenschaftlichen und fachdidaktischen Qualifikation der beteiligten Lehrkräfte im Fach Wirtschaft wird durch das Ministerium mit dem Verweis auf die internetbasierte Fortbildung zur Rahmenvorgabe beantwortet (vgl. a.a.O. S. 4 sowie den Hinweis in FN 549). Auf die Frage, ob dieses Verfahren ausreicht, die Qualifikation von Fachlehrern für die ökonomische Bildung nachhaltig sicherzustellen, soll im vierten Kapitel dieser Arbeit kurz eingegangen werden.

[555] Im Fall der ökonomischen Bildung wird zudem auf Artikel 26 der Landesverfassung Bezug genommen, der Arbeitnehmer die gleichberechtigte Mitbestimmung bei der Gestaltung der wirtschaftlichen und sozialen Ordnung zuerkennt (vgl. MINISTERIUM FÜR SCHULE, JUGEND UND KINDER DES LANDES NORDRHEIN-WESTFALEN 2004, S. 3).

[556] A.a.O. S. 3 u. 7. Eine eingehende Verhältnisbestimmung, die zudem auf die analoge Gültigkeit der Grundsätze des „Beutelsbacher Konsenses" hinweist, erfolgt im Abschnitt 1.3 (vgl. a.a.O. S. 12f.).

[557] Vgl. MINISTERIUM FÜR SCHULE, JUGEND UND KINDER DES LANDES NORDRHEIN-WESTFALEN 2004, S. 9ff.

[558] A.a.O. S. 11.

[559] A.a.O. S. 11f.
Da sich diese Gliederung auf wirtschaftliche Strukturen bezieht, bleibt sie anschlussfähig an Perspektiven

d.h. eine Füllung des bis dahin formalen Zielkonstruktes aus ökonomischen Kategorien und wirtschaftlich bedeutsamen Handlungsbereichen erfolgt in Abschnitt 2 der Rahmenvorgabe.[560]

Die Fähigkeit der Schüler, ökonomische Kategorien in Handlungssituationen verwenden zu können, wird dabei zunächst als Ergebnis eines Bündels von Kompetenzen bezeichnet. Die Rahmenvorgabe ökonomische Bildung orientiert sich damit an einem Sprachgebrauch, der sich aufgrund der hohen Relevanz internationaler Schulleistungsvergleiche in der bildungspolitischen Debatte inzwischen auch in Deutschland etabliert hat.[561] Allerdings löst sie das anspruchsvolle Konzept eines auf die Domäne bezogenen fachdidaktisch zu begründenden Kompetenzmodells auf empirisch-lerntheoretischer Grundlage nicht ein. Hierzu müsste sie in der Lage sein, die Entwicklung ökonomischen Denkens nach Inhalten und Stufen gegliedert zu beschreiben.[562] Andererseits bleibt das vorgelegte Konstrukt ökonomischer Sach-, Urteils- und Entscheidungs-/Handlungskompetenz für die eigentliche curriculare Strukturierung ohne Wirkung. Als eigentlicher Kern wird ihre kognitive Dimension herausgestellt: das Bewusstsein der Kategorien des ökonomischen Denkens, deren Stellenwert für die Sicherstellung ökonomischer Fachlichkeit bereits herausgestellt wurde.[563]

ökonomischer Theoriebildung und ermöglicht die Einlösung der Forderung nach Wissenschaftsorientierung (zur Bedeutung und Auslegung des Kriteriums der Wissenschaftsorientierung in modernen Lehrplänen vgl. den Hinweis auf den Strukturplan für das Bildungswesen in FN 540).

560 Vgl. a.a.O. S. 15ff.

561 Vgl. KLIEME, E. U.A.: Zur Entwicklung nationaler Bildungsstandards. Eine Expertise. Bonn 2003, S. 15, unter Bezug auf den verstorbenen Lerntheoretiker Weinert; die Expertise versucht die bildungstheoretische Schwäche der Pisa-Untersuchung damit pragmatisch zu lösen a.a.O. S. 6ff.).

562 Vgl. KLIEME U.A 2003, S. 15 und 58ff. Trotz dieser lernpsychologischen Orientierung beansprucht der Kompetenzbegriff der Expertise, indem er als seine Komponenten Wissen, Fähigkeiten und Fertigkeiten sowie Einstellungen aufzählt, auf Bildung in umfassendem Sinn zu zielen (vgl. a.a.O. S. 15).
Da die Bildungsstandards die mit dem Anspruch von Bildung erhobene Beurteilung des Wertes der fachlichen Inhalte und Methoden konzeptuell nicht einlösen, kritisiert Regenbrecht allerdings die hinter ihnen stehenden Kompetenzvorstellungen unter Bezugnahme auf Kants Metaphysik der Sitten als „Imperative der Geschicklichkeit" (vgl. REGENBRECHT, A.: Sichern Bildungsstandards die Bildungsaufgabe der Schule? In: Engagement. Zeitschrift für Erziehung und Schule. Heft 4/2004. S. 304f.).
Dass eine bildungstheoretisch verantwortete Verwendung des Kompetenzbegriffes möglich ist, zeigt die Rückschau auf die ursprüngliche Unterscheidung von Sach-, Sozial- und Selbstkompetenz bei Heinrich Roth. Er strukturiert den Lern- bzw. Erziehungsprozess mit Hilfe einer Hierarchisierung dieser Begriffe: Moralische Mündigkeit bzw. Selbstbestimmung ist das eigentliche Ziel, Sach- und Sozialkompetenz sind dessen Voraussetzungen oder Komponenten. (Vgl. ROTH, H.: Pädagogische Anthropologie. Bd. II. Entwicklung und Erziehung. Hannover 1971. S. 381ff. Roth nimmt dabei ausdrücklich Bezug auf den Kategorischen Imperativ Kants).

563 Vgl. MINISTERIUM FÜR SCHULE, JUGEND UND KINDER DES LANDES NORDRHEIN-WESTFALEN 2004, S. 17 u. 11. Auf Seite 17 sind die Kategorien ökonomischen Denkens in der Verbindung „Kategorien des ökonomischen Denkens und Handelns" aufgeführt. Dass dennoch dieselben Kategorien gemeint sind, wird bei deren Nennung auf S. 9 deutlich, die ausdrücklich auf deren theoretische Konstruiertheit und damit deren kognitiven Hintergrund Bezug nimmt.
Der Begriff Kompetenz wird zwar auch im folgenden Text gelegentlich verwendet, aber eben nicht als systematisch strukturierendes Kriterium im Sinne des Abschnittes 2.1. Besonders deutlich wird dies im 3. Abschnitt, der Obligatorik, der diese Kompetenzen schlicht aufzählt. In den Planungsbeispielen ab S. 40 sowie im Material, dass im Auftrag des Ministeriums zur Umsetzung der Rahmenvorgabe zur Verfügung

Unter der Überschrift „Problemfelder und Inhalte" präsentiert der Abschnitt 2.2 der Rahmenvorgabe den Kern des Lehrplans. Als leitende didaktische Kriterien, die der erfolgten Auswahl zugrunde liegen, werden ökonomische Fachlichkeit und gegenwärtige bzw. zukünftige Handlungsrelevanz für Schüler genannt. Aus der Vielzahl möglicher wirtschaftlicher Inhalte wurden solche berücksichtigt, bei denen beide Aspekte gleichermaßen zutreffen.[564] Die eingangs postulierte Abstimmung mit der Rahmenvorgabe politische Bildung findet im Bereich der Problemfelder und Inhalte ihren Niederschlag in der Übernahme des formalen Rasters. Beide Rahmenvorgaben geben acht Problemfelder an, zu denen jeweils zentrale Inhalts- und Problemaspekte angegeben werden. Der materiale Bezug ergibt sich durch den Anspruch der Rahmenvorgabe ökonomische Bildung, die Problemfelder der politischen Bildung mit offensichtlichen wirtschaftlichen Hintergründen auszudifferenzieren; eine durchgängige thematische Parallelisierung oder anderweitige systematische Verschränkungen sind allerdings nicht ersichtlich.[565]

Zur Orientierung der Arbeit an schuleigenen Lehrplänen sowie für die unterrichtliche Umsetzung folgen zwei weitere Bemerkungen. Zum einen der Hinweis, dass die Inhalts- und Problemaspekte Anforderungen, Themenkreise oder Inhaltsaspekte derzeit gültiger Lehrpläne bereits beinhalten. Zum anderen die zusätzliche formale Anforderung, dass bei der didaktischen Erschließung der Problemfelder die im Rahmen der Ausführungen zu den Zielen angeführten „Bereiche wirtschaftlichen Handelns" angemessen zu berücksichtigen seien.[566]

Mit den Problemfeldern einschließlich ihrer zentralen Inhalts- und Problemaspekte ist die inhaltliche Basis zur Wahl von Unterrichtsthemen gelegt. Allerdings stellen diese selbst noch keine solchen Themen dar. Wie man sie adressatengerecht didaktisch aufbereitet, wird auf den folgenden Seiten mit Hilfe von drei Beispielen dargelegt. Die zentrale Rolle spielen dabei Erschließungsfragen, die gewährleisten sollen, dass die Unterrichtsthemen der Motivation und den Interessen der Schüler sowie zugleich den zentralen Bereichen ökonomischen Handelns Rechnung tragen.[567] Zur Erstellung schuleigener Arbeitspläne, wie sie nach den Ausführungen zu den Stundentafeln der einzelnen Schulformen im Anhang exemplarisch dargestellt werden, liegen damit allerdings die wichtigsten Angaben vor.[568] Zusätzlich zu beachten sind allerdings die im Abschnitt 2.3 erfolgenden Hinweise

---

gestellt wird, taucht der Begriff Kompetenz im spezifischen Sinn der in Abschnitt 2.1 skizzierten Systematik ebenfalls nicht auf (vgl. die Unterrichtseinheiten auf der Website http://www.economics-nrw.de).

564 Vgl. MINISTERIUM FÜR SCHULE, JUGEND UND KINDER DES LANDES NORDRHEIN-WESTFALEN 2004, S. 18. Eine Übersicht ist in der Abbildung 1 auf S. 160 abgedruckt.

565 Vgl. MINISTERIUM FÜR SCHULE, WISSENSCHAFT UND FORSCHUNG DES LANDES NORDRHEIN-WESTFALEN 2001, S. 21f.

566 Vgl. MINISTERIUM FÜR SCHULE, JUGEND UND KINDER DES LANDES NORDRHEIN-WESTFALEN 2004, S. 21 bzw. zu den „Bereichen wirtschaftlichen Handelns" S. 11f. und 18.

567 Vgl. a.a.O. S. 21ff.

568 A.a.O. S. 37ff. Hier werden die verpflichtenden Stundenanteile aufgelistet, die die Fächer bzw. Lernbereiche der ökonomischen Bildung zu widmen haben; anschließend ist beispielhaft für jede Schulform ein Arbeitsplan/schulinternes Curriculum abgedruckt; Planungsinstrumente, mit deren Hilfe solche schulinternen Curricula zwischen den Fachkonferenzen abzustimmen sind, werden den Fachkonferenzen auf der Website economics.nrw.de angeboten (vgl. dazu die Hinweise in FN 554 u. 563).

zu Methoden. Neben der Nennung von Unterrichtsmethoden und Arbeitsmethoden für die Schüler wird dabei auf die Notwendigkeit der Thematisierung grundlegender Methoden ökonomischer Erkenntnisgewinnung hingewiesen.[569] Nach einem Abschnitt mit Hinweisen zur Gewährleistung einer Lernprogression werden unter der Überschrift Obligatorik schließlich noch einmal die wichtigsten Gesichtspunkte für die Erstellung schulinterner Arbeitspläne und Durchführung des Unterrichts aufgezählt. Neben einem summarischen Hinweis auf die Lernziele sind dies die Berücksichtigung aller Problemfelder in Verbindung mit den drei Bereichen wirtschaftlichen Handelns, die damit, ergänzt durch verbindliche Anforderungen zur Methodenwahl, das curriculare Zentrum der Rahmenvorgabe bilden.[570]

Problemfelder und zentrale Inhalts- und Problemaspekte

Problemfeld 1: Konsumentensouveränität – Verkaufsstrategien
Zentrale Inhalts- und Problemaspekte
a) Bedürfnisse, Nachfrage und wirtschaftliches Handeln
b) Kaufverhalten, Verbraucherschutz, Rechte und Pflichten der Käuferin/des Käufers
c) Marketinginstrumente und Verkaufsstrategien
d) Konsum und ökologische Verantwortung

Problemfeld 2: Markt – Marktprozesse zwischen Wettbewerb, Konzentration und Marktmacht
Zentrale Inhalts- und Problemaspekte
a) Die Koordination von Angebot und Nachfrage am Markt und Funktionen des Marktpreises
b) Wettbewerb versus Konzentration; Marktgeschehen und staatlicher Ordnungsrahmen
c) Die Sozialbindung des Eigentums und ethische Aspekte des Marktprozesses

Problemfeld 3: Geldgeschäfte – Geldwertstabilität
Zentrale Inhalts- und Problemaspekte
a) Geldfunktionen und Sicherung des Geldwertes durch die EZB
b) Der Euro und sein Außenwert
c) Kreditformen und Vermögensanlage

Problemfeld 4: Produktion – Technischer Fortschritt – Strukturwandel
Zentrale Inhalts- und Problemaspekte
a) Unternehmensformen und die Rolle der Unternehmerin/des Unternehmers in der Marktwirtschaft
b) Standortfaktoren, betriebliche Grundfunktionen und betriebliche Kennziffern
c) Innovationen in der Produktion und Strukturwandel

Problemfeld 5: Arbeit und Beruf in einer sich verändernden Industrie-, Dienstleistungs- und Informationsgesellschaft
Zentrale Inhalts- und Problemaspekte
a) Berufswahl und Berufswegplanung
b) Der Arbeitsmarkt und der Wandel von Arbeitsformen, Arbeitsbedingungen und Qualifikationsanforderungen durch technischen Fortschritt und Globalisierung
c) Arbeitnehmer- und Arbeitgebervertretungen, Tarifverträge und Tarifautonomie
d) Wege in die unternehmerische Selbstständigkeit, Chancen und Risiken

Problemfeld 6: Einkommen und soziale Sicherung zwischen Leistungsprinzip und sozialer Gerechtigkeit
Zentrale Inhalts- und Problemaspekte
a) Primärverteilung des Einkommens, Verteilungsungleichheiten und staatliche Umverteilung
b) Soziale Risiken: Systeme der sozialen Sicherung und Formen der privaten Vorsorge
c) Grenzen der sozialen Sicherung – Bevölkerungsentwicklung und Wirtschaftswachstum

Problemfeld 7: Ökologische Herausforderungen/Verhältnis von Ökonomie und Ökologie
Zentrale Inhalts- und Problemaspekte
a) Ursachen und globale Aspekte ökologischer Krisen
b) Qualitatives versus quantitatives Wachstum – nachhaltiges Wirtschaften und Kreislaufwirtschaft
c) Prinzipien der Umweltökonomie und Einsatz umweltpolitischer Instrumente im nationalen und internationalen Rahmen
d) Innovationspotenziale ökologisch orientierter Produktion

Problemfeld 8: Soziale Marktwirtschaft – Herausforderungen durch Internationalisierung und Globalisierung
Zentrale Inhalts- und Problemaspekte
a) Die Entwicklung der Sozialen Marktwirtschaft und ihre ordnungspolitischen Elemente; wirtschaftspolitische Ziele, Entscheidungsfelder und Träger der nationalen Wirtschaftspolitik
b) Vom nationalen Markt zum europäischen Binnenmarkt
c) Der Prozess der Globalisierung, Chancen und Risiken
d) Wirtschaftsbeziehungen zwischen unterschiedlich entwickelten Ländern

Abbildung 1[571]

Die Rahmenvorgabe ökonomische Bildung bekennt sich zum Anspruch der Bildung im oben dargelegten Sinn, indem sie die Mündigkeit junger Menschen als ihr Ziel angibt; mit

[569] Vgl. a.a.O. S. 24ff. Die Kooperation mit außerschulischen Partnern, die man aus der Perspektive des Lehrers zu den Unterrichtsmethoden zählen könnte, wird von den Autoren der Rahmenvorgabe als eigene methodische Kategorie bezeichnet.
Zur bildungstheoretischen Begründung der Forderung nach Offenlegung der methodischen Konstruiertheit ökonomischen Wissens vgl. die Ausführungen oben S. 134.

[570] Vgl. a.a.O. S. 30.

[571] MINISTERIUM FÜR SCHULE, JUGEND UND KINDER DES LANDES NORDRHEIN-WESTFALEN 2004, S. 19f.

der ausdrücklichen Erwähnung moralischer Handlungsfähigkeit vertritt sie ein Verständnis ökonomischer Bildung, das zu verantwortlicher Bestimmung des eigenen Lebens und zur Mitbestimmung der Gesellschaft befähigen will.[572] Es ist daher auch auf dem Hintergrund der Rahmenvorgabe folgerichtig, die normative Dimension, die neben der Sachdimension Bestandteil jeder ökonomischen Entscheidung ist, durch Thematisierung ethischer Implikationen ökonomischer Fragen im Unterricht zu behandeln.

Mit Begriffen wie Konsumentensouveränität, Markt oder Wettbewerb klingen in den Überschriften der Problemfelder ökonomische Konzepte an, die die rationale Verfolgung eigener Interessen zur theoretischen Voraussetzung haben. Allerdings ist mit den hinter solchen Begriffen stehenden ökonomischen Modellen die Frage der moralischen Beurteilung wirtschaftlichen Handelns weder überflüssig noch entschieden. Aus individualethischer Perspektive geht es dabei um gutes und gerechtes Handeln im Einzelfall. Der Standpunkt der Moral verlangt auch in wirtschaftlichen Zusammenhängen die Rechtfertigung des Handelns durch den Grundsatz formaler Verallgemeinerungsfähigkeit und eine begründete Bewertung der jeweils vorzuziehenden Güter bzw. Handlungsziele. Die didaktische Planung von solchen Phasen individualethischer Reflexion findet in den Bereichen wirtschaftlichen Handelns Anknüpfungspunkte, die in der Rahmenvorgabe als „wirtschaftliches Handeln im privaten Haushalt" und „wirtschaftliches Handeln im Berufs- und Erwerbsleben" ausgewiesen sind.[573] Im ersten Abschnitt des folgenden Kapitels wird dazu eine entsprechende Unterrichtssequenz skizziert.

Die Problemfelder und Inhalte der Rahmenordnung enthalten aber auch Formulierungen wie „ökologische Verantwortung", „ethische Aspekte des Marktprozesses", „Leistungsprinzip und soziale Gerechtigkeit", „nachhaltiges Wirtschaften", „Vor- und Nachteile der Globalisierung".[574] Mit diesen Begriffen sind normative Vorstellungen angesprochen, die sich vorrangig auf „wirtschaftliches Handeln in gesellschaftlichen Kontexten" beziehen.[575] Die Rahmenvorgabe problematisiert damit gesellschaftliche Institutionen und zielt auf die ökonomische Fundierung der auf diese bezogenen politischen Urteilsbildung. Da der Anspruch der Bildung eine ethische Dimension mit sich führt, interpretiert der hier vertretene Ansatz das entsprechende Ziel ökonomischer Bildung als „politisch-moralische Urteilsbildung". Eine normative Begründung ökonomischer Institutionen und ihrer rechtlichen Rahmenbedingungen kann zudem auf die Bezugspunkte Gemeinwohl und soziale Gerechtigkeit nicht verzichten.[576]

Die sozialethische Reflexion gesellschaftlicher Institutionen und Regeln ist, wie im vorhergehenden Kapitel entwickelt, durch eigenständige unterrichtliche Behandlung einschlägiger weltanschaulicher und religiöser Positionen im Religionsunterricht bzw. im

[572] Vgl. a.a.O. S. 11.

[573] Vgl. a.a.O. S. 18ff. u. 30.

[574] Vgl. a.a.O. S. 19f.

[575] Vgl. a.a.O. S. 18ff. u. 30.

[576] Vgl. oben S. 118ff.

Fach praktische Philosophie zu unterstützen.[577] Empfehlungen zur Zusammenarbeit mit anderen Fächern werden in der Rahmenvorgabe ausdrücklich ausgesprochen.[578] Sie sind durch die Fächer Religionslehre bzw. Praktische Philosophie aufzugreifen.[579] Wie entsprechende fächerverbindende Unterrichtsvorhaben aussehen könnten, wird im zweiten Abschnitt des folgenden Kapitels skizziert.

3.2 Skizzierung ethisch reflektierender Unterrichtssequenzen im Anschluss an die Rahmenvorgabe ökonomische Bildung

3.21 *Versicherungsbetrug - (K)ein Problem(!)?*
Thematisierung von Werten und moralischen Handlungsgrundsätzen im ökonomischen Fachunterricht

Verantwortungsbewusstes Handeln im privaten Haushalt sowie im Berufs- und Erwerbsleben gehörte im Wirtschaftsunterricht, sofern er an allgemeinbildenden Schulen erteilt wurde, auch schon vor der Rahmenvorgabe zum Themen- und Zielspektrum.[580] Dass und wie dabei dessen ethischer Gehalt problematisiert wurde, lässt sich an einem Beispiel aus einem Lehrbuch zeigen, in dem die Einkaufsgewohnheiten von zwei Hausfrauen einander gegenübergestellt werden; die eine kauft im Supermarkt, die andere beim ihr bekannten Einzelhändler in der Nachbarschaft.[581] Die von den Akteuren angegebenen Begründungen werden zum Anlass genommen, ihre mit dem jeweiligen wirtschaftlichen Handeln verfolgten Ziele zu analysieren. Diese lassen sich als ethisch begründbare Werturteile auffassen. In der Konfrontation mit dem ökonomischen Prinzip, das einen rationellen Mitteleinsatz verlangt, wird nun der ethischen Argumentation der Kostencharakter der von ihr behaupteten Werte gegenübergestellt. Ökonomische Überlegungen können auf diese Weise dazu beitragen, evaluative Fragen einer argumentativen Bearbeitung zugänglich zu machen. Auch auf der Grundlage der Rahmenvorgabe ist das Nachdenken über den wirtschaftlichen Wert konkurrierender Zwecke ein wichtiger Beitrag ökonomischen Fachunterrichts dazu, dass Heranwachsende verantwortungsbewusste Wertentscheidungen einüben und so zu verantwortlichem Handeln befähigt werden.[582]

---

[577] Vgl. oben S. **Fehler! Textmarke nicht definiert.**ff. Das Fach „Praktische Philosophie" ist seit 2003 in NRW in der Sekundarstufe I ordentliches Ersatzfach für den Religionsunterricht (vgl. Amtsblatt des Ministeriums für Schule, Jugend und Kinder des Landes Nordrhein-Westfalen Nr. 2/03).

[578] Vgl. MINISTERIUM FÜR SCHULE, JUGEND UND KINDER DES LANDES NORDRHEIN-WESTFALEN 2004, S 14, 35, 39 u. 47.

[579] Die curricularen Voraussetzungen der angesprochenen Fächer Katholische Religionslehre, Evangelische Religionslehre und Praktische Philosophie können hier nicht grundsätzlich dargelegt werden; kurz eingegangen wird auf sie im Zusammenhang des im folgenden Kapitel skizzierten Unterrichtsvorhabens.

[580] Zur Situation des Faches Wirtschaft an allgemeinbildenden Schulen vgl. den Hinweis oben auf S. 155.

[581] Vgl. KARSTEN, D./KRAFFT, D./MEYER, H./MEYER-HARTER, R./ROTHKEGEL, C./WEßEL, H.: Wirtschaftliches Handeln. Lehr- und Arbeitsbuch zur Wirtschafts- und Sozialerziehung für berufsbildende Schulen. Hamburg ^{2}1984. S. 11.

[582] Zum methodischen Vorgehen vgl. den Arbeitsauftrag a.a.O. S. 13 sowie die Hinweise bei LIENING, A.: Moralische Erziehung im Wirtschaftsunterricht. In: ALBERS, H.-J. (Hg.): Ethik und ökonomische Bildung. Bergisch-Gladbach 1996, S. 110f.
Arbeitsaufträge, die zu entsprechender Problematisierung wirtschaftlichen Wissens auffordern, finden sich

Orientiert man sich an dem im zweiten Kapitel dargelegten Schema einer „Grammatik moralischer Urteilsbildung" betrifft das bisher Ausgeführte allerdings erst die Gesichtspunkte der Lebensdienlichkeit und der Sachbezogenheit wirtschaftlichen Wissens; schwieriger erscheint aus der Sicht des Fachunterrichts die Einbeziehung des Gesichtspunktes der Legitimation.[583] Dass die hierbei geforderte Thematisierung moralischer Handlungsgrundsätze auch im Rahmen ökonomischen Fachunterrichtes zu leisten ist, soll das Beispiel der folgenden Unterrichtssequenz verdeutlichen.

Versicherungsbetrug - (K)ein Problem(!)?[584]

Didaktisch-methodischer Kommentar

Mit der Formulierung „Kaufverhalten, Verbraucherschutz, Rechte und Pflichten der Käuferin/des Käufers bezeichnet die Rahmenvorgabe einen zentralen Inhalts- und Problemaspekt im Problemfeld 1: Konsumentensouveränität – Verkaufsstrategien.[585] Im Rahmen der schulformbezogenen Beispiele thematischer Schwerpunktsetzungen wird der Themenkreis durchgängig erstmals für die Jahrgangsstufe 5/6 vorgeschlagen, taucht aber zum zweiten Mal in den Jahrgangsstufen 7/8 (Realschule und Gymnasium) sowie 9/10 (Haupt- und Gesamtschule) auf.[586] Unterrichtsmaterial, das Grundbegriffe des Zivilrechts altersgemäß erschließt, ist allerdings für jüngere Schüler kaum zu finden.[587] Da die Behandlung des angegebenen Themas grundlegende Kenntnisse des Vertragsrechts voraussetzt, ist die Unterrichtssequenz frühestens ab der Jahrgangsstufe 8 einsetzbar.

Den Ausgangspunkt der Sequenz bildet ein Fallbeispiel (M 1). Geschildert wird darin, wie der Schüler Ferdinand den Diebstahl seines neuen Fahrrades bemerkt und wie er gemeinsam mit seinen Eltern nach einer Lösung sucht. Es stellt sich heraus, dass ein Diebstahl des Rades zwar grundsätzlich durch die Hausratsversicherung der Familie versichert ist; allerdings hätte das Fahrrad nachts auf dem Hof abgeschlossen sein müssen. Ferdinand möchte zwar gern sein Fahrrad ersetzt haben, schreckt aber vor einer falschen Angabe im Schadensbericht zurück.

---

auch in jüngeren Lehrwerken der genannten Autorengruppe für allgemeinbildende Schulen, die einem handlungs- bzw. problemorientierten Ansatz folgen (vgl. z.B.: KRAFFT, D./HARTER-MEYER, R./MEYER, H. (Hg.): Wirtschaft 9/10. Berlin 2002.

583 Das Schema ist oben auf S. 148 abgedruckt. Zur Problematik der Behandlung moralischer Handlungsgrundsätze im Fachunterricht vgl. den Hinweis auf S. 147.

584 Das Thema der Sequenz ist angeregt durch ERLINGER, R.: Lügen haben rote Ohren. Gewissensfragen für große und kleine Menschen. Berlin 2004. S. 141ff. Weitere lebensnahe Probleme, die häufig den Bereich ökonomischer Sachverhalte berühren, diskutiert der Mediziner und Jurist Rainer Erlinger seit Februar 2002 wöchentlich in der Rubrik "Gewissensfragen" des Magazins der Süddeutschen Zeitung.

585 Vgl. MINISTERIUM FÜR SCHULE, JUGEND UND KINDER DES LANDES NORDRHEIN-WESTFALEN 2004, S 19.

586 Vgl. a.a.O. S. 37ff.

587 Schulen, die sich am Pilotversuch zur Umsetzung der Rahmenvorgabe beteiligen, bietet der Klett-Verlag auf der Internetplattform www.economics.nrw.de Unterrichtsmaterial zur Einführung ins Kaufvertragsrecht am Beispiel des AGB-Gesetzes. Die siebenstündige Unterrichtseinheit ist für den Einsatz in den Jahrgangsstufen 8-10 ausgewiesen.

Es handelt sich bei diesem Fallbeispiel nicht um ein moralisches Dilemma; allerdings repräsentiert es eine realistische Problemsituation im Zusammenhang wirtschaftlichen Handelns. Aufgrund der anschaulichen Schilderung sowie der lebensweltlichen Bezüge dürfte der Fall Schüler in hohem Maße ansprechen und motivieren.[588] Er ist als potentielle Handlungssituation geeignet den Ausgangspunkt und das Zentrum einer Thematisierung normativer Fragen in ökonomischem Zusammenhang zu bilden, wie im Zusammenhang der „Strukturelemente einer Grammatik moralischer Urteilsbildung anhand von Fallbeispielen" beschrieben.[589]

Mit den Stichworten „Betrug" bzw. „Lüge" liefert der Text (M 1) potentielle Argumente gegen falsche Angaben im Schadensbericht. Schüler werden sich wahrscheinlich dennoch eher mit dem Wunsch nach der Wiederbeschaffung des Fahrrads identifizieren. Je nachdem, wie intensiv im vorausgehenden ökonomischen Fachunterricht vertragsrechtliche Grundsätze behandelt worden sind, und ob dabei die Sicht beider Vertragspartner thematisiert wurde, könnte allerdings bereits eine Probeabstimmung Voten gegen einen Versicherungsbetrug ergeben.

Die Beurteilung des Falles durch Onkel Gottfried (M 2), macht gleich am Anfang dessen Position deutlich: er lehnt falsche Angaben ab. Dabei tauchen die Stichworte „Betrug" und „Lüge" erst am Ende seiner Argumentation auf. Sie fassen das Ergebnis der ethischen Erwägung quasi in „moralischen Faustregeln" zusammen.[590] In seinem eigentlichen Argumentationsgang entwickelt er aber zunächst das wirtschaftliche Kalkül der Versicherung und konfrontiert Ferdinand angesichts dieses ökonomischen Sachverhaltes mit der Forderung des kategorischen Imperativs. Dessen Vernunftgemäßheit und damit die moralische Ablehnung des Versicherungsbetruges ist danach aus individualethischer Perspektive kaum mehr zu bestreiten.[591]

Auch wenn nach einer Konfrontation der von den Schülern ursprünglich angeführten Gründe mit dem kategorischen Imperativ sich diese möglicherweise als unzulänglich erweisen, werden Schüler mit dem Ergebnis kaum zufrieden sein. Vielleicht stellen sie sogar die grundsätzliche Frage, wer nach dieser Einsicht überhaupt noch moralisch sein

---

588 Zur modifizierten Verwendung der Dilemma-Methode im Zusammenhang der Übung moralischer Urteilsfähigkeit im ökonomischen Fachunterricht vgl. oben S. 145ff.

589 Vgl. ebenda.

590 Zum Begriff der „prima facie Regel" in der normativen Ethik vgl. oben den Hinweis in FN 520.

591 Dass der Versicherungsvertreter im skizzierten Fall quasi selbst zum Versicherungsbetrug auffordert, ist in der individualethischen Betrachtung nicht als ernsthaftes Gegenargument zu werten. Allerdings verweist dieses Phänomen auf die institutionelle Dimension des Falles, die gegebenenfalls gesondert zu thematisieren wäre. Die Rolle des Versicherungsvertreters zeichnet sich nämlich dadurch aus, dass er seine Loyalität zwischen dem Unternehmen und dem Kunden teilt. Die Unternehmen wiederum setzen diese Rolle des Vertreters gezielt ein, wie sich an ihrer Prämiengestaltung verdeutlichen lässt. Neben (teureren) Versicherungen mit komfortabler Kundenbetreuung durch kundennahe Versicherungsvertreter gibt es preiswertere Direktversicherungen, die eine Beratung der Kunden bei etwaigen Schadensanzeigen nicht vorsehen.
Zu einer möglichen institutionenökonomisch orientierten Abwandlung bzw. Vertiefung der Unterrichtssequenz vgl. auch die Bemerkung in FN 594.

will, bzw. wie Moral lebbar ist, wenn sie solche Ansprüche stellt.[592] Diese Fragen verweisen auf das Problem der Einnahme des Standpunktes der Moral. Es ist mit umfassenden Sichtweisen der Welt und des Menschen verbunden, die differenziert nur im Religionsunterricht bzw. im Fach Praktische Philosophie zu behandeln sind.[593] Die positionelle Grundlage des Standpunktes der Moral, das (Selbst)verständnis des Menschen als freies und vernünftiges Subjekt, deckt sich allerdings mit dem Anspruch und Auftrag der Bildung; ein Hinweis auf Selbstachtung als Motiv für moralisches Handeln ist daher auch dem Fachlehrer zuzumuten.

Den Schwerpunkt moralischer Urteilsbildung stellt im Fachunterricht aber nicht die Problematisierung von Handlungsgrundsätzen, sondern das Problem des Wertens dar. Deshalb soll bei der Besprechung der Probeabstimmung am Ende der Unterrichtssequenz der Gesichtspunkt der Lebensdienlichkeit in den Vordergrund rücken. Da das Fallbeispiel für die Schüler nur eine potentielle Handlungssituation bildet, ist in der Diskussion die Veränderung der Ausgangsbedingungen zulässig und sinnvoll. Die Auseinandersetzung mit der Frage, was mir mein Fahrrad bzw. dessen Sicherheit wert ist, soll die Suche nach zufriedenstellenden und moralisch integeren Handlungsalternativen anleiten, die zugleich wirtschaftlichen Rahmenbedingungen Rechnung tragen.[594]

Unterrichtsziele:

Die Schüler

- nennen und begründen ihre Position zum Fahrraddiebstahl/Versicherungsfall (M 1),
- rekonstruieren aus dem Text (M 2) das ökonomische Kalkül einer Fahrradversicherung,

---

592 Der Schüler Ferdinand im Beispiel von Rainer Erlinger äußert sich jedenfalls entsprechend (vgl. ERLINGER 2004, S. 156).

593 Zur Diskussion der Frage der Einnahme des Standpunktes der Moral vgl. die Hinweise oben in FN 248. Zur Frage der Zuständigkeit des Religionsunterrichtes und seiner Ersatzfächer für die Thematisierung weltanschaulicher Fragen vgl. den Hinweis oben S. 149.
Die Behandlung der Fragekomplexe Schuld und Sünde, Gewissen und Normen sittlichen Handelns passt entsprechend den Richtlinien für den Evangelischen bzw. Katholischen Religionsunterricht an den verschiedenen Schulformen der Sekundarstufe I in Nordrhein-Westfalen in die 8. Jahrgangsstufe. Die vorläufigen Richtlinien für das Fach Praktische Philosophie beinhalten die Fragen nach dem Gewissen sowie nach Werten und Normen im Fragenkreis 3, dessen Behandlung allerdings jahrgangsmäßig nicht weiter aufgeschlüsselt ist.

594 Dabei kann eine Diskussion unterschiedlicher Versicherungstarife zum Perspektivenwechsel führen, indem die Frage aufgeworfen wird, durch welche Tarifgestaltungsmöglichkeiten (etwa: Selbstbeteiligung, Prämienerstattung) Versicherungen moralisches Verhalten attraktiver machen können. Damit wäre der Übergang zu einer institutionenökonomischen Betrachtung vollzogen, die den Wert funktionierender Moral aus ökonomischer Sicht rekonstruieren kann. Das Unterrichtsthema könnte dafür folgendermaßen lauten: „Märkte funktionieren (besser) mit Moral“. Eine so abgewandelte Thematik würde an das Problemfeld 2 der Rahmenvorgabe und dessen zentrale Inhalts- und Problemaspekte a) und b) anschließen.

- identifizieren in der Argumentation des Onkels (M 2) die Verallgemeinerbarkeitsregel als zentrales Kriterium für die moralische Beurteilung des Falles,
- entwickeln unter Beachtung der Verallgemeinerbarkeitsregel und wirtschaftlicher Rahmenbedingungen für sie befriedigende Handlungsalternativen zur Diebstahlsicherung von Fahrrädern.

Unterrichtsverlauf

Phase 1: Ein Fall für die Versicherung?

Jeder Schüler liest das Fallbeispiel (M 1) und bearbeitet die folgende Aufgabe:

- Wie soll Ferdinand handeln?
- Begründe deine Meinung mit kurzen Sätzen oder Stichworten.

Probeabstimmung:

Soll Ferdinand im Schadensbericht gegenüber der Versicherung falsche Angaben machen? (Ja/Nein)

Phase 2: Moralische Beurteilung des Falles

Die Schüler beschäftigen sich in Partnerarbeit mit der Position von Onkel Gottfried (M 2) und bearbeiten folgende Arbeitsaufträge:

- Skizziert das wirtschaftliche Kalkül der Versicherung in Thesenform.
- Formuliert den zentralen Einwand gegen die falsche Angabe im Schadensbericht in einem Satz.

Die Ergebnisse der Partnerarbeit werden besprochen und an der Tafel festgehalten:

Wirtschaftliches Kalkül der Versicherung:

- Mit einer Versicherung kauft man sich Schutz für ein bestimmtes Risiko. Und so viel muss sie dann auch kosten.
- Je höher das Risiko, desto teurer wird die Versicherung sein.
- Mit den Versicherungsbedingungen wird das Risiko auf ein kalkulierbares Maß gebracht.

Zentraler Einwand gegen falsche Angaben im Schadensbericht:

Die Regel >Immer wenn meine Versicherung den Schaden nicht bezahlt, weil er genau so, wie es passiert ist, nicht versichert war, behaupte ihr gegenüber etwas anderes, damit sie bezahlt.< kann man nicht als allgemeines Gesetz denken.

Phase 3: Gute und moralisch richtige Handlungsalternativen

Sammeln und Besprechen abweichender Schülervoten aus Phase 1 und ihrer Begründungen.

Moralische Beurteilung durch Anwendung des Kriteriums der Verallgemeinerbarkeit.

Suche nach legitimen und lebensdienlichen Handlungsalternativen, die wirtschaftliche Rahmenbedingungen berücksichtigen:

> Wahl anderer Versicherungstarife (teurere Spezialversicherung); besseres Fahrradschloss, anderer Umgang mit Fahrrad (Verhaltensgewohnheiten)…

M 1: Ein Fall für die Versicherung?

»Ich geh heute direkt von der Schule ins Training, du brauchst nicht mit dem Essen auf mich zu warten. Bin spät dra-an.«

»Bist du rechtzeitig zum Abendessen zurück?

»Ja-a! Tschü-üs!«

Die Wohnungstüre fiel ins Schloss. Es war 7 Uhr 45, nur noch eine Viertelstunde bis Schulbeginn. Ferdinand rannte die Treppen hinunter und zur Haustüre hinaus. Schnell zum Fahrrad, das stand praktischerweise schon auf der Straße. Gestern war Ferdinands Freund Mike mitgekommen, um das neue Computerspiel auszuprobieren; sie hatten beide die Räder direkt vor dem Haus abgestellt und Ferdinand hatte seines stehen gelassen, als Mike dann nach Hause fuhr. Ferdinand hielt den Schlüssel für das Bügelschloss schon in der Hand. Jede Minute zählte, wenn er keinen Ärger bekommen wollte. Nur: Wo war das Rad? Ferdinand überlegte. Wo hatte er es abgestellt? Doch, es war links neben der Haustüre gewesen, weil auf der anderen Seite der Fahrradanhänger von Müllers aus dem dritten Stock gestanden hatte. So ein großer, in dem zwei Kinder sitzen konnten. Der stand da auch noch. Nur sein Fahrrad nicht. Konnte er sich täuschen? Nein, er war sich ganz sicher. Da hatte es gestanden. Das konnte nur eines bedeuten: Das Fahrrad war weg! Es musste geklaut sein! Ferdinand wusste nicht, was stärker war: die Wut oder die Verzweiflung. Er kämpfte mit den Tränen. Das Fahrrad war fast neu gewesen. Ein Super-Mountainbike, richtig teuer. Mittlerweile war es schon kurz vor 8 Uhr, aber es half nichts. Er musste wieder hoch.

»Was ist denn los?«, empfing ihn die Mutter. »Musst du nicht schon längst in der Schule sein?«

»Wie denn? Mein Fahrrad ist weg!«

»Was heißt >weg<?

»Na was schon? Weg halt. Wahrscheinlich geklaut«

»Geklaut? Hattest du es nicht abgesperrt?«, fragte die Mutter.

»Doch, natürlich.«

»Aus unserem Fahrradständer?«

»Nee, es stand vor dem Haus«, räumte Ferdinand zerknirscht ein.

»Hab ich dir nicht immer gesagt, du sollst das Fahrrad nicht vor dem Haus stehen lassen. Das hast du nun davon.«

»Toll!« Das war wieder typisch. Sein Fahrrad war weg, und das Einzige, was seiner Mutter einfiel, waren Vorwürfe. »Und was soll ich jetzt machen?«

»Jetzt nimmst du Vaters Fahrrad und fährst erst einmal in die Schule. Und heute Mittag sehen wir dann weiter. Ich weiß auch nicht, was man da jetzt macht.«

»Vielleicht müssen wir zur Polizei«, meinte Ferdinand. »Damit die das Fahrrad wiederfindet.«

»Das sehen wir dann«, sagte die Mutter. Und Ferdinand fuhr in die Schule. Als wenn es nicht schon alles genug gewesen wäre, bekam er erst einmal Ärger mit dem Deutschlehrer, Herrn Kärrner, weil er zu spät kam. Und den Rest des Vormittags hatte er natürlich nur eines im Kopf: sein Fahrrad. Er hatte so lange darauf gespart. Einen Teil hatten ihm die Eltern zum Geburtstag geschenkt und ein großer Zuschuss war auch von Onkel Gottfried gekommen. Sonst hätte er sich dieses Rad nie leisten können. Mittags ging er dann mit der Mutter zur Polizei. Die nahm den Diebstahl auf. Der Beamte meinte aber nur, dass Räder dieser Preisklasse so gut wie nie wieder auftauchten. Ferdinand war verzweifelt.

»Ist doch nicht so schlimm«, sagte der Vater, als Ferdinand ihn im Büro anrief. »Das Fahrrad ist mit in der Hausratsversicherung. Das müssten wir ersetzt bekommen. Deine Mutter soll gleich mal den Vertreter anrufen.« Ferdinand fiel ein Stein vom Herzen. Jedoch nicht lange: Beim Telefonat mit der Versicherung erfuhr die Mutter, dass das Fahrrad eigentlich nur dann versichert ist, wenn es nachts nicht auf der Straße, sondern im Fahrradständer im Hof steht. Was sollten sie nun machen; wieder war Ferdinand am Boden zerstört.

»So eine Unverschämtheit!«, schimpfte der Vater am Abend, als sie es ihm erzählten. »Das ist ja wieder mal typisch Versicherung. Da zahlt man jedes Jahr seine Beiträge, und wenn mal was passiert, steht im Kleingedruckten, dass sie dann nicht zahlen müssen. Das haben sie sich fein ausgedacht, dass die Diebstahlversicherung nur dann zahlt, wenn die Sachen an einem Ort sind, an dem sie nicht gestohlen werden können. So müssen sie nie zahlen. Aber jedes Jahr die Prämien erhöhen und sich ganze Paläste hinstellen. Immer in der besten Gegend.«

Da schaltete sich die Mutter in das Gespräch ein: »Unser Versicherungsmann hat auch gleich gesagt, wir dürfen nur nicht schreiben, dass das Fahrrad draußen gestanden hat. Das muss man immer anders angeben, sagt er. Er schickt uns die Formulare und bei der Polizei waren wir ja schon.«

»Na, dann ist es ja gut«, meinte der Vater. »Ich hätte ja ein bisschen Bedenken gehabt. Aber wenn der uns das so sagt. Der ist ja schließlich von dem Verein. Und wozu zahle ich ein. Da muss man es halt so formulieren, dass es passt.«

Ferdinand war hin und her gerissen. Natürlich wollte er sein Mountainbike ersetzt haben, aber war das nicht ein Betrug, für den man sogar ins Gefängnis kommen konnte? Und außerdem eine Lüge, ohne echte Notsituation?

ERLINGER, RAINER: Lügen haben rote Ohren. Berlin 2004, S. 144-146.

M 2: Wie Onkel Gottfried den Fall beurteilt

... Ferdinand wollte natürlich unbedingt sein Fahrrad ersetzt bekommen. Aber so ganz wohl war ihm bei der Sache nicht. Vielleicht sollte er das mit Onkel Gottfried besprechen, dachte Ferdinand. Schließlich hatte der das Fahrrad ja mitbezahlt. Und bei der Frage, was man tun soll, war man bei Onkel Gottfried immer gut aufgehoben.

»So ein Mist«, sagte der Onkel nur, als Ferdinand ihm erzählte, wie er mit Mike nach Hause gekommen war, wie das Fahrrad morgens weg war und was die Mutter gesagt hatte. »Natürlich hat deine Mutter Recht, dass man ein so teures Fahrrad nicht draußen stehen lässt. Aber helfen tut das nun auch nicht mehr, und hinterher ist man immer klüger. Du ja genauso. Jetzt hättest du es sicher auch anders gemacht, da muss man nicht noch darauf rumreiten. Das, was deine Mutter gesagt hat, ist ein typischer Fall von >richtig, aber zur falschen Zeit<.«

Das tat Ferdinand gut. Er wusste ja, dass er da etwas falsch gemacht hatte und machte sich sowieso die größten Vorwürfe deswegen. Deshalb hatte ihm das von der Mutter so wehgetan.

»Und was ist jetzt?«, wollte der Onkel wissen. »Ist das Fahrrad denn wenigstens versichert? Dein Vater ist da doch immer recht vorsichtig und liebt Versicherungen.«

»Ja, das schon.«

»Aber?«

Daraufhin erzählte Ferdinand die ganze Sache mit der Versicherung, dem Gespräch mit dem Vertreter, den Versicherungsbedingungen und was sein Vater dazu meinte. Der Onkel hörte sich alles an. Er sagte gar nichts.

»Und?«, fragte Ferdinand.

»Was >und<?«

»Ja, darf man das nun machen oder nicht?«

»Was meinst du?«

»Ich weiß nicht recht«, sagte Ferdinand. »Sag halt schon.«

»Willst du's wirklich wissen?« Der Onkel sah nicht sehr glücklich aus. »Na gut: Ich finde es unmöglich. Das geht auf keinen Fall!«

»Auf keinen Fall?«

»Auf keinen Fall!«

»Und warum nicht?«, fragte Ferdinand. »Ich habe mir das mal mit der >Goldenen Regel< überlegt, die du mir mal erklärt hast. Die findest du doch so wichtig. >Was du nicht willst, dass man dir tu, das füg auch keinem anderen zu.< Hier funktioniert das nicht. Ich bin doch keine Versicherung. Und wenn ich eine Versicherung wäre, würde ich nie auf so blöden Regeln bestehen.«

»Also, erstens ist ja der Sinn der Goldenen Regel, dass man sich in den anderen hineinversetzt. Folglich müsstest du dir vorstellen, dass du eine Versicherung bist. Oder zumindest ein Verantwortlicher dort. Und dann glaube ich, dass du sehr wohl auf solchen Regeln bestehen würdest.«

»Warum das?«, fragte Ferdinand, »Vater sagt, die machen die Versicherungsbedingungen nur so, damit sie nie bezahlen müssen. Das kann doch nicht der Sinn einer Versicherung sein.«

»Das ist auch nicht der Sinn. Aber mit einer Versicherung kauft man sich sozusagen Schutz für ein bestimmtes Risiko. Und so viel muss es dann auch kosten.«

»Das verstehe ich jetzt nicht«, sagte Ferdinand.

»Na gut. Überleg dir mal Folgendes: Wenn du dein neues Fahrrad ohne es abzusperren auf der Straße stehen lässt. Wie lange steht es da?«

»Was weiß ich? Keine Ahnung.«

»Wenn du es ein Jahr lang stehen lässt, ist es dann weg?«

»Hundertprozentig!«, sagte Ferdinand.

»Ja, und jetzt überleg mal: Die Versicherung muss ja Gewinn machen. Oder zumindest keinen Verlust. Wenn die also dein Fahrrad gegen Diebstahl versichern, auch dann wenn es nicht abgesperrt auf der Straße steht, und es ist hundertprozentig in einem Jahr gestohlen, dann müsste die Prämie der Versicherung ja mindestens so hoch sein, wie das Fahrrad kostet. Jedes Jahr. Oder noch mehr. Wenn das Rad immer schon nach einem Monat weg wäre, müsste die Versicherung im Monat so viel kosten wie das Rad. Und so weiter.«

»Und was bedeutet das?« Ferdinand war ratlos.

»Die Versicherung muss festlegen, dass die Fälle, in denen dein Fahrrad sicher oder zumindest sehr schnell weg ist, nicht in dem Schutz enthalten sind. Weil das alles sonst so viel kosten würde, dass es niemand mehr bezahlen will. Und dazu gehört auch, dass das Fahrrad nachts nicht auf der Straße steht, weil es da halt viel schneller geklaut wird. Wie man gesehen hat«, fügte der Onkel noch hinzu.

»Ja, und wofür ist dann die Versicherung da, wenn sie alles ausschließt, wo das Fahrrad gestohlen werden kann?«

»Also wenn die tatsächlich in ihre Bedingungen reinschreiben würden >Ausgeschlossen ist der Versicherungsschutz, wenn das Fahrrad an einem Ort abgestellt wird, an dem es gestohlen werden kann<, wäre die Versicherung wirklich unsinnig. Aber so ist es nicht. Die Versicherungsbedingungen werden ja auch überprüft, und wenn sie zu einseitig sind, sind sie nicht zulässig oder unwirksam. Aber überleg doch mal: Ihr habt vier Fahrräder. Wenn auch aus dem Hof im Schnitt in 10 Jahren aus eurer Familie auch nur ein Fahrrad gestohlen wird, dann muss die Versicherung nur für die Fahrräder schon jedes Jahr ein Zehntel des Preises für ein Fahrrad kosten. Dann macht die Versicherung noch keinen Gewinn. Und wir haben noch nicht die Fälle, in denen jemand falsche Angaben macht.«

… hier bei der Sache mit der Versicherung passt das Berühmteste, was Kant formuliert hat: sein >kategorischer Imperativ<.«

»Davon hast du schon mal erzählt. Ich hab's aber nicht richtig kapiert. Was bedeutet eigentlich >kategorisch<?«

»Kategorisch hat Kant diesen Imperativ, also Befehl, genannt, weil er immer gelten soll. Nicht nur dann, wenn man etwas Bestimmtes erreichen will.«

»Und was befiehlt der jetzt?«

»Kant hat den kategorischen Imperativ in ein paar verschiedenen Versionen formuliert. Aber insgesamt sagt er, man soll sich immer so verhalten, dass die Regel oder das Prinzip, nach dem man handelt, für alle verbindlich sein könnte. Man muss sich also immer vorstellen können, dass diese Regeln, er nannte sie >Maxime<, die man sich selber gibt, auch ein allgemeines Gesetz für alle wäre. Wenn das schlecht oder sogar ganz unmöglich ist, ist auch die eigene Handlung falsch.«

»Und was bedeutet das jetzt?«

»Kant hat selbst eine Reihe von Beispielen verwendet, aber ich finde, dass dein Fahrrad ein ziemlich gutes ist. Du überlegst also, ob du etwas Falsches an die Versicherung schreiben sollst, damit sie bezahlt, obwohl sie das bei der richtigen Schilderung nicht müsste. Klar?« »Klar.«

»Jetzt überlegst du dir: Was ist denn die Regel, die dahinter steckt? Die wäre doch: >Immer wenn meine Versicherung den Schaden nicht bezahlt, weil er genau so, wie es passiert ist, nicht versichert war, behaupte ihr gegenüber etwas anderes, damit sie bezahlt.« Klar?« »Klar.«

»Jetzt musst du dir überlegen, wie das als allgemeines Gesetz aussähe. Etwa so: >Wenn eine Versicherung einen Schaden nicht bezahlt, weil er konkret nicht versichert war, darf jeder die Angaben so machen, dass sie bezahlen muss.< Klar?«

»Klar.«

»Und würdest du das wollen oder ginge das überhaupt? Nein! Klar?«

»Klar. Ähh ..., nein, nicht klar.«

»Na, wenn es dieses Gesetz gäbe, könnte es gar keine Versicherungen geben.«

»Warum nicht?«

»Du erinnerst dich doch an die Frage, was so eine Versicherung kosten muss.«

»Klar.«

»Na wenn jetzt zum Beispiel niemand sein Fahrrad absperrt, wären die doch dauernd weg. Und jeder würde der Versicherung sagen: >Das Rad war abgesperrt im Hof<, weil er dann das Geld bekommt. Die Versicherung müsste dauernd ein Fahrrad bezahlen. Im Extremfall, wenn jemand damit täglich zum Bahnhof fährt und es dort offen stehen lässt jeden Tag. Das ginge gar nicht, also gäbe es keine Fahrradversicherung. Oder nur zu einem Preis, dass man sich dafür jeden Tag ein neues Rad kaufen kann. Jetzt klar?«

»Ja, jetzt ist es klar«, sagte Ferdinand. »Auch wenn es ziemlich kompliziert ist.«

»Ja, aber es gibt auch zwei einfachere Gründe, warum man das nicht machen darf«, fügte der Onkel hinzu.

»Und die wären?«, fragte Ferdinand.

»Zum einen ist es ja eine Lüge. Zwar eine schriftliche, aber dennoch eine Lüge.«

»Aber das ist doch nur gegenüber einer Firma«, wandte Ferdinand ein.

»Also ich wüsste nicht, warum man in so einem Fall lügen darf, und da sitzt auch ein Sachbearbeiter, den man ganz konkret anlügt. Und außerdem ist es ein reinrassiger Betrug. Damit macht man sich strafbar, und wenn das jemand merkt, landet man sehr schnell vor Gericht. Und etwas, mit dem man sich strafbar macht, ist in den allerseltensten Fällen richtig.«

ERLINGER, RAINER: Lügen haben rote Ohren. Berlin 2004, S. 147-149 u. 151-153.

3.22 *Wie man lebt, so soll man zahlen!? Die Bedeutung von Eigenverantwortung für ein zukunftsfähiges Gesundheitssystem.*
Thematisierung sozialethischer Aspekte wirtschaftlichen Handelns im Rahmen fächerverbindenden Unterrichts

Die Rahmenvorgabe ökonomische Bildung behandelt den Themenbereich „wirtschaftliches Handeln in gesellschaftlichen Kontexten" ausdrücklich mit dem Ziel politischer Urteilsbildung. Sie übernimmt damit die Perspektive der Rahmenvorgabe politische Bildung und bezieht diese auf spezifisch wirtschaftliche Fragestellungen. Im Rahmen des Politikunterrichts bzw. des Unterrichts im Fach Gesellschaftslehre wurden normative Aspekte, wie sie in einschlägigen Formulierungen der Rahmenvorgabe ökonomische Bildung zum Ausdruck kommen, auch bisher schon thematisiert.[595] Dabei wird die Frage nach Vorteilen und Nachteilen gesellschaftlicher Institutionen und Regelungen häufig aus der Perspektive ideologiekritischer Aufdeckung von Interessen gestellt. Das Kennenlernen bzw. Einüben parlamentarischer und demokratischer Prozeduren und Prozesse erfolgt in der Regel unter der Perspektive der Befähigung zur Interessenwahrnehmung und zum Interessenausgleich.[596] Eine (sozial)ethische Auseinandersetzung mit normativen Begriffen und Argumenten politisch-moralischer Meinungsbildungsprozesse findet eher selten statt.

Einen Ansatz, auch normative Aspekte im Prozess politischer Urteilsbildung zu reflektieren, bietet das Konzept „FairUrteilen".[597] Ausgehend von spontanen Urteilen zu aktuellen politischen Entscheidungsfällen werden Schüler durch ein Verfahren der Differenzierung und Prüfung von Kriterien und Sachverhalten schrittweise dazu angeleitet, ihre Urteile zu verbessern. Allerdings unterscheiden die Regeln bzw. Schritte des Konzeptes hinsichtlich der Kriterien nicht zwischen den Gesichtspunkten der Legitimation und der Lebensdienlichkeit. Für Fälle, in denen die Unterscheidung zwischen dem notwendigen Kriterium einer Verallgemeinerbarkeit der Handlungsgrundsätze und dem, hinsichtlich seiner Verallgemeinerbarkeit, abgeschwächten Anspruch evaluativer Entscheidungen eine Rolle spielt, könnte es sich als vorteilhaft erweisen, die normativen Argumente im Religionsunterricht bzw. im Fach Praktische Philosophie zusätzlich zu thematisieren oder vorzubereiten.[598] Das folgende, durch das Konzept „FairUrteilen" angeregte Beispiel soll zeigen, wie eine solche fächerverbindende Unterrichtssequenz aussehen kann.

---

[595] Vgl. oben S. 161.

[596] Als Beleg sei ein aktuelles Unterrichtswerk für den Politikunterricht in der Sekundarstufe I angeführt: KLAPHAKE, A./MICKEL, W./STACHWITZ, R./WOLLNY, A.: Arbeitsbuch Politik. Berlin 2000. Einschlägig ist das Material und die Arbeitsaufgaben zur Debatte um den Sozialstaat auf den Seiten 185f.

[597] Auf der Website http://www.pbnetz.de finden sich, neben einer Auflistung und Beschreibung sonstiger Methoden des Politikunterrichtes, unter dem Menuepunkt „Fairurteilen" unterrichtsmethodische Regeln und Tipps zur Thematik „Urteilsbildung im Unterricht". Entwickelt wurde der Ansatz im Jahr 2002 durch ein Team unter der Leitung der Professoren Brüggen und Sander vom Fachbereich Erziehungs- und Sozialwissenschaften der Universität Münster.

[598] Vgl. dazu oben die Hinweise auf S. 150ff u. 162.

Wie man lebt, so soll man zahlen!?
Die Bedeutung von Eigenverantwortung für ein zukunftsfähiges Gesundheitssystem

Didaktisch-methodischer Kommentar

Im Problemfeld 6, Einkommen und soziale Sicherung zwischen Leistungsprinzip und sozialer Gerechtigkeit, führt die Rahmenvorgabe ökonomische Bildung als einen Inhalts- und Problemaspekt „Soziale Risiken: Systeme der sozialen Sicherung und Formen der privaten Vorsorge" an. Die hier zu skizzierende Unterrichtssequenz setzt die Behandlung dieser Thematik im ökonomischen Fachunterricht voraus. Sie beabsichtigt mit Hilfe einer Diskussion über Risiken, die möglicherweise aus dem Leistungskatalog der gesetzlichen Krankenkasse zu streichen sind, zu einer Beurteilung gesellschaftlicher Institutionen und Regeln aus sozialethischer Perspektive anzuleiten. Aufgrund der Komplexität der Zusammenhänge des Gesundheitssystems ist dies kaum vor der neunten Jahrgangsstufe durchführbar.[599] Als fächerverbindendes Vorhaben ist die Unterrichtssequenz so anzulegen, dass eine grundsätzliche Behandlung sozialethischer Reflexionskategorien im Religionsunterricht bzw. im Fach Praktische Philosophie vorausgegangen ist.[600] Die geplante Offenheit des Unterrichts setzt eine Selbständigkeit des Arbeitens voraus, die in der Regel nicht vor der zehnten Jahrgangsstufe erreicht ist. Wenigstens am Gymnasium erscheint das angestrebte Niveau aber im Sinne einer Vorbereitung auf die Anforderungen der Oberstufe als durchaus angemessen.

Wie im Konzept „FairUrteilen" vorgesehen, steht am Anfang der Sequenz ein politischer Entscheidungsfall (M 1), der in der öffentlichen Debatte um die Zukunft des Gesundheitssystems in ähnlicher Form diskutiert wurde.[601] Da im Fachunterricht die Beschäftigung mit dem System der sozialen Sicherung vorausgegangen ist, sollten die Schüler zu einem Spontanurteil in der Lage sein und auch erste Begründungen dafür anführen können. Zur Aufdeckung der normativen Implikation der geforderten Regeländerung wird

---

599 Vgl. dazu die Beispiele für schulformspezifische Schwerpunktsetzungen in: MINISTERIUM FÜR SCHULE, JUGEND UND KINDER DES LANDES NORDRHEIN-WESTFALEN 2004, S 40ff.

600 Aufgrund seiner theologischen Bedeutung taucht insbesondere der Begriff Gerechtigkeit sowohl in den Lehrplänen für den Evangelischen als auch für den Katholischen Religionsunterricht der Sekundarstufe I in Nordrhein-Westfalen wiederholt auf. Sozialethisch gewendet wird er in der Regel in den fortgeschrittenen Jahrgangsstufen. Dabei ist festzustellen, dass die älteren Richtlinien noch stark von der Thematik des so genannten „konziliaren Prozesses" beeinflusst sind; sie verwenden ihn daher im Rahmen der Formulierung „Friede, Gerechtigkeit und Bewahrung der Schöpfung". Soziale Gerechtigkeit wird dabei vor allem im weltweiten Maßstab thematisiert. Die Verwendung als sozialethische Kategorie zur Beurteilung gesellschaftlicher Zustände im nationalen Maßstab findet sich vor allem in Lehrplänen der Schulformen, die ihre Schüler am Ende der Sekundarstufe I in die Arbeitswelt entlassen. Es ist zu vermuten, dass mit dem Aufleben und Anhalten der gesellschaftlichen Debatte über die Zukunft des Sozialstaates die Anwendung der Kategorie Gerechtigkeit auf die gesellschaftliche Situation in Deutschland in Neufassungen der Lehrpläne für den Religionsunterricht ihren Niederschlag finden wird. Die Einführung des Ersatzfaches Praktische Philosophie, das in seinen Richtlinien „die Frage nach Recht, Staat und Wirtschaft" ausdrücklich aufführt, wird den Religionsunterricht voraussichtlich ebenfalls zur stärkeren curricularen Berücksichtigung sozialethischer Reflexionskategorien motivieren.

601 Der Entscheidungsfall ist formuliert in Anlehnung an eine politische Forderung anlässlich einer Plakataktion des Hartmannbundes im Bundestagswahlkampf 2002 (vgl. Süddeutsche Zeitung vom 8. Januar 2002, S. 6).

die Präambel des Gesetzes zur Regelung der Krankenversicherung hinzugezogen. In dieser Phase der Unterrichtssequenz sind sozialethische Begriffe lediglich zu identifizieren, so dass sie im Rahmen ökonomischen Fachunterrichts stattfinden kann. Eine Problematisierung der Begriffe „gesundheitsbewusste Lebensführung" bzw. „kalkulierbare Risiken", die aus den normativen Begriffen abgeleitet werden, bezieht sich zunächst auf deren empirischen Gehalt und zielt auf ihre Konkretisierung. Dies ist ebenfalls im ökonomischen Fachunterricht möglich.

Die zweite Phase der Unterrichtssequenz zielt auf die Verbesserung der Urteile durch differenzierte Analyse und Synthese von Kriterien und Sachverhaltsinformationen. Im Rahmen des gewählten Themas ist dafür eine Problematisierung des Verhältnisses grundlegender sozialethischer Kategorien erforderlich. Abgesehen von der Notwendigkeit ihrer vorhergehenden Erarbeitung, kann in dieser Phase auf eine Zusammenarbeit mit dem Religionsunterricht und dem Fach Praktische Philosophie nicht mehr verzichtet werden. Um die erforderliche Kooperation flexibel organisieren zu können, ist die zweite Phase, die sich ebenfalls an den Regeln des Konzepts „FairUrteilen" orientiert, in vier Elemente aufgeteilt.[602] Diese lassen, je nach Vorkenntnissen der Schüler und unterrichtsorganisatorischen Gegebenheiten einer Schule, differenzierte Unterrichtsarrangements zu.

Das erste Element der zweiten Unterrichsphase dient der Klärung der normativen Kriterien. Dies geschieht vorzugsweise in Gruppenarbeit; in günstigen Fällen kann man dafür auf vorhandene Lerngruppen des katholischen und evangelischen Religionsunterrichts bzw. des Faches Praktische Philosophie zurückgreifen. Eventuell lässt sich der Unterricht sogar in den Stunden der betreffenden Fächer durchführen. Eine Stellungnahme von Sozialethikern (M 4) problematisiert das Verhältnis von Solidarität und Eigenverantwortung, indem sie die Frage nach der Fähigkeit zur Eigenverantwortung aufwirft. Um die Kriterien zur Beurteilung des Falles systematisch einordnen zu können, sind allerdings Kenntnisse sozialethischer Grundnormen erforderlich, wie sie in der Liste skizziert werden; sollten diese vorher im Religionsunterricht oder im Fach Praktische Philosophie nicht erarbeitet worden sein, wäre die Vorbereitung auf die Unterrichtssequenz ein geeigneter Anlass dies nachzuholen. Über die Linkhinweise (M 9) gelangt man beispielsweise zu sozialethischen Äußerungen der beiden großen Kirchen, die zum Verständnis einschlägiger Grundnormen beitragen können.

Das zweite Element knüpft an den ökonomischen Fachunterricht an, der vorher im Rahmen des Themas soziale Sicherung nach Möglichkeit auch Grundzüge des Gesundheitssystems behandelt hat. Entsprechendes Vorwissen der Schüler findet seinen Ausdruck in der Begründung der Spontanurteile, die neben der Liste kalkulierbarer Risiken den Ausgangspunkt für dieses Element bildet. Je nach Zeitbudget und einschlägigen Vorkenntnissen kann an dieser Stelle das vorliegende Material (M 3, M 5, M 6 und M 7) durch eigenständige Recherche (vgl. die Linkliste M 9) ergänzt und vertieft werden. Der entsprechende Unterricht findet vorzugsweise im Fach Politik bzw. Gesellschaftslehre statt. Er kann zeitlich auch vor der Behandlung des ersten Elementes im Religionsunterricht und im Fach Praktische Philosophie stattfinden. Die Gruppeneinteilung sollte allerdings übereinstimmen.

---

[602] Die Regeln bzw. Schritte des Prozesses der Urteilbildung, wie ihn das Konzept „FairUrteilen" modelliert, finden sich als Schaubild auf der angegebenen Website (vgl. oben FN 597).

Im Rahmen des dritten Elementes findet die Zusammenführung der Ergebnisse und Überlegungen der beiden ersten Elemente statt. Insbesondere im Zusammenhang der Folgenabschätzung wechselt die Perspektive in dieser Phase immer wieder zwischen Sachaussage und normativer Beurteilung; als Hilfsmittel kann dabei eine Beurteilungsmatrix dienen (vgl. als Anregung M 8). Grundsätzlich ist es unerheblich, in welchen Unterrichtsstunden dies stattfindet; zu gewährleisten ist lediglich, dass die Gruppen Unterstützung und Rat von den jeweils einschlägigen Fachlehrern bekommen können. Die endgültigen Urteile der Gruppen einschließlich der Erläuterungen ihrer Begründung werden zum Abschluss der zweiten Phase im Rahmen des vierten Elements zusammengestellt. Da auch politisch-moralische Urteile immer die Urteile von Subjekten bleiben, ist die Möglichkeit begründeter Minderheitenvoten ausdrücklich einzuräumen. Auch für dieses Element der zweiten Phase muss eine Begleitung durch Religionslehrer sowie Lehrer des Faches Praktische Philosophie und des ökonomischen Fachunterrichts ermöglicht werden.

In der dritten Unterrichtsphase werden die Urteile der einzelnen Gruppen der gesamten Lerngruppe präsentiert und verglichen. In dieser Phase kann neben den Gesichtspunkt einer Verbesserung der Urteile in sachlicher und kriterieller Hinsicht deren mögliche Einspeisung in das formelle Verfahren politischer Willens- und schließlich Regelbildung aufgegriffen und thematisiert werden. Die Federführung würde für diesen Fall der Politikunterricht übernehmen; nach dessen Maßgaben und Perspektiven sind dann die methodischen Entscheidungen für die Präsentationsformen zu bestimmen und gegebenenfalls zu variieren.

Unterrichtsziele

Die Schüler

- identifizieren die normativen Schlüsselbegriffe des Entscheidungsfalles und deren normative Implikationen,
- stellen fest, dass der Begriff kalkulierbare Risiken Sachaussagen beinhaltet, die konkretisiert und überprüft werden müssen,
- bestimmen ethische Kriterien zur Beurteilung des Entscheidungsfalles, indem sie die Begriffe Solidarität und Eigenverantwortung auf die Grundnormen Soziale Gerechtigkeit und Gemeinwohl beziehen,
- überprüfen die Plausibilität der beabsichtigten Wirkung und untersuchen die Folgen der Regeländerung mit Hilfe empirischen Materials,
- setzen die Umsetzungsmaßnahmen und Wirkungen der Regeländerung mit den sozialethischen Kriterien in Beziehung und entwickeln so Gründe für ihr Urteil,
- fällen und dokumentieren ihr Urteil zum Vorschlag der Änderung des Leistungsumfanges der gesetzlichen Krankenkasse einschließlich seiner Begründung,
- setzen sich mit den Urteilen anderer auseinander und verbessern gegebenenfalls ihr eigenes Urteil und dessen Begründung.

Unterrichtsverlauf:

Phase 1: Vorstellung und Problematisierung des Entscheidungsfalles

Jeder Schüler liest den Entscheidungsfall (M 1) und bearbeitet folgenden Arbeitsauftrag:

> Bilde aufgrund deiner Einstellungen, Erfahrungen, Wertungen und deines Wissens zu dieser strittigen Frage innerhalb weniger Minuten ein spontanes Urteil und notiere deine (vorläufige) Entscheidung mit Begründung.

Probeabstimmung; anschließend Aufdecken der normativen Schlüsselbegriffe des Vorschlags unter Hinzuziehung der Präambel des Gesetzes zur Regelung der Krankenversicherung (M 2). Das Ergebnis kann folgendermaßen festgehalten werden:

> **Normative Implikation der Forderung:**
>
> Die **Solidargemeinschaft** (gesetzliche Krankenkasse) soll durch *gesundheitsbewusste Lebensführung* (**Eigenverantwortung**) entlastet werden.
>
> Durch Ausschluss *kalkulierbarer Risiken* aus der gesetzlichen Krankenversicherung wird die **Eigenverantwortung** gestärkt.

Problematisierung der Begriffe „*gesundheitsbewusste Lebensführung*" (M 2) bzw. „*kalkulierbare Risiken*" (M 1) im Unterrichtsgespräch. Festhalten möglicher Konkretisierung:

Kalkulierbare Risiken:

- Alkoholkonsum
- Rauchen
- Fehlernährung
- Selbstverursachte Körperverletzung (Piercing, Tatoos,...)
- (Risiko-)Sportarten
- ...

Phase 2: Verbesserung der Urteile durch differenzierte Analyse und Synthese von Kriterien und Sachverhaltsinformationen

Element 1: Klärung der normativen Kriterien

Die Schüler erarbeiten in Gruppen ausgehend von den Begründungen ihrer Spontanurteile und den gemeinsam festgehaltenen normativen Implikationen der Forderung mit Hilfe einer Stellungnahme von Sozialethikern (M 4) und ggf. weiterer einschlägiger Texte der Sozialethik (vgl. M 9: Linkliste) die ethischen Gesichtspunkte des Entscheidungsfalles.

Leitfragen:

- Welche normativen Gesichtspunkte lassen sich zur Beurteilung des vorliegenden Entscheidungsproblems heranziehen?
- Wie sind sie zu begründen?
- In welchem Verhältnis stehen diese Gesichtspunkte zueinander?

Die einschlägigen sozialethischen Kriterien sind etwa folgendermaßen zu skizzieren:

- **Solidarität** ist eine sozialethische Norm, die der gesellschaftlichen Natur des Menschen Rechnung trägt; bisher besteht in unserer Gesellschaft ein weitgehender Konsens darüber, dass Krankheit ein Lebensrisiko darstellt, das solidarisch zu tragen ist.
- **Eigenverantwortung** ist eine sozialethische Norm, die dem Verständnis des Menschen als Subjekt Rechnung trägt; sie fordert das Tragen von Konsequenzen in eigenen Angelegenheiten und kann als Kehrseite von Selbstbestimmung interpretiert werden.
- Das Verhältnis von Solidarität und Eigenverantwortung ist aus sozialethischer Sicht durch das Prinzip der **Subsidiarität** zu vermitteln. Danach sind die Zuständigkeiten des Einzelnen (bzw. der jeweils nächst größeren Form von Gemeinschaft) und der Gesellschaft entsprechend der Fähigkeit zu regeln. So ist Solidarität immer dann gefordert, wenn die kleinere/untergeordnete gesellschaftliche Einheit zur Erbringung einer notwendigen Leistung oder zum Tragen eines Risikos nicht in der Lage ist.
- Zur Bestimmung dessen, was an Leistungen (Rechten und Gütern) dem Einzelnen zusteht, ist das Kriterium der **Sozialen Gerechtigkeit** heranzuziehen.
  - Die Beachtung des Kriteriums Soziale Gerechtigkeit kann mit Hilfe des **Differenzprinzips** geprüft werden. Dieses fordert, dass gesellschaftliche und ökonomische Ungleichheiten, die sich bei der Gestaltung von Regeln ergeben, für die am schlechtesten gestellten Mitglieder einer Gesellschaft die größten Vorteile bringen.
- Das Kriterium **Gemeinwohl** beurteilt gesellschaftliche Einrichtung bzw. Regelungen hinsichtlich ihres Beitrags zur Verwirklichung der von allen geteilten Wertebasis.

Element 2: Klärung der Sachverhalte

Die Schüler erarbeiten in Gruppen ausgehend von den Begründungen ihrer Spontanurteile und der Liste mit den kalkulierbaren Risiken sachliche Argumente, die für den Vorschlag zur Änderung der Regeln sprechen.

Mit Hilfe der Materialien M 3, M 5, M 6 und M 7 und einer Recherche nach weiteren Quellen überprüfen sie, gegebenenfalls arbeitsteilig, die sachliche Richtigkeit bzw. Stichhaltigkeit der gefundenen Argumente und schätzen die Folgen der Regeländerung ab.

Zu klären ist etwa:

- Welche Kosten werden durch die genannten Risiken tatsächlich verursacht bzw. durch ihren Ausschluss aus der gesetzlichen Krankenversicherung gespart?
- Lässt sich belegen, dass ein Ausschluss der genannten Risiken aus der gesetzlichen Krankenversicherung zu höherem Risikobewusstsein bzw. gesünderer Lebensführung beiträgt?

- Sind die genannten Risiken durch den Einzelnen kalkulierbar bzw. kann er seine Lebensweise darauf einstellen?

Element 3: Herstellung der Passung zwischen Kriterien und Sachverhalt

Arbeitsauftrag:

- Erstellt eine Rangfolge der Beurteilungskriterien und wählt die wichtigsten aus.
- Erstellt eine Liste mit Maßnahmen zur Umsetzung/Flankierung der vorgeschlagenen Regeländerung.
- Prüft: Wie wirkt sich die vorgeschlagene Regeländerung (einschließlich der flankierenden Maßnahmen) auf die Verwirklichung der sozialethischen Kriterien aus?

Hilfsmittel: Beurteilungsmatrix (M 8)

Element 4: Erstellung eines Gesamturteils

Arbeitsauftrag:

- Welche Argumente kennt ihr insgesamt, für welche entscheidet ihr euch und warum?
- Welche Punkte haben zur Erstellung deines Gesamturteils geführt?
- Welches sind die Stärken, welches sind die Schwächen eures Gesamturteils?

(Wenn ihr euch nicht einigen könnt, erläutert abweichende Voten und deren Begründung!)

Präsentationsform:

Wandzeitung (bzw. Alternative: s. unten)

Phase 3: Veröffentlichung und Vergleich der Urteile

Präsentation und Vergleich der Gesamturteile hinsichtlich

- der Kriterien und ihrer Gewichtung
- der Sachverhaltsdarstellungen und ihrer kritischen Prüfung
- der Folgenabschätzung
- der inneren Schlüssigkeit

Mögliche Präsentationsformen:

- Wandzeitung
- Artikel für (Schüler-)zeitung
- Pro-Kontra-Diskussion
- Podiumsdiskussion (evtl. mit Experten)

M 1: Der Entscheidungsfall

„Alle Leistungen als Folge kalkulierbarer Risiken sind aus dem Leistungsumfang der gesetzlichen Krankenversicherung auszuschließen."

Soll diese Forderung eines großen Ärzteverbandes durch Gesetzesänderung umgesetzt werden?

M 2: § 1 Solidarität und Eigenverantwortung

Die Krankenversicherung als Solidargemeinschaft hat die Aufgabe, die Gesundheit der Versicherten zu erhalten, wiederherzustellen oder ihren Gesundheitszustand zu bessern. Die Versicherten sind für ihre Gesundheit mitverantwortlich; sie sollen durch eine gesundheitsbewusste Lebensführung, durch frühzeitige Beteiligung an gesundheitlichen Vorsorgemaßnahmen sowie durch aktive Mitwirkung an Krankenbehandlung und Rehabilitation dazu beitragen, den Eintritt von Krankheit und Behinderung zu vermeiden oder ihre Folgen zu überwinden. Die Krankenkassen haben den Versicherten dabei durch Aufklärung, Beratung und Leistungen zu helfen und auf gesunde Lebensverhältnisse hinzuwirken.

Der Text stellt die Einleitung des ersten Kapitels des Fünften Buches des Sozialgesetzbuches (SGB) dar. Das fünfte Buch des SGB bildet die Grundlage der gesetzlichen Krankenversicherung in der Bundesrepublik Deutschland. Es findet sich auf der Website des Bundesministeriums für Gesundheit und soziale Sicherung: http://www.bmgs.bund.de

M 3: Positive Effekte einer eigenständigen Unfallversicherung

Die Durchsetzung einer solidarischen Wettbewerbsordnung im Gesundheitswesen bedarf Entscheidungen in zahlreichen Feldern. Einige werden im folgenden genannt mit einer Angabe der einzuschlagenden Richtung. Notwendig sind:

[…]

Die Prüfung, ob die auf Unfälle zurückzuführenden Krankheiten aus der Krankenversicherung herausgenommen werden und mit einer Unfallversicherungspflicht abgedeckt werden sollten. Dadurch könnten die Beiträge zur solidarischen Krankenversicherung, wie ausländische Beispiele zeigen (Frankreich, Schweiz) um ca. 3 Prozentpunkte gesenkt werden. Eine eigenständige Unfallversicherung (wie es sie bei Arbeitsunfällen schon gibt) könnte durch entsprechende Beitragsgestaltung (Bonus, Malus) zu größerer Eigenverantwortung beitragen.

Aus: Solidarität und Wettbewerb.
Für mehr Verantwortung, Selbstbestimmung und Wirtschaftlichkeit im Gesundheitswesen
EKD-Texte 74, Absatz 30.

M 4: Eigenverantwortung aus Sicht der Schwachen

Unter der Überschrift „Fördern, dann Fordern" kritisieren Peter Dabrock und Karl Gabriel, ein evangelischer und ein katholischer Professor für Sozialethik, neuere Stellungnahmen der Kirchen zur Reform des Gesundheitssystems. Sie konfrontieren diese Stellungnahmen mit grundlegenden Kriterien christlicher Sozialethik, wie sie in vorangegangenen Verlautbarungen, etwa im Wirtschafts- und Sozialwort der beiden Kirchen von 1997, formuliert wurden.

Die anhaltende Wirtschaftskrise in Deutschland hat den Sozialstaat im Allgemeinen und das Gesundheitssystem im Besonderen erneut in das Zentrum gesellschaftspolitischer Debatten gerückt. War schon lange von seiner Krise die Rede, so scheint sich nun die Einsicht Bahn zu brechen, dass oberflächliches Kurieren allein an Symptomen nicht mehr ausreicht, sondern eine "Reform an Haupt und Gliedern" mittelfristig erforderlich ist. "Umbau des Sozialstaates" lautet die programmatische Formel, die nach dem Leitantrag zur Agenda 2010 mit "Mut zur Veränderung" angegangen werden soll. Dabei befürchten nicht wenige, dass die Umbau-Metapher nichts anderes als ein Euphemismus für "Abbau" darstelle. Damit mögliche Veränderung nicht kriterienlos von Statten geht [...], ist eine ernsthafte Debatte um zukünftige Ziele, gegenwärtige Aufgaben, aber auch vergangene Defizite des Sozialstaats im Allgemeinen wie des Gesundheitswesen im Besonderen von Nöten.

Beide große Kirchen haben die Notwendigkeit einer grundsätzlichen Diskussion erkannt und sind in jüngster Zeit mit Thesenpapieren zur Transformation des Gesundheitswesens aufgewartet. [...] Beide zielen zwar auf ‚Solidarität', setzen aber zu ihrer Verwirklichung primär auf folgende Wege: mehr ‚Wettbewerb', ‚Selbstbestimmung' und ‚Eigenverantwortung'. Gegen diese Mittel ist sicher nichts einzuwenden, deuten sie ohne Zweifel retrospektive Versäumnisse und prospektive Chancen an. Allerdings müssen sich kirchliche Stellungnahmen fragen lassen, wie sie diese Forderungen kontextualisieren, konkret, ob sie sich in Titel, konzeptioneller Programmatik und konkreten Reformvorschlägen konsequent von der vorrangigen Option für Arme und Schwache zum Zwecke ihrer Förderung leiten lassen. Genügen sie diesem Gedanken, der in der überragenden Gerechtigkeitstheorie des 20. Jahrhunderts von John Rawls als Differenzprinzip benannt worden ist und meint, dass "gesellschaftliche und ökonomische Ungleichheiten" nur dann gerechtfertigt sind, wenn sie "den größten Vorteil für die am wenigsten begünstigten Mitglieder der Gesellschaft bringen"? [...]

Betrüblich ist die in beiden Papieren vorfindliche nachrangige Einordnung [*der Sorge für die am schlechtesten Gestellten*] aus grundsätzlich theologisch-sozialethischen wie auch aus pragmatischen wie auch gesundheitspolitischen Gründen. Wollen die Kirchen ihr eigenes Erbe als Auftrag verstehen, sehen sie sich konstitutiv in einer Tradition eingebunden, die soziale Gerechtigkeit so ausbuchstabieren muss, dass dabei die zu kurz Gekommenen erstrangig befördert werden. Wer dies behauptet spricht sich nicht für einen paternalistischen oder etatistischen umfassenden Wohlfahrtsstaat aus, der bezweifelt auch nicht die Maxime der Aktivierung im Sozialstaat, der fordert aber vorrangig und zentral, nicht jedoch verschämt die Befähigung zur Eigenverantwortung als Bedingung für ihr Einklagen. Jenseits der gewichtigen konkreten Reformvorschläge, die viel Gemeinsames erkennen lassen, muss Befähigung als Beteiligungsmöglichkeit die kirchlichen Rufe nach Reformen im Gesundheitswesen systematisch prägen. Denn: ein in den Sozialwissenschaften in erstaunlicher Einmütigkeit belegter Zusammenhang lautet: Wer ärmer ist, hat mehr Krankheiten und stirbt eher. Ergänzt wird diese Einsicht um die weitere, dass der mainstream der Präventionsmaßnahmen mittelschichtsorientiert gestaltet ist und so genau die, die jene am meisten benötigen würden, am wenigsten erreicht. Wer also dem eigenen Grundsatz der vorrangigen Option für die Schwächsten treu bleiben will, der muss [...] entsprechende Befähigungsmaßnahmen anbieten. Diese müssen milieuspezifisch differenziert ausgearbeitet sein, wollen und sollen sie wirkliche Effekte erzielen. Wo dies nicht beachtet wird, da droht unter dem Mantel des kirchlichen Segens eine schleichende Unterhöhlung des Dammes gegen die Zwei-Klassen-Medizin. Denn die unteren sozialen Schichten [...] werden wegen ihrer mangelnden Kompetenzen leicht zu den Opfern eines sie überfordernden Wahlsystems. Um hier gegen zu steuern sind differenzierte Bildungs- und Präventionsmaßnahmen stärker erforderlich als von den Kirchen eingeklagt. [...]

Aus: Peter Dabrock/Karl Gabriel: Fördern, dann Fordern. Über einige konzeptionelle Defizite in den aktuellen Stellungnahmen der Kirchen zur Reform des Gesundheitswesens. URL: http://www.uni-muenster.de/ChristSozialwiss/txt/kirchenpapieren.pdf (seit 15.07.2003 im Netz)

M 5: Arm, arbeitslos, krank

Gesundheitsrisiko sozialer Abstieg

Armut macht krank. Dies gilt nicht nur in den Entwicklungsländern, wo es vielen Menschen an ausreichender Nahrung, sauberem Trinkwasser und einfachster Hygiene fehlt. Auch in den wohlhabenden Ländern erhöhen widrige Lebensumstände das Krankheitsrisiko dramatisch. Gerade im Fall von Herz-Kreislauf-Leiden ist der Einfluss sozioökonomischer Faktoren auf das Wohlbefinden erheblich. Forscher der amerikanischen Gesundheitsbehörde CDC haben diesen Zusammenhang anhand neuer Daten für die USA eindrucksvoll belegt (JAMA, Bd. 293, S. 1441, 2005).

Die Wissenschaftler untersuchten, wie sich ökonomische und gesellschaftliche Faktoren darauf auswirken, ob einen frühzeitig der Schlag trifft oder das Herz stehen bleibt. Sechs Faktoren erhöhen das Risiko für Schlaganfall und Herzinfarkt: Bluthochdruck, erhöhtes Cholesterin, Diabetes, Übergewicht, körperliche Inaktivität und Rauchen. Alle sechs Faktoren lassen sich erheblich durch die Lebensführung beeinflussen.

Die Forscher erfassten, in welchen Gruppen zwei oder mehr Risikofaktoren auftraten. Bei den 250 000 Teilnehmern der Studie zeigte sich ein klares soziales Gefälle: Gute Ausbildung und hohes Einkommen gingen mit geringeren Krankheitsrisiken einher. Arbeitslosigkeit, Armut und schlechte Ausbildung erwiesen sich hingegen als Gesundheitsgefahren. So hatten 53 Prozent der Befragten mit einem Jahreseinkommen von weniger als 10 000 Dollar mehrere kardiovaskuläre Risikofaktoren. Bei Besserverdienern mit mehr als 50 000 Dollar im Jahr waren es nur 29 Prozent.

Unter den Befragten mit Collegeabschluss oder einer noch besseren Ausbildung wies nur ein Viertel mehrere Risikofaktoren auf. Bei denjenigen ohne High-School-Abschluss war es mehr als die Hälfte. Ein weiteres Ergebnis: Menschen ohne berufliche Beschäftigung sind krankheitsanfälliger als Arbeitnehmer. Unter den Arbeitsunfähigen gab es 69 Prozent mit mehreren Risikofaktoren, unter den Ruheständlern 45 Prozent und unter den Arbeitslosen 43 Prozent. Arbeitnehmer waren hingegen nur zu 34 Prozent von mehreren Risiken betroffen.

Werner Bartens

Aus: Süddeutsche Zeitung, Nr.78, Mittwoch, den 06. April 2005 , Seite 11

M 6: Nutzen und Risiken des Sports

Der gesundheitliche Nutzen des Sports kann heute von niemandem mehr ernsthaft in Frage gestellt werden. Im Hinblick auf die zunehmende Zahl von Herz-Kreislauf-Erkrankungen wird immer wieder von den Ärzten darauf hingewiesen, dass der Sport eine wichtige Maßnahme ist, um derartigen Krankheiten vorzubeugen. Auch trägt er wesentlich dazu bei, im höheren Alter fit zu sein. So konnte die sportmedizinische Forschung experimentell belegen, dass es durch ein körperliches Training möglich ist, „20 Jahre lang 40 Jahre alt zu bleiben"(Hollmann).

Hinsichtlich sozialer Aspekte hat der Sport eine in den letzten Jahren immer bedeutendere Rolle übernommen. Insbesondere im Sportverein – als Stätte sozialer Kommunikation – können Eigenschaften, wie z. B. Integrationsfähigkeit, Toleranz, Mitteilungsfähigkeit, Kameradschaft usw., die im täglichen Umgang miteinander zu verkümmern drohen, erworben werden.

Etwa 23 Mio. Bundesbürger sind regelmäßig, d. h. mehrmals im Monat, sportlich aktiv. 13 Mio. (57%) üben ihren Sport im Verein aus und 10 Mio. (43%) betreiben den Sport unorganisiert, also außerhalb eines Sportvereins. Damit ist der Sport in Deutschland ein gewichtiger Wirtschaftsfaktor und bietet nahezu 700.000 Erwerbstätigen eine Beschäftigung. Er trägt mit ca. 17 Mrd. Euro rund 1,4% zum Bruttosozialprodukt in Deutschland bei. Diese Wertschöpfung entspricht der der Landwirtschaft oder der Mineralöl verarbeitenden Industrie.

Leider ist der Sport aber auch mit einem nicht unerheblichen Verletzungsrisiko verbunden. Dies führte in den letzten Jahren u.a. dazu, dass im Rahmen der Diskussionen über geeignete Mittel und Wege zur Kostensenkung im Gesundheitswesen der Sport immer stärker in das Blickfeld möglicher Sparmaßnahmen gerückt wurde. Es wurden sogar Forderungen erhoben, Sportunfälle aus der Gesetzlichen Krankenversicherung auszugrenzen.

ANZAHL UND KOSTEN DER SPORTVERLETZUNGEN IN DEUTSCHLAND

	VERLETZUNGEN	KOSTEN
IM VEREIN	665 Tsd.	520 Mio.
NICHT ORGANISIERT	585 Tsd.	800 Mio.
GESAMT	1.250 Tsd.	1.320 Mio.
	Angaben in Euro	Stand 1995

Dass diese Forderungen deutlich überzogen und mit statistischen Zahlen nicht zu begründen sind, zeigen die im Rahmen des Forschungsprojektes ermittelten Zahlen zur Kostenbelastung im Gesundheitswesen durch Sportunfälle (s. Tabelle).

Der Gesamtbetrag von knapp 1,32 Mrd. Euro entspricht einem Anteil von 0,8% der Gesamtkosten im Gesundheitswesen. Im Vergleich hierzu verursachen ernährungsbedingte Krankheiten und deren Folgen etwa ein Drittel der Kosten im Gesundheitswesen. Diese Zahlen zeigen deutlich, dass durch eine Ausgrenzung von Sportunfällen aus der Gesetzlichen Krankenversicherung dem Gesundheitswesen in Deutschland kaum geholfen wäre. Im Hinblick auf eine Senkung der Kosten durch Sportunfälle sollte man deshalb in erster Linie vermehrte Anstrengungen auf dem Gebiet der Unfallprävention unternehmen. [...]

Aus: Sportunfälle – Häufigkeit, Kosten, Prävention.

Eine Studie von Heribert Gläser und Thomas Henke. Herausgegeben von der ARAG Allgemeine Versicherungs AG, Düsseldorf.

M 7: Fußball auf Platz eins der Statistik

- Fast ein Drittel der Unfälle ereignet sich beim Fußballspielen. Auf Platz zwei der Verletzungsliste steht das Skilaufen, gefolgt von Handball und Tennis, dann folgen Unfälle beim Inline-Skating.
- Sportler verletzen sich am häufigsten am Kniegelenk. Am häufigsten sind Bänderrisse und Meniskus-Läsionen.
- Freizeitsportler sind besonders verletzungsgefährdet. Etwa 15 Prozent aller Fußverletzungen durch Sport treten am Wochenende auf.
- Beim Schulsport verletzen sich Schüler am häufigsten bei Ballspielen. Fast 20 Prozent der Verletzungen ereignen sich beim Basketball.

Aus: ÄRZTE WOCHE ,17. Jg., 2003.

M 8: Beurteilungsmatrix

Maßnahmen / **Kriterien**	Abschluss privater Unfallversicherung	Behandlung auf Rechnung; Kostenerstattung gegen Nachweis	Erhebung von Abgaben auf Alkohol, Nikotin, Zucker, Sportgeräte	Gesundheits-kampagnen, Prävention	…
Subsidiarität: *Ist der Einzelne (bzw. seine Familie) in der Lage, die ihm zugemuteten gesundheitlichen Risiken selbst zu beeinflussen bzw. zu kalkulieren und zu ihrer Abwendung/für ihr Eintreffen Vorsorge zu treffen?*					
Soziale Gerechtigkeit: *Wie belastend ist das selbst zu tragende Risiko? Gefährdet es ggf. die Basis von Rechten und Gütern, die zu einem menschenwürdigen Leben in unserer Gesellschaft nötig sind?*					
Gemeinwohl: *Fördert die als risikobehaftet ausgezeichnete und der Verantwortung des Einzelnen anheim gestellte Lebensweise einen (außermoralischen) Wert, der für die Gemeinschaft wichtig ist?*					
…					

M 9: Linkliste

http://www.sueddeutsche.de/deutschland/schwerpunkt/689/11678/5/
Auf der Website der Süddeutschen Zeitung findet sich unter der Überschrift „Kaputtsparen oder Gesundschrumpfen?" im Rahmen der übergeordneten Gesamtthematik „Der Umbau des Sozialstaats" eine Sammlung von Kommentaren, Informationen und Interviews zum Themenbereich Gesundheit. Dabei wird auch auf Gesundheitssysteme anderer Länder, unter anderem Frankreich, eingegangen.

http://forum.ksta.de/list.php?f=97
http://www.telefon-treff.de/showthread.php?threadid=15734
Diskussionsforen des Kölner Stadtanzeigers bzw. eines privaten Anbieters, in denen sich politisch interessierte Bürger mit unterschiedlich guten und differenzierten Argumenten zu Aspekten der Gesundheitsreform äußern.

http://www.baua.de/index.htm
Website der Bundesanstalt für Arbeitsschutz und Arbeitsmedizin mit statistischen Informationen zu Unfallverletzungen im Heim und Freizeitbereich.

http://www.sportaerztebund.de
http://www.zeitschrift-sportmedizin.de/
Von einschlägigen Ärzteverbänden betriebene Websites mit medizinischen Informationen zur Gefährdung durch Sportverletzungen und Empfehlungen zu ihrer Vermeidung.

http://www.cebeef.com/index1.htm
Unter „Forum kolumne" finden sich im online-Magazin des „Clubs Behinderter und ihrer Freunde in Frankfurt und Umgebung" Stellungnahmen zu aktuellen (gesundheits-) politischen Themen. Sie können dabei helfen, Argumente aus der Perspektive der „am schlechtesten Gestellten in einer Gesellschaft" zu finden.

http://www.suva.ch/de/home/suvaliv.htm
Die Website der Freizeitunfallversicherung der Schweizerischen Unfallversicherungsanstalt suva. Neben einer Liste mit Risikosportarten, bei denen die Suva die Leistungen kürzt, bringt sie Hinweise zur Prävention von Sport- und Freizeitverletzungen.

http://www.unfallstatistik.ch/
Website der Sammelstelle für die Statistik der Unfallversicherung in der Schweiz, die statistisches Material zu (Freizeit-)Unfällen in der Schweiz und deren Kosten bietet.

http://dbk.de/schriften/fs_schriften.html
Hier findet man die vom Sekretariat der Deutschen Bischofskonferenz herausgegebenen offiziellen Schriften der Katholischen Kirche in Deutschland. Neben dem Papier zur Zukunft des Gesundheitssystems gibt es dort weitere Publikationen zu gesellschaftlich relevanten Fragen.

http://www.ekd.de/EKD-Texte/1854.html
http://www.doku-ekd.de/
Erklärungen der Evangelischen Kirche in Deutschland zur Gesundheitspolitik und gesellschaftspolitisch wichtigen Themen findet man auf einer dieser Websites.

4. Perspektiven bildender Vermittlung ökonomischen Wissens in der Schule

Gegenstand der Arbeit war der Zusammenhang von Ökonomie, Moral und Bildung im Rahmen der Vermittlung ökonomischen Wissens in der Schule. Es wurde dargelegt, dass unter dem Anspruch von Bildung eine Thematisierung ökonomischen Wissens in der Schule auf die Frage nach dessen Lebensbedeutsamkeit nicht verzichten kann. Die ethischen Implikationen dieser Frage wurden aufgezeigt und Strukturelemente moralischer Urteilsbildung benannt. Diese sollen bei der Auseinandersetzung mit wirtschaftlichen Handlungsproblemen helfen, wertende Stellungnahmen zu begründen, die zugleich dem systemischen Charakter moderner Ökonomie Rechnung tragen. Wie entsprechende Unterrichtseinheiten aussehen könnten, hat das letzte Kapitel exemplarisch gezeigt. Bleibt zu fragen, auf welche Umsetzungsbedingungen die Anregungen treffen.

Das am Eingang der Arbeit konstatierte Engagement der Ökonomie für die Zukunft der Bildung mag zuversichtlich stimmen. Es ist durchaus nachhaltig; McKinsey bemüht sich weiterhin darum, die Bildungsreform in Deutschland voranzutreiben.[603] Auch den in relativ kurzer Zeit erreichten gesellschaftlichen Konsens über die Notwendigkeit ökonomischer Bildung kann man als Ermutigung für das Vorhaben bildender Vermittlung ökonomischen Wissens im Unterricht interpretieren.[604] Andererseits erzeugt die in der öffentlichen Diskussion zunehmende ökonomische Sichtweise des Bildungssystems auch Tendenzen, die der Etablierung eines anspruchsvollen Konzeptes ökonomischer Bildung an Schulen eher zuwiderlaufen.

Nach der Veröffentlichung der schlechten PISA-Ergebnisse ist die öffentliche Aufmerksamkeit für das Thema Bildung in Deutschland gestiegen. Dies führte in kurzer Zeit zu einer bis dahin beispiellosen Einigung in der Bildungspolitik. Die Kultusministerkonferenz entwickelte innerhalb von anderthalb Jahren Bildungsstandards für den mittleren Schulabschluss, die in länderspezifische Lehrpläne umgesetzt und mit Hilfe von Lernstandserhebungen kontrolliert werden. Sie beziehen sich auf die Fächer Deutsch, Mathematik, Naturwissenschaften und Fremdsprachen. Dabei verdanken die Bildungsstandards ihre gesellschaftliche Akzeptanz nicht einer bildungstheoretisch fundierten Begründung, sie orientieren sich am Kompetenzverständnis, das dem Test-Design von PISA zugrunde liegt.[605] Dieses zielt auf Basiswissen und Fähigkeiten, die man als Erwachsener zur aktiven Teilhabe am Leben einer modernen Industriegesellschaft benötigt. Vor dem Hintergrund der wirtschaftlichen Situation Deutschlands treffen entsprechende Standards auf hohe gesellschaftliche Akzeptanz. Ihre Bezeichnung als *Bildungs*standards trägt aber dazu bei, den über Kenntnisse und Fertigkeiten hinausgehenden Anspruch der Bildung zu verdrängen. Für die ökonomische Bildung, die bisher nur in wenigen Schulformen und Schulstufen als eigenes Unterrichtsfach etabliert ist, scheint die mit den Standardisierungsanstren-

---

603 Vgl. dazu die Veranstaltungshinweise im Jahr 2005 auf der Website http://www.mckinsey-bildet.de.

604 Vgl. den Hinweis oben auf S. 155.

605 Vgl. BELLMANN, J.: Ökonomische Dimensionen der Bildungsreform. In: Neue Sammlung. Vierteljahresschrift für Erziehung und Gesellschaft, 45. Jg., 2005, S. 28f. und REKUS, J.: Nationale Bildungsstandards - Grundlage von Schulqualität? In: REKUS, J. (Hg.): Bildungsstandards, Kerncurricula und die Aufgabe der Schule. Münstersche Gespräche zur Pädagogik. Bd. 21. Münster 2005. S. 82f. Zur Kritik an den Bildungsstandards der Kultusministerkonferenz vgl. auch den Hinweis in FN 561.

gungen einhergehende Konzentration des Interesses der Bildungspolitik auf wenige Kernfächer den Spielraum zudem einzuengen.

Bildungspolitisch geförderte Perspektiven bieten für die ökonomische Bildung momentan eher Projekte, Schülerfirmen oder Exkursionen, d.h. Formen praktischer Vermittlung ökonomischen Wissens, die den Rahmen von Unterricht überschreiten.[606] Allerdings wird deren bildende Wirkung, sofern sie nicht durch systematischen Fachunterricht ergänzt werden, auch von Fachdidaktikern der ökonomischen Bildung eher skeptisch beurteilt.[607]

Die ökonomisch motivierten Anstrengungen zur Standardisierung des deutschen Bildungssystems haben aber auch eine Kehrseite. Der Festlegung von durch die Einzelschule zu gewährleistenden Bildungsstandards steht die Freiheit der Schulen bei der Erreichung dieser Vorgaben gegenüber. Bildungspolitische Konzepte zur Erweiterung der Autonomie von Schule und Freiräume für schulinterne Curricula stärken die pädagogische Verantwortung der einzelnen Schule.[608]

Chancen für den dargelegten Ansatz, bildende Vermittlung ökonomischen Wissens durch Fachunterricht und fächerverbindende Unterrichtsvorhaben zu gewährleisten, liegen damit bei jeder einzelnen Schule. Im Land Nordrhein-Westfalen bietet die Einführung der Rahmenvorgabe ökonomische Bildung dafür gute Anregungen und Voraussetzungen. Allerdings setzt die Wahrnehmung dieser Chancen entsprechende Ressourcen bei den Schulen voraus. Hervorzuheben ist insbesondere die fachliche und pädagogische Qualifikation der Lehrerinnen und Lehrer. Deren Aufgabe ist, wie dargelegt wurde, mehr als nur die Vermittlung vorgegebener Wissensbestände. Neben der Forderung nachhaltiger Sicherung der ökonomischen Anteile im Studium der entsprechenden Fachlehrer ist daher an deren Befähigung zur Problematisierung der Bedeutsamkeit ökonomischen Wissens festzuhalten.[609] Diesen Anspruch, den in der Lehrerbildung die allgemeine Didaktik reflektiert, hat die Fachdidaktik auf ihren jeweiligen Gegenstandsbereich hin auszulegen und zu konkretisieren.[610] Wer deren Gewicht in der Lehrerbildung stärkt, trägt entscheidend bei zu aussichtsreichen Bedingungen für die bildende Vermittlung ökonomischen Wissens in der Schule.

---

[606] Vgl. den Hinweis auf das Projekt „Praxiskontakte – Zusammenarbeit zwischen Schule und Wirtschaft" in FN 549.

[607] Vgl. KAMINSKI/KROL/EGGERT/KOCH/LOERWALD/ZOERNER 2005, S. 164f. Mit der Feststellung, dass Handlungsorientierung zwar motiviert, das Denken aber verkürzt, lässt sich die kritische Einschätzung entsprechender Möglichkeiten durch die Fachdidaktiker bereits vor zehn Jahren skizzieren (vgl. den Dokumentationsband einer Tagung der Bundesfachgruppe für ökonomische Bildung: ALBERS, J. (Hg.): Handlungsorientierung und ökonomische Bildung. Bergisch Gladbach 1995).

[608] vgl. REKUS 2005, S. 88f.

[609] Vgl. die abschließenden Forderungen von KROL, G.-J.: Praxiskontakte und ökonomische Bildung – Potenziale, Grenzen, Herausforderungen. In: SOMMER, W. (Hg): Tagungsdokumentation edut@in 2003. Karlsruhe 2004. [Veröffentlicht als CD-ROM]. Zur Gefährdung der Fachdidaktik aufgrund ihrer Position an den fachwissenschaftlichen Fakultäten, ihren pädagogischen Auftrag zu unterschlagen, vgl. PLÖGER, W.: Aus der Vergangenheit lernen? - Bildungsstandards unter historisch-systematischer Perspektive. In: REKUS, J. (Hg.): Bildungsstandards, Kerncurricula und die Aufgabe der Schule. Münstersche Gespräche zur Pädagogik. Bd. 21. Münster 2005. S. 95f.

[610] Vgl. REKUS, J.: Die Aufgabe der Didaktik – eine Neubesinnung nach PISA. In: SEMINAR – Lehrerbildung und Schule. BAK-Vierteljahresschrift, 9. Jg, 2003, Heft 3, S. 134ff.

Literaturverzeichnis

AFF, J.: Dilemmata-Analyse. In: AFF, J./WAGNER, M. (Hg.): Methodische Bausteine der Wirtschaftsdidaktik. Wien 1997. S. 333-377.

ALBERS, J. (Hg.): Handlungsorientierung und ökonomische Bildung. Bergisch Gladbach 1995.

ALBERT, H.: Modell-Platonismus. Der neoklassische Stil des ökonomischen Denkens in kritischer Beleuchtung. In: KARRENBERG, F./ALBERT, H. (Hg.): Sozialwissenschaft und Gesellschaftsgestaltung. Festschrift für Gerhard Weisser. Berlin 1963. S. 45-76.

S. ALBERTI MAGNI Opera omnia, Tomus XIV Pars I: Super Ethica. Commentum et quaestiones. Libros quinque priores. Ed. Wilhelmus Kübel. Monasterium Westfalorum 1972.

ANZENBACHER, A.: Christliche Sozialethik. Einführung und Prinzipien. Paderborn 1997.

ARISTOTELES: Politik. Übersetzt und mit erklärenden Anmerkungen versehen von Eugen Rolfes. Mit einer Einleitung von Günther Bien. Hamburg 1981.

ARISTOTELES: Nikomachische Ethik. Auf der Grundlage der Übersetzung von Eugen Rolfes herausgegeben von Günther Bien. Hamburg 1985.

ARNOLD, V.: Volkswirtschaftslehre. Eine Einführung für Nichtökonomen. München 1996.

ARROW, K. J.: Social Choice and Individual Values. New York 1951.

AUFDERHEIDE, D.: Unternehmer, Ethos und Ökonomik. Moral und unternehmerischer Gewinn aus der Sicht der Neuen Institutionenökonomik. Berlin 1995.

AUFDERHEIDE, D./DABROWSKI, M.: Wirtschaftsethik und Moralökonomik. Normen, soziale Ordnung und der Beitrag der Ökonomik. Berlin 1997.

BAIER, K.: Der Standpunkt der Moral. Eine rationale Grundlegung der Ethik. Düsseldorf 1974. [Veröffentlichung der englischen Ausgabe: New York 1965]

BAUMERT, J./ KLIEME, E./NEUBRAND, M./PRENZEL, M./SCHIEFELE, U./ SCHNEIDER, W./STANAT, P./TILLMANN, K.-J./WEIß, M. (Hg.): PISA 2000: Basiskompetenzen von Schülerinnen und Schülern im internationalen Vergleich. Opladen 2001.

BDA/DGB (Hg.): Wirtschaft – notwendig für schulische Allgemeinbildung. Gemeinsame Initiative von Eltern, Lehrern, Wissenschaft, Arbeitgebern und Gewerkschaften. Berlin 2000.

BECK, H.-G. U.A. (Hg.): Die mittelalterliche Kirche. Vom kirchlichen Hochmittelalter bis zum Vorabend der Reformation. Handbuch der Kirchengeschichte. Bd. III, zweiter Halbband. Freiburg/Basel/Wien 1968.

BECK, K.: Wirtschaftserziehung und Moralerziehung – ein Widerspruch in sich? Zur Kritik der Kohlbergschen Moralentwicklungstheorie. In: Pädagogische Rundschau, 53. Jg., 1999a, S. 9-28.

BECK, K.: Zur Grundlegung und Vermittlung einer Berufsethik für Kaufleute. In: TRAMM, T./SEMBILL, D./KLAUSER, F./JOHN, E.G. (Hg): Professionalisierung kaufmännischer Berufsbildung. Beiträge zur Öffnung der Wirtschaftspädagogik für die Anforderungen des 21. Jahrhunderts. Festschrift zum 60. Geburtstag von Frank Achtenhagen. Frankfurt am Main 1999b. S. 199-214.

BECK, K.: Ist moralische Erziehung in der Schule möglich? – Eine Problemanalyse. In: POLLAK, G./PRIM, R. (Hg.): Erziehungswissenschaft und Pädagogik zwischen kritischer Reflexion und Dienstleistung. Festschrift zum 65. Geburtstag von Helmut Heid. Weinheim 1999c. S. 289-305.

BECK, K.: Ethische Differenzierung als Grundlage, Aufgabe und Movens Lebenslangen Lernens. In: ACHTENHAGEN, F./LEMPERT, W. (Hg.): Lebenslanges Lernen im Beruf – seine Grundlegung im Kindes- und Jugendalter. Bd. 5: Erziehungstheorie und Bildungsforschung. Opladen 2000. S. 30-51.

BECK, K.: Ethischer Universalismus als moralische Verunsicherung? Zur Diskussion um die Grundlegung der Moralerziehung. In: Zeitschrift für Berufs- und Wirtschaftspädagogik, 99. Jg., 2003, S. 274-298.

BELLMANN, J.: Ökonomische Dimensionen der Bildungsreform. In: Neue Sammlung. Vierteljahresschrift für Erziehung und Gesellschaft, 45. Jg., 2005, S. 15-33.

BENNER, D. U.A.: Entgegnungen zum Bonner Forum Mut zur Erziehung. München 1978.

BENNER, D./PEUKERT, H.: Moralische Erziehung. In: Enzyklopädie Erziehungswissenschaft, Bd. 1. Stuttgart 1983. S. 394-402.

BENNER, D.: Allgemeine Pädagogik. Eine systematisch-problemgeschichtliche Einführung in die Grundstruktur pädagogischen Denkens und Handelns. München [4]2001.

BENNER, D.: Die Struktur der Allgemeinbildung im Kerncurriculum moderner Bildungssysteme. Ein Vorschlag zur bildungstheoretischen Rahmung von PISA. In: Zeitschrift für Pädagogik, 48. Jg., 2002, S. 68-90.

BENTHAM, J.: Eine Einführung in die Prinzipien der Moral und der Gesetzgebung. In: HÖFFE, O. (Hg.): Einführung in die utilitaristische Ethik. Tübingen [2]1992. S. 55f. [Erstveröffentlichung des englischsprachigen Originals 1780 in London als Privatdruck]

BENTHAM, J.: Defense of Usury. London 1787.

BENTHAM, J.: Manual of Political Economy. London 1798.

BIEN, G.: Einleitung. Bemerkungen zum Aristotelischen Politikbegriff und zu den Grundsätzen der Aristotelischen Staatsphilosophie. In: ARISTOTELES: Politik. Hamburg 1981. S. XIII-LXI.

BIERVERT, B./WIELAND, J.: Der ethische Gehalt ökonomischer Kategorien - Beispiel: Der Nutzen. In: BIERVERT, B./HELD, M. (Hg.): Ökonomische Theorie und Ethik. Frankfurt am Main 1987. S. 23-50.

BIERVERT, B./HELD, K./WIELAND, J.: Sozialphilosophische Grundlagen ökonomischen Handelns. Frankfurt am Main 1990.

BILDUNGSKOMMISSION NRW: Zukunft der Bildung – Schule der Zukunft. Denkschrift der Kommission „Zukunft der Bildung – Schule der Zukunft“ beim Ministerpräsidenten des Landes Nordrhein-Westfalen. Neuwied 1995.

BITTERLI, U.: Die Entdeckung Amerikas. Von Kolumbus bis Alexander von Humboldt. München 1991.

BLANKERTZ, H.: Berufsbildung und Utilitarismus. Problemgeschichtliche Untersuchungen. Düsseldorf 1963.

BLANKERTZ, H.: Theorien und Modelle der Didaktik. München 1975.

BLANKERTZ, H: Die Geschichte der Pädagogik. Von der Aufklärung bis zur Gegenwart. Wetzlar 1982.

BÖHM-BAWERK, E. V.: Positive Theorie des Kapitals. Jena [4]1921.

BOETTCHER, E./ HERDER-DORNEICH, PH./SCHENK, K.-E. (Hg.): Jahrbuch für Neue Politische Ökonomie. Bd. 1. Tübingen 1982.

BRUGGER, W./KIRSTE, S./ANDERHEIDEN, M. (Hg.): Gemeinwohl in Deutschland, Europa und der Welt. Baden-Baden 2002.

BRUNNER, O.: Das „ganze Haus“ und die alteuropäische „Ökonomik“. In: Ders.: Neue Wege der Verfassungs- und Sozialgeschichte. Göttingen [3]1980. S. 103-127.

BÜRGERLICHES GESETZBUCH mit Einführungsgesetz, Beurkundungsgesetz, AGB-Gesetz, Abzahlungsgesetz, Wohnungseigentumsgesetz, Ehegesetz und Hausratsverordnung. Textausgabe mit ausführlichem Sachregister und einer Einführung von Universitätprofessor Dr. Karl Larenz. München [28]1985.

BÜSCHER, M.: Gott und Markt - religionsgeschichtliche Wurzeln Adam Smiths und die „Invisible Hand“ in der säkularisierten Industriegesellschaft. In: MEYER-FAJE, A./ULRICH, P. (Hg.): Der andere Adam Smith. Beiträge zur Neubestimmung von Ökonomie als Politischer Ökonomie. Bern 1991. S. 123-144.

BUNDESVERBAND DER KATHOLISCHEN ARBEITNEHMER-BEWEGUNG DEUTSCHLANDS (Hg.): Texte zur katholischen Soziallehre. Kevelaer [7]1989.

BUNDESVEREINIGUNG DER DEUTSCHEN ARBEITGEBERVERBÄNDE (Hg.): Bildungsauftrag Werteerziehung. Selbständig denken, verantwortlich handeln. Berlin 2002.

CAMERON, R.: Geschichte der Weltwirtschaft. Bd. 1. Vom Paläolithikum bis zur Industrialisierung. Stuttgart 1991.

CAMERON, R.: Geschichte der Weltwirtschaft. Bd. 2. Von der Industrialisierung bis zur Gegenwart. Stuttgart 1992.

CASSEL, D./RAUHUT, S.: Soziale Marktwirtschaft: Eine wirtschaftspolitische Konzeption auf dem Prüfstand. In: CASSEL, D. (Hg.): 50 Jahre Soziale Marktwirtschaft. Ordnungstheoretische Grundlagen, Realisierungsprobleme und Zukunftsperspektiven einer wirtschaftspolitischen Konzeption. Stuttgart 1998. S. 3-31.

CIPOLLA, C. M./BORCHARDT, K. (Hg.): Europäische Wirtschaftsgeschichte. Bd. 1: Mittelalter. Stuttgart/New York 1978.

CIPOLLA, C. M./BORCHARDT, K. (Hg.): Europäische Wirtschaftsgeschichte. Bd. 2: Sechzehntes und siebzehntes Jahrhundert. Stuttgart/New York 1979.

CIPOLLA, C. M./BORCHARDT, K. (Hg.): Europäische Wirtschaftsgeschichte. Bd. 3: Die industrielle Revolution. Stuttgart/New York 1985a.

CIPOLLA, C. M./BORCHARDT, K. (Hg.): Europäische Wirtschaftsgeschichte. Bd. 4: Die Entwicklung der industriellen Gesellschaften. Stuttgart/New York 1985b.

CIPOLLA, C. M./BORCHARDT, K. (Hg.): Europäische Wirtschaftsgeschichte. Bd. 5: Die europäischen Volkswirtschaften im zwanzigsten Jahrhundert. Stuttgart/New York 1986.

COASE, R. H.: The Nature of the Firm. In: Economica, N.S. 4. Jg., 1937, S. 386-405.

COASE, R. H.: The Problem of Social Cost. In: Journal of Law and Economics, 3. Jg., 1960, S. 1-44.

DAHM, K.-W.: Von der Götzenkritik zum Gestaltungsauftrag. Evangelische Sozialethik im Übergang. In: FURGER, F./LIENKAMP, A./DAHM, K.-W. (Hg.): Einführung in die Sozialethik. Münster 1996. S. 89-114.

DEUTSCHES AKTIENINSTITUT: Memorandum zur ökonomischen Bildung. Ein Ansatz zur Einführung des Schulfaches Ökonomie an allgemeinbildenden Schulen. Frankfurt 1999.

DOWNS, A.: Ökonomische Theorie der Demokratie. Tübingen 1968. [Erscheinung des englischsprachigen Originals: New York 1957]

DELHAES-GUENTHER, D. V.: Gesellschaftliche Akzeptanz der Sozialen Marktwirtschaft: Zur Position der Parteien, Verbände und Kirchen. In: CASSEL, D. (Hg.): 50 Jahre Soziale Marktwirtschaft. Ordnungstheoretische Grundlagen, Realisierungsprobleme und Zukunftsperspektiven einer wirtschaftspolitischen Konzeption. Stuttgart 1998. S. 133-151.

EGGENSPERGER, TH./ENGEL, U.: Bartolomé de las Casas. Mainz 1991.

ENGEL, J. (Hg.): Die Entstehung des neuzeitlichen Europa. Handbuch der europäischen Geschichte. Bd. 3. Stuttgart 1971.

ERLEI, M./LESCHKE, M./SAUERLAND, D.: Neue Institutionenökonomik. Stuttgart 1999.

ERLINGER, R.: Lügen haben rote Ohren. Gewissensfragen für große und kleine Menschen. Berlin 2004.

EUCKEN, W.: Die Grundlagen der Nationalökonomie. Berlin [9]1989. [Erscheinung der Erstauflage: Berlin 1940]

EUCKEN, W.: Grundsätze der Wirtschaftspolitik. Tübingen [6]1990. [Erscheinung der von Edith Eucken und K. Paul Hensel posthum hrsg. Erstauflage: Tübingen 1952]

FISCHER, W. (Hg.): Europäische Wirtschafts- und Sozialgeschichte von der Mitte des 19. Jahrhunderts bis zum ersten Weltkrieg. Handbuch der europäischen Wirtschafts- und Sozialgeschichte. Bd. 5. Stuttgart 1985.

FISCHER, W. (Hg.): Europäische Wirtschafts- und Sozialgeschichte vom Ersten Weltkrieg bis zur Gegenwart. Handbuch der europäischen Wirtschafts- und Sozialgeschichte. Bd. 6. Stuttgart 1987.

FORST, R.: Kommunitarismus und Liberalismus - Stationen einer Debatte. In: HONNETH, A. (Hg.): Kommunitarismus. Eine Debatte über die moralischen Grundlagen moderner Gesellschaften. Frankfurt am Main 1993. S. 181-219.

FORST, R.: Kontexte der Gerechtigkeit. Politische Philosophie jenseits von Liberalismus und Kommunitarismus. Frankfurt am Main 1994.

FORST, R.: Praktische Vernunft und rechtfertigende Gründe. Zur Begründung der Moral. In: GOSEPATH, ST. (Hg.): Motive, Gründe, Zwecke. Theorien praktischer Rationalität. Frankfurt am Main 1999. S. 168-205.

FRANKENA, W.: Analytische Ethik. Eine Einführung. München 1972. [Erscheinung der englischen Originalausgabe: Englewood Cliffs, New Jersey. 1963]

FURGER, F.: Christliche Sozialethik. Grundlagen und Zielsetzung. Stuttgart 1991.

FURGER, F.: Moral oder Kapital? Grundlagen der Wirtschaftsethik. Zürich/Mödling 1992.

FURGER, F.: Ein wegweisender Impuls aus der Universität Münster - Katholische Soziallehre als akademische Disziplin. In: NACKE, B.: Visionen und Realitäten. Persönlichkeiten und Perspektiven aus der christlich-sozialen Bewegung Münsters. Münster 1993. S. 25-44.

FURGER, F.: Sozialethik - warum eigentlich? In: FURGER, F./LIENKAMP, A./DAHM, K.-W. (Hg.): Einführung in die Sozialethik. Münster 1996. S. 11-27.

GABRIEL, K.: Christentum zwischen Tradition und Postmoderne. Freiburg 1992.

GATZ, E.: Caritas und soziale Dienste. In: RAUSCHER, A. (Hg.): Der soziale und politische Katholizismus. Entwicklungslinien in Deutschland 1803-1963. Bd. II. München 1982. S. 312-351.

GEBHARDT (Hg.): Von der Reformation bis zum Ende des Absolutismus. Handbuch der deutschen Geschichte. Bd. 2. Stuttgart 1970.

GEHLEN, A.: Der Mensch. Seine Natur und seine Stellung in der Welt. Berlin 1940.

GOSSEN, H. H.: Entwicklung der Gesetze des menschlichen Verkehrs und der daraus fliessenden Regeln für menschliches Handeln. Braunschweig 1854.

GROSSEKETTLER, H.: Die Wirtschaftsordnung als Gestaltungsaufgabe. Entstehungsgeschichte und Entwicklungsperspektiven des Ordoliberalismus nach 50 Jahren Sozialer Marktwirtschaft. Münster 1997.

GROSSEKETTLER, H.: Kritik der Sozialen Marktwirtschaft aus der Perspektive der Neuen Institutionenökonomik. In: NÖRR, K. W./STARBATTY, J. (Hg.): Soll und Haben. 50 Jahre Soziale Marktwirtschaft. Stuttgart 1998. S. 53-81.

GROßE KRACHT, H.-J.: Kirche in ziviler Gesellschaft. Studien zur Konfliktgeschichte von katholischer Kirche und demokratischer Öffentlichkeit. Paderborn 1997.

HABERMAS, J.: Erläuterungen zur Diskursethik. Frankfurt am Main 1991.

HABERMAS, J.: Faktizität und Geltung. Beiträge zur Diskurstheorie des Rechts und des demokratischen Rechtsstaates. Frankfurt am Main 1992.

HABERMAS, J.: Die Einbeziehung des Anderen. Studien zur politischen Theorie. Frankfurt am Main 1996.

HABERMAS, J.: Wahrheit und Rechtfertigung. Philosophische Aufsätze. Frankfurt am Main 1999.

HAYEK, F. A. V.: Die Anmaßung von Wissen. Neue Freiburger Studien. Tübingen 1996.

HERBART, J. H.: Allgemeine Pädagogik aus dem Zweck der Erziehung abgeleitet. [Göttingen 1806] In: HERBART, JOHANN FRIEDRICH, Pädagogische Schriften, hg. von ASMUS, W.. Bd. 2, Pädagogische Grundschriften. Düsseldorf 1965.

HERRMANN-PILLATH, C.: Grundriß der Evolutionsökonomik. München 2002.

HINSCH, W.: Gerechtfertigte Ungleichheiten. Grundsätze sozialer Gerechtigkeit. Berlin/New York 2002.

HINTZ, D./PÖPPEL, K.G./REKUS, J.: Neues schulpädagogisches Wörterbuch. München 1993.

HIRSCHBERGER, J.: Kleine Philosophiegeschichte. Freiburg/Basel/Wien 1992.

HIRSCHMAN, A. O.: Leidenschaften und Interessen. Politische Begründungen des Kapitalismus vor seinem Sieg. Frankfurt am Main 1980.

HOBBES, TH.: Leviathan. Stuttgart 1970. [Erscheinungsjahr der englischen Erstausgabe: 1651]

HOBBES, TH.: Elemente der Philosophie. Erste Abteilung: Der Körper. Übersetzt, mit einer Einleitung und mit textkritischen Annotationen versehen und herausgegeben von Karl Schuhmann. Hamburg 1997. [Erscheinungsjahr der Erstausgabe: 1655]

HOBBES, TH.: Vom Menschen - Vom Bürger (Elemente der Philosophie II u. III). Eingeleitet und auf der Grundlage der Übersetzung von Max Frischeisen-Köhler, die nach dem lateinischen Original berichtigt wurde, herausgegeben von Günter Gawlick. Hamburg ³1994. [Erscheinungsjahre der Erstausgaben: „De Cive" 1642, „De Homine" 1658]

HÖFFE, O. (Hg.): Einführung in die utilitaristische Ethik. Tübingen ²1992.

HÖFFE, O.: Immanuel Kant. München ⁴1996.

HÖFFE, O.: Lexikon der Ethik. München ⁵1997.

HOHMANN, K.: Ludwig Erhard (1897-1977). In: WÜNSCHE, H. E. (Hg.): Grundtexte zur Sozialen Marktwirtschaft. Bd. 2: Das Soziale in der Sozialen Marktwirtschaft. Stuttgart 1988. S. 557-583.

HOMANN, K.: Markt, Staat und Freiheit im Liberalismus. In: BOETTCHER, E./HERDER-DORNEICH, P./SCHENK, K.-E. (Hg.): Jahrbuch für Neue Politische Ökonomie. 2. Band. Tübingen 1983. S. 325-350.

HOMANN, K./BLOME-DREES, F.: Wirtschafts- und Unternehmensethik. Göttingen 1992.

HONNETH, A. (Hg.): Kommunitarismus. Eine Debatte über die moralischen Grundlagen moderner Gesellschaften. Frankfurt am Main 1993.

HORKHEIMER, M./ADORNO, TH. W.: Dialektik der Aufklärung. Philosophische Fragmente. Amsterdam 1947.

HOUTE, J.A. VAN (Hg.): Europäische Wirtschafts- und Sozialgeschichte im Mittelalter. Handbuch der europäischen Wirtschafts- und Sozialgeschichte. Bd. 2. Stuttgart 1980.

HÜRTEN, H.: Katholische Verbände. In: RAUSCHER, A. (Hg.): Der soziale und politische Katholizismus. Entwicklungslinien in Deutschland 1803-1963. Bd. II. München 1982. S. 215-277.

HÜRTEN, H.: Kurze Geschichte des deutschen Katholizismus 1800-1960. Mainz 1986.

HUMBOLDT, W. VON: Ideen zu einem Versuch, die Gränzen der Wirksamkeit des Staats zu bestimmen. In: Ders.: Werke in fünf Bänden. Bd. I: Schriften zur Anthropologie und Geschichte. Darmstadt 1960. S. 56-233. [1792]

HUMBOLDT, W. VON: Der Königsberger und der Litauische Schulplan. In: Ders.: Werke in fünf Bänden. Bd. IV: Schriften zur Politik und zum Bildungswesen. Darmstadt 1964. S. 168-195. [1809]

HUME, D.: Ein Traktat über die menschliche Natur. Übersetzt, mit Anmerkungen und Register versehen von Theodor Lipps. Hamburg 1978. [Erscheinungsjahr der englischen Erstausgabe: Buch I (Of the Understanding) und II (Of the Passions) 1739, Buch III (Of Morals) 1740]

HUME, D.: Eine Untersuchung über den menschlichen Verstand. Übersetzt und herausgegeben von Herbert Herring. Stuttgart 1982. [Erscheinungsjahr der englischen Erstausgabe unter dem Titel „Philosophical Essays Concerning Human Understanding": 1748; seit 1758 unter dem Titel „An Enquiry Concerning Human Understanding"]

HUME, D.: Eine Untersuchung über die Prinzipien der Moral. Übersetzt und herausgegeben von Gerhard Streminger. Stuttgart ²1996. [Erscheinungsjahr der englischen Erstausgabe: 1751]

JOAS, H.: Die Entstehung der Werte. Frankfurt am Main 1999.

JEVONS, W. ST. : Die Theorie der politischen Ökonomie. Aus dem englischen Original, und zwar nach der vierten, von H. Stanley Jevons besorgten, den Text letzter Hand enthaltenden Auflage ins Deutsche übertragen und eingeleitet von Otto Weinberger. Jena 1924. [Erscheinung der englischen Erstausgabe: London 1871]

KAISER, F.-J./KAMINSKI, H.: Methodik des Ökonomie-Unterrichtes. Bad Heilbrunn ³1999.

KAMINSKI, H./KROL, G.-J./EGGERT, K./KOCH, M./LOERWALD, D./ZOERNER, A.: Praxiskontakte. Zusammenarbeit zwischen Schule und Wirtschaft. Braunschweig 2005.

KANT, I.: Kritik der reinen Vernunft. Hrsg. von Ingeborg Heidemann. Stuttgart 1995. [Erscheinung der Originalausgabe: Riga 1781, 2. Auflage: Riga 1787]

KANT, I.: Prolegomena zu einer jeden künftigen Metaphysik, die als Wissenschaft wird auftreten können. Hrsg. von Karl Vorländer. Hamburg 71993. [Erscheinung der Originalausgabe: Riga 1783]

KANT, I.: Beantwortung der Frage: Was ist Aufklärung? In: Was ist Aufklärung? Thesen und Definitionen. Hrsg. von Ehrhard Bahr. Stuttgart 1996. S. 9-17 [Ursprünglich erschienen in: Berlinische Monatsschrift, 4. Jg., 1784, S. 481-494]

KANT, I.: Grundlegung zur Metaphysik der Sitten. Hrsg. von Theodor Valentiner. Stuttgart 1961 [Erscheinung der Originalausgabe: Riga 1785, 2. Auflage: Riga 1786]

KANT, I.: Kritik der praktischen Vernunft. Herausgegeben von Joachim Kopper. Stuttgart 1961 [Erscheinung der Originalausgabe: Riga 1788]

KANT, I: Kritik der Urteilskraft. Herausgegeben von Karl Vorländer. Hamburg 71990 [Erscheinung der Originalausgabe: Berlin 1790]

KANT, I.: Metaphysische Anfangsgründe der Rechtslehre. (Metaphysik der Sitten. Erster Teil) Neu herausgegeben von Bernd Ludwig. Hamburg 1986. [Erscheinung der Originalausgabe: Riga 1797]

KANT, I.: Metaphysische Anfangsgründe der Tugendlehre. (Metaphysik der Sitten. Zweiter Teil) Neu herausgegeben und eingeleitet von Bernd Ludwig. Hamburg 1990. [Erscheinung der Originalausgabe: Riga 1797]

KANT, I.: Über ein vermeintes Recht aus Menschenliebe zu lügen. In: Kant's gesammelte Schriften. Herausgegeben von der Königlich Preußischen Akademie der Wissenschaften. Bd. VIII, Berlin 1912. S. 423-430 [Ursprünglich erschienen in: Berlinische Blätter, 1. Jg., 1797, S. 301-314]

KANT, I.: Über Pädagogik. In: Immanuel Kant. Ausgewählte Schriften zur Pädagogik und ihrer Begründung. Besorgt von Hans-Herrmann Groothoff unter Mitwirkung von Edgar Reimers. Paderborn 21982. [Aus Vorlesungsmanuskripten Kants unter dem Titel "Immanuel Kant über Pädagogik" herausgegeben von Friedrich Theodor Rink. Königsberg 1803]

KARSTEN, D./KRAFFT, D./MEYER, H./MEYER-HARTER, R./ROTHKEGEL, C./WEßEL, H.: Wirtschaftliches Handeln. Lehr- und Arbeitsbuch zur Wirtschafts- und Sozialerziehung für berufsbildende Schulen. Hamburg 21984.

KARPE, J./KROL, H.-G.: Funktionsbedingungen moderner Gesellschaften und Neue Institutionenökonomik als Herausforderung für die ökonomische Bildung. In: KROL, H.-G./KRUBER, K.-P. (Hg.): Die Marktwirtschaft an der Schwelle zum 21. Jahrhundert – Neue Aufgaben für die ökonomische Bildung? Bergisch-Gladbach 1999. S. 21-48.

KAUFHOLD, K. H.: Wirtschaft und Gesellschaft in Deutschland seit der Industrialisierung (1800-1963). In: RAUSCHER, A. (Hg.): Der soziale und politische Katholizismus. Entwicklungslinien in Deutschland 1803-1963. Bd. II. München 1982. S. 9-51.

KELLENBENZ, H. (Hg.): Europäische Wirtschafts- und Sozialgeschichte vom ausgehenden Mittelalter bis zur Mitte des 17. Jahrhunderts. Handbuch der europäischen Wirtschafts- und Sozialgeschichte. Bd. 3. Stuttgart 1986.

KERSTING, W.: Wohlgeordnete Freiheit. Kants Rechts- und Staatsphilosophie. Frankfurt am Main 1993.

KERSTING, W. (Hg.): Politische Philosophie des Sozialstaats. Weilerwist 2000.

KEYNES, J. M.: Allgemeine Theorie der Beschäftigung, des Zinses und des Geldes. Berlin 61983. [Englische Originalausgabe: General Theory of Employment, Interest and Money. London 1936]

KIRSCH, G.: Neue Politische Ökonomie. Düsseldorf 31993.

KILLIUS, N./KLUGE, J./REISCH, L. (Hg.): Die Zukunft der Bildung. Frankfurt am Main 2002.

KITTSTEINER, H.-D.: Ethik und Teleologie: Das Problem der „unsichtbaren Hand“ bei Adam Smith. In: KAUFMANN, F.-X./KRÜSSELBERG, H.-G. (Hg.): Markt, Staat und Solidarität bei Adam Smith. Frankfurt am Main 1984. S. 41-73.

KLAFKI, W.: Zum Verhältnis von Allgemeiner Didaktik und Fachdidaktik – Fünf Thesen. In: MEYER, M.A./PLÖGER, W. (Hg.): Allgemeine Didaktik, Fachdidaktik und Fachunterricht, Weinheim und Basel 1994. S 42-64.

KLAPHAKE, A./MICKEL, W./STACHWITZ, R./WOLLNY, A.: Arbeitsbuch Politik. Berlin 2000.

KLEINHENZ, G./LAMPERT, H.: Der Wiederbeginn freiheitlicher Sozialpolitik nach dem Kriege. In: WÜNSCHE, H. E. (Hg.): Grundtexte zur Sozialen Marktwirtschaft. Bd. 2: Das Soziale in der Sozialen Marktwirtschaft. Stuttgart 1988. S. 159-171.

KLIEME, E. U.A.: Zur Entwicklung nationaler Bildungsstandards. Eine Expertise. Bonn 2003.

KLODT, H.: Globalisierung: Phänomen und empirische Relevanz. In: SCHENK, K.-E./SCHMIDTCHEN, D./STREIT, M. E./VANBERG, V. (Hg.): Jahrbuch für Neue Politische Ökonomie. Bd. 17: Globalisierung, Systemwettbewerb und nationalstaatliche Politik. Tübingen 1998. S. 7-34.

KOHLBERG, L.: Kognitive Entwicklung und moralische Erziehung. In: MAUERMANN, L./WEBER, E. (Hg.): Der Erziehungsauftrag der Schule. Beiträge zur Theorie und Praxis moralischer Erziehung unter besonderer Berücksichtigung der Wertorientierung im Unterricht. Donauwörth 1978. S. 107-114.

KOHLBERG, L./TURIEL, E.: Moralische Entwicklung und Moralerziehung. In: PORTELE, G. (Hg.): Sozialisation und Moral. Neuere Ansätze zur moralischen Entwicklung und Erziehung. Weinheim/Basel 1978. S. 13-80.

KOLLER, P.: Neue Theorien des Sozialkontrakts. Berlin 1987.

KOLLER, P.: Soziale Gerechtigkeit – Begriff und Begründung. In: Erwägen Wissen Ethik, 14. Jg., 2003, Heft 2, S. 237-250.

KRAFFT, D./HARTER-MEYER, R./MEYER, H. (Hg.): Wirtschaft 9/10. Berlin 2002.

KRAUSE, J. P.: Immanuel Kant und Adam Smith. Präsenz, Wirkung und Geltung der „Theory of Moral Sentiments“ in Kants Werk. Diss. Köln 1997.

KROL, G.-J.: Praxiskontakte und ökonomische Bildung – Potenziale, Grenzen, Herausforderungen. In: SOMMER, W. (Hg): Tagungsdokumentation edut@in 2003. Karlsruhe 2004. [Veröffentlicht als CD-ROM]

LADENTHIN, V.: Wirtschaft und Bildung. Notwendigkeiten, Möglichkeiten und Grenzen eines Zusammenhangs. In: REKUS, J. (Hg.): Schule und Wirtschaft. Auf der Suche nach einem neuen Verhältnis. Münstersche Gespräche zur Pädagogik. Bd. 18. Münster 2002. S. 5-20.

LADWIG, B.: Gemeinwohl und Eigensinn. Eine Auseinandersetzung mit Winfried Brugger und Peter Koller. In: BRUGGER, W./KIRSTE, S./ANDERHEIDEN, M. (Hg.): Gemeinwohl in Deutschland, Europa und der Welt. Baden-Baden 2002. S. 71-101.

LANGE-VON KULESSA, J./RENNER, A.: Die Soziale Marktwirtschaft Alfred Müller-Armacks und der Ordoliberalismus der Freiburger Schule - Zur Unvereinbarkeit zweier Staatsauffassungen. In: ORDO: Jahrbuch für die Ordnung von Wirtschaft und Gesellschaft. Bd. 49, 1998, S. 79-104.

LANGNER, A.: Wirtschaftliche Ordnungsvorstellungen im deutschen Katholizismus 1945-1963. In: LANGNER, A. (Hg.): Katholizismus, Wirtschaftsordnung und Sozialpolitik 1945-1963. Paderborn 1980. S. 27-108.

LEMPERT, W.: Modernisierung der Moral oder pseudomoralische Entmoralisierung? In: Zeitschrift für Berufs- und Wirtschaftspädagogik, 99. Jg., 2003, S. 436-452.

LESCHKE, M./PIES, I. (Hg.): Gary Beckers ökonomischer Imperialismus. Tübingen 1998.

LIENING, A.: Moralische Erziehung im Wirtschaftsunterricht. In: ALBERS, H.-J. (Hg.): Ethik und ökonomische Bildung. Bergisch-Gladbach 1996. S. 93-115.

LIND, G.: Moral ist lehrbar. Handbuch zur Theorie und Praxis moralischer und demokratischer Bildung. München 2003.

LOCKE, J.: Über den menschlichen Verstand. Hamburg ³1976. [Erscheinungsjahr der englischen Erstausgabe: 1689]

LOCKE, J.: Zwei Abhandlungen über die Regierung. Aus dem Englischen von Hans Jörn Hoffmann. Herausgegeben und eingeleitet von Walter Euchner. Frankfurt am Main 1998. [Erscheinungsjahr der englischen Erstausgabe: 1690]

LUHMANN, N.: Die Gesellschaft der Gesellschaft. Frankfurt am Main 1997.

MACHIAVELLI, N.: Il Principe/Der Fürst. Italienisch/Deutsch. Übersetzt und herausgegeben von Philipp Rippel. Stuttgart 1986. [Erste Veröffentlichung der 1513 verfassten Schrift: 1532]

MANDEVILLE, B.: Die Bienenfabel oder Private Laster, öffentliche Vorteile. Mit einer Einleitung von Walter Euchner. Frankfurt am Main 1968. [Erscheinungsjahr der englischen Originalausgabe: 1714]

MARSHALL, A.: Handbuch der Volkswirtschaftslehre. Stuttgart 1905. [Titel der Originalausgabe: Principles of Economics. London 1890]

MARX, K./ENGELS, F.: Manifest der Kommunistischen Partei. Stuttgart 1999. [Erscheinungsjahr der Erstausgabe: London 1848]

MAUERMANN, L.: Unterrichtsplanung zur Diskussion eines moralischen Dilemmas in der 8./9. Jahrgangsstufe (Thema: Hauptschulabschluß-Prüfung). In: MAUERMANN, L./WEBER, E. (Hg.): Der Erziehungsauftrag der Schule. Beiträge zur Theorie und Praxis moralischer Erziehung unter besonderer Berücksichtigung der Wertorientierung im Unterricht. Donauwörth 1978. S. 193-201.

MCCULLOCH, J. R.: Grundsätze der politischen Oekonomie nebst kurzer Darstellung des Ursprungs und Fortschrittes dieser Wissenschaft. Stuttgart 1831. [Erscheinungsjahr der englischen Originalausgabe: 1825]

MENGER, C.: Grundsätze der Volkswirtschaftslehre. Wien 1871.

MEYER-FAJE, A./ULRICH, P. (Hg.): Der andere Adam Smith. Beiträge zur Neubestimmung von Ökonomie als Politischer Ökonomie. Bern 1991.

MEYER, H.: Unterrichtsmethoden. Bd. I: Theorieband. Berlin 1987.

MIECK, I. (Hg.): Europäische Wirtschafts- und Sozialgeschichte von der Mitte des 17. Jahrunderts bis zur Mitte des 19. Jahrhunderts. Handbuch der europäischen Wirtschafts- und Sozialgeschichte. Bd. 4: Stuttgart 1993.

MILL, J.: Elemente der Nationalökonomie. Halle 1824. [Erscheinungsjahr der englischen Originalausgabe: 1821]

MILL, J. ST.: System der deduktiven und induktiven Logik. Übersetzt von Jacob Schiel. Braunschweig 1868 [Erscheinungsjahr der englischen Originalausgabe: 1843]

MILL, J. ST.: Zur Logik der Moralwissenschaften = System der deduktiven und induktiven Logik. Darlegung der Grundsätze der Beweislehre und Methoden der wissenschaftlichen Forschung. 6. Buch. Frankfurt am Main 1997. [Erscheinungsjahr der englischen Originalausgabe: 1843]

MILL, J. ST.: Über die Definition der politischen Ökonomie und die ihr angemessene Forschungsmethode. In: Ders.: Einige ungelöste Probleme der politischen Ökonomie. Herausgegeben von Hans G. Nutzinger. Frankfurt am Main 1976. S. 146-184. [Erscheinungsjahr der englischen Originalausgabe: 1844; Erstveröffentlichung des Aufsatzes in einer nicht vollständig textgleichen Fassung in „London and Westminster Review" 1836]

MILL, J. ST.: Grundsätze der politischen Oekonomie nebst einigen Anwendungen derselben auf die Gesellschaftswissenschaft. Hamburg ²1864 [Erscheinungsjahr der englischen Originalausgabe: 1848]

MILL, J. ST.: Über die Freiheit. Stuttgart 1974. [Erscheinungsjahr der englischen Originalausgabe: 1859]

MILL, J. ST.: Der Utilitarismus. Stuttgart 1976. [Erscheinungsjahr der englischen Originalausgabe: 1863; Erstveröffentlichung als Artikelserie in „Frazer`s Magazine" 1861]

MINISTERIUM FÜR SCHULE UND WEITERBILDUNG, WISSENSCHAFT UND FORSCHUNG DES LANDES NORDRHEIN-WESTFALEN (Hg.): Richtlinien und Lehrpläne für die Sekundarstufe II – Gymnasium/Gesamtschule in Nordrhein-Westfalen. Sozialwissenschaften. Frechen 1999.

MINISTERIUM FÜR SCHULE, WISSENSCHAFT UND FORSCHUNG DES LANDES NORDRHEIN-WESTFALEN (Hg.): Rahmenvorgabe Politische Bildung. Frechen 2001.

MINISTERIUM FÜR SCHULE, JUGEND UND KINDER DES LANDES NORDRHEIN-WESTFALEN (Hg.): Rahmenvorgabe für die ökonomische Bildung in der Sekundarstufe I. Frechen 2004.

MONTESQUIEU, CH. L. D.S.: Vom Geist der Gesetze. In einer neuen Übertragung eingeleitet und herausgegeben von Ernst Forsthoff. Tübingen 1951 [Erscheinungsjahr der französischen Originalausgabe: 1748]

MORGENSTERN, O.: Die drei Grundtypen der Theorie des subjektiven Wertes. In: MISES, L./SPIETHOFF, A. (Hg.): Probleme der Wertlehre. München und Leipzig 1931. S. 1-42.

MÜLLER-ARMACK, A.: Wirtschaftslenkung und Marktwirtschaft. Hamburg 1947.

MÜLLER-ARMACK, A.: Die Wirtschaftsordnung sozial gesehen. In: ORDO: Jahrbuch für die Ordnung von Wirtschaft und Gesellschaft. Bd. 1, 1948, S. 125-154.

MÜNKLER, H./BLUHM, H./FISCHER, K. (Hg.): Gemeinwohl und Gemeinsinn. Forschungsberichte der interdisziplinären Arbeitsgruppe „Gemeinwohl und Gemeinsinn" der Berlin-Brandenburgischen Akademie der Wissenschaften. Bd. I-IV. Berlin 2001-2002.

MUT ZUR ERZIEHUNG: Beiträge zu einem Forum am 9./10.1.1978 im Wissenschaftszentrum Bonn-Bad Godesberg. Stuttgart 1978.

NAWROTH, E.: Die Sozial- und Wirtschaftsphilosophie des Neoliberalismus. Heidelberg 1961.

NELL-BREUNING, O. VON: Baugesetze der Gesellschaft. Freiburg 1968.

NELL-BREUNING, O. VON: „Können Neoliberalismus und katholische Soziallehre sich verständigen?" In: MESTMÄCKER, E.-J./SAUERMANN, H. (Hg.): Wirtschaftsordnung und Staatsverfassung. Festschrift für Franz Böhm zum 80. Geburtstag. Tübingen 1975. S. 459-470.

NEUWEG, G. H.: Vom Wert der Wertfreiheit in einer ethisch-reflexiven Wirtschaftsdidaktik. In: ALBERS, H.-J. (Hg.): Ethik und ökonomische Bildung. Bergisch-Gladbach 1996. S. 59-91.

NIPPERDEY, TH.: Deutsche Geschichte 1800-1866. Bürgerwelt und starker Staat. München 1983.

NIPPERDEY, TH.: Deutsche Geschichte 1866-1918. Erster Band: Arbeitswelt und Bürgergeist. München 1990.

NÖRR, K. W.: Die Entscheidung für die Soziale Marktwirtschaft als ein Wendepunkt der deutschen Geschichte. In: NÖRR, K. W./STARBATTY, J. (Hg.): Soll und Haben. 50 Jahre Soziale Marktwirtschaft. Stuttgart 1998. S. 23-38.

NORTH, D. C.: Theorie des institutionellen Wandels. Tübingen 1988.

NORTH, D. C.: Institutionen, institutioneller Wandel und Wirtschaftsleistung. Tübingen 1992.

NORTH, M. (Hg.): Deutsche Wirtschaftsgeschichte. Ein Jahrtausend im Überblick. München 2000.

NUSSBAUM, M. C.: Gerechtigkeit oder Das gute Leben. Frankfurt am Main 1999.

OECD (Hg.): Lernen für das Leben: Erste Ergebnisse von PISA 2000. Paris 2001.

ONCKEN, A.: Adam Smith und Immanuel Kant. Der Einklang und das Wechselverhältnis ihrer Lehren über Sitte, Staat und Wirthschaft. Leipzig 1877.

OSER, F./ALTHOFF, W.: Moralische Selbstbestimmung. Modelle der Entwicklung und Erziehung im Wertebereich. Stuttgart 1992.

PARETO, V.: Anwendungen der Mathematik auf Nationalökonomie. In: Encyklopädie der mathematischen Wissenschaften mit Einschluß ihrer Anwendungen. Leipzig 1900-1904. Bd. I, S. 1094-1120.

PATZEN, M.: Zur Diskussion des Adam-Smith-Problems - ein Überblick. In: MEYER-FAJE, A./ULRICH, P. (Hg.): Der andere Adam Smith. Beiträge zur Neubestimmung von Ökonomie als Politischer Ökonomie. Bern 1991. S. 21-54.

PATZIG, G.: Ethik ohne Metaphysik. Göttingen [2]1983.

PAULSEN, F.: Geschichte des gelehrten Unterrichts auf den deutschen Schulen und Universitäten vom Ausgang des Mittelalters bis zur Gegenwart. Bd. 2: Der gelehrte Unterricht im Zeichen des Neuhumanismus. Berlin 1885.

PETZELT, A.: Grundzüge systematischer Pädagogik. Freiburg ^{3}1964.

PLATON: Der Staat. Über das Gerechte. Übersetzt und erläutert von Otto Apelt. Durchgesehen und mit ausführlicher Literaturübersicht, Anmerkungen und Register versehen von Karl Bormann. Einleitung von Paul Wilpert. Hamburg 1989.

PLÖGER, W.: Aus der Vergangenheit lernen? - Bildungsstandards unter historisch-systematischer Perspektive. In: REKUS, J. (Hg.): Bildungsstandards, Kerncurricula und die Aufgabe der Schule. Münstersche Gespräche zur Pädagogik. Bd. 21. Münster 2005. S. 91-107.

PÖPPEL, K. G.: „Fürwahrhalten heißt Überzeugung… Fürwahrhalten lässt sich nicht mitteilen." (Kant). Zur Theorie des Lehrer-Schüler-Verhältnisses bei Alfred Petzelt. In: Vierteljahresschrift für wissenschaftliche Pädagogik, 53. Jg., 1977, S. 325-332.

PÖPPEL, K. G..: Moralische Erziehung im Fachunterricht – Zur Einheit von Unterricht und Erziehung. In: REGENBRECHT, A./PÖPPEL, K. G. (Hg.): Moralische Erziehung im Fachunterricht. Münstersche Gespräche zu Themen wissenschaftlicher Pädagogik. Bd. 7.1. Münster 1990. S. 27-48.

PRIBRAM, K.: Geschichte des ökonomischen Denkens. Frankfurt am Main 1998.

RAUSCHER, A.: Katholische Soziallehre und liberale Wirtschaftsauffassung. In: DERS.: Kirche in der Welt. Beiträge zur christlichen Gesellschaftsverantwortung. Bd. II. Würzburg 1988. S. 371-409.

RAWLS, J.: Eine Theorie der Gerechtigkeit. Frankfurt am Main 1975. [Erscheinung der englischen Originalausgabe: Cambridge, Massachusetts, 1971]

RAWLS, J.: Die Idee des politischen Liberalismus. Aufsätze 1978-1989. Frankfurt am Main 1992.

REGENBRECHT, A.: Zum Verhältnis von Allgemeiner Didaktik und Fachdidaktik an der Pädagogischen Hochschule. In: Pädagogische Hochschule Dortmund (Hg.): Die Pädagogische Hochschule. Struktur und Aufgaben. Ratingen 1964. S. 275-292.

REGENBRECHT, A.: Der Beitrag Kohlbergs zu einer Theorie der moralischen Erziehung. In: Vierteljahresschrift für wissenschaftliche Pädagogik, 64. Jg., 1988, S. 80-102.

REGENBRECHT, A.: Ist Tugend lehrbar? In: REGENBRECHT, A./PÖPPEL, K. G. (Hg.): Moralische Erziehung im Fachunterricht. Münstersche Gespräche zu Themen wissenschaftlicher Pädagogik. Bd. 7.1. Münster 1990. S. 4-11.

REGENBRECHT, A.: Ethikunterricht als Aufgabe der Schule. In: SCHILMÖLLER, R./REGENBRECHT, A./PÖPPEL, K. G. (Hg.): Ethik als Unterrichtsfach. Münstersche Gespräche zu Themen wissenschaftlicher Pädagogik. Bd. 17. Münster 2000. S. 24-56.

REGENBRECHT, A.: Sichern Bildungsstandards die Bildungsaufgabe der Schule? In: Engagement. Zeitschrift für Erziehung und Schule. Heft 4/2004. S. 297-314.

REKUS, J: Technikunterricht und moralische Erziehung – Zur Förderung der Werturteilsfähigkeit durch Fachunterricht. In: REGENBRECHT, A./PÖPPEL, K. G. (Hg.): Moralische Erziehung im Fachunterricht. Münstersche Gespräche zu Themen wissenschaftlicher Pädagogik. Bd. 7.2. Münster 1990. S. 101-113.

REKUS, J.: Bildung und Moral. Zur Einheit von Rationalität und Moralität in Schule und Unterricht. München 1993.

REKUS, J.: Schule als ethischer Handlungsraum. Möglichkeiten und Grenzen ethischer Erziehung in der Schule. In: LADENTHIN, V./SCHILMÖLLER, R. (Hg.): Ethik als pädagogisches Projekt. Grundfragen schulischer Werterziehung. Opladen 1999. S. 251-265.

REKUS, J.: Die Aufgabe der Didaktik – eine Neubesinnung nach PISA. In: SEMINAR – Lehrerbildung und Schule. BAK-Vierteljahresschrift, 9. Jg. 2003, Heft 3, S. 131-139.

REKUS, J.: Nationale Bildungsstandards - Grundlage von Schulqualität? In: REKUS, J. (Hg.): Bildungsstandards, Kerncurricula und die Aufgabe der Schule. Münstersche Gespräche zur Pädagogik. Bd. 21. Münster 2005. S. 77-90.

REUTER, H.-G.: Genese der Konzeption der Sozialen Marktwirtschaft. In: CASSEL, D. (Hg.): 50 Jahre Soziale Marktwirtschaft. Ordnungstheoretische Grundlagen, Realisierungsprobleme und Zukunftsperspektiven einer wirtschaftspolitischen Konzeption. Stuttgart 1998. S. 67-95.

RICARDO, D.: Über die Grundsätze der politischen Ökonomie und Besteuerung. Übersetzt von Gerhard Bondi. Herausgegeben von Heinz D. Kurz. Marburg 1994. [Erscheinungsjahr der ersten englischen Ausgabe: 1817]

RICARDO, D.: Ein Essay über den Einfluß eines niedrigen Getreidepreises auf den Kapitalprofit; ein Nachweis der Unzweckmäßigkeit von Einfuhrbeschränkungen nebst Bemerkungen zu Mr. Malthus' zwei neuesten Schriften. In: DERS.: Über die Grundsätze der politischen Ökonomie und Besteuerung. Übersetzt von Gerhard Bondi. Herausgegeben von Heinz D. Kurz. Marburg 1994. S. 391-422. [Erscheinungsjahr der ersten englischen Ausgabe: 1815]

RICHTER, R.: Institutionen ökonomisch analysiert. Zur jüngeren Entwicklung auf einem Gebiet der Wirtschaftstheorie. Tübingen 1994.

RICHTER, R./FURUBOTN, E. G.: Neue Institutionenökonomik. Eine Einführung und kritische Würdigung. Tübingen ^{2}1999.

RICOEUR, P.: Das Selbst als ein Anderer. München 1996.

ROBBINS, L.: An Essay on the Nature and Significance of Economic Science. London 1932.

ROMBACH, H. (Hg.): Lexikon der Pädagogik. Bd. 1. Freiburg 1970.

ROTH, H.: Pädagogische Anthropologie. Bd. II. Entwicklung und Erziehung. Hannover 1971.

RUHLOFF, J.: Vom Gottesknecht zum Selbstliebhaber. Ausblicke auf Individualität, Subjektivität, Autonomie in Interpretationen des Menschen zwischen Renaissance und Aufklärung. In: Bildung und Erziehung, 46. Jg., 1993, S. 167-182.

SALIN, E.: Geschichte der Volkswirtschaftslehre. Tübingen 1951.

SAMUELSON, P. A./NORDHAUS, W. D.: Volkswirtschaftslehre. (Originaltitel: Economics) Übersetzung der 15. amerikanischen Auflage. Wien/Frankfurt 1998.

SANDER, W.: Mündige Bürger – Gerichtshöfe der Vernunft. Wie ist politisch-moralische Urteilsbildung im Unterricht möglich? In: REDAKTION DER FRANKFURTER HEFTE (Hg.): Existenzwissen. Frankfurt am Main 1983. S. 175-193.

SANDER, W.: Mädchen – Jungen und Computer. Perspektiven der didaktischen Konzeptbildung für adressatenspezifische Computerkurse. In: BUNDESMINISTER FÜR BILDUNG UND WISSENSCHAFT (Hg.): Mädchen und Computer. Ergebnisse und Modelle zur Mädchenförderung in Computerkursen. Bad Honnef 1992. S. 46-74.

SCHATZ, K.: Zwischen Säkularisation und Zweitem Vatikanum. Der Weg des Katholizismus im 19. und 20. Jahrhundert. Frankfurt am Main 1986.

SCHEFOLD, B.: Stellungnahme (zu: GROSSEKETTLER, H.: Kritik der sozialen Marktwirtschaft aus der Perspektive der Neuen Institutionenökonomik). In: NÖRR, K. W./STARBATTY, J. (Hg.): Soll und Haben. 50 Jahre Soziale Marktwirtschaft. Stuttgart 1998. S. 83-86.

SCHEFOLD, B.: Die Wirtschafts- und Sozialordnung der Bundesrepublik Deutschland im Spiegel der Jahrestagungen des Vereins für Socialpolitik 1948 bis 1989. In: HAUSER, R. (Hg.): Die Zukunft des Sozialstaates. Schriften des Vereins für Socialpolitik. Neue Folge Band 271. Berlin 1998. S. 201-228.

SCHIEFFER, TH. (Hg.): Europa im Wandel von der Antike zum Mittelalter. Handbuch der europäischen Geschichte. Bd. 1. Stuttgart 1976.

SCHILMÖLLER, R.: Wissenschaftsorientierter Unterricht – ein Weg zur Bildung? In: Vierteljahresschrift für wissenschaftliche Pädagogik, 71. Jg., 1995, S. 32-54.

SCHILMÖLLER, R./REGENBRECHT, A./PÖPPEL, K. G. (Hg.): Ethik als Unterrichtsfach. Münstersche Gespräche zu Themen wissenschaftlicher Pädagogik. Bd. 17. Münster 2000.

SCHLECHT, O.: Leitbild oder Alibi? Zur Rolle der Konzeption der Sozialen Marktwirtschaft in der praktischen Wirtschaftspolitik. In: CASSEL, D. (Hg.): 50 Jahre Soziale Marktwirtschaft. Ordnungstheoretische Grundlagen, Realisierungsprobleme und Zukunftsperspektiven einer wirtschaftspolitischen Konzeption. Stuttgart 1998. S. 35-48.

SCHLEIERMACHER, F.: Die Vorlesungen aus dem Jahre 1826. In: Friedrich Schleiermacher. Pädagogische Schriften. Hrsg. von Erich Weniger. Bd. 1. Düsseldorf 1957.

SCHLÖSSER, H. J./WEBER, B.: Wirtschaft in der Schule. Gütersloh 1999.

SCHMITT, E. (HG.): Dokumente zur Geschichte der europäischen Expansion. Bd. 3: Der Aufbau der Kolonialreiche. München 1987.

SCHNEIDER, D.: Allgemeine Betriebswirtschaftslehre. 3., neu bearbeitete und erweiterte Auflage der „Geschichte betriebswirtschaftlicher Theorie". München/Wien ^{3}1987.

SCHÜLLER, B.: Die Begründung sittlicher Urteile. Typen ethischer Argumentation in der Moraltheologie. Düsseldorf ^{3}1987.

SCHULZ, G.: Demokratie und Soziale Marktwirtschaft - Zwei Seiten derselben Medaille? Die Erfahrungen der deutschen Nachkriegszeit. In: NÖRR, K. W./STARBATTY, J. (Hg.): Soll und Haben. 50 Jahre Soziale Marktwirtschaft. Stuttgart 1998. S. 209-228.

SCHUMPETER, J. A.: Geschichte der ökonomischen Analyse. Göttingen 1965.

SCHUMPETER, J. A.: Kapitalismus, Sozialismus und Demokratie. Bern 1946.

SEEL, M.: Versuch über die Form des Glücks. Frankfurt am Main 1995.

SEIBT, F. (Hg.): Europa im Hoch- und Spätmittelalter. Handbuch der europäischen Geschichte. Bd. 2. Stuttgart 1987.

SEIPEL, I.: Die wirtschaftsethischen Lehren der Kirchenväter. Wien 1907.

SEN, A.: Ökonomie für den Menschen. Wege zur Gerechtigkeit und Solidarität in der Marktwirtschaft. München 2000.

SMITH, A.: Theorie der ethischen Gefühle. Nach der Auflage letzter Hand übersetzt und mit Anleitung, Anmerkungen und Registern herausgegeben von Walther Eckstein. Hamburg 1994. [Erscheinungsjahr der englischen Erstausgabe: 1759]

SMITH, A.: Der Wohlstand der Nationen. Eine Untersuchung seiner Natur und seiner Ursachen. Aus dem Englischen übertragen und mit einer umfassenden Würdigung des Gesamtwerkes herausgegeben von Horst Claus Recktenwald. München 1978. [Erscheinungsjahr der englischen Erstausgabe: 1776]

SOMBART, W.: Der moderne Kapitalismus. Historisch-systematische Darstellung des gesamteuropäischen Wirtschaftslebens von seinen Anfängen bis zur Gegenwart. Bd. 1. München/Leipzig ^{5}1922.

STAVENHAGEN, G.: Geschichte der Wirtschaftstheorie. Göttingen 1951.

STÜBINGER, E.: Literaturbericht: Wirtschaftsethik und Unternehmensethik. In: Zeitschrift für Evangelische Ethik, 40. Jg., 1996, S. 148-161 und S. 226-244.

SUCHANEK, A.: Ökonomische Ethik. Tübingen 2001.

TAYLOR, CH.: Quellen des Selbst. Die Entstehung der neuzeitlichen Identität. Frankfurt am Main 1994.

THOMAS VON AQUIN: Summa Theologica. Die Deutsche Thomas-Ausgabe. Vollständige, ungekürzte deutsch-lateinische Ausgabe der Summa Theologica. Übersetzt von Dominikanern und Benediktinern Deutschlands und Österreichs. Hauptschriftleiter: Heinrich M. Christmann. Salzburg 1933ff.

TUGENDHAT, E.: Probleme der Ethik. Stuttgart 1984.

TUGENDHAT, E.: Vorlesungen über Ethik. Frankfurt am Main 1993.

ULRICH, P.: Transformation der ökonomischen Vernunft. Fortschrittsperspektiven der modernen Industriegesellschaft. Bern ^{2}1987.

ULRICH, P.: Der kritische Adam Smith - im Spannungsfeld zwischen sittlichem Gefühl und ethischer Vernunft. In: MEYER-FAJE, A./ULRICH, P. (Hg.): Der andere Adam Smith. Beiträge zur Neubestimmung von Ökonomie als Politischer Ökonomie. Bern 1991. S. 145-190.

ULRICH, P.: Integrative Wirtschaftsethik. Grundlagen einer lebensdienlichen Ökonomie. Bern 32001.

VITTINGHOFF, F. (Hg.): Europäische Wirtschafts- und Sozialgeschichte in der römischen Kaiserzeit. Handbuch der europäischen Wirtschafts- und Sozialgeschichte. Bd. 1. Stuttgart 1990.

WAGNER, F. (Hg.): Europa im Zeitalter des Absolutismus und der Aufklärung. Handbuch der europäischen Geschichte. Bd. 4. Stuttgart 31996.

WALLRAFF, H. J.: Die katholische Soziallehre - ein Gefüge von offenen Sätzen. In: ACHINGER, H./PRELLER, L./WALLRAFF, H. J. (Hg.): Normen der Gesellschaft. Festgabe für Oswald von Nell-Breuning zu seinem 75. Geburtstag. Mannheim 1965. S. 27-48.

WALRAS, L.: Eléments d` Economie politique pure ou Théorie de la richesse sociale. Lausanne 1874.

WEBER, M.: Die protestantische Ethik und der Geist des Kapitalismus. In: Ders.: Gesammelte Aufsätze zur Religionssoziologie. Bd. I. Tübingen 1920. S. 17-206.

WEBER, M.: Wirtschaft und Gesellschaft. Grundriss einer verstehenden Soziologie. Tübingen 1922.

WEBER, M.: Max Weber. Ein Lebensbild. Tübingen 1926.

WEHLER, H.-U.: Deutsche Gesellschaftsgeschichte. Bd. 2: Von der Reformära bis zur industriellen und politischen „Deutschen Doppelrevolution": 1815-1845/49. München 1987.

WEHLER, H.-U.: Deutsche Gesellschaftsgeschichte. Bd. 3: Von der „Deutschen Doppelrevolution" bis zum Beginn des Ersten Weltkrieges: 1849-1914. München 1995.

WELSCH, W.: Vernunft. Die zeitgenössische Vernunftkritik und das Konzept der transversalen Vernunft. Frankfurt am Main 1996.

WENIGER, E.: Didaktik als Bildungslehre. Teil I: Theorie der Bildungsinhalte und des Lehrplans. Weinheim 91971.

WINCH, D.: Das Aufkommen der Volkswirtschaftslehre als Wissenschaft 1750-1870. In: CIPOLLA, C. M./BORCHARDT, K. (Hg.): Europäische Wirtschaftsgeschichte. Bd. 3: Die industrielle Revolution. Stuttgart/New York 1985. S 333-377.

WOLL, A.: Freiheit durch Ordnung: Die gesellschaftspolitische Leitidee im Denken von Walter Eucken und Friedrich A. von Hayek. In: ORDO: Jahrbuch für die Ordnung von Wirtschaft und Gesellschaft. Bd. 40, 1989, S. 87- 97.

XENOPHON: Oeconomicus. Xenophons Wirtschaftslehre übersetzt von Max Hodermann. Leipzig 1897.

ZABECK, J.: Moral im Dienste betrieblicher Zwecke? Anmerkungen zu Klaus Becks Grundlegung einer kaufmännischen Moralerziehung. In: Zeitschrift für Berufs- und Wirtschaftspädagogik, 98. Jg., 2002, S.485-503.

ZACHER, H. F.: Sozialpolitik, Verfassung und Sozialrecht im Nachkriegsdeutschland. In: WÜNSCHE, H. E. (Hg.): Grundtexte zur Sozialen Marktwirtschaft. Bd. 2: Das Soziale in der Sozialen Marktwirtschaft. Stuttgart 1988. S. 173-219.

ZOHLNHÖFER, W.: Von der Sozialen Marktwirtschaft zum Minimalstaat? Zur politischen Ökonomie des Wohlfahrtsstaates. In: ORDO: Jahrbuch für die Ordnung von Wirtschaft und Gesellschaft. Bd. 43, 1992, S. 269-284.

GRUNDFRAGEN DER PÄDAGOGIK
Studien - Texte - Entwürfe

Herausgegeben von Prof. Dr. Jürgen Rekus

Band 1 Christian Langer: Medien und Pädagogik. Zur Legitimation von Medienpädagogik auf prinzipienwissenschaftlicher Grundlage. 2002.

Band 2 Stefan Gönnheimer: Schule und Verantwortung. Zur Bedeutung einer ethischen Kategorie in Erziehung und Unterricht. 2002.

Band 3 Albert Berger: Bildung und Ganzheit. Normkritisch-skeptische und prinzipienwissenschaftliche Untersuchung zur Einheit von Unterricht und Erziehung. 2002.

Band 4 Christopher Korn: Bildung und Disziplin. Problemgeschichtlich-systematische Untersuchung zum Begriff der Disziplin in Erziehung und Unterricht. 2003.

Band 5 Volker Ladenthin: Zukunft und Bildung. Entwürfe und Kritiken. 2004.

Band 6 Henriette Lägeler: Interesse und Bildung: Bildungstheoretische und -praxisbezogene Überlegungen zu einem pädagogischen Grundverhältnis. 2005.

Band 7 Henrik Westermann: Prinzip und Skepsis als Grundbegriffe der Pädagogik. 2005.

Band 8 Stephan Chmielus: Ökonomie, Moral und Bildung. Zur Möglichkeit bildender Vermittlung ökonomischen Wissens in der Schule. 2006.

www.peterlang.de

Renate Kock

Unterricht und Erziehung in einer globalen Bürgergesellschaft

Anpassung – Widerstand – Ichstärkung

Frankfurt am Main, Berlin, Bern, Bruxelles, New York, Oxford, Wien, 2005.
263 S.
ISBN 3-631-53783-2 · br. € 39.80*

Gibt es ein pädagogisches Konzept, das in einer globalisierenden Gesellschaft eine erfolgreiche Schuledukation gewährleisten kann? Dieser Frage nachzugehen, scheint nicht nur vor dem Hintergrund von Pisastudien und ihren Ergebnissen aktuell und lohnenswert. Ausgehend von globalen Interdependenzen kommt der Begriff Bürgergesellschaft mit seinen Möglichkeiten zu aktivem, handlungsorientiertem Lehren und Lernen ins Blickfeld. Es werden Denkmuster und Ansätze der vormodernen, modernen und postmodernen Pädagogik befragt, die zur Lösung der Frage nach einem pädagogischen Konzept beitragen könnten. Ob die hier gefundenen Ansätze sich auch für eine Pädagogik der Globalgesellschaft eignen, soll am Beispiel Indien eine Untersuchung von Dokumenten indischer Primarerziehung, national bedeutsamen reformpädagogischen Modellen und aktuellen Projekten erbringen.

Aus dem Inhalt: Globalisierende Weltgesellschaft · Bürgergesellschaft · Globales Lernen, produktives Lernen, Civic education, New learning · Unterricht und Erziehung vor der säkularen Moderne · Pädagogik als Schulausbildung · Freinet, Freire, Wygotski, Montessori, Piaget, Bernstein, Illich · Pädagogik der Postmoderne · Maturana · Konstruktive Didaktikansätze, konstruktivistische Didaktik · Das indische National Curriculum · Von Gandhi nach Jomtien